GOVERNANCE
REFORM
AND

治理改革
与市场建制

MARKET
INSTITUTIONALIZATION

孔泾源◎著

中国人民大学出版社
·北京·

谨以此书献给那些为中国改革开放和社会主义市场经济发展建制奋斗过的前辈先贤和正在奋斗中的志士仁人！

　　跨世纪的改革开放，是中国共产党乃至全国人民的一次伟大觉醒。这一伟大觉醒使中国社会摆脱了传统理论教条的禁锢与束缚，推动了计划经济体制向社会主义市场经济制度的历史性转变，完成了古老东方农耕大国的现代工业革命，实现了低收入发展中国家向上中等收入国家和全球第二大经济体的跨越性发展，在国内外矛盾错综复杂、全球经济政治形势面临百年未见之复杂变局中，呈现出中国特色社会主义道路、理论、制度、文化创新的勃勃生机和中华民族伟大复兴的光明前景。

　　中国经济奇迹及其成因，引起了国内外的广泛关注及经验、理论解读，以及始终与之形影相随的"唱衰""捧杀"或"妖魔化"。但其源头活水，既不是某种现成的理论形态，相反需要不断突破已有理论框框的束缚与制约；也非那种被成熟的市场眼光视为正途的政治变革的推动，而恰恰是执政党基于对政治体制乃至价值信念的坚守，以经济领域的治理改革推动体制转轨和社会主义市场经济发展建制；更不是对外来理论与制度模式的简单移植或模仿，而是不断地破除"全盘西化"的历史迷雾，跳出"全盘苏化"的制度泥沼，以治理改革和市场建制的伟大实践，吸收人类社会市场经济发展建制的优秀成果，探索中国特色社会主义道路。

　　治理改革和市场建制，并不是当代人或某个国家的发明与专利。即使在中国历史上，以治理改革维系经济基础和政权体制，荦荦大者或以数十次计，但它极少有改变经济形态、助推经济增长的卓越表现，甚至也没有达成巩固政权、改善治理的目标底线，更多的只是修漏补缺或无功而返，乃至以社会动荡以及改革者自身悲壮或惨烈的结局告终。

市场经济固然是近代社会的产物，但市场要素几乎伴随着人类社会发展的全部过程，这是人的需求多样性及其社会分工的规律性现象。但在漫长的历史长河中，人类受制于自然力及自身的体力与智力，必须首先维系或保障生存型自然经济生活，与之相适应的经济组织、知识技艺、利益结构、治理模式和价值观念由之形成并被巩固下来。对于与之相对立的市场经济要素，则从资源使用、经营活动、技艺应用、成长空间乃至价值意义等各个方面进行尽可能的全面抑制和管控，将其严格限制在自然经济秩序之内，并且在世界范围内取得了数千年的必要性质和成功实践。

市场经济是有条件的效率型经济。因产权、决策、激励、竞合、信息、创新等资源配置类的机制性优势，市场经济足以创造其他经济形态所不能成就的效率奇迹。先行市场经济体用数百年的时间，完成了从传统农耕社会向现代工业社会的转变，创造了超过人类社会数千年总和的物质财富；中国则因社会主义市场经济发展建制，用数十年的时间几乎走完了先行市场经济体的全部历程而步入世界经济发展的前列。并非每一个国家和民族都有市场经济发展建制的成功机遇。许多经济体经历数百年反复的市场建制之路，至今还面临着经济发展瓶颈。我们的先辈们在发展市场经济的早期努力中所付出的勤劳、辛酸乃至血泪，决不比当代中国人少，但最终陷入了近乎民族危亡的绝境。市场经济发展建制需要适宜的从"分工深化"到"产权分化"的制度条件。而且，并非每一个国家都是由农耕经济自然地成长为市场经济体的。一些国家经历过自然经济程度更高、市场建制难度更大的计划体制向市场经济的转型建制，并呈现出各自的路径、特点与经济绩效。

市场经济是有缺陷的分化型经济。以权利、竞争、规制公平为基础，最大限度地发挥要素比较优势，创造出其他经济形态所不能比拟的经济效率，是全球范围内市场经济体制趋同的依据所在。但市场经济的效率性优势，并不能改变其自身既天然地需要平等发展条件，又必然造成不平等结果的分化经济性质。人们因先天或后天的要素禀赋差异、资源赋能条件、制度文化因素以及自身努力程度等，必然出现发展速度、程度和社会财富占有的阶层、阶级的分化。市场建制愈快、经济增速愈高的国家或经济体，其阶层乃至阶级分化以及效率与公平的对立，有可能发生得更加迅速和集中一些。资本主义作为市场经济的初始制度形态，曾以其"原始"或"野蛮"发展形式，将资本主义市场经济体的贫富分化和阶级对立表现得淋漓尽致。空想社会主义和早期科学社会主义，采取了将"孩子"和"脏水"一起泼掉的极端方式，既彻底否定资本主义制度，又试图根除市场经济及其所有发展条件和价值意义，力图以乌托邦或计划经济等形式构建心目中的"理想社会"。但经济发展规律与制度变迁逻辑几乎将所有乌托邦式的创制努力重新推向疾风暴雨般的市场建制。而与市场经济的分化性质相伴随的效率与公平的矛盾，未必会比先行市场经济体更加缓和一些。社会主义市场经济是中国特色的市场创制形态，同样面临着市场经济的内在矛盾。其制度先进性与价值正当性，在于最大限度地利用市场效率和尽可能合理地分享社会财富，即以市场新制促进效率与公平的均衡统一。

市场经济是社会公共品依赖性经济。有别于自给自足的农耕自然经济，商品市场关系一经发生及发展，便需要与时俱进地界定与保护财产权利、建立和维护市场秩序、创建及稳定货币金融、容纳和激励创业创新、保障及拓展市场空间、调整与均衡供求关系、缓解或平衡利益矛盾、培育及养成人文精神以及安定和优化国际环境等，提供市场经济所必备的社会公共品服务。其中包括由政府提供的强力、有序的经济与社会治理服务以及适时、足够的规则、公平和安全等广义的制度性公共品供给。一个市场经济体的成败，除其经济成长的要素禀赋外，还取决于其经济制度构造、社会利益结构、商业伦理精神、政治上层建筑以及国际竞争能力等一系列制度适当性条件。市场经济需要有其相对适宜的甚至极其严格的社会公共品意义上的经济制度条件和国际生存环境。

市场经济是需要民主基础的法治型经济。市场经济不只是一种经济制度，还包括与之相适应的政治上层建筑和社会意识形态。民主基础上的法治或法治基础上的民主社会是其制度底色和可持续条件。没有与权利关系、竞合秩序、交易规则等相关的完备的法治体系，精巧复杂的市场技术及运行机制根本无从维系；没有民主制度，市场参与的平等权利、经济成果的合理分享和政府调节的更好作用便缺乏权利制衡与制度保障，"为民做主"的努力不足以摆脱市场经济的效率与公平的二律背反和国家经济功能的"诺斯悖论"，社会贫富分化、阶级对抗和经济繁荣与衰退的循环往复会如影随形并终将加剧、恶化。渐进式自然成长的市场经济体，或经历漫长曲折的制度演进最终建成民主制度及其基础上的法治体系；赶超型、转轨型市场经济体，或经过法制体系建设渐进式地走上民主化道路。如同农耕时代经济基础与上层建筑及意识形态的建立和成型并不同步一样，市场经济与其政治上层建筑之间也不可避免地存在时滞、脱节、失序以及由此引起的对立和冲突。最典型的现象是某些以现代民主制度相标榜的先行市场经济体，曾经有过血腥野蛮的国内欺压剥削、阶级对立以及国际上的以强凌弱乃至殖民掠夺的不堪历史包括其当代形态；一些以民主法治社会建设为诉求的新兴市场经济体，在或长或短的历史进程中或多或少地存在人治现象及经济社会矛盾。

市场经济是基于国际竞争合作关系的开放型经济。市场交易起源于人们相互之间，历史地延伸至区域间乃至世界市场，商品与服务的生产者或许期待全人类都能成为其潜在客户，生产要素也只有在更大地域乃至全球范围优化配置才能获得最佳效率。市场经济的发展先是有商品与服务，继而有资本和技术，将来还会有人才和规则的全球化。率先走向境外尤其是支配世界市场的国家和民族，有其知识、技术、经济、制度创新能力，但也伴随着从早期重商主义式的炮舰殖民政策，到当今时代"老子天下第一"的经济霸凌主义和军事威胁政策，并曾以世界大战或贸易大战展现出血腥、暴虐的对抗与冲突。新兴市场经济体参与国际市场的意愿、能力与地位影响其前途和命运，历史上一些国家闭关锁国殷鉴未远。面对少数发达经济体的霸凌与威胁，中国当以社会主义市场经济发展建制的成功实践，与世界各国一起，推动建立公平正义的国际经济政治新秩序和全球开放型经济基础上的人类命运共同体。

世纪之交的数十年间，中国经历了社会主义市场经济发展建制的伟大历程。农村集体经济和城市国有企业改革，民营经济成长与混合所有制经济发展，垄断领域变革与市场适应性规制，商品价格改革与要素市场重建，资源市场化配置与政府职能转型，经济货币化发展与金融市场深化，经济全球参与及开放型体制建设，市场监管与公共服务体制变革，以及均衡效率与公平的关系和民主与法治建设的努力，社会主义市场经济经由目标探索、框架构建、体制完善和全面深化改革的不凡进程，从微观机制到宏观体制终于建立起来。改革开放的贡献者，有执政党的思想解放与政治觉醒，有决策层的洞见卓识和责任担当，有执行面的因势利导与勤勉作为，有知识精英的聪明才智和建制努力，有基层、"草根"的改革胆气及创制智慧。更不能忘记的还有那些因市场化变革而打断工作和生活链条，不得不重拾生计的数以千万计的国有企业员工，以及数以亿计的收入绵薄、辛勤劳作的农民或农民工群体，他们同样是中国改革开放和市场建制的功臣砥柱，历史应当给予其同等的礼赞和尊重。

职业的机缘，作者有幸在中国改革开放和市场建制中身临其境，以"勤杂工"的角色参与其中，得以感知在理大、权大、法大、情大的国情环境中锋刃探步式改革的艰辛和不易；天亦假年，"百战"归来读书的闲暇,又使作者得以"治理改革与市场建制"为题,从某些侧面探究中国经济改革的轨迹与逻辑,以及决不比入史春秋更轻松简单一些的"全面深化改革"的思想解放和创新建制任务。感谢中国人民大学出版社的编审专家和编辑同仁为本书面世提出的宝贵意见及付出的辛勤劳动。但书中的任何错讹及误识,当由作者才疏学浅以及曾经的"勤杂工"的视野与认知能力负责。

孔泾源

2019 年 11 月于北京

导论

市场经济及其创制条件

在新旧世纪之交的四十余年间，中华民族经历了一场从传统计划经济向社会主义市场经济转轨创制的历史巨变，成就了欠发达的传统农业大国完成现代工业革命、成长为全球第二大经济体的经济奇迹，展现了当代中国制度变迁的国情根底、路径轨迹和逻辑规律。但计划旧制和市场新制的矛盾仍然相互交织，上层建筑领域的适应性变革"山林"待启，一些发达经济体对中国模式的疑虑加深。以全面深化改革应对内外部挑战，成为社会主义市场经济制度成熟定型、实现中华民族伟大复兴的新的长征。

一、经济市场化与路径多样性

市场经济及其制度形态是近代社会的产物，但市场要素则是一个古老现象。从"抱布贸丝"（《诗经·卫风·氓》）之日起，人们在物物交换的过程中，或许就萌发着财产权利、平等交易和价值规律等市场要素的某种潜意识。三次社会大分工催生了三次产业分工和商品、交换、货币、市场的产生。商人阶级发展商品市场关系的活力与动力，尤其是对产权保护、市场交换、价值规律、财富积累及其制度环境的期待与依赖，绝不稍逊于农民之于土地、工匠之于技艺的热忱、期待和依赖。并且，"用贫求富，农不如工、工不如商"《史记·货殖列传》[①]。相对于传统种植业和养殖业，

---

① 两千余年后的配第 – 克拉克定理或是其现代表达。1940 年，英国籍经济学家和统计学家科林·克拉克（Colin G. Clark）在《经济进步的条件》一书中，以英国古典经济学家威廉·配第（William Petty）在《政治算术》中的研究为基础，从对 40 多个国家和地区不同时期三次产业的劳动投入产出资料的整理中，总结出随着经济发展和人均国民收入水平的提高，劳动力首先由第一产业向第二产业转移，然后再向第三产业转移的演进趋势。其根本原因是收入弹性差异和投资报酬（包括技术进步）差异。配第 – 克拉克定理不仅可以从一个国家经济发展的时间序列中得到验证，而且可以从处于不同发展水平的不同国家在同一时点上的横断面中得到类似的印证。即人均国民收入水平越低的国家，农业劳动力所占份额相对越大，第二、三产业劳动力所占份额相对越小；反之，人均国民收入越高的国家，农业劳动力在全部就业劳动力中的份额相对越小，而第二、三产业的劳动力所占份额相对越大。此外，当代经济发展更是显现出高收入国家几无例外地都是三、二、一次产业结构序列。

工商业具有财富积累及产业发展的比较优势。由此也意味着那些率先适应社会分工、产业进化和工商业发展及其市场建制要求的国家或民族，有可能在人类经济社会发展和国际竞争格局中取得先发优势。经济成败和国运兴衰的历史线索乃至逻辑规律，本来就存在于社会分工、产业进化、比较效率和制度建构的原始根基之中。

但是，古往今来人们囿于生产力发展水平、经济规律认知能力尤其是既得利益维护需要，背离社会分工和产业进化趋势、抑制工商业发展及市场建制的政策主张、制度建构和理论成果俯拾皆是。人类社会的经济市场化便由此产生了各不相同的发展路径及制度环境，也给相关国家和民族带来了迥然不同的命运与前途。

人类是自然之子。自然经济是人类早期赖以生存与发展的共同经济形态。限于自然力的作用特征和人类生产工具与劳动技能的制约，社会生产手段和劳动时间主要用于耕作与养殖，以满足人们最基本的衣食所需，经济组织、社会结构和政治形态以此为基础建构、运行和维系。家庭自然分工的余缺调节、地域自然分工的产出差异和生活多样性产品需求，历史地推动了第二次、第三次社会大分工的发生和发展。在自然经济体系中，商品流通、货币交换等市场经济要素，在自然物产丰饶地区、水陆交通便利港埠、劳动分工发达场所、消费人口密集市镇和管制体系松动时期，逐步得以孕育发展并不时地出现间歇性繁荣。但其发展程度、样式及前景，则一方面取决于农业自然生产力水平、社会分工细化程度、劳动技术发展状况以及对自然经济维系及管制体系的突破能力，另一方面甚至是更重要的方面，取决于市场要素发育成长的广义社会公共品的提供条件、适应性质与可持续能力。至少包括财产权利的确认与保护、企业制度的建立与演进、交易规则的创立与遵循、公平竞争的秩序与维护、市场规模的稳定与扩展、通用货币的应用与稳定、供求关系的对应与调整、商业伦理的锻造与坚守、契约精神的形成与建制、法治体系的创制与确立、贸易地位的奠立与提升、国家利益的维护与拓展等。

广义的市场公共品，既是商品货币关系孕育与萌芽期的必要条件，更是市场经济成长与建制期的制度基础。但是，在经济生活的市场化转型期，即便是在现代经济体系中，制度性市场公共品的适应性提供及可持续能力也很难实现。合乎逻辑也不出意料的是，经济市场化及其建制成功与否，固然取决于生产力的发展和技术进步，但在经济市场化转型关键期，或许更要取决于这些制度性市场公共品的提供条件和创制能力。那些率先创造并较为有效地提供市场公共品的国家和民族，便有可能由此获得经济市场化乃至科学技术创新的历史先机或优势地位，走向全球甚至支配世界。

自然经济的市场化转型与建制促成了世界经济发展史的大分流。[①] 一部分国家由农本转向重商，以贸易打造的世界推动农耕自然经济转型为商业市场经济，并以资本主义制度形态进行人类历史上的首次市场建制，创造了后来众所周知的故事。[②] 另一部分国家则由于经济结构、政治制度和价值理念等原因，社会分工和工商业发展被牢牢地禁锢于自然经济体系之中，阻碍了经济市场化转型和建制，经济社会与国际地位日渐衰落，直至沦入被奴役境地。近乎同样的原因又使其中一些国家在应对内外部挑战、救亡图存或寻求发展道路中选择了"类自然经济体"的极端形态即逆市场化的计划经济体制及其社会上层建筑与价值意识形态。

背离社会分工深化趋势和经济社会发展规律的计划经济模式注定没有出路。当初选择计划体制的国家在短短几十年的时间内先后陷于发展困

[①] 近代以来东西方经济发展的分化和落差及其原因，学界积累了各有见地、分歧也较多的理论成果。美国学者彭慕兰（Kenneth Pomeranz）在其《大分流》一书中从市场和技术等方面给出了自己的解读。他认为美洲大陆的发现和煤炭资源的开采是英国走向工业革命的决定性力量（参见彭慕兰．大分流——欧洲、中国及现代世界经济的发展．史建云，译．南京：江苏人民出版社，2004）。

[②] 彭慕兰，史蒂文·托皮克．贸易打造的世界——1400 年至今的社会、文化与世界经济，黄中宪，吴莉苇，译．上海：上海人民出版社，2018.

境，几乎普遍走上了市场化改革之路，但也出现了改革理念与路径的分化或大分流。

一些国家疾风暴雨般地采取颠覆式的市场化变革模式，经济上彻底抛弃当初依据经典理论建立起来的生产资料公有制及相应的企业制度，建立以私有制为基础的市场经济体制，甚至不惜借用所谓"休克疗法"[①]，打断微观经济运行机制以加速这一过程；政治上彻底抛弃社会主义制度，采行发达市场经济体的议会民主制；思想文化领域，彻底抛弃曾经作为指导思想的马克思列宁主义，重建社会意识形态。

另一些国家则选择了近乎完全不同的市场化改革之路。即在坚持原有政治制度和价值信念的基础上，渐进式地推进市场化改革和创制。或者说，计划经济的市场化转型，产生了激进式的制度性变革和渐进式的治理性改革等不同模式。[②]经济市场化变革及其建制模式多样性和制度绩效差异性，为人类经济社会发展和制度变迁积累了丰富的实践经验，创立了相应的理论形态。

二、制度性变革与治理性改革

无论是当代经济的市场化改革，还是漫长的人类文明史中发生的各种

---

① "休克疗法"（shock therapy）这一医学术语于20世纪80年代中期被美国经济学家杰弗里·萨克斯（Jeffrey Sachs）引入经济领域。萨克斯受聘担任玻利维亚政府经济顾问期间，根据玻利维亚经济危机问题，提出了推动经济自由化、私有化和稳定化，实行紧缩的金融和财政政策等一整套经济纲领和经济政策。这套经济政策的实施在短期内会使社会的经济生活产生巨大的震荡，甚至出现"休克"状态，人们便借用医学上的名词，将萨克斯提出的这套改革经济体制、治理通货膨胀的经济纲领和政策称为"休克疗法"。

② 也不排除极少数小国经济体依然坚守计划经济及其制度形态。每个国家和民族都有选择自己发展道路、生活方式和价值信念的权利，其经济制度及其福利效应只能由他们自身感知和历史评断。

变革，细究起来，大体上可以分为制度性变革与治理性改革两大类。①

制度性变革是彻底改变一种基本经济制度、政治治理结构和社会意识形态的根本性变革。这种变革通常被认为是大略雄才或革命家的事业，甚至非一代人所能完成的宏图大业。治理性改革主要是对已经建立或正在建立的基本经济社会制度进行修补或与时俱进的完善，尽管它也往往涉及重要关键领域。这种变革更多是"继承者"或"能臣""良臣"的责任担当，并且不乏集腋成裘、产生颠覆性结果的案例。

制度性变革与治理性改革的共同点在于但不限于，二者都是对此前秩序、规则、利益的调整，制度性变革必然伴随着治理性改革，而治理性改革又或多或少地带有制度性变革因素；都会受到既得利益者视其利益调整程度，进行或温和或激烈的抵制乃至反抗；都会一开始或在过程中产生相互对立的利益诉求及其代表，以及极力寻求自身利益和价值的正当性或对对方的否定；都有可能因利益调整失衡或改革过程失控而产生社会尤其是政治上的对立与冲突，进而导致改革举步维艰、旷日持久以致夭折失败并产生政治上的牺牲品；都会发生在自然经济、计划经济、市场经济以及由自然经济或计划经济向市场经济转轨的过程之中，并具有制度性变革和治理性改革双重性质，进而呈现出极其错综复杂或曲折的历史形态。

制度性变革与治理性改革固然有诸多共同或相似之处，很多时候甚至难以简单辨别，或无须刻意区分，但二者的区别事实上十分明显。

首先，制度性变革是由于原有的制度规则已经容纳不下长期在其基础上成长起来的社会生产力，不能适应社会分工和产业进化而改变着或改变了的经济结构，因而必须进行包括基本经济结构重塑在内的重大体制改革或所谓"颠覆式"的制度变革，此类制度性变革在人类历史长河中屈指可数；治理性改革主要是对现行制度规则的系统完善或局部微调，不必产生

---

① 俞可平在《中国的治理改革（1978—2018）》一文中对"统治"（government）与"治理"（governance）做了区分，回顾了40年来中国民主治理改革的模式特征，以此展望国家治理现代化的前景［见武汉大学学报（社会科学版）.2018（5）］。

于经济结构和利益关系的重大失衡，因而在经济社会发展的各个阶段、各种政权结构中随时可能发生，但其改革毕竟或多或少地涉及利益关系的调整，成功也并非高概率事件。

其次，制度性变革关系到公权与私权、集权与分权、国家与社会、政府与市场、效率与平等、精英与"草根"、利益与道义、制度架构与价值信念等重大关系的根本性调整，一旦变革过程发生，势必在较短时期内非此即彼、胜败兴亡；治理性改革尽管不同程度地也涉及这些领域，但它更多的是在现有制度框架内进行局部及阶层利益的结构性调整，可以因时兴废、时进时退，成为一个较长时序甚至极其漫长的渐进式过程。

再次，制度性变革成功与否，不仅关乎经济发展、民众生活、社会安定、国运兴衰等国内问题，而且关乎国际竞争的成败，以及国家和民族的前途与命运，因制度僵化落后而导致的经济实力和综合国力的衰败，会使一个国家在激烈的外部挑战中陷于万劫不复的境地；治理性改革的成败，虽然也涉及经济发展状况和国运兴衰起落，但在某种意义上，它更多与一个政权的治理效率、民生状况、稳固程度、持续时间等直接相关。

最后，制度性变革的难度与风险极大地超出治理性改革，因其变革过程既包括物质生产关系的根本性调整，也包括社会上层建筑的重建，往往经历由乱到治的血与火的艰难曲折过程，而且变革建制成功还是低概率的事件；治理性改革也有难度和风险，成功概率也不高，但当改革遇到难以逾越的障碍或力量对比不利时，改革主导者完全可以放弃目标诉求或以寻找替罪羊的方式而从容退却。

在特定历史时期，制度性变革与治理性改革往往交叉重叠、盘根错节，同为广义的制度性变革，容易使人产生歧义或忽视二者之间的区别。某些改革从全局和长远看是治理性改革，但在其所在领域或特定时期又是制度性变革；制度性变革必然伴随着一系列的治理性改革来落地、实现；

治理性改革发生时，此前在或长或短的时间内可能发生过制度性变革，并以此为基础，以其制度完善为改革指向。

制度性变革与治理性改革往往互为条件。较为成功的制度性变革能够较快地形成良法善治的治理体系及社会环境，激励、推动和加快治理性改革；有效的治理性改革，也可以积小功为大成，以过程相对较长的渐进式改革推动制度性变革目标的达成。制度性变革指向不明、摇摆彷徨，治理性改革将无所适从、进退失据，事倍功半甚至无功败北。制度性变革固然是基础，最重要，但若缺乏有效的治理性改革与之相适应，既得利益集团或群体基于利益维护，"上有政策，下有对策"，恶化利益格局，形成社会对立，使改革迟滞延误、目标偏离，甚至产生普遍的改革正当性疑虑致使改革受挫；治理性改革虽然较具体，是细节，但若不能及时跟进、落地实施，改革过程旷日持久甚而不知所终，制度性变革目标将会流于愿景与形式。制度性变革是主导，定方向，决定制度建设的基本结构和根本目标，但治理性改革是历史上乃至当今时代变法或改革的主要形式和基本形态，本来就为数不多的制度性变革需要治理性改革持久、与时俱进地维系、修复、巩固或优化、强化，适时适当进行的治理性改革，有可能使某种经济政治制度延绵、持续较长时间甚至成为漫长的历史过程。

无论是制度性变革还是治理性改革，其成功的条件都极其严苛，改革成本和风险也极其巨大。改革过程注定是艰难曲折的，成功的改革是小概率的事件。

成就一场制度性变革，至少需要具备（但不仅仅需要）这些条件。一是作为传统制度规则、权力架构生存基础的基本经济结构中已经孕育出，并且再也容纳不下的分工样式、产业形态和经济关系，社会范围内调整利益格局甚至上层建构的诉求及压力日渐强烈并难以抑制。二是社会的内部冲突和外部压力或"内外交困"，迫使当政者不能再以原有的方式继续治理和统治下去，不得不寄希望于通过制度变革摆脱困局、求得生机，而新的制度形态的萌芽为之提供了示范及生存希望。三是必须有效回应当时的生产方式变革及利益诉求，适应自然分工或社会分工、劳动分工或产权分工的性质以及与其深化程度相关联的要素配置方式，进而形成新的基本经济结构及其制度形态，以生产力的增长优势获得民生改善、国力增进和政治上的支持。四是鉴于新生的经济基础与利益结构建制、巩固的迫切需要，必须尽可能快地完成政治权力架构和社会治理体系的重建，并适时破除旧的制度秩序和法律规范，建立新的法律制度及信守条件。否则，动乱、倒退、复辟将会如影随形。五是制度性变革的特性，决定了它自始至终都需要价值信念和意识形态的加持而获得改革正当性基础，无论是原创还是借鉴，区别在于制度变革早期更多需要破旧立新，随着新的制度秩序的建立，则更多转向因循守旧。六是必须具有初始红利预期并能适时足够释放，足以改变相互对立的利益集团间的力量对比，最大限度地为制度变革寻求利益激励以动员社会支持力量，尽快形成对变革主导方的政治支持以促进胜局的达成。

治理性改革固然只是对原有制度形态的维系与修补，但其成功条件也并不宽松。第一，由于治理性改革从属于既定的制度形态，并以其维系和完善为目的，自改革启动、取向设定、维度深度直至推进方式，都必须经由能够起决定作用的决策层或领导人认可与裁定，改革力度收放进退也往往由其审时度势、相机抉择。一旦形势不利，决策层有可能改变意图，一场治理性改革便半途而废或走回头路。第二，尽管治理性改革只是对现有制度形态的修补和完善，但也不可避免地、或多或少地与原有价值理念、思维定式、制度模式发生某些冲突。一场治理性改革得以推动，必须经由决策层面主动给予以及迫于各种利益及力量权衡而不得不给予的某种许可方式或放松传统体制，以便进行相应的改革及试验，相关改革的边界与深度有可能飘移不定或随时止步。第三，与具有"政治正确"和"价值正当性"的制度性变革可以是"一个阶级推翻另一个阶级的暴力行为"不同，治理性改革只能用看得见、摸得着的物质利益进行"诱致性变革"。加快发展既是改革的目的，也是其维持改革正当性和价值意义的工具要素，进而难以避免因短期发展红利追求而延缓、偏离甚至中止长期性制度建设，改革的次序、速度、维度和力度，必须与发展速度和社会可控程度相匹配。第四，治理性改革固然无须触动原有制度基础包括社会意识形态，改革相对容易一些，但正是由于这种改革维度的限定，大大缩小了其改革范围。尤其是最初主要发生于经济领域的改革，随时可能面临来自所谓制度本质、改革方向等政治正确与否的质疑或挑战，使推动者动辄得咎、无所适从。而缺乏与之相适应的社会上层建筑领域的制度创新，经济改革是否有法理性基础的社会疑虑尤其是"政治恐惧"将难以消除，改革合法性随时可能被否定甚至被清算，古往今来高概率的改革失败案例则是其历史注脚。第五，治理性改革对原有制度模式和价值理念的信守及其维护责任，以及原有话语环境的优势乃至支配地位，使得任何改革即便只是工具、手段等技术层面的微小变动，也必然会遇到严格的制度标准和意识形态的审视及挑战。离开了类如当今时代需要不断重复的解放思想、实事求是、实践标准等理论创新，改革便成了"离经叛道"甚至"大逆不道"。第六，出于种种需要尤其是维护既得利益的需要，人们还会将治理性改革提升到制度性变革层面来扭曲性质、夸大危害以置人于困境，或以治理性改革来延宕、替代必要的制度性变革以致功亏一篑。

三、市场建制的治理努力与创制条件

中国历史上既发生过建立和维系自然经济秩序的制度变革和治理改革，也经历过国民经济公有制改造、建立计划体制的重大变革，以及正在进行着的社会主义市场经济创制与发展。制度性变革尤其是治理性改革事件并不罕见，但能够成功的改革尤其是成功的制度性变革案例却屈指可数，有其自身的特殊性质和内在的逻辑规律。

持续影响中国传统社会生活的制度性变革，众所周知的或许是战国时期商鞅在秦国进行的经济制度改王室国有制为土地私有制，政治制度改贵族分封制为中央集权制，或叫"周秦之变"。后来也经历过多次局部性的体制反复和几十上百次各种治理维系性变法，包括周期性发生的战乱分合后的制度修复。至于与之相适应的从"百家争鸣"到"儒家一统"的意识形态重建，大体上又延宕了二百余年的时间。历史地看，由于这种经济上的私权制和政治上的集权制适合传统农耕时代的中国国情，直至遭遇近代西方工业文明及其制度挑战面临败北之际，中华民族仍然是世界上最大的经济体之一。当然，由此也可以从正反两个方面透视制度性变革的极端重要性。

另一场决定当代经济制度色谱的制度性变革，是 20 世纪 50 年代前半期初建的新中国通过"改革"或"改造"，疾风暴雨般地进行的农业、手工业、资本主义工商业的社会主义改造。这场改造，一改千百年来的生产资料私有制为社会主义公有制，继而建立计划经济体制，与新中国建政所形成中国共产党领导下的单一制主导的集权制与分权制相结合的政治国体及其社会意识形态一起，成为改革开放的历史、逻辑起点和建制枢纽点。中国的改革开放，实际上是"坚定不移地高举中国特色社会主义伟大旗帜，既不走封闭僵化的老路，也不走改旗易帜的邪路"，进行的治理改革和市场建制，并展现其制度性变革趋势和规律。[①]

农村改革沿着产权深化之路，由各种形式的承包制逐步过渡到所有权、承包权、经营权"三权分置"模式，农村土地的集体所有制性质没发生改变。城市国有企业改革沿循所有权、经营权分离以及产权多元化之

---

① 以中共十一届三中全会及十四届、十六届、十八届三中全会《决定》为标志，展现了中国改革开放和社会主义市场经济探路建制的目标探索、框架构建、制度完善以及"全面深化改革"的历史进程。

路，探索"公有制的有效实现形式"，逐步建立现代企业制度。如同劳动分工的深化能提高生产效率一样，产权分工的深化会优化资源配置效率，进而催生新的市场主体发育和部分制度性变革，城乡非公有制经济便由"必要补充"上升到"重要组成部分"，推动社会主义市场经济或"公有制为主体，多种所有制经济共同发展的基本经济制度"的形成和发展，以及与之相适应的市场体系、财税金融、公共服务、政府规制等各领域的治理性改革或制度建设。

全面深化改革中加强各类产权平等保护制度建设，以及随人力资本重要程度的提高而强化知识产权保护，在自古而今财产权利相对弱化的中国式体制环境中，对已经细化、深化的产权形态进行有效保护，使财产权利及让其受平等保护的法规制度乃至价值理念渐成共识和制度需求。顺应治理改革及市场建制的历史趋势和逻辑规律，全面发展混合所有制经济，深化对社会主义基本经济制度的理论认知，并推动其建制成型，既有利于提高资源要素配置效率、促进高质量发展，更有利于从根本上解决全社会所关注甚至不无迷茫的理论、道路、制度、文化等建制成型和认同、自信问题。

政治体制特性为市场化改革及其建制提供了创新空间或制度性的市场公共品。由于党的领导和中央政府职能而具有单一制、集权制的制度底色或中国特色，便于集中民智、统筹规划，通过试验实践循序渐进推动改革开放，为经济转轨以及市场经济发展建制提供不可或缺的内外部政治条件等广义社会公共品；由于分权制特征甚至"联邦制"光谱，"适当处理中央与地方的关系""调动两个积极性"，充分尊重、激发群众和基层的创造精神，产生了经济增长和市场建制的动力、活力与创造力。无论是中央还是地方党政治理模式或其他市场公共品供给方式，都不会一成不变或一劳永逸，也在通过治理性改革，与时俱进地"改进和完善"，进行必要的制度性变革，保障社会主义市场经济发展建制、规制治理，并形成持久的生命力。

在传统体制多维一体、利益格局盘根错节、社会构成丰富多元、发展水平极不平衡的大国经济体中以治理改革实现市场建制，其矛盾特性、变革路径和建制前景，往往难以事先预料，经常使人瞠乎其后。

面对具有意识形态色彩的计划经济体制，当初以"社会主义初级阶段"等发展阶段为依据的判断上的"降级"，包括此后既不走"老路"也不走"邪路"的承诺，规避意识形态风险，取得改革共识以抓住机遇推进改革。在这种理论定位和意识形态语境下，经过几十年的治理改革，中国建立起社会主义市场经济体制并取得了经济发展的骄人成就，使改革开放获得了实事求是、实践标准等现实主义基础上的价值依据。但无论是改革的实践者还是理论家，因为突破正统理论和体制或"离经叛道"，都把自己最薄弱的环节、最柔软的部位充分地暴露在反对者面前。

相对于市场化改革和经济发展，包括正统理论在内的制度文化的创造性转型和中国特色社会主义理论创新，都非短期内可以完成，需要几代人的努力。这种改革实践、市场建制与理论价值意义上的期限与结构错配，易导致改革者信心不足或挑战者的藐视、敌视以及否定与反对改革。一些正统理论家可以完全无视社会主义基本经济制度和执政党与国家宪法意义上的制度定位，有足够的"底气"与"勇气"，随时随地重提"阶级斗争"，要求"民营经济退场"甚或"消灭私有制"，并因"理论正确"而"正气十足"，毫无妄议、违法之虞，以致影响改革开放和经济发展的政策预期及制度取向。①

改革开放的先驱领导层固然可以审时度势、顺乎民心地推动解放思想，从实际出发寻求认识论基础和真理标准，突破此前依据理论信条和外来体制示范所建构的计划体制，但终究摆脱不了来自各方面的疑虑、拒

---

① 典型现象之一是，2018年下半年，在全党全社会隆重纪念改革开放40周年、庄严承诺"全面深化改革开放"之际，居然一时间"民营经济退场""消灭私有制"沉渣泛起，需要中央给民营经济"出台站位""吃定心丸"。

斥包括不时发生的激烈反对，最终不得不以邓小平著名的"不争论"的政治决断方式，把最具争议的"计划"与"市场"等体制形态再次进行"降级"处理，一律视之为工具、手段，大大节约了具有"交易费用"性质的制度性成本，适时、持续推进改革开放，领导者个人在重大历史关头的关键作用也由此表现得淋漓尽致。① 理论上的"便利化"处理虽然取得了改革开放和经济发展的预期进展，并通过建制修法取得了合法性直至合理性基础，但思想理论和价值理念的分歧并未解决甚至"压而不服"，一有机会便"旧话重提"，似乎要一夜间返回改革开放初期或之前的话语环境。而新旧体制转轨时期以及市场经济本身不可避免的各种矛盾，又使其"言而有据"，引起一定范围内的"共鸣"，干扰改革开放的实践探索乃至挑战其法理基础和价值意义。

指导思想及其理论基础的继承与创新，是治理性改革无从回避又难以解决的重大难题。为避免动摇公有制经济的主体地位，治理性改革不仅要进行市场建制，而且还必须最大限度地保留此前建立和维系计划体制的指导思想及其理论基础，至多是将一些不合时宜的提法或观点予以适当修改或暂时搁置起来。这种排斥扬弃的"继承性"，虽然减轻了思想意识形态冲突，但也明显制约了社会主义市场经济的理论创新空间，极大地增加了后来者理论建设的难度或高度。新的领导集体和新任领导人既要有时代担当、提出指导改革开放和经济发展的思想理论和政策主张，又要以"继承和发展"的名义极其审慎地善待此前的"指导思想"。

在加长了的理论链条或扩围了的"指导思想"中，既有经典作家早年的制度构想、未来社会理想以及计划体制理论和思想观念，也有改革开放以来基于实事求是、实践标准提出的改革理论和政策取向；既有在价值信念意义上不可以有任何质疑的美好愿景，也有在求真务实层面推进改革开

---

① 这种简单化的处理方式也不能判定为"个人专断"，因为计划经济的市场化改革本身就是前无古人的事业，社会主义市场经济的改革目标当时还处在摸索阶段，理论的简单化源于实践的探索性甚至缺失性。

放和经济发展的制度工具设计和发展模式创新。在信奉价值信念优先、意识形态占支配地位的中国社会，指导思想及其理论基础的多元表达包括辩证统一，势必产生厚今薄古还是厚古薄今之类的理想的冲突。[①] 市场经济理论语境中本来具有节约社会交易成本作用的意识形态，会因内容各异、表述多元而被各执一端，造成时常可见的思想混乱，增加社会摩擦成本。统一思想以及向何处统一思想，便成为社会生活的经常性话题或难题。此外，随着市场建制和对外开放，与先行市场经济体在产权保护制度、企业微观体制、公平竞争原则、商业伦理精神、政府规制方式、市场经济理论等方面的吻合与趋同，也时常会受到来自传统意识形态的质疑与挑战，大大增加市场改革的阻力和社会成本。

治理改革与市场建制的价值性维护，既需要创造改革红利增进经济福利和社会支持，又必须尽可能少地触动既得利益或给予利益受损者足够的补偿以减少改革阻力，也包含着必要时以延缓或牺牲改革为代价保持发展速度。市场化变革的理想状态是帕累托改进[②]，退而求其次是卡尔多改进[③]，但这只是改革开放初期或部分领域发生过的故事。多数时候必须聚焦发展、"做大馅饼"，求得改革力度、发展速度和社会可接受程度的某种均衡，以赢得改革共识直至取得价值性基础。

---

① 社会价值观念和人生理想的冲突在任何国家、社会和时代都会发生，当然也不会是基于伦理道德标准的简单判断与选择。或许适应变化着的自然、社会和人类心理发展趋势和规律，适时调整、创新包括制度形态在内的价值伦理标准和人生理想追求，缓解社会不断变化着的价值观念和人生不时发生的"理想的冲突"才是正途（参见 L. J. 宾克莱. 理想的冲突：西方社会中变化着的价值观念. 北京：商务印书馆，1983）。

② 帕累托改进又称帕累托效率，是以意大利经济学家帕累托（Vilfredo Pareto）命名的，并基于帕累托最优基础之上。帕累托最优是指在不减少一方福利的情况下，就不可能增加另外一方的福利；而帕累托改进是指在不减少一方的福利时，通过改变现有的资源配置而提高另一方的福利。帕累托改进可以在资源闲置或市场失效的情况下实现。在资源闲置的情况下，一些人可以生产更多并从中受益，又不会损害另外一些人的利益。在市场失效的情况下，一项正确的措施可以消减福利损失而使整个社会受益。帕累托最优被认为是公平与效率的"理想王国"，帕累托改进是达到帕累托最优的路径和方法。

③ 卡尔多改进，也称卡尔多－希克斯效率，由约翰·希克斯 1939 年提出，以比较不同的公共政策和经济状态。如果一个人的境况由于变革而变好，因而他能够补偿另一个人的损失而且还有剩余，那么整体的效益就得以改进。此为福利经济学的一个著名准则。

任何利益关系的调整都是艰难的。计划体制的市场化、治理性改革，在起步阶段，必须尽可能地兼顾至少不过多地触动各级管制者（往往也是改革的推进者或实施者）的既得利益，否则改革将举步维艰、变形走样甚至根本无法启动。当改革涉及劳动就业、社会福利、公共事业、公平权利等大众切身利益时，对具有相对优势条件的经济社会组织成员，必须给予相应的照顾或补偿，现实生活中长期存在、社会广泛诟病的各个领域、各种类型的体制双轨由此而来。较之一般竞争性领域和普通商业类行业，具有自然垄断环节、公共服务性质和经济规制地位的领域或部门，其既得利益及保护意愿和能力相对较强，以技术性、公共性、公益性等理由延缓改革，则成了司空见惯的普遍现象或攻坚难点。

治理性改革中市场新政与既得利益的反复博弈，延缓了改革进程并使之前行艰难而长期化，渐进式改革与其说是经验，不如说是时势使然的客观现实和无奈现象。改革过程的渐进化，会因改革红利的非均衡分布产生新的利益格局，其中一部分具有特定条件的群体甚至可以在政府与企业、权力与市场之间上下其手、左右逢源，获得经济的和超经济的利益，他们对继续改革尤其是全面深化改革可能丧失部分利益而心存疑虑、形成改革阻力。随着渐进式改革迟滞、延长，各类既得利益者有可能形成利益保护合力，削弱或丧失改革动力以及调整利益关系的政治、组织基础。治理性改革的渐进性、迂回性乃至不时产生的妥协性，还会造成破旧与立新、改革创新与依法治国之间的脱节或不同步，滋生权力寻租、非法牟利等违法违规和"市场原罪"现象，无论是原有体制内还是市场新制中，都有一部分人对全面深化改革、完善社会主义市场经济体制尤其是建立民主法治社会心存天然恐惧。

经济市场化的创制路径依赖，造就了市场主体发育条件和成熟程度的显著差异。自然成长的市场经济，尽管也伴随着剧烈的社会变革，但其市场主体发育及其社会治理参与，通常成就于潜移默化、细雨润物的漫长过程并获得主导地位。治理性改革中成长起来的民营经济，则是因建设高级社会条件尚不具备、作为初级阶段的补充成分至多是重要组成部分而"特许"发展的，即使赋予其平等地位，自身乃至社会的疑虑始终是存在的。至于"根正苗红"的主体经济成分，则既要迎接市场竞争、面对优胜劣汰压力，又要承担边界不清、随时变化的社会责任，当然也会借此索要各种优惠政策或超经济、超市场地位，其市场机体发育不全，或亦商亦官、官商两利（其实也是两弊）。如果不在制度理念、体制建构和法治建设上正本清源、成样定型，而满足或止步于各种超经济、超市场因素大量存在的制度理念和过渡体制，市场主体的发育成长和社会主义市场经济的制度成型，仍有可能关山重重、遥遥无期。

效率与公平[①]的矛盾是始终伴随着市场经济而存在的基本矛盾。在不同的发展阶段或制度背景下，其表现形式、存在程度和冲突性质会有所不同。治理改革和市场建制的国情特性有可能使其较早地显现出来、严重起来。因市场要素的禀赋基础、改革政策的普惠速度、重要领域的改革进度、体制创新的市场深度、利益调整的维度力度以及改革开放的努力程度等差异，不同地区间的发展速度和不同社会成员间的收入水平势必出现较大差距。资源配置结构、公共管理政策、政府行为方式以及公众意见进入决策视野、纳入治理体系的路径与时长，都是导致收入分配差距、社会阶层分化，以及效率与公平的对立泛化、固化和长期化的重要因素，历时已久的治理改革也将面临传统体制弊端尚多、市场新制矛盾凸显的两难困局。全面深化改革除需要加快革除旧制弊端外，更需要及时

---

① "公平"是一个社会学概念，也是法所追求的基本价值之一。美国心理学家亚当斯（J.S.Adams）1965 年提出的"公平理论"（equity theory）实际上是一种激励理论，认为人的工作努力不仅与个人实际报酬多少有关，而且与人们对报酬的分配是否感到公平更为密切。"平等"是指社会主体在社会关系、社会生活中处于同等的地位，具有相同的发展机会，享有同等的权利，包括人格平等、机会平等、权利平等。经济学中的"公平"是指收入分配相对平等，经济成果在社会成员中公平分配；广义的公平还包括起点、机会、程序、过程和权利等平等因素。"效率与公平"中的"公平"，首先是收入分配相对平等，进而包括广义的公平，在表达上时而与"平等"互用。

调整攻坚重点，转向公平取向改革，促进效率与公平的均衡协调，并适应治理改革的趋势与规律，深化市场建制与上层建筑领域的制度创新，以社会主义市场经济的成熟制度及其优势，实现社会公平正义和制度价值目标。

第一章

私权制变法与自然
经济秩序

中国历史上冠以"改革"之名的著名事件，林林总总或以数十次计。但是，这些改革绝大多数是治理层面的改革，对当时乃至后来的经济社会发展影响有限，而真正改变经济基本结构进而改变社会上层建筑的制度性变革屈指可数。但发生于春秋战国之际，持续至西汉时期，绵延数百年之久的那场以建立土地私有制和中央集权制为标志的制度性变革及其历史特性与持久性影响，对当代经济改革与制度变迁仍然具有某种历史借鉴和逻辑规律的启迪意义。

一、土地私权制变革与制度建构

经济改革的关键与核心在于要素配置方式及其制度条件。人类脱离早期逐水草而居的游牧生活及原始共有状态，进入农耕时代之后，对生产生活具有决定性影响的首先是对土地的占有和使用方式，以及社会组织或治理方式。历史上的制度性变革和治理性维系多是以此为中心展开的。

（一）土地国有制及其变法趋势

春秋之前，无"天下"与"国家"之分。周王朝以天子为共主，占有和分配天下土地及政治权力，所谓"溥（普）天之下，莫非王土；率土之滨，莫非王臣"（《诗经·小雅·北山》）。在社会治理中，经济上实行土地国有制，政治上通行宗法分封制，用今天的语言表达，其基本权力建构是经济上的集权制与政治上的分权制的结合体。

"天下王土"通过井田制耕作管理，"田里不鬻"（《礼记·王制》），不得买卖。井田制的历史起源可以追溯到夏、商之季，制度解读虽有分歧，但它是周王朝的基本土地制度，也是带有村社性质的典型的管制经济形态。所谓"方里而井，井九百亩。其中为公田，八家皆私百亩，同养公田。公事毕，然后敢治私事"(《孟子·滕文公上》)，在京畿地区或许更为典型一些。周王朝及其各地诸侯贵族把井田中最好的部分留给自己，是为"公田"。将距王室国都、诸侯国都城或"国"较近的郊区土地，以田为单位分给族人即"国人"（也是平民）耕种。"国人"不负担租税，但有少量军赋和兵役义务，平时农耕自足，接受军事训练和礼仪学习，也称"武夫"或"士"，战时自备武器、粮食和军需当兵作战。距离都市或"国"较远、土质瘠薄的劣地，则分给住在野外的庶人或"野人""氓"，但他们必须先在公田劳作并服杂役，然后才可耕作自己维持最低生活的那一小块土地。

农耕时代虽以自给自足、自然分工为典型特征，但不足与有余、需求多样性是自人类产生起就一直存在的。远在上古时期，商业产生、商人活跃即见端倪，商业的兴盛甚或带来商代的兴起。及至周代，在土地的贵族国有制、井田制基础上，建立起"工商食官"制度。周王室和诸侯国设官建制，管理各种手工业作坊，其各类生产者称为"百工"，按照官府的规定和要求从事手工业生产。食官商人为周王室及诸侯贵族提供商业服务，如为官府在市场上购买或出售商品等。工商业家族具有职业世袭性质，在被官府认可之后，以法令形式固定下来，世代相袭，不得改弦易辙，其社会地位大致相当于"国人"，属于依附性较强的平民阶层。至此，社会三次大分工及其经济成长与市场张力，便被强制性地、最大限度地限制在以井田制自然村社分工为基础、农工商一体化管制为特征的王室及贵族国有经济制度、社会形态和政治结构之中，形成经济上的井田制、政治上的分封制、社会上的宗法制、文化上的礼乐制即四位一体的等级森严、贵贱分明的周代封建制度。

在王室力量强大、诸侯小国寡民、宗法礼乐严整、自然分工明确、经济技术停滞、外部挑战微弱的情况下，宗法分封体制有其稳定性基础，但其内在矛盾的滋生及恶化也是不可避免的。一是经济政治发展不平衡，或迟或早会引致诸侯国之间以及诸侯国与周王室之间力量对比的变化和相应政治结构的重组诉求与变乱。二是宗法礼乐秩序的维系，不仅需要诸侯、臣民的坚守，在一定程度上也需要王室成员的遵循与垂范。否则，"烽火戏诸侯"必将导致"礼崩乐坏"。三是商周时代及延至后世的农耕基本经济结构中的"农桑"（种植业与丝纺织业）与"农麻"（种植业与麻纺织业）的二元结合，固然能对应贵族与平民的不同需求，以自然分工完成产需过程，但桑、麻种植的地域自然分工，必然带来农户、区域之间的生产、交易和市场的社会分工，以及商品、市场关系较早发展及其对传统自然分工甚至等级秩序的冲击。四是西周时期锋利的青铜农具得到较普遍使用，随后效率更高的铁制农具也逐步进入生产过程，不仅土地抛荒减少、利用率提高，而且可以进行较大规模的耕耘和垦殖，于"天下王土"的公田之外，产生了诸侯、贵族的法外"私田"及其收入或剩余，以及宗法隶属关系的某种松动，技术变革、生产力提高及剩余创造，对井田制度、宗法关系和力量均衡直接带来重大冲击。五是变动不居的力量对比，使竞争优势者"心存异志"，或称霸"勤王"，"挟天子以令诸侯"，或直接夺国灭族，进行"兼并重组"称王，诸侯封国由千而百、由百而十……直至威胁王室的安危。周王朝气数将尽，已经无力提供包括自身存亡在内的首要的、最基本的社会公共品，即诸侯封国安全与宗法秩序维系。简单的治理性改革已无力回天，一场非周王室所能左右的颠覆性制度变革势不可免。

（二）"周秦之变"与"制度绩效"

周代制度的根本性变革，肇始于众所周知的"商鞅变法"。商鞅变法的核心内容一是废除井田制度。"秦用商鞅之法，改帝王之制，除井田，民得买卖"（《汉书·食货志》）[①]，直接动摇周王朝的统治根基——土地国

---

① 虽然土地私有制度由商鞅变法在秦国普遍确立，但土地私有观念和官府对私权的某种认可或久已有之。《诗经》："雨我公田，遂及我私。"《左传·宣公十五年》："初税亩"。在商鞅变法之前，土地由"井田"到"私田"有其偶然、局部及渐进演化过程。

有制，从此建立起土地私有制度。二是建立军爵制度。"有军功者，各以率受上爵……宗室非有军功论，不得为属籍。"（《史记·商君列传》）军功受爵者得以奖赏或食爵相应数量的土地，废除了贵族爵秩世袭制及贵族与平民的血缘界限，形成等级流动性社会。三是推行郡县制度。出于统治及征战需要，当时各诸侯国对兼并而来的土地不再分封而以属官治理，商鞅完善推广郡县制，奠定秦国的治国基础，君临天下的中央集权体制由此成型。四是强化户籍管理。户籍起源很早，春秋已有制度，商鞅变法则将户籍与军事编组相结合，五家为保，十家为连，行"什伍连坐法"（《史记·商君列传》），户籍管理极为苛严，严格限制人口迁徙流动。五是确立农战体制。重农是农耕时代的普遍规律，商鞅则走向极端，视工商技艺为害，严加抑制；"重关市之赋"直至取缔货币，控制粮食交易；"山泽之利"收归国有；留给人们的出路仅剩下通过征战获得军爵、土地，建立起以农本自然分工为基础、严厉控制工商业和社会分工的农战体制。六是砸烂礼乐秩序。商鞅的"愚民""弱民"政策常为世人诟病，但礼乐诗书及其教化恰恰是周代的宗法礼乐秩序，儒生是其传道士、维护者。更法必须更礼，强权必然弱民，彻底破除周代礼乐秩序，完成意识形态的"破旧"。但是，与经济上废除贵族国有制、建立土地私有制，政治上废除宗法分封制、建立中央集权制相适应的新的意识形态在短期内难以建立起来，无从实现"立新"，只能愚民、弱民、钳民之口，直至秦王朝建立统一政权后"焚书坑儒"。即便如此铁血极端，也只是在持续性地"破旧"，而无法在短期内完成意识形态的重建，"砸烂孔家店"则是其后世版本。"统一思想"显然比"车同轨""书同文""统一度量衡"要困难得多。

商鞅及秦王朝率先启动、迅速推动变法或制度性变革，很快就获得了发展先机和丰厚的改革红利。土地私有制适应农作特性、耕作模式和利益诉求，产生了极大的生产性激励；以军功赏赐爵位替代宗法贵族等级世袭制的军爵制度和农战体制，锻造了农本基础，以及战力远胜于"国人""王师"及其他役兵的"虎狼之师";郡县制取代分封制,以及严苛的户籍管理制度,极大地扩张并稳固了中央王权的经济、社会、政治及军事扩张基础;较快积聚的经济、政治、军事实力,使秦可以"弱民""愚民"甚至"坑儒"等形式,彻底摧毁传统礼乐秩序,敢于为达成包括兼并灭国在内的功利性目标而藐视一切传统秩序和道义原则。秦王朝最终扫平六合、灭亡周室、一统天下绝不是历史的偶然。这场彻底颠覆周王朝及其传统秩序,以建立土地私有制和中央集权制为主要特征的变法图强,堪称中国历史上第一次成功的制度性变革,其变革深刻,影响久远。

(三)秦国变法及其紧张性质

商鞅及秦国变法的制度性缺陷和矛盾也是明显和深刻的。在制度性变革方面,秦国变法虽然适应了当时农业耕作和生产发展需要,建立起家庭自然分工细胞和国家自然分工体系,但这种自然经济体系不仅存在着内部的地域自然分工所派生的农麻与农桑二元结合及其对交易和市场的内在需求,而且面临着三次社会大分工完成之后工商业发展的外部冲击,自然经济体系的建构与解构的矛盾由此变得激烈起来。秦国变法以及其后的兼并统一,虽然彻底砸碎了周代政治体系和礼乐秩序,但与之相适应的价值认同和意识形态则非一蹴而就的事情。此前分封制下诸侯国分立尤其是后来的独立趋势,使"百家争鸣"已然成型并有其存在的需要和条件。但新近建立的中央集权制则迫切需要价值正名,即使采取了"钳民之口"直至极端如"焚书坑儒"的措施以排除异见,依然有破无立、于事无补[①],更遑论以价值体系和意识形态的创造性转化去占领舆论和道义制高点。"名不正则言不顺,言不顺则事不成。"(《论语·子路》)这场制度性变革面临着严峻的价值正当性挑战。

---

① 唐章碣《焚书坑》:"竹帛烟销帝业虚,关河空锁祖龙居。坑灰未冷山东乱,刘项原来不读书。"

在治理性改革方面，形势同样极其严峻。第一，秦国自上而下推动的制度性变革，需要强有力的治理体系与之配套，其中变法主导层的坚定性、权威性、公信度、持久力尤为重要。否则，因人废事司空见惯。第二，商鞅以降的变法过程对传统利益关系的重大调整，必然带来利益受损阶层的激烈反对甚至暴力反抗，利益协调性治理改革如不适时跟进，变法进程受阻、停滞、反复、倒退以致旧制度的复辟随时可能发生。第三，适应经济大势和强国诉求，建立基本制度结构固然是秦政变法者的主要目标，但与建立和巩固家庭自然分工结构和国家自然分工体系相关联的特定领域的治理性管制，如货殖工商的制度选择及其"破旧立新"效率，往往也影响变法的进程甚至走向。第四，秦政权的国家治理能力与方式也关乎其变法的成败和命运，其政权巩固和秩序维护，不仅需要足够的利益诱导机制和动乱抑制能力，以适时应对来自内部的反对力量，而且需要强大的国力（当然也劳民伤财）以应对可能干扰甚至毁灭变法成果的外部挑战。第五，即使制度性变法在秦国顺利推进并取得巨大成就，但如若治理不善，新政错位、缺位或旧制越位、不让位，也不能保证新型制度、新生政权的稳定和巩固。

秦以变法优势建立统一政权后，其内在矛盾及外部冲击骤然紧张起来。首先，大规模战事结束，以此获取爵位、土地的机会骤减，农战体制及军爵制度张力消失，但它对社会分工即工商业发展乃至民生出路的抑制与危害则日渐凸显。其次，疾风暴雨式的统一战争与秦制推行，使各国贵族集团转眼间承受了经济利益、社会地位和政治权力的多重根本性损失，其灭秦复辟的意愿或许比此前任何时候都更加强烈。再次，疆域迅速扩大后的政权体系维护、基础设施需要、水旱风险应对、军事要塞建设以及奢华宫室构筑等，致使赋税、徭役负担持续增加，以致"天下苦秦久矣"（《史记·陈涉世家》）。最后，以暴力征战、灭族夺国取得统一政权的价值正当性挑战，以及征战胜利后秦国严苛的国内法强制性地作为普天之法后的"水土不服"，在与土地私有制、中央集权制相适应的意识形态形成并取得社会认可之前，秦政权的法理性、公信力是受到普遍怀疑的。貌似力敌天下的秦政权，实际上坐在内外部深层次矛盾高度集中、任何治理性失误都可能引致大厦倾覆的火山口上。秦二世而亡，原因绝非贾谊《过秦论》中的那句"仁义不施而攻守之势异也"所能涵盖的。

二、农耕基本结构与集权体制治理

传统自然经济体系的维系，关键在于能否将已有并且不断发展的社会分工及其经济形态上的工商业和商品货币关系，通过特定的治理性改革，强制性地纳入或限制在国家的农本自然经济结构之内。

（一）约束社会分工的体制建构

将社会分工纳入、限制在自然分工及其经济体系之内，周代"工商食官"制度是其典型形态。商鞅变法及秦王朝也在沿袭这一传统，收山泽之利，重关市之赋，全面管制并抑制工商业。汉初的"文景之治"，经济、政治上行放任政策，农业上"轻徭薄赋""与民休息"，工商业领域"开关梁，弛山泽之禁"，促成农业恢复、工商业繁荣。其中"富商大贾周流天下"，商人豪强富可敌国，是为"素封"，"连车骑，交守相"，甚至诸侯王也"低首仰给"（《史记·货殖列传》），败坏吏治及等级秩序。西汉初年，政治上先是功臣名将裂地封王，后是王室子孙封王建国，结果是具备盐、铁、铜等资源及其经济优势的诸侯王迅速"做大做强"，最终引发以吴王刘濞为首的"七国之乱"，直接挑战中央王权。汉初的放任政策，虽然有助于经济恢复和地方发展，但它直接侵蚀乃至威胁传统经济、社会和政治基础，天然地不适合农耕自然经济和中央集权制度。历代王朝在结束战乱、新建政权之初迫于经济恢复压力，或许会在一定时期采行"与民休息"政策，但迅速改行管制政策则是必然的。

为彻底解除自然经济基础和中央集权制度面临的多重威胁，汉武帝刘彻除在政治上行"推恩令"，强制析解诸侯爵位及其封地、强化中央集权制度外，经济上通过治理性改革，建立起一整套巩固自然经济基础的管制经济制度。一是收回冶铜铸币权力。汉初放任民间冶铜铸钱，致"吴、邓氏钱布天下"。汉武帝时期经过数次币制改革，收铸币权于官府，盗铸金钱者死罪。二是建立盐铁酒类专卖制度。招募注册盐户煮盐，官府提供铁锅"牢盆"，成盐全部由官府收购、销售；郡县设置铁官，全面垄断冶铁及铁器制作和销售；私人酿酒作坊由官府供给粮食、曲料，统一收购和销售酒品。三是强化市场流通管制。推行"均输""平准"，管制物资流通和市场价格。各地依律贡品均按当地市价由官府统一采购，由官办运输机构运至稀缺地区高价出售。朝廷设"均输令"统一管理官营商业网络，并以此为基础，控制物资流通、交易及物价水平。四是推行横征暴敛税赋。迫于军费及救灾压力，汉武帝接受"算缗"即征收财产税建议，凡工商业主、高利贷者、囤积商等，无论有无"市籍"，一律据实申报财产，每二缗（二千钱）抽取一算（二百文）即10%的财产税，一般小手工业者每四缗抽取一算。结果"富豪皆争匿财"。随即颁行"告缗令"，凡被举报告发者官府没收其全部财产，举告者可得没收财产的一半，于是"告缗遍天下"，工商大贾悉数破产，"民偷甘食好衣，不事畜藏之产业"（《史记·平准书》）。工商资本积累的通道由此堵死，农耕经济结构尤其是中央王权的财力基础空前加强。虽然"外事四夷，内兴功利，役费并兴"，但就连主张经济放任政策的司马迁也认为"民不益赋而天下用饶"（《史记·平准书》）。至于有研究将这类经济管制政策及其实施者桑弘羊之辈视为"重商主义"，实在是对史实的莫大误解。

（二）中央集权制及其意识形态

西汉武帝时期巩固自然经济秩序、强化中央集权制度的另一项重大治理性改革，是采行董仲舒"罢黜百家、独尊儒术"的主张。土地私有制度和中央集权体制的建立，使原本基于政治分封和分裂局面的"百家争鸣"的意识形态，显得十分不合时宜，中央集权制的一元化性质需要统一意志。当时的争鸣，既不足以也不可能为其提供价值正当性基础和意识形态表达。虽然中央王权历来并非完全囿于某种特定意识形态或某家独有思想，但它要取得传统意义上的法理性基础，则需要一种占支配地位的意识形态，如同商周王朝更替所派生的人的神化或神的人格化即"天子""天帝"观念一样，以便名正言顺事成。在当时那种先秦百家争鸣的遗风犹存、官方经济管制政策甚至中央集权制度备受攻讦的环境下，尤需一种既能适应集权制统治需要，又有可能为士大夫阶层所最终接受的思想学说作为官方意识形态，而不能再像秦代那样采行"钳民之口"或愚不可及的"焚书坑儒"招数。①

如果套用马克思在《政治经济学批判》中描述金属货币时代"金银天然不是货币，但货币天然是金银"这句名言，在当时的治理性改革层面，"儒学天然不是国教，但国教天然是儒学"。儒学成其为国教，至少具有如下适合中央集权制的经济、社会和政治制度治理需要的特点。

第一，儒家的入世理性主义世界观有助于统治者积极有为，"奉天承运"做天下的主人，而不像老庄哲学那样清静无为，盛满了出世超越主义思想而不利于统治者"朕即天下"及其各级官吏"为民作主"的担当。

第二，儒学虽然早期醉心于周礼秩序，并为之付出了沉重的历史代价，但其后学者在商鞅变法200余年后，面对"黄鹤一去不复返"的政治

---

① 其实，在"独尊儒术"之前，"百家争鸣"已经式微。正如托克维尔在《旧制度与大革命》中所说："政府自己早已努力向人民的头脑中灌输和树立若干后来被称为革命的思想，这些思想敌视个人，与个人权利相对立，并且爱好暴力。"西汉时期的"独尊儒术"与秦时期的"焚书坑儒"不过是思想专制的异曲同工而已。

格局及"君臣父子"正统礼教秩序的维护情结，已或多或少转型，对土地私有制度和中央集权制度持维护立场，并认可其价值正当性。

第三，儒家特定的"性善论"人文哲学观所假设的人们的道德潜力或"内圣"能力，以及"修齐治平""内圣外王"等"超凡入圣"式的修己治世之道，为所谓"以德配天"或"天人感应"的帝王角色君临天下及各级官吏治理社会提供了道德人格意义上的法理依据，当然也蕴含着"王者即圣"的思想专制机制，因为他们往往不是"由圣而王"，更多的是各个层面的"由王而圣"，自上而下地奉行政治专权和思想专制。

第四，儒家思想的人文哲学根性，使之追寻人伦修养的至善尽美和社会关系的融洽和谐，在治理社会的主张上，往往坚持"以礼制中"、中庸守常，表现为温情脉脉的人文教化，适合人治，有助于维系与缓和阶级、等级矛盾，属于精神层面"批判的武器"，不同于治理层面带有更多"武器的批判"色彩的法家铁血治国方式。况且，凸显依法治国本质上也不见容于人治王权。

第五，儒家"以义取利"及其曲解形态"重义轻利"的经济伦理观，不同于墨家那种具有某种平等互利色彩、格局偏小（"交相利、兼相爱"）、明显有悖于等级秩序的经济伦理准则，它界定了以道德准则规范经济生活的价值取向标准，既有利于农耕时代经济秩序和社会伦常的维系，又提供了某种或许并不符合或不完全符合儒家思想的经济干涉政策的伦理依据。

第六，儒家在现世生活中构造的君臣父子关系的道德伦常和哲学层面"天人合一"的自然整体观，以及对社会生活的小康追求和终极关怀意义上的大同向往，不仅对集权制度的维护及大一统国家观念的形成有着不可低估的作用，而且为普罗大众提供了美好生活向往，为士大夫阶层找到了天下抱负和精神家园，为儒家学者进则为法兼济天下、退则为道独善其身、落魄而为墨者自食其力构造了心理基础乃至"安贫乐道"的人生等级底线。

儒家学说虽然不是作为正统思想而创立的，并且其原始经典还有可能被皇权贵族乃至后世儒生进行过适应性改造，但其理论性格适应当时思想管控和意识形态重建需要，适合用作并最终被选作中央集权制度的官方正统思想，成为占支配地位的意识形态，并对后世产生深远影响。

意识形态重建的高难度治理性改革性质，决定了后来即便是王朝更替甚至外族入主，也很少改变，并且终究没有撼动儒家思想的正统地位，尽管其角色、作用会有所差异。同时，也正是因为儒家学说后来被选作正统思想，统治阶级也就有可能甚至必然取其所需片面化直至极端化其中有利于集权统治的内容，而将那些在一定意义上与经济社会生活本来面目相吻合的思想内容予以漠视、贬抑直至阉割。中央集权体制借由儒家思想终于完成了意识形态重建的治理性改革，先秦以降的"百家争鸣"局面戛然而止。中国思想界从此由"子学"时代进入"经学"时代，知识精英整体上蜕化为中央王权的附庸或儒学经典的释疑解惑者。除短暂的社会分裂变乱、政治势力林立时期外，极难产生类如"子学"时代的思想巨擘和"百家争鸣"局面。

三、治理性改革与自然经济秩序维系

秦代变法，完成了建立土地私有制和中央集权制的制度性变革；西汉时期，完成了管制经济体系和意识形态重建两项重大治理性改革，自然经济体系和中央集权制度才得以成熟定型。当时及至后来，商鞅车裂但秦法不灭，秦王朝覆亡，但"百代都行秦政法"（毛泽东《七律·读〈封建论〉呈郭老》）。西汉武帝则"有亡秦之失，而免亡秦之祸"（《资治通鉴》卷二十二）。从此，传统经济社会与政治秩序开始进入漫长而又复杂的治理性维系或劫后重建过程。

（一）制度危机与治理性维系

一场颠覆式的制度性变革，出现反复、面临危机并不奇怪。自然经济体系和中央集权制度的维系条件相当复杂，变法便成为极其重要、不时发生而又成败无定的治理性改革现象。

在经济秩序上，通过治理性改革，有效应对土地制度的贵族国有制复辟和抑制豪强地主的土地兼并，保有足够数量的中小地主和自耕农以巩固中央王权的税赋基础和徭役来源，并以强力推行的经济管制政策或官办工商业制度，将体现社会分工和民众生产生活需要的工商业活动，牢牢地控制在农本结构的自然分工体系之内。

在社会治理上，建立或通过变法形成严格的户籍管理制度，将人口固着在土地及官府辖区之内，保证农作、徭役所需并防止流民生乱；拥有一定的社会动员力量，适时应对自然灾变或从事公共工程建设，以至有研究将"治水社会"（hydraulic society）视为"东方专制主义"的特征或基础。①

在政治安全上，最基本的治理性改革是有效防止分封制复辟、分权制倾向以及各种内乱民变对中央王权的威胁和挑战；长期保持"正统思想"的支配地位，防止"异端邪说"乱民之心、变民之志；具备足够的强力手段，保持国内秩序稳定和应对来自外部的经济、政治和军事挑战。

这些因素，都是传统社会的基本公共品需求。一代中央王朝的兴衰成败，取决于这类公共品的提供能力和有效程度。

（二）似是而非的制度性变革

如同宗法分封制时代存在着诸侯贵族的经济政治分裂倾向对"天子"

---

① 卡尔·魏特夫.东方专制主义.北京：中国社会科学出版社，1989.

王室的挑战一样，中央集权制的经济政治体系的成熟与定型，并不意味着地方权贵对中央王权的彻底臣服。有效地摧抑土地兼并、削弱世族豪强，直接关系到中央王朝能否避免治理危机、保持经济政治稳定。

历史上与之相关的治理性改革中，最典型、最极端的案例是西汉末年王莽篡汉建新之后的那场既轰轰烈烈又结局惨烈的所谓"奉古改制"。

秦变法以降，世袭贵族传统被打破，由军爵地主进而世族门阀几经起落，至汉末勃然成势。土地兼并和人口归附，使地主门阀庄园及其掌控范围内得以耕织自足、"闭门成市"，直至逃避税赋徭役、私兵自保。对于此类威胁中央王权的土地兼并和豪强势力，摧抑政策屡有兴废，董仲舒曾主张"限民名田以澹（赡）不足，塞并兼之路"（《资治通鉴》卷三十三），西汉王朝也采行过限田措施但难以奏效。至王莽时则推行"王田制"，恢复土地王有或国有，在形式上进行制度性变革。

王田制规定天下田地一律更名为"王田"，不得买卖，凡家庭男丁不足八人、土地超过"一井"（九百亩）者，余田分给"九族邻里乡党"耕种。在工商业领域，以"五均六筦"全面恢复汉末已见松弛的盐铁专卖和均输、平准二法，官营垄断推向极致，经济管制几至事无巨细。货币制度则七年四改，货币种类多时达六类二十八种，完全违背货币市场规律，交易惯乱，货币难以流通。每次易钱，民用破业，陷刑者众，政府信用透支殆尽。

王莽的"王田制"改革，自称、形似而且也被许多人视为倒行逆施的"奉古改制"，也有研究称其为"社会主义性质"[1]的制度性变革。其实，王莽只是借"王田"之名，疾风暴雨般地摧抑兼并、培植中小地主和自耕农经济，并且与"五均六筦"等工商业管制政策互为表里，进行自然经济体系的强制性修复或治理性改革。不同于后世昙花一现、带有乌托邦性质

---

[1] 胡适. 1900 年前的社会主义皇帝王莽. 皇家亚洲学会华北分会会刊，1928（59）. 吴晓波. 历代经济变革得失. 杭州：浙江大学出版社，2013. 吴书第 4 讲称王莽变法是"第一个社会主义者的改革"。

的太平天国"天朝田亩制度",这场改革强烈地冲击着世族豪强的既得利益和数百年中深入人心的"恒产恒心"私有观念。加上其他民利尽夺的工商业管制政策和愚不可及的币制改革,王莽的"奉古改制"对民业、民生和社会分工造成极大的摧残,从而招致全社会的普遍反对,以失败告终是其必然结局。

新莽政权及后来东汉王朝摧抑兼并政策的失败,其社会代价是极其巨大的。东汉以至魏晋南北朝数百年间,中央王权衰败破局,世族权贵经济膨胀,土地、人口兼并盛行,官商勾结谋私,分裂势力坐大,外族入侵频仍,内外战乱不止,横征暴敛猖獗,民不聊生、人口骤减,商品货币、市场分工衰退,社会精神颓废。脱离中央王权控制的世族自治型权贵经济模式以及门阀、军阀体制,给整个经济社会带来了深重而又持久的巨大灾难。不过,"国家不幸诗家幸"(赵翼《题遗山诗》),中央王权衰微,思想禁锢松动,人世沧桑凸显,民族文化交融,文学、艺术、哲学、宗教等,出现了一时的繁荣兴盛。

(三)万变不离其宗的治理性变法

后世继起的历代中央王朝,在经济社会领域进行的治理性改革,虽然名目繁多,但维护自然经济结构及其上层政治架构的宗旨十分明确。

第一,摧抑兼并直至平均地权。秦代商鞅变法"名田"之后,汉代的"限田"、新莽的"王田"、西晋的"占田",以及北魏、北齐、北周、隋唐的"均田"等,莫不是旨在抑制世族豪强的土地、人口兼并,维护中小地主和自耕农的生存,进而巩固中央王朝的经济基础。只是到科举士绅最终替代世族治理社会、阶层阶级及地产流动不居之后,抑制土地兼并才对中央王朝不再有政治上的必要意义。

第二,重农抑商或官办工商业以巩固农本经济结构。本来,中国古代并不乏工商业发展及其相应的商业精神。司马迁《史记·货殖列传》集其大成，包括追求财富的自然本性观、喜好商贾的民俗同一性、致富成仁的"富无经业"说、"变化有概"的生产经营论、善因无为的制度环境观等。自春秋管仲相齐起，一方面轻税薄费、开门招商，甚至官办"女市"（妓院）以诱商；①另一方面通过财政、税收、价格和盐铁专卖制度干预经济生活，开政府管制市场之先河。商鞅上农抑商以降，政府的工商管制政策成型。如重农抑商的基本国策、与民争利的禁榷制度、超越市场的官工土贡制度、扼要有为的经济干涉政策等。②后世因时势变迁和王朝更替，中央王朝的农商政策有所变易，官民工商业也曾此消彼长，但对民间工商业采取官府直接管制或官办工商业间接排斥以稳定农本基础则是一以贯之的。

第三，频密推行税赋治理变革，巩固国库财力基础。早在西周及春秋战国时期，以土地税为主包括依附于土地的户税和丁税、以商税为辅包括关税与市税的税赋制度即已初步成型，历代王朝多有更易。宋代以后尤其是明代"一条鞭法"、清代"摊丁入地"后，地税、户税、丁税合并征收，中央王朝的主要税赋来源于土地而不再依赖户口、人口多寡。后来逐步增益的商税和盐、茶、酒等货物税成为重要税源，摧抑兼并政策逐步失去经济上的必要意义而最终被放弃。治理性变法的失范、失效，造成土地兼并恶化，租佃关系强化、固化，以致出现昙花一现的"天朝田亩制度"即极端反传统的土地政策主张。

第四，织密"编户齐民"网络，强化经济社会基础。国家直接控制的"编户"是课征税赋徭役和维护政权统治的基础，历代王朝都十分注意户籍管理，记录丰富、制度完备。但世族、豪强也一直与中央王权争夺农民、荫庇丁口、培植依附农，地方官员为保留财力和贪污自肥，也多方隐瞒户口，直到清代"摊丁入地"，户籍与赋役完全脱钩以后才有所缓解。织密户籍网络，是历代王朝经常性的治理改革，尤其在发生战乱、新王朝

---

① 《国语·齐语》："通七国之鱼盐于东莱，使关市几而不征，以为诸侯利，诸侯称广焉。"《管子·问篇》："明道以重告之：征于关者，勿征于市；征于市者，勿征于关。"

② 孔泾源．中国古典商业精神及其现代意义．经济研究，1993（9）。

初建时期更为必要和常见。

第五，闭关锁市、封闭自守以"攘外安内"，维持农耕自足经济和国内秩序稳定。历史上的中央王朝不乏强盛、自信、开放的传统案例，但专制王朝进入衰落期后，其治理政策趋向封闭自守也是通常现象。从宋代的"禁海贾"、明代的"禁海令"，到清政府的闭关锁国政策，可谓一脉相承、贻害日深。包括一些海外研究也认为，"中国在几千年的历史上一直是一个农业国家，其统治者始终不热衷于远洋贸易"①。

第六，以儒学经典科举取士，维持治理效率、等级秩序和价值伦理原则。隋唐以降科举制的推行，彻底打破了世族门阀对社会政治权力的长期世袭垄断，各阶层精英分子代复一代地被吸纳到统治层内，"以吏为师"治理社会，儒学教化推广，士绅阶层形成。而"富不过三代"、官吏科举取选，促成地产和阶层的代际流动，从根本上改变了传统世族门阀对土地占有和人口庇荫的世代因袭，农本经济结构及其政治统治基础得到相应的巩固。

① 彭慕兰，史蒂文·托皮克.贸易打造的世界——1400年至今的社会、文化与世界经济.黄中宪，吴莉苇，译.上海：上海人民出版社，2018：6.

第二章

公有制变革与计划经济体制

现代市场经济要素最初是在农本结构中孕育和发展起来的。一国的农本结构何时以什么方式产生市场及其制度要素，新生的市场经济要素的发育成长及前途命运，一方面取决于该国农本结构的经济特性、治理结构以及由此锻造的国民生产生活方式乃至心理状态；另一方面，它更深刻地体现着内在的分工细化、产业进化、结构变化、产权深化、制度演化乃至信念教化等错综复杂的经济、政治、社会、文化演进变迁的逻辑和规律。

一、农本经济结构与制度建构特性

农本经济结构的基本矛盾是自然分工与社会分工的矛盾。农本结构的维系，需要将分工、技术、产业进化和商品货币关系限定在广义的自然经济体系之内，并且有能力通过其社会政治建构不断地进行治理性调整与管控。一旦形成自适应平衡的经济结构和制度构造，其体系的坚固与解体转型之艰难便具有因果联系，并且会极其深刻地影响此后的经济市场化及其建制过程。

（一）自然经济及其内在矛盾

农耕自然经济虽然是以自然力为基础的经济，但第一次社会大分工推动人类社会分化为农耕民族和游牧民族，并由此产生了不无差别的生产生活方式、社会组织形式和政治上层建构。

无论在东方还是在西方，农耕世界"以农为本"是根本准则。[1] 其原因不难理解。一是由于自然力制约和劳动生产力低下，"民以食为天"，衣食温饱是头等大事，因自然、社会等因素往往难以为继，即便是当今社会也不可对此掉以轻心。二是第一次社会大分工程度较深的农耕民族，较之

---

[1] 吴于廑.世界历史上的农本与重商.历史研究，1984（1）。

于游牧民族或半农半牧民族，"一方水土养一方人"，其种植业和养殖业更多地依赖地域自然力的作用，农作活动乃至社会治理需要将劳动者长期稳定乃至固定在一定区域。三是当初从属于农牧业的第二次社会大分工以及产业技术相对粗浅，传统手工业必须优先保障并且也只能勉强地维持农作生产生活，其发展自然而然地需要适应或被强制性地适应农本耕织需要。四是第三次社会大分工所产生的商业或服务业，不能直接创造物质产品，但三次产业间的"比较效益"特征，即所谓"用贫求富，农不如工，工不如商"之说，又使商人易于盈利致富和积聚资本，通常为农本体制所不容而经常受到抑制。中世纪西方世界也同样认为，满足一家或一国的物物交换是自然的交换，应由家长或当政者主管；商人以牟利为目的、以货币为媒介进行的交换，是助长贪欲的非自然的交换，理应受到谴责。① 而且，"对商业现象的鄙视，对市场秩序的厌恶……对生意人的仇恨，尤其是对吏官的仇恨，就像有记录的历史一样古老"②。五是农本自然经济的生产场所、劳作人口和血缘地缘关系相对固定，是稳定可靠的税赋和徭役来源，无论对贵族分封制还是中央集权制来说，农本结构都有体制适应、治理便利和成本低廉优势，竭力维系农本自然经济结构可以说是其制度本能。六是农耕经济的细小性和分散性，也需要一定形式或规模的集权架构组织社会力量提供诸如应对自然灾变、建设水利设施、维护秩序稳定、抵御外族入侵等社会公共品，小农经济结构与政治集权制度天然地结合在一起。传统制度性变革后的治理惯性，总是力图将劳动分工、社会分工以及相关的几乎所有生产要素及其产业形态，牢牢地束缚在农耕自然经济体系之内。

与农耕自然经济相比较，商业市场经济无论就其经营目的、运营管理、分工性质、产业形态等经济技术层面，还是就其权利性质、交易秩序、工具媒介、安全维护、边界扩展等社会公共品提供方面，至少存在但

---

① 阿奎那. 阿奎那政治著作选. 马清槐，译. 北京：商务印书馆，1963：143-144.
② 哈耶克. 致命的自负. 冯克利，译. 北京：中国社会科学出版社，2000：101-102.

不限于如下重大本质区别。

第一，与农耕自然经济通过家庭内部分工满足衣食温饱等基本需求，其生产目的、需求数量、分工形式和活动区域相对明确、稳定不同，商业市场经济以社会分工为基础，以营利和资本增值为目标，"贪得无厌""四海为家"是资本的本性和商人阶级的本能，因而经营自主、流动自由、平等竞争、互利交易、发家致富等制度环境也是其内在需求，并且显然不符合传统社会的经济目标和等级秩序，即使当今社会满足其制度诉求也并非易事。

第二，与农耕自然经济的生产要素和财富形式主要表现为土地的占有及其自然生产力不同，工商资本虽然也"求田问舍"，但其财产价值不只表现为田舍价格，更多存在于其动产或工商业资本所潜在的盈利能力及其资本价格之中，因而其财富资质不仅取决于个人的经营能力与努力，而且取决于他们自身往往不能左右的通常体现为国家意志的经济政策尤其是与之直接相关的货币金融政策及币值稳定状况。

第三，与农耕自然经济的生产能力主要受制于家庭分工形式、水利气候状况等自然力的作用不同，市场经济中的工商业资本，其经营活动及扩张能力主要取决于社会分工细化程度、商业交往范围、市场竞争秩序、货币金融工具、安全保障水平等一系列社会因素和制度条件，较之自然经济的耕织农户，工商业者虽然更具微观经济活力，但在宏观层面则十分脆弱。其经济张力与存亡兴衰，极大地受制于制度环境，更加依赖政府的作为方式。历代王朝能够在数千年间成功地"重农抑商"，以及市场体制在当今的坎坷命运，正是在于市场经济发展条件苛严或社会公共品成本高昂，而抑制管控成本相对低廉乃至轻而易举。今人俗语称"市场经济是法治经济"，无论从历史经验还是从逻辑规律看，此言不虚，但又说易行难。

第四，与农耕自然经济状态中土地占有相对稳定、农户固着安土重迁、社会结构守常无为、等级秩序井然有序的传统经济、社会、政治制度不同，市场经济生活需要生产要素流动交换、人身自由择业迁徙、社会分工变动不居、竞争交换平等有序，与传统的自然经济秩序一直处在天然的紧张或对抗关系之中。对其抑制、打击以至必要时予以摧毁，则是维持自然经济秩序所必需的经常性努力和治理管控底线。并且，商业市场经济得以顺利发展的公共品类型和体制环境，比维系农耕自然经济秩序的治理要求更加复杂多样并需要与时俱进。较之农耕自然经济，市场经济制度的建立及维系成本更高、标准更严、难度更大，以致当今仍有许多国家难以满足其制度条件，因而长期在传统经济生活或体制转轨路途上跋涉，乃至陷入泥沼。

第五，农耕自然经济的基本矛盾即自然分工与社会分工的矛盾的激化与质变，受制于经济的自给性质、需求的规模约束、创新的偶然性质，因而是一个进展极其缓慢曲折的技术进步和产业进化过程。市场经济的基本矛盾即效率与公平的矛盾，则自商人阶层诞生之日起便暴露出来，不仅由于工商业与农业之间的比较效益差异直接侵蚀农耕自然经济基础，而且可能出现"富可敌国"的富商大贾，对达官贵族乃至传统等级秩序形成挑战和威胁。即便是在今天，任何一个市场经济体，如果处理不好效率与公平的关系，都有可能引发市场经济价值正当性质疑甚至社会动荡、政权倾覆。况且，对于统治阶层而言，"均富"要比"均贫"难得多。"均富"不仅取决于财富的创造能力，而且依赖于利益格局的调节能力。即使随着时代变迁，一些国家和经济体已经发展起了完备的市场经济制度，"均富"的努力也并非必然成功。因而"不患寡而患不均"便成为警世箴言，被历代统治者奉为治世圭臬。

第六，与农耕自然经济可以局限于甚至陶醉于"小国寡民""老死不相往来"的封闭自守状态不同，"对商人来说，全球就是一个大市场，所有人都是潜在的客户。他们想建立起来的经济秩序应该要全体适用、无处不在"[①]。市场经济的这种扩张性和全球化趋势是与生俱来的，但要成功地

取得发展优势和建制地位，自然需要政治势力乃至国家力量的庇护、加持包括对他国的征服。早期走向世界的市场经济体所奉行的重商主义、殖民主义政策，以血与火的文字留下了历史注脚。慑于当今热核武器时代相互摧毁乃至毁灭地球的恐惧，大国大战才有所收敛，但并不排除资本强国对弱小国家和民族的欺凌与征服。尽管这些国家的政要在国内或许是"谦谦绅士"和法律秩序的"守护者"，但在竞争激烈的国际社会，对其公共道德水准切不可做过高的估计。

正是由于市场经济较之自然经济的诸多本质区别，一个自然经济体或其当代类生体如计划经济体转型为市场经济体，既需要放松管制、放活微观主体，又需要创造与之相适应的制度秩序或市场公共品，也需要有效地管控其基本矛盾，并求得效率与公平的某种边际均衡，还需要具备资本走向世界的市场拓展及保驾护航甚至"开疆拓土"能力。一个经济体或国家尤其是赶超型、发展中国家，无论是通过颠覆式革命还是经由制度性变革或治理性改革，同时创造这些条件或具备这类能力，并恰如其分地加以运用，无疑是变革难度极大、成功概率极小的历史事件甚至例外。

（二）农本结构与产业进化差异

东西方的农本结构虽然都是耕织结合的自然经济，但由于第一次社会大分工的深度有别，无论是牛羊饲养、耕作牲畜使用还是纺织原料来源，较之欧洲中世纪，中国农本结构中畜牧业的比重要小得多。农耕时代后期主要是明清两代，家庭棉花种植和棉纺织业替代桑麻种纺织业之后，家庭耕织结构较之农麻时代更为普及和紧密。[①] 此时中国其他民间手工业领域中已经较多地出现了近代雇佣劳动关系或所谓"资本主义萌芽"，有些行业如制盐、矿业中，有比英国工场手工业阶段甚至当今公司制时代更为复杂的劳动分工样式、生产组织形式和产权界定方式。尽管工业革命以前的

---

① 吴承明.论清代前期我国国内市场.历史研究，1983（1）。

中国也"实现了欧洲经济史学家津津乐道的'斯密型增长',但是并不一定会将整个经济带入工业化的轨道"①。其发展仅仅作为必要补充而被牢牢地限制在家庭种植业和棉纺织业紧密结合的自然经济结构之中。

当时,中国农本耕织结构中棉纺织业还处在家庭手工业初创、普及阶段,并未形成社会分工或独立手工业生产,当然也未曾产生近代雇佣劳动关系和新型生产组织形式,农本结构依旧坚固。而西欧一些国家尤其是后来的英国,其近代雇佣关系主要萌芽于毛纺织业即西欧农耕时代的基本经济结构之中,其产生与发展逐步促成农本结构的解构,一场肇始于乡村地区随后遍地开花的"原始工业化"(proto-industrialization)过程由此发生,进而推动需求扩张、市场拓展、竞争加剧、产业进化、技术革命和由农本到重商的历史性转变,最终推动资本主义生产方式的建立和巩固,并按照自己的面貌来改造世界。②

与之相反,中国农本时代晚期由于家庭农棉结构的普及,强化自然经济结构;甘薯玉米等高产农作物引入,促成人口膨胀,形成有增长而无发展的所谓"糊口经济"或过密化、内卷化趋势,以及"高水平均衡陷阱"。③ 即使后来国门洞开甚至政权更迭之后,近代工业最初也只是在农本结构几无触动的基础之上,以官办、官督商办以及军事工业优先发展等官僚资本形态和传统治理方式引入并受到严格管控,形成有产业、技术转化而无制度进化的"时髦古董"。在此夹缝中艰难生存的民间工商业以及金融资本形态,不仅受制于狭小的国内市场和外来列强的压力,而且难以

---

① 王国斌,罗森塔尔. 大分流之外——中国和欧洲经济变迁的政治. 南京:江苏人民出版社,2018:220.

② Mendels F. Proto-Industrialization:The First Phase of Industrialization Process. The Journal of Economic History,1972,32(1):241-261;孔泾源. 手工业与中国经济变迁 // 彭泽益. 中国社会经济变迁. 北京:中国财经出版社,1990.

③ 黄宗智. 华北的小农经济与社会变迁. 北京:中华书局,1986. 黄宗智. 长江三角洲的小农家庭与乡村发展. 北京:中华书局,1992. 另所谓"高水平均衡陷阱"参见 Mark Elvin. The Pattern of Chinese Past:A Social and Economic Interpretation. Stanford:Stanford University Press,1973. 国内林毅夫、蔡昉等专家对此提出质疑。

脱离传统农本结构及其政治体制桎梏，更无从获得保护和发展市场经济所必需的社会公共品服务，因而不足以推动和支持一场由农本而重商、由自然经济到市场经济的根本性制度变革。面对携产业革命技术优势、资本主义制度优势和坚船利炮军事优势席卷而来的西方列强，一次次沉沦和衰落破败则是这个东方古老帝国的制度宿命。

（三）制度变革缺失与"经济大国"的衰落

在研究西方世界的兴起时，新制度经济学派曾力图引导人们从现代所有权体系和社会制度的漫长孕育过程中去发现经济增长的原因，从而改变从某一偶然的技术革新中去寻找发生产业革命的原因的偏见，认为有效率的经济组织是经济增长的关键，其在西欧的发展正是西方世界兴起的原因所在。而有效率的经济组织需要在制度上做出安排和确立所有权以便促成一种激励，将个人的经济努力变成私人收益率接近社会收益率的活动。[①]另外的研究则强调，"制度变迁总是发生在具体的历史情境之中，所以政治始终会影响到经济的运作。……帝国的理念和制度总是在中国这片土地上周而复始地出现，而欧洲历史上则未曾出现过这样的循环"[②]。

自秦代变法起，中国虽然通过制度性变革逐步确立了土地私有制，并进行了持续性的治理性维护，但在漫长的农耕时代，历代中央王朝不仅控制着"山泽之利"即公共资源，而且掌控着数量不等的土地或"公田"，时而用于治理性需要如"均田"，时而因公共需要而随时占用乃至剥夺民间土地及其他财产。东方集权体制下的私人财产权，被认为是"软弱的产权"或"乞丐式的财产"，至多是"收益性财产"，"私人商业财产即使被允许扩大，在政治上也是无足轻重的"[③]。

---

① 道格拉斯·诺斯，罗伯斯·托马斯.西方世界的兴起.厉以平，蔡磊，译.北京：华夏出版社，1989.

② 王国斌，罗森塔尔.大分流之外——中国和欧洲经济变迁的政治.周琳，译.南京：江苏人民出版社，2018：248.

③ 卡尔·魏特夫.东方专制主义.北京：中国社会科学出版社，1989.

　　这种产权性质，根本无从造就一种将个人的经济努力变成私人收益率接近社会收益率的活动和激励，也不能促进产权强化、分工深化和产业进化。由于经济、人口规模因素，贵族、富人的需要以及能工巧匠勤勉等，也可以创造出足以产生"李约瑟悖论"的科技发明和工艺产品①，但这种游离在基本经济结构之外、不能催生需求增长和市场拓展、不计成本消耗当然也无法产业化的发明创造，根本不可能引发一场产业和科技革命。囿于传统经济、军事、政治体制，在产业技术革命的激烈竞争和经济市场化转型的关键期，中央王朝不可能提供市场公共品或制度基础以支持经济发展，开启现代经济增长历程，曾经的"经济科技大国"的落后则是不可避免的。②

　　通过制度性变革实现农本结构向市场体制的转变，既是一场社会生产关系的深刻变革，也是上层建筑领域利益关系的重大调整。它既需要微观层面市场主体的孕育发展和建制环境，也需要统治者上层有对现存制度秩序、价值理念亟须根本性变革的清醒认识及改革的胆略和能力，包括自上而下的执行力和自下而上的向心力，又需要社会形成适度的改革压力、动力以及观念意识的革新或思想解放以促成"第一推动力"，还需要包括逻辑顺序无误在内的治理性改革的适时有效，以保证制度性变革中阶层阶级间利益格局调整较为有序、经济政治秩序相对稳定，以及有足够的力量抵御来自外部的干扰和挑战。

---

　　① 李约瑟.中国科学技术史.北京：科学出版社，2003.更早提出这一"悖论"的是科学学奠基人贝尔纳（J. D. Bernal）。他在其名著《科学的社会功能》（1939）"中国的科学"一节中指出："有史以来，在大部分时期，中国一直是世界三四个伟大文明中心之一，而且在这一期间的大部分时间中，它还是一个政治和技术都最为发达的中心。研究一下为什么后来的现代科学和技术革命不发生在中国而发生在西方，是饶有趣味的。"（贝尔纳.科学的社会功能.陈体芳，译.北京：商务印书馆，1982：287-298）

　　② 皮尔·弗里斯（Peer Vries）在《国家、经济与大分流》一书中，从政府收支、财政货币体系、官僚体制、军事与经济政策、国家的形成与建设等角度，通过17世纪80年代到19世纪50年代英国和中国的相关数据分析认为，中国羸弱的国家能力和低效的财政货币制度及官僚体制等导致清王朝无力支持经济发展、无法开启现代经济增长历程，并且是东西方经济大分流的主要原因之一（皮尔·弗里斯.国家、经济与大分流.郭金兴，译.北京：中信出版集团，2018）.

面对西方世界市场经济蓬勃兴起、资本列强席卷而来，晚清以降，中国社会不仅产权性质、经济结构、分工样式、产业形态不足以催生现代市场经济的制度性变革，而且在内忧外患面前，从权贵阶层到主流儒学，都还沉醉于"中体西用"梦想，力图扶危墙于既倒。中央政权已经没有意愿乃至能力改变日益紧张的租佃关系、人地矛盾及其失地人口和艰难民生；新生权贵或官僚资本日甚一日地挤压新型产业形态和生产方式；为应对治理危机或地方割据势力而不断加重社会大众的租赋、税收和徭役负担；私利自保、尾大不掉的军阀集团和地方势力日益滋生对中央王权的离心倾向直至发出公开挑战；多民族帝国中的中央政权衰落加速催生地方自立、独立倾向以及随时可能发生分裂内乱；几无民生改善、经济变革诉求的宪政改革即"戊戌变法"，终究在统治者没有诚意甚至也没有施政能力和权力基础的窘况中以"无序变法"而失败；内乱外患将政权体系的腐败无能、无可救药暴露无遗以致丧失合法性基础；列强入侵、西学东渐和帝国坍塌使国学意识形态即儒家思想，再也没有能力像以往那样守成护旧而丧失其"正教"权威，一时间形形色色激烈的反传统思潮传播开来。

传统体制日趋破败衰乱、主流意识形态威信扫地和新型生产方式的艰难成长，尽管不足以支持一场经济市场化的制度性变革，但它构成旧制度覆灭的"导火索""爆破筒"以致暴力革命则是足够的。

二、价值信念形态与计划经济建制

计划经济体制虽然是一种当代现象，但它的形成机理则深深地植根于传统农本结构及其社会意识形态之中。对其历史由来和制度特性进行深层解析，有助于理解以其为对象的制度变革的历史必然性和价值正当性，避免市场化改革出现犹豫彷徨、盘陀反复甚或走向传统主义的归途。

（一）一统思想黏性与主体意识形态

千百年来，被历代中央王朝选作教化生民、规范秩序之根基的儒家思想，获得了意识形态主导地位，渗透到经济、社会生活的各个层面。它所确定的伦理规范和道德准则，不仅界定了士大夫阶层"修齐治平"的道德理想和社会责任，而且也影响着平民阶层的价值取向、心理状态乃至风俗习性。

不幸的是，在中华民族生死存亡之际，儒家经济伦理和道德理想近乎束手无策。因而自五四运动以来，一批又一批知识分子走上了极端的也是整体性的反传统道路，其实也是传统思维黏性及定势，西方近现代的各种理论思潮和社会政治学说相继传入中国，竞相争夺主流意识形态地位。在20世纪的中国，最终取得理论胜利和政治优势的无疑是马克思主义。人们不难理解马克思主义与传统儒家思想之间的本质差别，但对二者在哲学机理、思维逻辑和社会理想意义上的会通之处，则往往容易误解忽视，当然也是颇费思量的。

第一，在儒家思想中，固然是以人的道德为主体或本位，但客观世界的运行规律和基本法则是可以通过"超凡入圣"式的道德修养心领神会、体验感悟的，进而把整个宇宙和人类社会当作一个有机的整体结构、超越人本主义或人类中心主义而跃至"天人合一"的整体观念和"尽心""知性"则"知天"（《孟子·尽心上》）的至上境。这种整体观与马克思主义将世界统一于物质，进而社会统一于物质生产方式并按照其自身规律演进运动的认识论、世界观可谓本末相左，但在哲学观的思辨逻辑或思维形式上，却都具有整体一元论的典型特征。

第二，儒家思想的整体观，还内化着儒家特定的"心性论"人文哲学观，即假定人人都具有健全的道德人格，由此在理论和实践上保证了人人都有发展道德的潜能，终而成仁至圣，实现儒家的人生目标或道德理想。较之于这种认识世界的"天人合一""知行合一"观和人格至善尽美的追求，马克思主义关于物质世界的可知性、物质生产方式进化过程中人的包括体力和脑力的各种能力得以全面发展的理解虽然是本体的移位，但同样在思维逻辑或认识论的层面上与儒家有相通相容之处。

第三，儒家思想还具有与道家相同的原始源泉，即都接受"阴"与"阳"的辩证形上学的自然主义发展观。这种发展观在某种意义上为已经摒弃了西方哲学传统中精神与物质、灵与肉抽象对立的唯物辩证法的运动发展观，以及将人类社会同样视作一种自然史或类似于自然史过程的历史唯物论的移植提供了某种契机或发展观基础。

第四，儒家哲学的具体理性特征所界定的人们应将视线置诸实在之上，以保证人生实践中自始至终与理性相联结，进而成就个人自修、社会和谐和政治秩序的实用理性传统，为马克思主义关于物质第一性和自然界、人类社会与人类思维具有规律性的理解以及哲学上的认识世界在于自觉地改造世界的实践性格提供了认同基础。

第五，儒家固然要以"礼"来协调社会各阶级、各等级之间的利益关系和维系经济社会生活的等级次序和道德秩序，但以"仁"心为本，并深谙"水则载舟，水则覆舟"（《荀子·王制》）的儒学士林阶层，是持有其"民为贵，社稷次之，君为轻"（《孟子·尽心下》）的天下格局和民本思想的。在特定的历史条件下，他们中的部分精英有可能转而接受马克思主义的制度构造理论。

第六，儒家"内圣外王"的道德抱负所界定的社会理想，即《礼记·礼运》中关于"小康"与"大同"社会的区分，固然是对我国上古时代原始公社和夏、商、周三代宗法社会的历史想象和政治空想，但它却寄托着传统儒家基于特定的人文哲学观对"大同"社会的由衷向往以及为建立一个小康生活的礼义之邦而不懈奋斗的理想。"天下为公""天下大同"是儒家乃至中华民族世代追求的社会理想，马克思主义的历史唯物论则为之提供了情感的寄托和理性的依据。①

形式结构与思辨逻辑的会通并不等于思想内容的吻合及置换，更不等于与之相关的经济社会体制的现成传承或现实构造。马克思主义为当代中国社会所接受并成为占支配地位的意识形态，有其更为深刻的历史背景。20 世纪初，中华民族面临着西方世界的经济、政治乃至文化价值观念的整体性挑战和生存危机，儒家文化根本不可能像后来一些新儒家学者所主张的那样，进行创造性转化以适应剧烈变化的中国社会。当时政治主张截然不同的各个派别在抛弃儒学和反孔情绪上达到了惊人的一致，急于寻找一种新的正统思想以替代传统儒学地位。这种整体性的反传统，其实也是长期以来中国社会和儒家思想中的"价值优先""思想一统"的必然结果。

当初，以"救中国"为历史担当的思想先驱选择建党指导思想的空间其实也十分有限。因为新思想既要能提供一种持久性的哲学思维和价值理念，来协调与适应中国人千百年来的生活、文化和心灵，又要能迎接具有长处和困扰性的西方科学、文化和技艺所形成的现代世界的挑战。较之于一种现代性民族文化的形成需要数代人甚至更长时间的艰辛探索，现成地接受既能容纳现代生产方式和科学技术，又具有体系完备的经济哲学思想、制度构造理论和价值意识形态且在思辨逻辑和社会发展观等方面又与儒家文化相会通的马克思主义，其理论创新成本或不同文化体系间的摩擦成本之类的"交易费用"无疑是最小的。中国共产党建党初期的思想领袖和组织精英在马克思主义意义上选择了"全盘西化"，也是西方"异端"的"指导思想"，绝不是历史的偶然。

（二）指导思想本土化与制度性变革

"批判的武器当然不能代替武器的批判，物质力量只能用物质力量来

---

① 孔泾源 . 中国经济生活中的非正式制度安排 . 经济研究，1992（7）.

摧毁。"① 当新生的政党面临存亡挑战和担负建政目标时，其他历史上类似于中国国情、具有深厚集权传统的政党理论与建制实践，即列宁主义以及苏联体制，便成为新生政党的组织原则乃至建党建政模式。早期建党领袖和思想先驱在"农村包围城市、武装夺取政权"的血雨腥风中大浪淘沙，马克思主义本土化的毛泽东思想及其实践者逐步成为军事、政治、组织和思想上的主导力量。并且，新生政治力量最终战胜政治对手，成为历史的胜利者和计划经济的建制者也非意外。

20 世纪 40 年代中期，在国内最终形成的对垒决战的政治军事集团之间，其利益格局及制度特性是明显不同的。一方是组织严密、权力集中乃至信念划一的政治团队，另一方是山头林立、管控分散、各怀异志的传统政治集团；一方以"打土豪、分田地"的均田式革命最大限度地回应农民最基本、最急切的民生诉求及平均主义夙愿，进而得到民众最广泛、最直接的经济支持和兵员、人员来源，另一方的政治官僚阶层和军阀统治集团多是土地、资本及其他社会财富的占有者，与农民、工人、民间资本和基层官兵的根本利益尖锐对立；一方是兵民利益高度一致、军事指挥绝对服从政治统一的现代"农战"体制人民军队，另一方是晚清遗风浓厚、军阀拥兵自重、派系恶斗不止、避战自保盛行、官兵利益对立的"合股式"传统军队；一方从经济利益、制度目标、指导思想等不同层面，适当地回应了包括农、工、商阶层乃至相当一部分知识精英、政治团体的利益及信念诉求，另一方重弹已经失去价值共识和传统权威的儒家旧调，维护地主、官僚尤其是政治、军事集团上层利益。这种利益格局、力量源泉、组织特性和信念基础的差异，使双方的成败之势已见高下，最终的结局，历史没有做出令人意外的回答。

国内战争期间及战争结束之后大规模的土地改革，把历史上的"均田

① 马克思.《黑格尔法哲学批判》导言.马克思恩格斯选集：第 1 卷.北京：人民出版社，1978：9.

制"推向了极致，使占中国人口绝大多数的广大农民千百年来梦寐以求的土地所有和地权平均第一次变为现实，新生政权获得了前所未有的社会认同与价值正当性基础，以此恢复国民经济和应对外部挑战并取得了预期的结果，形成了空前的治理自信。但建立在农耕自然经济基础之上的私有经济制度乃至新民主主义秩序，并不构成执政党指导思想取向和制度建设目标。以治理自信和理论掌握群众为基础，以建立社会主义公有制和实现工业化为目标，国家进行了一场时间短暂而影响深远的制度性变革以及相应的治理性改革，建立起计划经济体制。

在制度性变革层面，一是政治上以党代表、人民代表的代议制方式，从中央到地方分别选举产生各地各级党委和政府、立法机关、参政机构等，形成执政党中央全国集中统一领导，各地各级党委、政府和立法机关既"下级服从上级、全党服从中央"，又相对独立治理的"统分结合"的政治权力结构。①这种政治国体，一方面可以组织管理经济社会生活，集中力量办大事，以及为后来体制转轨和市场化改革提供必要的社会公共品，当然也包括难以避免的缺位、错位、越位等不当干预以及"管死放乱"循环；另一方面，又由于权力产生机制而带有分权制的制度光谱，整个权力体系会随着中央党政机构和政治领袖的权威、意愿或执行力而因时因地变化，产生集权与分权之间的位移、博弈和柔性空间以及经济管理与运行中的地方自主性和积极性，并在一定条件下转化为市场经济发展建制的动力、活力和创造力，推动区域间的竞争发展，当然也不排除一定时期的地方主义膨胀或"诸侯经济"形成。

二是在经济上基于农耕自然经济广泛存在的现实条件，依据经典理论的制度取向以及长期形成的战时经济管理经验和动员机制，创造性地借鉴苏联体制，疾风暴雨般地进行农业、手工业和资本主义工商业的社会主

---

① 开国领袖毛泽东在《论十大关系》中关于中央与地方等关系的论述，从不同侧面反映了这种体制架构的特点及其政治运行期待。

义改造，建立起生产资料全民所有制和集体所有制两大公有制体系，以及城镇国营经济和城乡集体经济两大经济类型。城乡间公有制经济的"二元化""双轨制"，虽然是因生产力发展水平所限，但也留下了商品交换的某种必要意义或逻辑和理论空间，以及后来城乡二元体制和市场建制中形形色色的"双轨制"之源。至于民间私有经济则几乎消失殆尽，一改周秦变制以来生产资料私有制占主导地位的制度传统。

三是建立生产资料社会主义公有制基础上的按劳分配制度。其理论含义是对社会总产品作了各项必要的社会扣除以后，按照个人提供给社会的劳动数量和质量分配个人消费品，多劳多得、少劳少得，以"消灭人剥削人的制度"。除"三大改造"中保留的极少部分股息分配外，从理论和制度上彻底否定了除按劳分配以外历史上存在的任何按要素分配形式。城市居民实行等级工资制，农村公社社员按劳动量或工分分配劳动成果。这种分配形式在实际生活中逐步演变为平均主义"大锅饭"分配体制，抑制了劳动者的生产积极性和经济效率的增进与社会事业的发展。

四是不断强化社会主义思想改造运动。本来，长期的武装斗争和根据地建设实践，执政党建政时指导思想已经本土化并且自成体系，界定过阶段性任务与长远目标。但鉴于制度理论和意识形态的借鉴性质，尤其是以建立公有制为标志的剧烈的制度性变革，激起了加快建设社会主义甚至背离指导思想的"跑步进入共产主义"的热忱，使得20世纪初受各种社会政治思潮影响成长起来的知识阶层以及党内的"民主革命"思想开始"落伍"于社会主义制度，出现紧张关系，随后将思想觉悟等治理性非正式约束升级为政治立场和正式制度安排，进行一次次思想改造运动直至发展成"反右倾""文革"等极端形式，力图"毕其功于一役"地完成那种通常需要数代人久久为功的意识形态重建或理论基础的"创造性继承、捍卫和发展"。

（三）社会主义改造与计划体制成型

适应经济、政治、社会生活的社会主义改造或制度性变革，经济领域以苏联模式为蓝本，进行了一系列以生产资料公有制为基础、以管制型计划体制为核心的治理性改革。

一是普遍建立城镇国营企业和城乡集体经济组织，或两种公有制经济类型的实现形式。城镇国营企业，包括相当一部分性质不同的大集体企业，是对不同层级的政府高度依赖、按照政府计划进行生产或从事商业活动的单位，也承担员工生老病死的"家务"责任。对其进行分行业"条条管理"的中央政府部门曾经多达数十个。农村集体经济组织由初级社、高级社演变而来的人民公社制度，更像一个远古村社，土地公社所有，社员集体劳动，成果按工分配，甚至一度办起公共食堂。按照诺斯等人的眼光，国营企业和集体经济组织，完全是无效率的组织，根本不可能将个人的经济努力变成私人收益率接近社会收益率的活动，后来的发展也一定程度上印证了这个观点。

二是建立以国家计划为主导、自上而下的计划经济体制。中央及地方政府通过计划机关及其经济社会发展的人为计划，支配社会资源、配置生产要素和组织生产生活。计划内容包罗万象，包括工农业生产、基本建设、交通运输、商贸流通、财税金融、文教卫生、科学研究、就业工资等方方面面。指令性计划事无巨细，从工业品生产流通、物资调配、政府定价，到农产品的生产计划、统购统销，重要生产资料分配，主要消费品收购和供应，完全由政府主导并按照产品计划安排社会再生产过程。

三是按照计划经济模式建立财政金融体制。建政初期为发展经济、稳定社会，建立了高度集中、统收统支的财政体制，国家预算管理权和制度决定权主要集中在中央，一切收支项目、收支范围、收支办法和收支标准都由中央统一制定，预算收支由中央统一掌握和分配。后来虽有变易，但"统一领导、分级管理"体制基本不变。主要税种的立法权、税率调整权和减免权集中在中央。建立高度集中的计划性金融体系，人民银行既是负责金融管理的国家机关，又是从事存贷款、结算等业务活动的经济组织，成为服务于计划经济尤其是国营企业、包揽一切金融业务的"大一统"金融机构和金融行政管理机关。

四是建立要素及其价格管制体制，抑制重工业发展和城市建设成本。通过征地制度廉价获得农村土地，抑制工商业发展和城乡基础设施建设用地成本；管制利率汇率和金融资源配置，抑制重工业建设投融资成本和资本密集品引进成本；压低能源、原材料等上游产品价格，抑制下游制成品成本或抬高资本品价格以提升利润率与积累率；压低农产品及其他生活必需品和服务价格，抑制工商业及城市发展的劳工成本；严格限制人口流动尤其是城乡人口流动，降低重工业优先发展中资本替代劳动以及人口快速增长所造成的日益加重的就业压力；等等。

五是建立城乡分类、地区分割、固化社会成员身份的户籍管理制度。历史上的户籍制度主要服务于政府税赋管理。计划体制下的户籍制度，则与人们赖以生存的生产资料所有、公有制经济类型、生产生活条件互为一体。除极为有限的招工、招生外，直接限制了人们在不同所有制经济、城乡地区之间甚至各个经济组织之间流动的机会，形成各种经济类型、城市与乡村之间以及城乡内部的就业限制管制和劳动者身份分化固化。

通过三年左右疾风暴雨般的社会主义改造和一系列并非一帆风顺的治理性改革，计划经济的微观经济组织、资源配置模式和宏观管理体制全面形成。其体制成因既有指导思想的界定和苏联体制的示范，也有长期战时经济、供给制实践的丰富经验，同时还有全社会急于摆脱落后农业国面貌、加快实现工业化的宏大目标。其中一些计划控制和经济管制政策，甚至是为"赶超战略"而量身定制的。[①]

---

① 林毅夫，蔡昉，李周．中国的奇迹：发展战略与经济改革．上海：格致出版社，上海三联书店，上海人民出版社，2014.

这种计划体制及其管制政策，在特定时期和一定意义上，达成了经济增长和体制建构的预期目标。20 世纪 50 年代到 70 年代末，全国社会总产值和国内生产总值分别达到 8% 和 6% 左右的平均增速[①]；一大批基础设施建设工程和战略武器研制项目得以完成，一个门类较为齐全的现代工业体系已然成型；重化工业和国营经济在国民经济中的比重或地位，朝向国家工业化或"赶超战略"的既定目标变化，国家全面掌控重要关键领域和整个国民经济命脉。

但是，排除市场机制、超越资源禀赋和比较优势的计划经济体制，本身内在着并迅速积累起极其严重的机制性缺陷和结构性矛盾。国营企业和公社组织的自古而然的激励缺失和竞争机制的弱化，造成普遍的效率低下和生产可能性边界收缩，以及由此导致的一系列经济社会问题；计划价格管制对市场信号的扭曲，土地、资本等生产要素的计划管制和主观配置造成的稀缺资源经常性错配和体制性浪费；能源、原材料和生活必需品及服务价格的人为压低，造成相关产业发展受阻、产业结构严重失衡、生产生活资料极端匮乏和社会就业困难；长期低工薪制度制约了居民需求和国内市场的扩大，社会总需求不振抑制了国民经济增长的稳定性和持续性；重工业优先发展失去了要素比较优势，国内市场狭窄并且难以开拓国际市场；征地制度对农村土地要素、计划价格对农业劳动剩余的双重不等价交换，城市工业结构重型化和城乡户籍壁垒对农村劳动力转移通道的堵塞、人民公社制度根本不可能提高的生产效率等，以及农村人口的急剧增长和人地关系的日渐紧张，使广大农民面临着迫在眉睫的生存危机，他们对改制图存的期待和意愿，或许比其他任何社会群体都更加强烈。计划体制的机制性缺陷和结构性矛盾，使改革开放前夕"国民经济濒临崩溃边缘"并非虚言妄语。

---

① 国家统计局国民经济平衡统计司 . 国民收入统计资料汇编（1949—1985）. 北京：中国统计出版社，1987.

三、计划体制悖论与市场转型困境

出自经典理论和苏联模式的高度集权的中央计划经济，在其自身运行实践中难以克服的机制缺陷、逻辑悖论和在市场化变革中出现的转轨困局，是当初的计划经济建制者以及后来市场化改革的推进者所始料未及和难以想象的。

（一）计划体制运行逻辑及悖论

计划经济的基本矛盾是计划者的有限理性能力与社会经济生活发展对理性能力无限、多元需求之间的矛盾。集权性经济体制所隐含的理论假定和运行逻辑是，计划者有能力获取所有参与者的效用函数及资源、技术和制度约束，通过自上而下的指令系统，精确地复制出从市场调整过程中产生乃至优于市场经济的结果保证信息对称，同时还假定人们处处具有已经完全确定了的建立在个人收益与社会收益一致基础上的最大化效用函数而实现激励兼容。

具体说来，计划者的理性能力达到技术变迁实际水准和生产可能性边界，并持续具有与产业进化、制度创新相适应的理性扩张能力；社会一体化程度极高且各类生产经营中潜在的边际成本与边际收益趋于均衡状态；相互分离的经济组织之间因信息极其畅通、精确和充分或利益高度一致，经营活动存在无摩擦交易条件；所有经济活动的参与者其个人利益与社会利益完全重合，以及个人对团体或社会利益有足够的职业操守和道德忠诚。

在工业化初期，这些假定中的某些条件或许是能够具备的。当时，从无到有的产业创新和需求明晰的劳动分工，计划者的有限理性或可基本达到技术变迁与生产可能性边界；社会分工的不发达、产业联系的简单化和区域协作的直观化，大大精简了信息量，使计划者有可能把握最基本的信息变量；由战时军事体制转化而来的指令性计划体制，在特定时限内有可能借助于行为惯性和社会认同心理，保持较高的经济动员能力、一定的集权效率和某种职业道德操守，以及赶超目标所促成的向心力，使人们在计划经济建制初期仍或带有英雄时代的献身情结等。计划体制当初借助于这些特定条件，曾经取得了可资称道的经济绩效。

但是，技术变迁与产业进化一经发展，日趋复杂的劳动分工和千变万化的产业联系，便迅速突破了计划者的有限理性边界。信息增量与计划者理性伸张能力之间的不对称，注定了后者不足以将全部经济社会生活纳入自己的制度操作过程之内。组织实体的规模越大，它的有限理性就越不适应，越易造成日趋严重的低效率。意识形态所界定的计划者的名义道义责任和社会成员由此产生的对福利函数的过高期望值或利益偏好，与社会实际发生的福利函数或计划者利益偏好之间的差异，以及社会成员彼此之间利益偏好的不同，最终必然促成离心于传统体制的新的利益主体及其观念形态。利益的分化和差别的出现，使与机会主义和道德风险等相关交易费用或监督成本急剧增加。这种体制维系的时间越长，或抵制市场化变革的力度越强，其反作用力和社会风险也随之加大。治理性改革或制度性变革或迟或早地发生，是自计划经济建制之日起，就由其内在矛盾和运行逻辑所决定了的不以人的意志为转移的客观规律。

计划体制的内在矛盾除表现为信息约束及理性局限外，还有激励扭曲或不兼容问题。但不排除它在传统体制与市场新制之间存在游刃的余地或生存的空间。其成立条件是，在正式制度安排中，强化集权机制与统配规则，以及适应平均主义倾向来降低交易摩擦和社会风险；在非正式约束中，借助于民族根性中的传统心理，不断增加意识形态投资和伦理规范教育，培育社会成员对制度模式和计划者的理性能力的认同与高估以及自下而上的道德忠诚。因此，计划体制中的"大锅饭"分配机制、"抓革命、促生产"的运动 – 生产模式和"运动群众""运动官员"的"继续革命",不仅是国民意识或文化传统中价值优先的具体体现,同时也是依据这种价值倾向所构造起来的计划经济体制得以运行的必要条件。我国经济市场化变革与建制,不仅需要经济领域中正式规则的持续性改革促进信息对称和激励兼容,而且还需要像历史上曾经发生的治理性改革那样,以更为久长的时间完成传统文化和制度理论的创造性转型,全面建立适应社会主义市场经济的价值信念体系和社会意识形态。

(二)计划经济的市场转型困境

自然经济和计划经济转向市场经济,表面上看似乎是一个近似的过程,但由于分工性质、要素特征、制度结构、利益格局以及价值取向等方面的原因,较之传统自然经济,计划经济的市场化转型要艰难复杂得多。

首先,自然经济和计划经济固然都有"计划性"、排斥商品或市场关系,但自然经济主要是囿于生理自然分工和地域自然分工所决定的生产力水平或衣食所忧因素,其"经济计划"一般限于家庭内部。在社会范围内,一旦自给有余,农户之间乃至地域之间,总是力图通过市场满足多方面的需求直至富裕阶层的奢侈性需求,其经济主体无论是作为生产者还是消费者,都具有一定的经济独立性以及相应的自主行为条件。并且,在特定场合和环境下,地域自然分工本身甚至也是突破家庭自然分工的条件。计划经济则是以无所不包的"经济计划"覆盖全部经济社会生活,强制性地排斥社会分工,将全社会的生产和消费纳入经济计划而变成"家务"活动。包括企业在内的社会成员不仅不具备自主地配置资源、从事生产的条件,而且由于生产效率低下、基本生存品供给不足而丧失消费选择性,其典型现象是各类消费品票证满天飞。结果是,在自然经济生活中，"小生产是经常地、每日每时地、自发地和大批地产生着资本主义和资产阶级的。"① 计划经济则是体制性地排斥商品市场关系及其价值意义，不断地"割资本主义尾巴"。即使经过数十年的市场化改革，长期丧失自主性的国有企业及其经营者真正成长为市场主体，通常也是一个艰难的过程。

其次，在经由家庭自然经济到市场竞争关系的转变过程中，自然经济成员基于切身利益对于成本与收益、风险与回报，每日每时地"算计"与权衡，历史地、大批地锻造出具有风险担当以及投机冒险精神的微观市场主体，并通过经济利益纽带及可能的社会政治行为，渐进地推动上层建筑领域的变革，提供诸如认可与保护财产权利、维护市场交易秩序、拓展生产经营空间等市场经济所必备的社会公共品服务。计划经济的市场化改革，面对的是被自身价值期许拉高了的或有性"福利函数"所普遍培育出的需要百般"父爱"的依附性、依赖性劳动者包括所谓经营者。企业家不仅是极其稀缺的要素，而且在既有体制中动辄得咎、难以有所作为。至于其他与市场经济有关的社会公共品的提供，则既需要从市场微观机制到宏观经济体制的重建过程，又需要应对错综复杂的国内国际环境，保障平等参与机会和经济社会安全。

再次，自然经济固然以衣食温饱为首要选项，其中的绝大多数人没有经济剩余及其资源配置条件，但商品货币关系及其价格信号的客观存在，使社会成员对资源稀缺程度及其商机变化自始至终存在感性认知。依据市场供求关系和价格信号追利逐富成为一部分人的矢志愿景，以致历代王朝每每予以限制摧抑，稍予松懈便有泛滥之虞。计划经济中虽然也有"除恶"未尽的商品市场及其交换关系，但它通常体现的是计划者的产品交换，而非市场决定价格的商品交换。并且，社会范围内的资源配置和整个

---

① 列宁.共产主义运动中的"左派"幼稚病 // 列宁.列宁选集：第4卷，北京：人民出版社，1995：135.

再生产过程，都是由经济计划安排而不是由市场过程决定。即使确定了市场化改革目标，也无从骤然放开市场价格或切断要素供给链条。否则，势必造成生产要素和消费品价格的剧烈变动以及生产和消费秩序的紊乱。因而需要较长时期的理顺价格过程，以及相应的消费品市场和生产要素市场的重建过程。

又次，自然经济生活中逐步产生商品货币、价值规律等市场经济因素，是三次社会大分工的必然结果和一个类似自然史的过程。尽管它曾长期受到制约和摧抑，但毕竟经历了千百年的历史实践，并且是千百万人基于个人利益而普遍发生、共同活动的过程和趋势，一旦"善者因之"、顺其自然，并给予必要的规制与保护，市场经济的蓬勃成长便成为人们已经看到的人类经济史的经常性现象。至于形成市场先占、独占等垄断现象，则是十分晚近的事。计划经济的市场化改革，面对的则是经由较长时期从经济活动、制度设定以及价值信念层面否定和排除市场经济，经济主体简化为国有制至多包括集体制及其企业、公社形态，经济生活由高度集权的计划者集中安排，交换过程缺失市场决定的价格信号，社会成员因经济体制的公共属性及价值正当性而对其直接从属依附，至少是部分地丧失了自主从事经济活动、催生市场经济元素的契机甚至意愿，以及这种计划经济体系本身所形成的坚固、僵化、扭曲的利益格局及其维护机制。但凡对其进行市场化改革，其既得利益者尤其是具有行政、市场和自然垄断性质的利益代表者，势必反弹行为强烈、利益维护坚决。而经济组织形式、体制架构特点、社会赋权性质以及价值意义预设，又使之诉求表达便捷、决策参与直接，天然地占据公共利益和社会正义的"道义"制高点，并且还不能完全排除其在一定时期及场合真实地具有这种特定的社会角色。计划经济的市场化改革所要突破的利益格局、所要改变的传统观念、所要兼顾的各种诉求、所要适应的经济技术规律，远远超出曾经源于自然经济的市场化发展。其复杂程度和变革难度，几乎是人类历史上前所未有的。

最后，为了维护自然经济秩序，历代王朝虽然也奉行"重农抑商"政策，但更多是出于与民争利和维持传统社会秩序的需要，并没有彻底否定商品货币及市场关系的存在意义和价值正当性，甚或"与民休息"时还会在一定阶段放松工商业限制政策。由自然经济向市场经济转轨过程中，新生经济成分突破的是异己的传统经济藩篱。计划经济则不仅从体制上排斥市场经济，而且确立其价值对立性、否定其价值正当意义。计划经济的市场化改革，首先必须解放思想、自我否定，"在灵魂深处爆发革命"，从体制正当性和价值正当性的双重意义上突破既得利益格局，确立市场经济理念与地位，完成体制重建和价值重建的双重高难度重任，并且悉心维护已有意识形态和价值信念的主导地位。决策层的政治担当、执行面的审势作为、"草根"层的创新破题，利益上的艰难调整，以及从社会价值取向到大众切身利益的挑战，改革实践的纠结和取舍难度与困境自在其中。计划经济的市场化变革，往往伴随着迂回曲折、漫长渐进甚至不无反复的复杂过程。

（三）市场化败绩及其历史教训

"小生产"固然可以不同于计划体制，能够经常地、每日每时地、自发地和大批地产生资本主义和资产阶级，推动农耕自然经济向商品市场经济发展，但也需要有相对适宜甚至极其严格的经济社会环境。除经济成长及产业进化外，还需要社会结构、政治建构、人文精神以及国际环境等一系列适当性条件包括历史的机缘巧合。

中国曾经是具有小生产汪洋大海的自然经济体，并且有过资本主义萌芽，但因经济结构自身原因以及农耕王朝的治理性维护，与自然史过程的经济市场化相去甚远，历史也未曾给予中国农耕自然经济渐进地转型为现代市场经济的时间和机遇。19 世纪 40 年代面对西方列强打开国门后，无论是政权维系需要还是救亡图存压力，从晚清政府到民国时期，都曾尝试过实业兴国，民族资本乃至市场经济也有一定程度的发展。但中国经济形态的整体性转型最终与市场经济及其制度形态擦肩而过，不得不经由转型难度决不稍逊一些的计划经济的市场化改革重新起步。洞悉当年经济市场化转型的挫败及其原因，对于当今时代的经济市场化改革具有不可多得的启迪作用和警示意义。

第一，自长期闭关锁国、落伍于时代的清王朝败北于外来列强起，传统农耕结构便因外部冲击开始解体。19世纪60年代，境外洋纱洋布大量销入中国市场。先是洋纱代替土纱，促成纺与织分离，后是洋布代替土布，导致耕与织分离，曾经紧密结合于农民家庭内部的种植业与棉纺织业从此走上解体之路。其他传统手工业也在洋器洋货的冲击下风雨飘摇、纷纷破产。由外部生产链和暴力机制所强加于农耕结构的耕织解体或市场化转型，摧毁了城乡大众的民生之本，使无产者即为失业者；家庭从业萎缩式"专业化"推动的商业性农业发展，却成为严重依赖外部市场、仅仅提供廉价农产品的农业附庸，难以形成资本积累。遍布中国大地的不是市场主体、产业工人而是丧失生存之本的赤贫者，当然也是期待摧毁旧秩序的干柴、火种。其历史教训是，经济市场化必须要有替代传统经济形态、保障基本民生需求的产业发展、就业创造和市场开拓。否则，必将面临民生基础的破坏和极大的社会风险。

第二，机器工业的舶来性质，使近代社会之初的晚清政府不可能遵循产业进化和经济市场化的一般顺序或规律，从关切民生需求的轻纺工业、劳动密集型行业起步，循序渐进地推进原始工业化进而近代机器工业的发展，而是迫于维系国内统治和抵御外来压力需要，率先创办资本技术密集型的政府军事工业，继而以政府及官僚垄断形式官办、官督商办、官商合办重工业，最后才是在其夹缝中艰难地成长出以轻工业为主体的私人资本主义工业。及至民国时期，因内部腐败盛行与外来压力骤增，官僚资本垄断格局不仅没有改观，甚至借助金融资本兴起控制了整个国民经济命脉。清末至民国，官僚资本过度膨胀、民间资本发展受阻、产业进化结构失序、社会民生残破凋敝，资源要素错配浪费，制度性痼疾一次又一次地为统治者鸣起丧钟。历史表明，经济市场化需要遵循产业进化规律、顺应民营经济成长趋势、防止垄断资本蔓延膨胀、构建产业链体系和利益均衡机制。否则，经济转型建制有可能夭折甚至引起社会动荡。并且，即使在特定条件下以"赶超"方式推动产业进化和经济发展阶段跨越，也或迟或早地需要某些原始形态或初级阶段的历史补课。

第三，由于"治水社会"的"财产软弱"根性，古往今来我国不乏公权侵蚀私产、政府削夺民利的案例。但经济市场化和财产权利的发展，使政府不能再简单地因循旧例以公权侵夺私产、民利。清代末年，官督商办、官商合办和民办企业已有发展，因势利导界定和保护各类产权、促进官僚资本转型和市场平等交易既顺乎经济规律，也切合民心诉求。但清政府却逆势而为，对来自士绅、商人、地主和人数较多的农民等的民间投资不做适当的经济补偿，便将已归商办的川汉、粤汉铁路"收归国有"，从而诱发了轰轰烈烈的"保路运动"以及随之而来的颠覆清王朝的辛亥革命。"保路护权"的历史证明，保护各类经济主体的财产权利与发展机会，界定公权与私权、政府与市场的边界，对市场经济成长建制以及政治权力的稳定性和正当性都是重要的。

第四，漫长的自然经济时代，人们务工经商、逐利市场的潜力固然被重农抑商政策长期约束在农耕结构之内，但经济市场化发展中，如果只有"经济人"行为的市场放任而没有政府的制度性公共服务，其前景也是难以预期的。晚清时期有过"同治中兴"，但始终走不出"官督商办、官商勾结、垄断取利、中饱私囊"的死胡同，民间资本终究不能成为经济增长的主体力量；民国时期出现过所谓"黄金十年"，但产业结构扭曲，市场七零八落，商业腐败盛行，金融秩序混乱，内乱战祸蜂起，以致落后挨打、经济体系一触即溃。经济市场化的治理转型，除需要经济主体及其创业创新自由、现代商业伦理和劳动者职业精神的养成，也需要政府提供强力、有序的经济与社会治理服务以及适时、足够的规则、公平、安全等广义社会公共品供给。①

第五，鸦片战争导致国门洞开后，中国经济被动地卷入世界市场，逐步沦为外国资本的廉价原料生产者和工业品倾销市场。因生产技术、市场供应链的对外依赖，艰难起步的近代工业既缺乏竞争能力又无稳定的国内市场。随着一系列丧权辱国条约签订及大量战争赔款，外国资本对国内的财富掠夺和对财政金融、海关管理、对外贸易、重要产业的控制，以及后来外敌入侵、大部国土沦丧，中国政府丧失了对国内市场的基本保护能力与自主发展经济的基础，积贫积弱、被动挨打成为百年厄运。中国的境遇与先行的市场经济体以产业技术优势和炮舰铁血强权从殖民地和落后地区攫取廉价农产品、工业原料和广阔的销售市场等，不啻霄壤之别。经济市场化的全球化性质，决定了一个国家的经济市场化转型既需要市场主体的发育成长、资源要素的适当配置、国内市场的形成与制度保障，又需要足够的经济、政治和军事实力，确保独立自主地发展经济，循序渐进地开放市场，逐步培育市场经济基础和全球竞争能力。

第六，中国社会由来已久的商品市场关系，历史上被中央王朝的"重

① 类此认识注定是易于引起争论的问题。20世纪早期哈耶克、米塞斯等人在对计划经济的批判中，曾将经济自由推崇到无以复加的程度，认为只有以个人驱动和追求其自身利益为动力的自由市场，才能生成明智地协调社会行为所必需的信息，即自由是经济繁荣的一个必要条件，计划经济作为一种经济制度，注定是要失败的。阿玛蒂亚·森在其《以自由看待发展》一书的"导论"中开宗明义地提出，发展是扩展人们享有的真实自由的一个过程。他简明而广泛地阐述经济发展就其本性而言是自由的增长。这些见解无论从历史实践还是价值标准看都得到了诸多认同，对经历过计划经济之痛和经济自由相对受限国度的国民来说感受尤为深切。但当一个国家或民族面对内乱外患，连最基本的生存权利和自卫能力都不具备时，所谓个人经济自由或为自由而发展只不过是美幻如梦，森的祖国未必没有类似的感受。对自由发展条件与技术制度路径的探究，其意义绝不逊于人类本性或价值判断意义上的逻辑思维和理念描述。

农抑商"政策和士大夫阶层的"重义轻利"教条所抑制。及至后来，因内生的商品货币关系发展和外来的资本主义入侵，传统的"抑商"政策和"义利"教条遭遇严重挑战而亟待改弦更张。但晚清时期占据政治权力和"道义信念"高点的"中体西用"论，窒息和阻碍了与经济市场化趋势相适应的制度变革、理念转型或"思想解放"直至政权破局，各种新生政治派别被推上了不约而同、几无例外的极端反传统之路。但因政治体制和经学传统的长期束缚，国学武库中已经根本找不到既与士大夫阶层的精神寄托和社会大众的世俗生活相适应，又能推动经济市场化的价值理性与工具理性依据。最终只能全盘借力于外来成果（恰恰又是彻底否定商品、货币及市场关系的理论形态和制度模式）。中国经济的市场化之路，注定要经历计划体制及其变革的艰辛路途而具有"中国特色"。在经济社会转型的关键时期，如果没有实事求是地解放思想，扬弃历史上源于"圣贤经典"、政治威权和道统信念等背离经济规律和时代要求的陈腐观念、思维定式与体制偏好，就不可能成功地推动经济市场化转型与制度建设。

第三章

产权治理改革及市场主体成长

体制变革的必要意义虽然一直内在于计划经济的运行逻辑和社会大众的普遍期待尤其是基层社会的生存压力之中，但在"价值信念"和"意识形态"优先的背景下，并经周而复始的"政治挂帅"运动尤其是"文化大革命"极左思潮的强化，任何极小的治理性改革都有可能被上升到制度性变革的层面，引起政治正确与否的争论、分歧，直至一事无成。合乎逻辑规律的体制改革只能历史地肇始于意识形态约束得以松动的时期、计划经济的薄弱环节或边缘地带，以及厘清理论是非或"不争论"的舆论环境之中。

一、农村治理改革与制度溢出效应

1978 年底召开的中共十一届三中全会被公认为是中国改革开放的历史标志，但经济改革并非始于此时。1976 年 9 月开国领袖毛泽东逝世后，"文革帮"与极左势力迅速覆灭，极左政治及其意识形态的桎梏开始被冲破，历次政治运动的不当受害者得到平反并成为经济改革的中坚，现代化建设成为政治高层的关注焦点。而关于"真理标准"的大辩论，则是新中国成立以来前所未有的思想大解放，"实事求是""实践标准"成功地挑战了传统理论教条并成为改革开放的指导思想。与此同时，以中美建交、邓小平访美为标志，中国与西方世界的关系趋于缓和，为改革开放赢得了相对有利的国际环境。一场发生于贫困乡村、当初并不起眼但最终改变中国也震惊世界的波澜壮阔的改革开放大潮汹涌澎湃而来。

（一）农业经营体制与地权制度变迁

经济改革从农村率先突破有其历史必然性。体制的弊病，"文革"的浩劫，导致农业、农村凋敝。1978 年全国近 40% 的农民食不果腹，"吃饭"压力形成改革动力。特定的制度环境决定了农村改革只能在治理层面寻求出路，不可以进行任何触动土地集体公有制的制度性变革。

1. 产权深化型农户承包制改革

农业生产中实行联系产量计算报酬即"联产承包制"改革最初是由安徽省少数县的农民于1978年秘密进行的。结果是大旱之年全部大幅增产，继而肥西县、凤阳县等地分别开始试行"包产到户""包干到户"等家庭承包经营方式。中央决策由部分允许、肯定到全面认可、规范，使农村家庭承包经营普遍推广开来。到1981年底，全国农村已有90%以上的生产队实行了不同形式的生产责任制，并迅速由生产队根据农业产量记工分，再按工分进行年终分配的"包产到户"，发展到"交够国家的，留足集体的，剩下全是自己的"。"包干到户"，农民群众称之为"大包干"。到1983年底，全国实行"包干到户"的生产队已达总数的97.8%。在家庭承包制的改革大潮中，1958年起倡办的人民公社体制至1984年便彻底解体。农村家庭承包制改革，也带动了国营农场进行"大包干"、家庭农场等改革试验，普遍建立起大农场套小农场、以家庭农场为农业基本生产单位的经营管理体制。

各地实行土地承包时，最初承包期一般为3年，1984年起延长至15年。1993年11月，耕地承包期再经延长至30年不变，并提倡承包期内实行"增人不增地，减人不减地"的办法。在坚持土地集体所有和不改变土地用途前提下，经发包方同意，允许土地承包权依法有偿转让。2008年10月，中共十七届三中全会决定赋予农民更加充分而有保障的土地承包经营权，现有土地承包关系要保持稳定并长久不变。这些规定实际上将集体经济的"成员权"转化成了"土地股权"。随着近些年农村土地权属确认、登记、颁证甚至被称为"确实权、颁铁证"管理体系的建立，集体"成员权"便随之硬化、固化成股权并落实到农民家庭。尽管农村土地仍属集体所有，但离开有偿转让和平等交易，集体经济组织再也无权简单地收回自己释放出去的承包权或在其成员之间重新分配与调整。

由于经济权利关系的变化，即使是农村集体自身，也不能再保持原来那种以自然村落为限的地缘边界，而是朝着农业法人化组织、股份制集体经济组织等模式演变并且已经取得了法律地位。2017 年 3 月，《民法总则（草案）》重新修订，设"特别法人"，给农村集体经济组织、城乡合作经济组织、村委会和居委会等基层群众性自治组织等赋予特别法人资格，可以从事为履行职能所需要的民事活动，并规定"未设立村集体经济组织的，村民委员会可以依法代行村集体经济组织的职能"。村集体所有的资源、资产及其权益以及农民在村集体组织中的成员权益，从此由法律形式予以明确、规范、固化和保护。农村家庭承包制的治理性改革，经由承包权、土地股权、法人经济组织等发生溢出效应或部分制度性变革。

当然，也不排除一些人依据传统民法中用益物权派生于所有权而坚持以集体所有权限制农户承包权来挑战"承包制革命"。不过，以此为据不仅于事无补，甚或自落窠臼。因为历史上的集体经济组织是由合作化运动演变而来的，先有农户地权，然后农民"自愿"入社才形成集体地权，农民和集体之间的真实法律关系，是农民入社产生农村集体及集体土地所有权。尽管此后有人员和代际变化，但农民本身依然还是土地的原始主人这一自然身份及产权法律地位并没有改变，农村集体应该是个体农民及其家庭的共有实体。即使恪守传统民法中的用益物权理论，农民的土地承包经营权，是农民的自物权而不是他物权。在由农民自己组成的集体中，农民具有集体经济成员的天然身份，作为所有权人享有自物权性质的土地承包权或用益物权，则是天经地义、不可侵夺的。①

---

① 其实，在传统民法中，土地所有权人和用益物权人也可以是两个毫无关系的民事主体享有的权利，如传统农耕社会的土地租佃关系中尤其是"永佃权"出现后的地主和佃户之间的权利关系。

因此，在农村地权制度改革中，人们不应当抱残守缺、因循守旧地拘泥于某些僵化、过时的理论、法典或计划体制标准，由异化的第三方即传统意义上的所谓集体来继续直接、简单地充当土地的主人（实际上是销蚀农民的土地权利），而应当按照农村土地的权利源泉、社会主义市场经济规律和产权深化趋势及保护要求，与时俱进、因势利导地推进农地产权细化、深化改革，深化而不是泛化、明晰而不是模糊、强化而不是弱化、保护而不是侵蚀农民的土地权利。

农村集体组织将集体土地进行所有权与承包权的简单析分，实行以家庭为单位的农业分散经营，虽然只是经营管理层面的治理性改革，形式上没有触动土地集体所有制性质，但这种改革或治理模式创新及后来的"成员权"固化成土地股权，最大限度地适应了现阶段农业生产力发展要求，符合自然力发挥较大作用、农作物种植培育细微多样、随机无序的农业产业特性和分散性、分布式经营管理要求，改变了长期背离农业特性的集体劳作方式和集中经营管理体制以及吃"大锅饭"的平均主义分配方式。家庭农场这一适应农作特性、催化生产性努力、劳作与收入激励兼容的有效率的经济组织，使农民家庭获得了经营自主权、剩余享有权和就业流动权，不仅极大地提高了农民劳动积极性和农业劳动生产率，几乎在一夜之间解决了几亿人的吃饭问题，而且也符合农村经济市场化发展趋势，为细化土地产权、深化劳动分工、推动产业进化、促进创业创新创造了动力机制、模式示范和制度条件。

2. "统分结合"双层经营与集体经济市场化转型

农村承包制改革使分散经营的农民家庭与变动不居的外部市场联为一体。土地承包经营使农民开始突破集体经济组织的行政界限，成为日益活跃的经营实体和市场主体。与之相适应的克服分散经营局限、抵御自然灾害和外部风险、从事农田水利维护建设、促进机械化耕作与农业科技成果应用等公共品生产和社会化服务也日益成为必要。超越个体农户家庭经营和地域性集体经济组织的专业性与综合性服务组织、多种合作与联合形式便应运而生，包括国营流通公司、农村供销社、各类专业公司与农户的联合，国家设在农村的技术推广单位和农垦企业与农户的联合，农村"能人"兴办的上联市场、下联农户的中介组织，以农村专业户为主体的各种专业协会和专业公司等。这些组织与农户之间，或以书面契约或以口头协议规定相互之间的权、责、利关系，逐步在农村、农业中形成了以农户家庭经营为基础，与带有较多集体经济性质的专业化、社会化服务组织相结合即"统分结合"的双层经营体制，并分别于 1993 年 7 月和 2002 年 8 月载入《农业法》和《农村土地承包法》，作为我国农村集体经济的一项基本制度正式确立起来。

如果说农村家庭承包制以土地产权的细化与深化适应了农业特性、有助于提高农民生产积极性和农业劳动生产率的话，那么，农业社会化服务组织的出现和"统分结合"的双层经营体制的形成，则不仅会巩固农村集体经济和提高农民抵御自然灾害及市场风险的能力，而且会适应乃至促进农村劳动分工、产业进化、市场延伸、创业创新以及集体经济的市场化转型发展。在广袤的农村社会，以家庭承包制为基础，以市场化经营为导向，以社会化服务为纽带，农产品产供销、贸工农一体化协作、综合性经营和专业化发展的民营企业和合作经济组织蓬勃兴起，推动了异军突起的乡镇企业和农村工业化、城镇化迅速发展。

3. "三权分置"改革与农地产权结构演变

农村集体土地由产权形态单一、集体统一经营通过产权析解，改制为所有权与经营权"两权分离"的集体所有、农户承包、"统分结合"的双层经营体制，并赋予农户长期而有保障的土地承包权，改变了农村的面貌，也推动了中国经济转型和体制变革。随着工业化、城镇化发展，农村劳动力从事非农产业、跨地域流动就业、进城就业创业成为经常、大量和普遍现象，农户承包地流转给他人经营以及相应的流转市场也随之兴起。① 农地承包主体与经营主体分离，使农地承包经营权逐步分解为相对独立的承包权和经营权。

顺应农民就业创业要求和经济市场化趋势，各地试验多年、分歧和争论不断的农地产权深化析解，终于在 2016 年 10 月以所有权、承包权和经营权的"三权分置"改革予以实施推广。其核心内容是"探索农村土地集体所有制的有效实现形式，落实集体所有权，稳定农户承包权，放活土地经营权，充分发挥'三权'的各自功能和整体效用，形成层次分明、结构合理、平等保护的格局"②。这是改革开放以来农村集体土地所有权的第二次权利析解、分离或地权治理性改革，进一步细分、深化和丰富了农村土地财产权利和产权形态。

农地"三权分置"改革，在坚持农村土地集体所有、激发"双层经营"潜能、推动农地产权共享、规避"公地悲剧"③ 发生、强化农地承包权保护以及发挥农地保障功能、顺应土地要素合理流转、激励农业规模经营、培育新型农业经营主体、保障农业经营者权益、提高农村土地市场化配置水平及全要素生产力等诸多方面，提供了市场基础及制度条件。治理性改革的变动不居过程及制度性维护效应也是显见的。农地"三权分置"改革，既创新了农村土地集体所有制的实现形式，又创造了各农业主体的深层潜能的发挥条件和市场化、持续性利益均衡机制，推动多元农业主体

① 据农业部统计，截至 2015 年底，全国家庭承包经营耕地流转面积 4.43 亿亩，已达全部耕地面积的 1/3 左右。并且，工业化、城镇化的发展，既排除了以传统方式将农民固着于土地的可能，也为包括农民承包地在内的农村土地要素市场化流动提供了产业分工基础和制度创新空间。

② 中共中央办公厅、国务院办公厅《关于完善农村土地所有权承包权经营权分置办法的意见》（2016 年 10 月 30 日）。国家的农业补贴政策，也随"三权分置"改革做了相应的调整。

③ "公地悲剧"理论源于英国学者哈丁（Garrett Hardin）1968 年在《科学》杂志上发表的《公地的悲剧》（Tragedy of the commons）一文。"公地悲剧"的产生是由公地的产权特性所决定的。公地作为一项资源或财产有许多拥有者，他们中的每一个人都有使用权，而且没有人有权阻止其他人使用，结果是资源被过度使用而导致最终枯竭。这种"公地悲剧"的案例还有很多，如过度砍伐的森林、过度捕捞的渔业资源、污染严重的空气和河流以及计划体制下国有企业职工和人民公社成员的外部性行为等。"公地悲剧"的破解之法便是界定资源或财产的产权关系。如我国在公共资源管理中有"湖长制""河长制"等江河湖泊责任模式改革创新。

创新土地"三权"结合模式，组建农业产业化联合体，给农村土地集体所有制的治理性改革留下常写常新的历史篇章。①

农地"三权分置"改革另一层理论与制度含义是，它在继农地以所有权与承包权分离的产权深化与权利界定规避"公地悲剧"之后，再以承包权与经营权分置，深化、析解、界定产权归属与权利边界，激励公地资源有效配置，在全球"公地"范围最为广袤的国度，尝试了规避"反公地悲剧"②的"农地方案"。

农村家庭承包制改革后，农地产权界定使人民公社共有产权制度下农业经营中激励不兼容、生产劳作懈怠、侵蚀公共利益、"吃大锅饭"等外部性行为充斥的局面得以改观。随着工业化、城镇化的发展和就业创业机会的增多，农业与非农产业比较收入差距明显，数以亿计的农村青壮年劳动力纷纷离开土地，从事非农产业取得更高收入，留在农村的多是老弱妇孺，农业劳动生产率、农村发展动力以及家庭承包制的制度效应日益衰减，农业规模不经济现象也十分突出。由于集体所有制的"公地"性质，即使是不愿意或无能力耕作的承包农户，也无权将承包地转给集体经济组

---

① 在改革实践中，因各地土地资源禀赋、经济发展水平、人地关系状况等差异，经营主体多元化及其与土地"三权"的结合方式，呈现出不同路径和形式的规模经营模式。如上海松江引导农户将土地经营权流转给村集体，统一整理后再发包给有经营能力的农户实行家庭农场制；珠三角地区探索以土地承包经营权入股、集体统一经营的土地股份合作制；山东济宁、河南商水等地探索土地经营权主体不变，农户通过市场购买服务、委托专业服务组织、合作社全托管、半托管开展农业生产经营；湖北沙洋保持农户承包权不变、协商交换经营权，实行小块并大块、"按户连片"耕种制；四川崇州探索以土地经营权入股合作社，农户、合作社、职业经理人和专业服务组织共同经营的"农业共营制"等，"三权分置"的实现形式多种多样、丰富多彩。政府有关部门也出台了鼓励和支持新型农业产业化联合体发展的政策意见，如农业部、发展改革委、财政部、国土资源部、人民银行、税务总局联合发布《关于促进农业产业化联合体发展的指导意见》（2017年10月13日）。

② "反公地悲剧"理论源于美国密歇根大学教授黑勒（Michael·A. Heller）1998年在《公地悲剧：从马克思到市场化的产权变迁》（The tragedy of the anticommons：property in the transition from Marx to markets）一文中提出的"反公地悲剧"理论模型。他认为，尽管哈丁教授的"公地悲剧"说明了人们过度利用（overuse）公共资源的恶果，但他却忽视了资源未被充分利用（underuse）的可能性。在公地内，存在着很多权利所有者。为了达到某种目的，每个当事人都有权阻止其他人使用该资源或相互设置使用障碍，而没有人拥有有效的使用权，导致资源的闲置和使用不足，造成浪费，于是就发生了"反公地悲剧"。

织之外的其他成员耕种经营。并且，基于土地权利、生活退路等考虑，农户一般不会轻易地更不会无偿地放弃承包权而将土地转交他人耕种。更普遍的是以较低的租金甚至零租金交由亲属近邻代为耕种，或者干脆撂荒不种，但也必须保留土地承包权。我国极其稀缺的农地资源，在经由农户承包制规避"公地悲剧"之后，仍然由于"公地"性质而造成较为普遍的使用不足和闲置浪费现象，"反公地悲剧"大面积发生。

农地"三权分置"改革，在所有权与承包权分置基础上所推进的承包权与经营权分置，既坚持了农村土地集体所有权和公有制性质不变，也保障了农民家庭的承包权，排解了农民的失地之忧，还以放活经营权的方式实现了农业经营主体的全方位扩围，使得农地资源的稀缺性质重新显现，相应的市场化配置和充分优化利用成为可能。农民家庭则因"发包经营权"而唤醒、强化乃至固化了产权意识以及在"二地主"意义上的所有权意识。因财产权利的不断深化，农地制度的治理性改革渐进式地、潜移默化地硬化其制度效应。当然也符合社会主义市场经济及其产权分工深化趋势与财产权利的制度性保护要求。

农地"三权分置"改革也使产权关系及相关主体行为更加复杂多样。

首先是农地"三权分置"所产生的土地股份合作制、土地合作社、土地托管代耕制和新型农业企业等多种土地经营权形态，使得与委托－代理模式有关的土地产权关系和市场交易制度的技术性、制度性环节大大增加，约束外部性行为变得更为必要、经常和繁杂。农地所有权、承包权之外的经营权、收益权、处置权、监督权等一系列相关权利界定包括细节安排的适当与否，以及农民、集体和国家三者及其相互之间的权、责、利关系的适当设定以及有效程度，成为能否避免"公地悲剧"再次发生的关键所在。

其次是农地"三权分置"派生出了所谓"新型租佃关系"，出现了业内所谓的"小二地主、大中佃农"现象，并且由于"地主"过多、地租偏高，致使单纯从事农业经营利润微薄甚或无利可图、亏损退地，同样潜藏着"反公地悲剧"的风险。在短期内，只能由租佃市场博弈决定租金水平，以及集体经济组织的适当协调和政府的引导作用，保证足够的经营权进入，防止农地撂荒和资源浪费。从长远看，则有待农民进城生活稳定、收入格局变化、公共政策规制，由其根据包括所得税调节在内的成本收益权衡，选择继续保留还是有偿退出承包权而最终脱离农村，由市场机制决定和政策适应性调整，推动土地承包权的重新组合、优化配置和农地资源的充分合理利用。

最后，农地"三权分置"改革固然顺应了农地产权分工深化趋势，适应农地资源集约节约利用需要，也符合农民、集体和国家三者利益均衡原则，但传统农耕社会中"农之子恒为农"的历史条件已不复存在，不能期待一次"三权分置"改革即可一劳永逸地完善农村土地制度。我国正处在工业化、城市化发展的关键时期，农村居民就业非农化、流动异地化、居住城镇化进程加快，农村土地使用的非农化、城镇化和城乡间统一配置的趋势也日渐显现。农地"三权分置"改革也应当是一个与时俱进的趋势和规律适应性过程，而不是简单的、一成不变的稳定承包权安排。因此，从新制出台之日起，土地承包权流转的市场制度建设就需要进入日程，对可能交替甚或同时发生的"公地悲剧"和"反公地悲剧"预作防范。与此同时，城乡统一均衡的就业保障、要素市场、公共服务、社会管理制度建设，也变得极为必要、紧迫和不可回避。

4."三块地"改革试验与土地市场统一趋势

农地产权深化及其制度建设，就近示范并直接影响着其他农村土地的使用方式和制度变革。随着城乡经济发展和要素流动规模的扩大，尤其是市场经济规律的作用，城乡生产要素平等交换及其制度建设，成为统筹城市与农村、兼顾效率与公平的"共享经济"发展条件和社会正义价值指标。

自 2015 年 2 月起，经中共中央决定、全国人大常委会授权，农村土地征收、集体经营性建设用地和宅基地即"三块地"改革在全国 33 个县级行政区启动试验。农村土地产权细化深化、建设用地供求关系调整和城乡土地平等交换制度建设进入更加广阔的领域。截至 2018 年底，试点地区按新办法实施征地 1 275 宗 18 万亩；集体经营性建设用地入市地块 1 万余宗 9 万余亩，总价款约 257 亿元，收取调节金 28.6 亿元，办理集体经营性建设用地抵押贷款 228 宗 38.6 亿元；腾退出零星、闲置的宅基地约 14 万户 8.4 万亩，办理农房抵押贷款 5.8 万宗 111 亿元。[①] 改革试验及制度创新也推动着相关法规建设。"三块地"试验中所形成并拟规范推广的若干办法，已经纳入《土地管理法》《城市房地产管理法修正案（草案）》，拟进入立法程序。

土地征收制度改革试验。一是缩小土地征收范围。制定土地征收目录，界定公共用地范围。试点地区大多采用概括与列举相结合的方式制定土地征收目录，将土地利用总体规划范围内城市规划建设用地界定为公共利益用地，拟将政府组织实施的基础设施建设、公共事业、成片开发建设等用地纳入可征收集体土地范围。二是规范土地征收程序。以多层次多形式的土地征收民主协商机制，与被征地的村集体经济组织中绝大多数成员就补偿标准等内容达成书面协议，征地补偿安置资金和社会保障费用落实后方可启动土地征收程序。个别难以达成协议的，申请征地时据实说明，供审批机关决策参考。在征地各环节建立风险评估、民主协商、补偿安置、纠纷调处、后续监管机制。三是完善对被征地农民的补偿保障机制。包括确定土地征收补偿标准，支付土地补偿费与安置补助费、地上附着物和青苗补偿费、被征地农民的社会保障费，确定征收农民房屋的补偿标准或保障条件。拟试验由各地制定、公布区片综合地价作为征收农用地的土地补偿费、安置补助费标准，农民住房不再作为地上附着物而是作为住房

---

① 参见《国务院关于农村土地征收、集体经营性建设用地入市、宅基地制度改革试点情况的总结报告》（2018 年 12 月 23 日）

财产权给予公平合理补偿，将被征收土地的农民纳入相应的养老、医疗等城镇社会保障体系以保障其长远生计等。

集体经营性建设用地入市试验。一是明确入市的条件和范围。在存量农村集体建设用地中，土地利用总体规划和城乡规划确定为工矿仓储、商服等经营性用途的土地，以符合规划、用途管制和依法取得为基础，可以出让、租赁、入股。拟试验新增集体建设用地按试行办法入市，对土地利用总体规划等法定规划确定为工业、商业等经营性用途，并经依法登记的集体建设用地，允许土地所有权人通过出让、出租等方式交由单位或者个人使用。二是明确集体经营性建设用地入市规则和监管措施。试点地区普遍参照国有建设用地交易制度，建立集体经营性建设用地入市后的管理措施。旨在通过试验逐步统一国有建设用地与农村集体经营性建设用地市场交易规则，建立农村集体经营性建设用地公开交易的平台和制度。拟参照同类用途的国有建设用地，规定集体建设用地使用权人严格按照土地利用总体规划等法定规划确定的用途使用土地和集体经营性建设用地使用权的最高年限、登记管理等。

宅基地管理制度改革。一是试验宅基地权益分类保障方式。在传统农区，实行"一户一宅"；在城镇建设用地规模范围内，建设新型农村社区、农民公寓和新型住宅小区保障农民"一户一房"。拟对人均土地少、不能保障一户一宅的农区，允许县级政府在尊重村民意愿的基础上试行"户有所居"。二是改革宅基地审批制度。使用存量建设用地的，下放至乡级政府审批；使用新增建设用地的，下放至县级政府审批，并将相关环节全部纳入便民服务体系。三是试验宅基地有偿使用和自愿有偿退出机制。对因历史原因超标准占用宅基地和一户多宅的，以及非本集体经济组织成员通过继承房屋等占有的宅基地，由农村集体经济组织试行有偿使用方式。允许进城落户农民在本集体经济组织内部自愿有偿退出或转让宅基地，并鼓励其依法自愿有偿退出宅基地。此外，少数试点县市按照新近出台的改革政策，探索宅基地所有权、资格权、使用权"三权分置"模式。[①]但当前对宅基地权利性质和边界等还有认识分歧，试验也才刚刚起步。

"三块地"改革试验，实际上潜在着城乡、地区以及国家、集体、农民间土地利益关系的重大调整。改革开放以来，我国农村从农地家庭承包制改革到"三权分置"改革、从非农劳动力市场开放到城乡统一劳动力市场建设、从城乡二元结构到"城乡要素平等交换、公共资源均衡配置"改革目标的提出，展现了由易到难、由浅入深、渐入佳境的要素产权改革场景。从治权改革起步的农村"三块地"试验，开始触及城乡土地市场的基础制度和核心利益关系，其关键点是如何将各类土地要素和地产权利统一于市场，由市场在全国城乡土地资源的配置上发挥决定作用以及使政府发挥更好作用。

集体经营性建设用地同权同价、同等入市和农村宅基地改革试验，在统一城乡土地市场方面破题试水，但征地制度改革仍有因循守旧、窠臼难脱之嫌。为深化"三块地"改革试验、促进制度成型，政府首先应当遏制包括征地制度本身内在的"扩围冲动"和"暴力""暴利"并存现象，打破土地一级市场垄断，为集体经营性建设用地增量改革拓展空间，并从拟制定、公布区片综合地价以模拟市场尽快过渡到建设城乡统一市场、由市场发现土地价格。政府的"更好作用"则主要是规范市场制度、交易秩序，合理调节国家、集体、农民之间的土地利益分配关系，包括对"土地发展权"[②]的适当安排。其次是健全跨市县乃至省际农用地占补平衡机制，促进城乡建设用地供给与需求均衡，体现建设用地的资源稀缺价值以集约

---

① 《中共中央国务院关于实施乡村振兴战略的意见》(2018年1月2日)提出，完善农民闲置宅基地和闲置农房政策，探索宅基地所有权、资格权、使用权"三权分置"，落实宅基地集体所有权，保障宅基地农户资格权和农民房屋财产权，适度放活宅基地和农民房屋使用权。

② "土地发展权"最早起源于英国，后来美国也引进该制度。它是在土地利用现状基础上深化开发土地的权利，是一种可以与土地所有权分离而单独处分、具有独立意义和地位的权利，亦即变更土地使用权性质的权利。土地用途管制促成了土地发展权的产生。其权利的设立，有利于土地用途管制的实施以及对土地发展利益的界定与保障。

节约用地，推动土地资源在全国范围内的优化、均衡配置。再次是充分考虑因历史原因造成的地区间政策非均衡供给、经济非均衡发展以及相应的集体经营性建设用地占有数量和要素收入差别，建立健全纵向、横向土地利益调节或转移支付机制。又次是探索以"三权分置"方式适当硬化农村宅基地产权关系，赋予农民适当而足够的财产权利，建立和完善市场定价及交易制度，防止集体经济组织为扩大集体经营性建设用地或追求土地增值收入而侵蚀农民的宅基地权属及利益。最后是毫不动摇地推动城乡互联互通、双向流动的统一的全要素市场建设，促进城市工商资本、金融资本、人力资本下乡，并使农村生产要素因市场化、资本化和城乡一体化而获得持续增值潜力、创业创新条件和发展致富能力，加快改造传统农业农村，实现城乡经济和社会的结构性转型和均衡式发展。

（二）乡村工业化模式及制度变革

农村集体土地的产权析解、深化和家庭承包制的生产性激励，尤其是人民公社制度的解体，推动了劳动分工深化和产业进化，使原本被束缚在集体经济组织中的剩余劳动力逐步游离出来，为城乡工业首先是乡镇企业的发展，准备了数以亿计的亟须获得就业机会的自由劳动者或"产业后备军"。农村非农产业、乡镇企业及其他劳动密集型产业异军突起，不仅缓解了当时轻工产品和其他生活必需品极为紧张的市场供求关系，而且在广袤的中国农村大地启动了一场类似于欧洲工业革命前夕的"原始工业化"的进程[①]，部分地矫正了此前优先发展重工业所造成的产业结构与经济结构的失衡状况。

因计划体制遗产和改革路径依赖，乡村工业化及其企业制度创新也产

---

① 文一在其《伟大的中国工业革命》一书中，曾辟专节论述"通过乡镇企业实现原始工业化"。更早的研究则将中国当代的工业化过程区分为由政府主导的以重工业优先发展为取向的"初次工业化"过程和由市场化改革所推动的以乡镇企业异军突起为标志的"二次工业化"过程，由此对"初次工业化"与"二次工业化"以及中国的"二次工业化"与欧洲的"原始工业化"之间的共同点尤其是差别进行了较为详细的分析（参见孔泾源：《手工业与中国经济变迁》）。

生了相应的典型发展模式如众所周知的"苏南模式"和"温州模式"。解析其发生演变轨迹，可以折射、透视中国工业化和市场建制的治理改革路径与制度性变革机理。

1. 由社队企业起步的"苏南模式"及其转型

人民公社时期，农民或公社社员固着于集体土地，不拥有生产资料，社员个人及家庭不得经营染指非农产业，只能以集体副业发展社队企业，实行所谓"四就地"即就地用人、就地取材、就地加工、就地销售。劳动分工和社会分工被牢牢地限制在人民公社地域范围内，近乎是放大了的现代耕织结合体。人民公社解体后，社队企业转化为乡镇集体企业。解放了的劳动力和其他生产要素，以市场为导向进行劳动组合和产业分工，迅速突破了原有的经营限制和地域管制，成为生机勃勃的市场主体和企业组织。其典型形式是以人民公社的社队企业为基础发展而来的"苏南模式"①。

人民公社时期，苏州、无锡、常州和南通等苏南各地在集体副业基础上办起了一批社队企业，主要为本地农民提供简单的生产资料和生活资料。改革开放初期，大量的上海技术工人节假日到苏州、无锡等地担任"星期日工程师"，给苏南带来了信息、技术和管理经验。20 世纪 80 年代中期的市场供求状况和信用扩张，为企业发展提供了产品销路和部分金融支持，当地乡镇企业进而农村工业化快速发展。至 90 年代初，苏南乡镇企业创造的产值已占当地农村社会总产值的 2/3 左右，一时间成为经济高速增长的标志性现象，创造了治理性改革推动产业进化和市场经济因素发育成长的鲜活案例。

苏南乡镇企业虽然是在人民公社时代社队企业基础上发展起来的乡、村两级工业企业，没有改变其集体所有制性质，但由于非农产业、工业企业的发展壮大以及对社会闲散资金的广泛吸收，推动了产权关系的细化、

---

① 我国著名社会学家费孝通教授 1984 年提出"苏南模式"这一概念，意指江苏省南部的苏州、无锡、常州和南通等地大体相同的经济发展背景和发展方式。

深化与强化，改变了长期以来由于农产品统购统销价格管制和非农产业发展限制，农村集体所有制经济片面向城市输送农业剩余的不利地位。快速发展的乡镇企业开始与城市国营企业分庭抗礼、同台竞争。在普通工商业领域，由于体制机制灵活而具有竞争优势，逐步在公有制经济内部真正生长出国营企业与乡镇企业地位平等、公平竞争的市场关系。

苏南乡镇企业固然以乡镇政府为主组织土地、资本和劳动力等生产资料兴办企业，指派能人担任企业负责人，几乎完全是行政性配置生产要素，但这种资源配置方式或带有"供给主导型"①色彩的治理改革，已经突破了集体经济的"家务"活动或自给自足需要，推动着社会闲散资本与当地能人（企业家）的生产性结合，按照外部市场需求组织工业品生产和销售活动，使原本具有计划经济性质和自然经济色彩的农村集体经济，开始进行资本原始积累、发展商品货币关系，推动了农村工业化、市场化进程。

苏南乡镇企业虽然也有要素依赖和地域特色，但苏南地区人地关系紧张，可供加工生产的农副产品不多。与其他地区的"四就地"生产和销售性质不同，苏南乡镇企业较早地突破了就地取材、加工、销售的产业和地域限制，开始吸收城市下放知青、干部及"星期日工程师"等技术和管理人才，与城市大企业和科研机构建立合作关系，为城市经济配套，也形成相对稳定的销售渠道，进而促成生产与市场范围的扩大和城乡一体化发展，并作为成功案例在改革开放初期起到示范作用，引领其他地区乡镇工业创业与快速成长。

苏南乡镇企业最初只是配置集体经济组织内部的现有生产要素，原始积累来自农业，企业员工大多是当地村民，并且多数是兼业农民，企业建

---

① "供给主导型"制度变迁，是我国学界对市场取向改革的一种解读。主要是在权力中心的组织与领导下，通过行政命令和法律法规自上而下强制推进的，因而这种制度变迁方式又被称为"强制性制度变迁"。显然，这里的"供给主导性"改革虽然微观、具体，但其或许包括了制度变迁的诸多含义。

设用地直接利用农村集体土地，企业也大多建在当地，企业家多是从本乡本土的农民中选择的能人，但较之城市国营企业，具有明显的比较成本优势，尤其是在土地、劳动力和环境成本等方面更为突出，使之有能力以小博大、以弱斗强、拾遗补缺，以市场为导向推动非农产业发展并取得相对竞争优势。

苏南乡镇企业最初固然在产权性质、组织结构和治理方式上类似于国营企业，但它有其自身的比较体制优势。乡镇企业的生产要素不由国家计划供给，而是就地取材或通过市场购买；生产的品类和数量不由国家计划决定，而是取决于市场需求；产品销售不实行计划价格、统购包销，而是由市场定价、由供求关系调整；企业规模小、市场竞争压力大以及集体经济性质，使其产品生产销售、企业经营管理和激励约束机制相对灵活有效。这些体制上的比较优势，使之在当初计划经济的汪洋大海中得以发展壮大，孕育着公有制与市场制结合的某种初始形态。

但是，随着经济发展和市场发育，苏南模式的内在矛盾日益暴露出来。政企一体、管办不分的"政府公司主义"①和"政府信用模式"，与经济市场化趋势产生了激励不兼容或负激励效应；较之城市国有企业，社区集体产权对乡镇企业经营管理的激励和约束机制固然相对有效一些，但政府超强干预、平均分配倾向与能人治理企业之间的机制冲突，导致激励与约束力衰减、经营管理懈怠和企业竞争力下降；政企、管办不分的乡镇集体企业比国有企业更易于变成经营管理"家务化"的"类自然经济体"，企业的相当一部分利润被用来承担乡镇政府职能和社区公共服务，如兴办

---

① 美国斯坦福大学教授戴慕珍（Jean C. Oi）研究认为，中国乡村经济迅速起飞的主要原因是当地政府"公司化"（corporatism），也是列宁主义体系转型过程中阻力最小的一条途径。她认为，20世纪80年代以前，中国地方政府与乡镇企业之间普遍形成了一种"地方性的国家公司主义"结构。在乡镇企业的发展中，政府的经济角色十分明显，它不仅提供行政服务，也不仅仅参与投资决策，而且还同企业一起负担风险并分享企业的收益（Jean C. Oi. The Role of the State in China's Transitional Economy. The China Quarterly, 1995：1132.）。自"地方政府公司化"一说产生后，国内学界也做了较多的类似研究。

教育和养老机构等，企业发展后劲受到严重影响；粗放增长模式造成的资源要素浪费、产品质量不佳和生态环境影响，广受社会诟病，自身也难以为继；随着曾经支持苏南乡镇企业强劲发展的特殊商机的减弱和消退，以及宏观经济环境的变化，苏南经济增长趋缓甚至滑坡，人们对苏南模式开始提出了疑问，苏南模式也开始向所谓"新苏南模式"转型建制。

20世纪90年代后，我国经济市场化改革提速，苏南模式相对于其他市场化改革进展较快的地区已无优势可言，甚至出现模式固化、抱残守缺现象，一度丧失先发优势，错过快速发展机遇。直到90年代中后期，苏南模式才不得不随势应变，加快乡镇企业改革和市场建制。改变产权不明、政企不分的企业体制，建立产权多元化的现代企业制度，推动企业联合重组转制，兴办个体私营企业，发展股份制、股份合作制和民营经济；适应竞争加剧及市场供求变化，调整优化产业结构和经济结构，改变地区内产业同构、重复竞争和"小、低、散、弱"现象，推进技术进步、产业转型和开发区建设。经济转型和体制转轨，使苏南模式重新获得了发展的动力、活力和竞争力，苏南地区也再次成为生机勃勃的经济发达地区。

苏南模式从社队企业、乡镇企业、民营经济、股份经济、开放型经济一路走来，既是农村工业化、乡村城镇化和城乡一体化发展的产业进化过程，又是计划经济市场化改革、集体所有制治理性改革、单一公有制向多种所有制转轨的制度变迁过程，自然也会以其时间虽然短暂但产业与制度变迁既深刻剧烈又生动鲜活的历史活剧，在中国改革开放的绚丽画卷中留下浓墨重彩的一页。历史还表明，即使同样是公有制和计划经济，自然经济色彩更为浓厚一些的所谓体制外的集体制经济，较之成熟的国有计划经济，发展商品市场关系也相对便捷一些，并且只有与时俱进地推动市场化改革，发挥市场决定作用和政府引导作用，促进多种所有制经济混合协调、共同发展，苏南模式和其他各种模式以及经济社会发展才真正具有潜力、动力、活力和持久的生命力。

2."温州模式"与现代家庭企业制度

农村工业发展和市场要素成长的另一种制度源泉，是千百年来即已存在的家庭手工业和农村工商业，典型形式是所谓"温州模式"。

温州模式是指浙江省东南部以温州地区为代表的家庭工业、专业化市场发育成长为小商品、大市场格局的个体私营经济发展类型。在其发育初期，与苏南模式的集体经济性质、基层政府介入管理较多不同，当地政府主要采取"无为而治"的态度。

温州农村非农产业和乡镇企业发展以家庭、联户企业为主。最初主要经营日用小商品，后逐步发展起交通运输、饮食服务、消费品市场和生产资料、民间信贷、劳务与技术服务等区域性民间市场体系。为取得市场信息、获取交通运输便利和社会化服务等外部经济效益，家庭企业逐步向小城镇及周边地区聚集，形成专业化分工与社会化协作的企业群体。温州家庭工业的兴起和农村城镇化发展，近乎呈现出一幅类似于欧洲工业化早期的"原始工业化"图景，开始部分地矫正因重工业、大城市长期优先发展所造成的城乡二元结构。

苏南模式当初突破人民公社近乎自给自足的"准自然经济"状态，固然孕育和发展起商品市场经济要素，但在企业制度和经济性质上仍然是公有制集体经济。即使在经营方式和管理体制方面有所变化，也只是集体所有制经济的内部调整或治理性改革，并且也较少发生制度性争议。温州模式则与之不同，它是以个体私营经济为主体的非公有制经济，几乎是传统家庭手工业的现代版本。无论按照经典理论定义，还是依据法律制度界定，以及农村家庭承包制改革实践，这种经济形态都具有"离经叛道"的体制外制度性变革性质，在当时的政治经济环境下带有极大的政治风险。也正是这种风险式、制度性变革性质，使温州模式虽然曾经带有"原始野蛮"发展色彩、经历盛衰起落变化，但其制度变迁方式及性质注定会在中国改革开放的沧桑巨变中留下深深的历史印痕。

改革开放初期，允许非公有制经济发展是对传统经济理论、体制、政策的全方位挑战。温州模式以体制外、边缘性、增量式发展的家庭工业或个体私营经济，突破了"左"倾思想束缚和计划体制限制，在治理性改革环境下石破天惊般地推动了培育市场主体、发展民营经济等"叛逆式"制度性创新。思想理论界和意识形态领域中形而上的思想解放运动，在计划体制和集体经济相对薄弱、具有悠久家庭手工业传统及商业精神较为深厚的边远地区，开始迅速转化成千百万人民群众的家庭私营经济和市场逐利行为。当地党组织和基层政府也因解放思想而长出了"善者因之"的胆气，"睁只眼、闭只眼"任由其发展。需求诱致型①和供给主导性制度变迁以这种方式得到了某种既迂回曲折又微妙高超的结合与相互推动。一种外在于甚至被一些人认为"对立"于公有制经济的个体私营经济，在浙南地区继而全国范围内以其蓬勃生机发育成长，迅速形成不可逆转的趋势，最终推动了市场经济的发展和社会主义基本经济制度的转型。

温州模式以其分工深化、产业进化、市场细化和产权清晰化的制度创新实践，揭示了中国社会内在的市场经济发展的深厚潜力和巨大动能、市场机制较之于计划体制的强大优势以及市场经济发展建制的迫切需求。改革开放前，温州地区处在农村人多地少、城市工业基础薄弱、集体工副业很少、国家投资微不足道的要素极端稀缺、体制严重制约、经济发展迟滞不前的环境之中。但计划体制一经松动，要素由市场配置，在短短四五年间，温州市便有30万以上的农民离开土地，转向经营家庭工商业、交通运输业和其他服务业，推动了劳动分工和产业进化，缓解了当时极为紧迫的社会就业和民生困境，形成了以家庭工业为基础，以各类专业市场和要素市场为依托，外部市场迅速拓展、城乡经济或"原始工业化"蓬勃发展的温州模式及其市场体制内核。

---

① 需求诱致型制度变迁（demand-derivative institutional changes）：新制度主义经济学概念。通常是指人们为争取获利机会自发倡导和组织实施对现行制度安排的变更或替代，人们在追求由制度不均衡所引致的获利机会、进行新的制度安排时，促成了自发性制度变迁。

温州模式的家庭工业和专业市场的兴起与发展，一方面以某种"原始工业化"形态迅速弥补了"赶超战略"长期主导、重工业优先发展所造成的三次产业发展失衡、生产生活必需品短缺和就业矛盾尖锐等重大结构性失衡；另一方面，以产业进化的渐进成长过程，创造出了细小分散农民家庭亦即市场经济主体及其产权制度自然发育成长的机制与路径，将宏观层面的计划经济向市场经济转轨的极为艰难的体制改革和制度创新过程，转化成农民家庭微观层面至多是地区局部范围内的农耕自然经济发展商品市场经济的相对自发简易的渐变过程，还以较之于国有经济和集体经济，其边界更为清晰的财产权利或民本产权形态，满足了"西方世界的兴起"或市场经济发育成长的"诺斯条件"，并以其原始甚或野蛮形态，为我国后来社会主义市场经济发展建制进行了前期预演和历史准备。温州个体私营经济与其他类似模式一起，先为"必要补充"，最终成为"重要组成部分"，百川归海般地汇融于社会主义基本经济制度的汪洋大海之中。

温州模式的快速兴起和曲折发展经历，揭示了一个既粗浅显见又往往因意识形态等因素而易被人们忽视甚至无视的基本问题，即市场经济的发育与成长，可以是一个渐进自发的历史现象，但绝不是一个"纯自然史"的自由发展过程，它还需要与之相适应的一系列社会公共品生产。温州模式的实践表明，不仅市场经济因素的初始发生需要产权清晰、主体平等、交易自由、秩序安全以及理念上的破旧立新等传统社会极其稀缺、个人也难以提供的基础性社会公共品，而且市场经济的发展壮大，还需要甚至更需要在此基础上提供由国内进而国际规则界定、产权保护、竞争公平、信用秩序、平等准入、环境安全、市场监管等广义社会公共品。当然也不排除若干先行或发达市场经济体早期以其弱肉强食的殖民政策，当今以单边主义、霸凌主义等以邻为壑的政策，将其市场公共品生产推向极端。由于规则秩序和市场监管滞后，温州地区也曾因人们的急功近利行为，坑蒙拐骗活动泛滥，假冒伪劣产品充斥，"地下钱庄"活跃无序，生态环境破坏严重，血缘地缘纽带盘绕。但因市场丧失和环境风险暴露，当地党委、政府由"无为而治"转向规范市场行为、强化市场监管的公共品生产，以及宏观层面社会主义市场经济秩序的发育与健全，当初带有自发性质的温州民间市场经济，最终走向健康发展道路。进入新世纪后，"新温州模式"随着资本要素跨区域流动、家族企业股份制改造、私营企业国际化经营，民营企业家自律化发展、市场体系规范化建设已经成其为标志性特点。

此外，温州模式还展示了当地以及我国民间商业文化的深厚底蕴和古典商业精神现代化的可能与实践，只要理念与制度变革适当跟进，尤其是处理好政府与市场的关系，社会主义市场经济发展建制有其源远流长的"文化自信"根基以及广义的"制度自信"基础。本来，在中国传统农耕社会，由于自然禀赋差异尤其是劳动与社会分工的发展，工商业及市场经济关系一直具有强烈的发展动因和诉求，并且形成了如同司马迁在《史记·货殖列传》中所揭示的追求财富的自然本性观、喜好商贾的民俗同一性、致富成仁的"富无经业"说、"变化有概"的生产经营论、善因无为的制度环境观。但这些民间商业伦理精神长期被与之尖锐对立的官方正统商业观尤其是经济管制制度所压抑直至扼杀，诸如重农抑商的基本国策、与民争利的禁榷制度、超越市场的官工与土贡制度、扼要有为的经济干涉政策等。社会主义市场经济的发育与成长，既需要现代市场制度，也需要与之相适应的商业理性精神，犹如资本主义市场经济发育早期需要马克斯·韦伯所说上的"资本主义精神"①一样。温州模式的兴起，以其"原始"形态突破了与自然经济体形似甚至在某些领域神似的计划经济的"官

---

① 现代商业理性或韦伯的所谓资本主义精神，如同商品经济生活中所通行的等价交换原则是"资产阶级权利"而不是资产阶级的权利一样，它是现代市场经济生活所必备的伦理原则和理性精神，并非狭隘的阶级伦理。但对于不同的国家和民族来说，历史源泉、形成条件、伦理机制、约束方式、作用限界及理性化、现代化过程自然会各不相同。社会主义市场经济意识形态的形成与发展，也需要历史地、具体地从本民族的世俗商业伦理及其演进形态中发现其思想源泉，创造性地转化为现代商业精神，并重点打破那些长期抑制民间商业精神现代化的思想观念和制度结构，而不能简单地比附"韦伯命题"或陶醉于"祖宗阔过"式的阿Q心理，长期陷于于事无补的清议阔论以及历史虚无主义或简单拿来主义的极端状态。

方商业伦理"和制度约束，将民间古典商业精神发挥得淋漓尽致，展现出顽强的生命力、巨大的活力与创造力以及理性化趋势。当然，其理性化、现代化的真正实现，还必须依赖于社会主义市场经济体制的建立与完善。①

（三）股份合作经济及其制度含义

继家庭承包制突破人民公社制度后，自 20 世纪 80 年代中期起，一种"股份合作经济"形态在广袤的农村大地上悄然兴起并逐步在城乡普及开来。这种制度形态，既蕴含着农村社会市场因素发育中极端迫切的制度需求和极其复杂的利益博弈，又包含着我国治理性改革所限定的特殊制度供给条件，并且也张扬着人民大众尤其是农民群众创造及维护切身利益的艰辛努力和制度创新精神。

1. 股份合作经济创制源泉及基本类型

农村股份合作经济的兴起，实际上是适应经济市场化改革趋势，在我国产权发育的特殊环境下制度供给与需求的迂回曲折的调整、适应与变迁过程。

经济制度及其变迁，历来是经济学家关注的重要论题，从亚当·斯密到卡尔·马克思，直至当代制度学派和公共选择理论，已经积累了大量的思想财富。一般说来，制度变迁最初总是源于制度需求。但制度供给未必总是与制度需求同步，除了所谓"搭便车"问题外，它还面对着许多不同的约束条件。任何制度供给都是在既定的制度遗产、结构或环境中实现的，不仅受到正式制度约束而且也有非正式制度约束的影响。在现实生活中，制度供给的重要变量包括宪法秩序在内的现存制度安排、制度知识积

---

① 中国民间商业伦理的约束特征界定了它的理性形式的取得，不能简单地期待某种带有心理约束色彩的"思想觉悟"，而只能主要依赖于那种超越传统人际伦理关系的以产权制度为中心的市场秩序理性化的法律制度及其形式化的实施手段，即通过制度理性来促成人们的行为理性。如同加里·贝克尔所说，理性的市场存在时，非理性的经济单元经常被迫做出理性的反应。

累、制度设计及预期实施成本、社会价值认知、公众态度与行为方式以及有关决策者的预期净收益等。当制度供求失衡时，自发的制度变迁通常只能是依据成本最小原则，由一种制度安排循序渐进地传递到其他制度安排上去。这种极易引致社会问题的制度供给不足或滞后，如果幸运的话，则是由政府行为或所谓"供给主导型"制度变迁来弥足的。

农村股份合作经济的生长发育和制度变迁，除经济成长和制度供给的一般性约束条件外，还包括我国长期形成的特殊的制度资源或遗产。历史上的家庭经济结构，集权制度强势和私人产权的软弱，以及现实存在着的集体经济制度、平均主义分配方式等，都是我国的正式制度约束条件；而价值理想和信念伦理的优先，占支配地位的意识形态，对国家权力的敬畏以及源远流长的等级均衡倾向等，则是非正式约束的主要遗产。农村股份合作经济，既深深地植根于一般制度变迁要素和中华民族的特殊制度遗产或历史土壤之中，又是与这些约束条件矛盾、冲突直至发生对传统制度模式的扭曲、改变甚至突破其樊篱的制度创新。

股份合作经济的制度资源固然可以作较为久远的理论探源和历史追溯，但最直接的影响主要还是来自新中国成立后的合作社和人民公社的制度遗产。早在合作化时期，股份合作经济已经初露端倪。50年代初期，农村普遍建立的初级农业生产合作社，就是以土地、牲畜、资金等要素入股分红与劳动者的按劳分配相结合为特征的。农村信用合作社和供销合作社也是采用吸收农民资金入股的方式建立起来的。后来在基于价值信念的"一大二公"思想影响下，很快由初级社过渡到高级社，模糊甚至取消了合作社内部成员在财产占有上的差别。到70年代末，那种承认农民私有财产占有差别及相应的收益权利、带有某些股份合作经济特征的经济组织形式已经完全变形。人民公社制度最终演变成一种纯粹的共有产权形式。

人民公社制度虽然后来退回到"三级所有、队为基础"，其集体共有产权的参与者也可以使用其资源为自己服务或获得利益，但他无权声称这种资源乃至其中的某个部分或多少比例是属于他自己的财产。这种财产属于整个社团共有，但不对象化在各个成员身上。社队成员的个人行为乃至"集体行动"过程中因外部性而产生的边际成本，总是以平均数的形式最终分摊到每个成员身上，共有产权内部委托人与代理人的目标函数的差异，尤其是因共有产权的性质而产生的代理人权利的硬化，造成二者之间责、权、利关系的不对称以及后者对委托人权利的侵蚀与越界扩张直至替代其权利。强有力的国家权力对集体经济组织的渗透，使社队"代理人"的权利源泉更多地来自上级权力机关而不是它的经济成员。在国家与集体的利益关系上，社区组织的"代理人"的利益权衡更多地偏重于甚至从属于国家，而不是代表社区共有产权的原始所有者或"委托人"即社队农民的利益。

农村承包制改革和人民公社的解体，使农民家庭成为最基本的劳动组织和生产单位，农民个人成为独立的经济行为主体，产生了劳动价值提高、就业创业机会和流动迁徙自由需要以及相应的制度需求。包干制下农民除依据有关法规上缴国家税收和集体提留外，包括新增的收入流在内的其余劳动产品或农业剩余归生产者即农户所有，农业剩余增多、农户资本积累、农民分工细化和农村产业分化以及相应的财产权利需求，必将是一个或迟或早会推进的过程，尽管其间还会存在较为明显的地区差异。

与制度遗产及变革机制相联系，农村股份合作经济主要分为企业型股份合作制和社区型股份合作制，其中以企业型股份合作制为主要形态。企业型股份合作制是以原有的社队工业、乡镇企业为基础改造而来，或由原来的个体、私营企业转化而成，还包括新建的股份合作企业。由于价值取向的影响，人们往往也把一些很少带有合作企业色彩的私营合伙企业或纯粹的股份制企业称为股份合作企业。社区型股份合作制则是将股份制的某些制度机理引入社区性集体经济之中，或将原来的村社集体经济组织改组成股份合作制，其中又分为以行政村为单位和以自然村、联村为单位等几种股份合作制形式。

无论是企业型还是社区型股份合作经济，都是建立在农村土地集体所有、实行家庭承包制经营这一基本制度基础之上。股份合作社章程普遍确立了集体经济原则。鉴于我国市场化改革的性质和政策环境，农民在政治风险和经济利益的边际上，创造出了一种既不同于经典合作制或传统集体制，又不同于规范的股份制的混合型体制即股份合作制，在当时的制度约束条件下最大限度地伸展自己的利益边界并相应地减少政治风险。而宏观制度约束及其特性与农民群众的"经济人"理性行为之间的博弈，决定着股份合作经济中的合作制成分与股份制因素之间的边界移动或边际替代关系。无论是企业型股份合作制改造，还是社区型股份合作制的建立，制度需求因素和供给条件十分近似。其基本点是既要摆脱共有产权形式所造成的企业运作困境和外部性行为，又不能否定和改变公有制性质，只有尽可能地在股份制和合作制的混合形态中，或者更准确地说在二者的边际上及其替代关系中求得某种均衡，不能在价值信念层面或产权形式意义上作制度形态规范与否的简单化理解。

由于股份合作制终究承认了参与者的个人利益及其边际伸展机理，因而迅速引起人们的关注、模仿或移植，政府决策部门也开始进行股份合作制改革试验，力图使其规范化。1987年6月和1988年4月，山东省淄博市周村区分别被山东省政府和国务院批准为全省和全国农村改革试验区，进行股份合作制规范化试验。《周村区乡镇股份合作制企业暂行管理办法》规定，乡镇企业实行股份合作制必须"坚持生产资料公有制、保证集体经济的主导地位、确保公有制经济不受损失的原则；坚持按劳分配为主、按股分红为辅的原则"等，既反映了需求导向型制度变迁趋势，又界定了政府部门的制度供给倾向以及股份合作经济的成长空间。

2. 股份合作经济产权结构及形成方式

股份合作制因其类型差别，股权结构也有明显不同。作为制度试验的周村区股份合作制企业，按其财产来源设置有乡（镇）村集体股、社团法人股、个人股和国家股四种股份。其中乡（镇）村集体股，一部分是由社区合作经济组织占有的股份，主要包括乡（镇）、村集体对企业的原始投入和历年追加的投入以及集体股份增值部分等；另一部分是企业股，即由企业积累的自有资金形成的股份，允许企业根据本企业职工的工龄、基本工资级别和岗位职务等标准，将其中一部分折股量化到人，参与企业的分红，享受收益权，但没有所有权和处置权，不准买卖、转让和继承。社团法人股是指科研单位、大专院校、企业等社团法人向企业投入有形资产和无形资产所形成的股份。个人股是指企业内部职工和企业之外的自然人向企业投入各种生产要素而形成的股份。国家股由国家减免税形成的财产和企业税前还贷形成的财产两部分组成，在企业存续期间国家股不转移、不抽走，归企业无限期使用，但不能折股量化到人。

集体企业明晰产权的一般做法是，将企业的全部资产通过评估，折为乡村集体股，同时再向职工、村民或社团法人等招股，形成股份合作制；或将企业资产净值的 60% 以上划为乡村集体股，40% 左右折股量化到创办该企业的职工作为基本股，形成股份合作企业。凡享有基本股者，须同时购买适当比例的个人股，否则不得享有基本股。此外，企业之间还可互相转让或买卖资产权属，形成企业集团或股份公司。

民间自发性的股份合作企业，其产权结构、规则界定与政府的改革试验区有较为明显的差别。浙江省温州市农村股份合作企业的投资主体是从土地上分离出来的从事商品生产经营的农民，投资入股的既是劳动者又是经营者，既是劳动的合作又是资金的联合。其形式一是全员股份合作制，即企业全部职工都集资参股，以投入资金是否等额区分为均等股份合作制和非均等股份合作制，但全员股份合作制企业只占少数。二是股东经营型股份合作制，这类企业股东按一定份额投股，合股经营，企业职工多数不持有股份。此类股份合作制占多数。三是混合型股份合作制，即由国家、集体和个人互相参股形成的股份合作企业，这类企业占全市股份合作企业总数的 10% 左右。四是总厂－分厂式股份合作制，总厂对分厂实行统分结合的双层经营，这是农业上的双层经营形式在工商业中的运用和发展。其中分厂自主经营，独立核算，自负盈亏；总厂实行统一领导和管理，统一产品标准，统一检测发证，统一银行账号，统一定价开票，统一交纳税金，统一提取公共积累；总厂对分厂实行有偿服务，或分厂按自己的生产销售情况，缴纳一定比例的管理服务费；总厂的收入在支付各项费用后，税后利润年终按股本比例在各厂之间进行分配，其中 50% 作为总厂发展基金用于扩大再生产，25% 作为股息分红，15% 作为公共积累，10% 作为总厂职工的福利和奖励基金。

社区型股份合作制最初是村级农民集体在政府的默许下自发组织起来的。在广州市天河区，1987 年 4 月至 1988 年底，先后有 12 个行政村进行了股份合作制试验，各村的具体做法也不尽一致。社区型股份合作社的股权包括集体积累股、社员分配股和现金股。集体积累股主要是清产核资而来，一般占 60% 以上，高者可达 80% 左右。保持较高的集体积累股，目的在于保证股份合作社的社会主义集体经济性质。但也有一些村将全部资产折成股份分给社员。社员分配股或股东分配股，是由原来的集体资产清产核资后拆分给社员的股份，各村比例不尽相同，通常保持在 15%～40%。这种较低的社员分配股比例，目的同样是要保证股份合作社的集体经济性质。这种股权是一种封闭式的有限股权，多数村规定其持有者只有分配权即分红权，不能抽资退股，不能转让、抵押、买卖，持股人寿终，其所持股权自然消失。但也有一些村规定可以继承，或每股缴纳十至数十元不等的入股基金继承股权。

1991 年 9 月，天河区委、区政府在总结 12 个行政村股份合作经济实践经验的基础上，制定了《关于建立和完善股份合作经济的意见》，规定：（1）全区统一股份合作经济组织的名称和机构设置，行政村一级称股份合作经济联社，设董事会，自然村一级称股份合作经济社，设理事会，并进行登记注册、公证，赋予其法人资格。（2）在股权构成上，明确要求股份合作经济（联）社由集体积累股、社员分配股和现金股构成，并确认集体积累股的持股者是股份合作经济（联）社，而不是村委会。（3）在分配方面，规定股份合作经济组织的初次分配和个人计股分配，要充分体现按劳分配的原则，保证用于扩大再生产和集体福利事业的资金占本经济实体纯收入的 60% 以上；分配股红时，要与股东义务如计划生育、遵守国家法规等联系起来；征地费不得纳入分红；支委会、村委会开支要提交董（理）事会讨论、审核，并经股东大会通过。（4）明确股份合作组织与当地政府、村委会、党支部、承包经营农户的关系，理顺政企关系以及集体统一经营与农民家庭经营两个层次的关系。

由于人民公社的制度遗产，集体企业最初发展于乡镇（公社）、行政村（大队）和自然村（生产队或小队）等不同层级上，这类企业的股份合作制改造，相应地采取了所谓"三级股份合作制"形式。深圳市宝安县横岗镇的股份合作经济即属于这种类型。

自然村股份合作社由当地村民组成。凡自然村的常住人员即户籍、生产劳动、承担义务及行政管理在本村的村民均有股东资格。原户籍在本村的现役军人（军官和志愿兵除外）和在校读书的大中专学生也有股东资格。违反计划生育政策者除按政策处罚外，夫妻及超生子女在一定期限内被排斥在股东范围之外。违法乱纪者则取消股东资格。自然村股份合作社资产按现值清产核资并折成股份，全劳力分配一股，半劳力分配半股，年终（或季度）按股进行分红。股份依据村民人数增减和其他变化，原则上每年调整一次。

行政村股份合作社的资产按现值清产核资折成股份后，其中部分股份（一般 50% 以上）留归行政村，余下的分配给自然村。每个自然村获得多少份额，主要由各自然村常住人口数决定并两年调整一次。在分给自然村的股份中，包括一定比例的土地股，即自然村被行政村征用的土地按一定标准折成股份。扣除土地股后，其余部分依据全劳力全股、半劳力半股的原则按常住人口数分配到自然村，行政村的村民委员会和自然村村民小组为全部股份的股东。

镇级股份合作制企业，主要是镇股份投资有限公司。它是将各行政村和镇级企业投资的集体股作为公司的初始资金，同时吸收本镇居民的闲散资金，发展第二、三产业。镇级股份公司的集体股金主要用于开发市场波动较大、经营周期较长、管理复杂且有一定风险但又是改善投资环境、提高人民生活质量所必需的项目。镇级股份公司实行统一管理、统一经营，开发项目独立建账，独立核算，专项分红。从投产之日起按季分红，年终全部兑现。投资者一般享有 30 ～ 40 年的股东分红权，股权消失后，资产所有权归股份公司。在股权有效期内，投资者有权参与管理，其股份可在本镇范围内转让、继承。

实行三级股份合作制后所形成的股份合作社、股份合作联社和镇级投资有限公司三级经济组织，已经超越了原有的人民公社的制度结构，尽管其股东的财产权利依然具有"软弱"特征，但各级股份合作组织都是法律地位平等的独立法人，不存在行政隶属关系，只存在经济上的股权关系，并且下级组织均为上一级组织的股东。

3. 股份合作制利益均衡机理

股份合作经济的产权结构，包含着参与者们极为复杂的协商、谈判与建制以及制度需求者与供给者之间的利益博弈与均衡过程。并且，较之那些股份合作制自发成长的地区，在集体企业股份合作制改造、社区政府及其基层组织起较多作用的场合，其谈判协商或博弈交易过程就更为复杂甚至艰难一些。

浙江温州地区的股份合作经济，由于其自发过程，原始资本主要来源于民间积累，地方政府的政策规范 ① 内容主要集中在其组织形式、管理方式和分配制度上，不需要规定所谓股权结构或集体股比例，其合作制性质主要体现在按劳分配为主和一定比例的公共积累、集体福利、职工奖励基金、企业扩大再生产基金以及对国家法律、法规和政策的遵守等方面。温州市政府将多种形式的合股经营企业界定为"一种新型的合作经济组织"，对制度现状做出正式认可。与其他地区集体企业的股份合作制改造不同，它的原始产权在多数情况下原本就不是集体资产，因而没有似乎也不太可能划分出一定比例的集体股出来坚持公有制性质，政策规定中也未曾提及这一原则。即使当地有国家、集体和个人共同参股的混合型股份合作制以及全员股份合作制企业，其资本也是从社会募集而来，一清二楚，而不是由原来不甚明晰的集体产权经过清产核资、重新界定而来。较为清晰的原始产权，使得合股企业的股东可以转让股权甚至退股，尽管需要事先征得合股者的同意以及其他合股者有优先购买的权利。后来，随着股份合作经济的逐步稳定和规则化，重新规定入股者不准退股，但股权可以继承、买卖、转让、馈赠，即财产权利日臻健全。

集体企业的股份合作制改造，则与自发性质的民间资本积累及其产权创制方式不同，它所面对的是将已经积累起来的集体资产分解开来形成明晰产权，因而不仅需要保留一定份额的"集体股"，以避侵吞或瓜分公有财产之嫌，而且那些分解给集体组织成员的部分股份，也因其产权源泉的公共性质而遵循着它所特有的制度规则。

在山东省淄博市周村区的企业型股份合作制改造中，老企业的资产评估一般是以企业存量资产的重置价格为基础，参照折旧程度、技术性能等因素确定现值。在股权的分配上，一般是把企业资产净值按照"三七"比例划分为职工基本股和乡村集体股。其中占 30% 的职工基本股按照职工

---

① 参见《温州市人民政府关于农村股份合作企业若干问题的暂行规定》(1987 年 11 月 7 日)。

的工龄、工资级别和岗位职务等条件量化到人。由于是由集体产权分解而来，具有"软弱"性格，不像温州地区那样属于完全产权，个人只享有按股分红的收益权而没有所有权，不准买卖、转让和继承。职工个人在获得企业基本股时，还必须向企业投入相同数额的风险股。

在职工基本股的分配中，乡村干部因岗位职务而享有一定的优惠或处于较为有利的谈判地位，并且还因集体股的存在和提留收入而掌握着相当一部分共有资源，其身份依然是集体资产的代理人。在当地，企业实行股份合作制后，为保证乡村提留不减少，企业税前利润须上交10%的社会性补助费，税后利润一般按"5∶4∶1"或"6∶3∶1"的比例分配，即50%（或60%）用于扩大再生产，40%（或30%）按股分红，10%作为职工福利和奖励基金。此外，还有企业积累的最低限和按股分红的最高限规定，即企业积累的最低限不准低于税后利润的50%，按股分红的最高限不准超过股本金的20%。凡有超过部分不能作为当年的红利分配，可作为原有股份的增值进行扩股。类似的利益机制，在南方一些原社队工业发展较早、企业资产较为雄厚、乡村干部的人力资本和组织资源相对丰裕的地区表现得更为充分。那里的基层干部通常坚持只售不分的股权重构方式，以便以乡村合作基金等形式继续保留并控制原来的公有资产。

在社区型股份合作制建构过程中，集体资产的分解采取了与农地家庭承包制相对有所区别的方式。与农地资源的自然禀赋性格相联系，社区农地承包权主要是按人口均分耕地。与非农资产的可重置属性及由劳动积累而来的特征相适应，其股权分配所依据的则主要是劳动能力或工作贡献及其差别，尽管这种依据的成立仍然是以社区成员的天然身份甚至平等身份为前提的。如天河区登峰村第一期（1987年4月底以前）和第二期（1987年5月至1991年12月底以前）村集体固定资产总值的股份分类和计股方法，就充分考虑了资本来源以及与之相关的村民的劳动级别和工

（农）龄长短，以确定配股级别。① 并且规定，凡由本村聘请来的外来劳动者，工龄不满 5 年的，按同类股数的 1/3 计股，工龄在 5 ～ 10 年的，按同类股数的 2/3 计股，凡工作 10 年以上者，享受同类全股待遇。

在股权分配中，尽管社区成员因共有产权下的天然身份和平等地位而存在着股权平均化倾向或诉求，但普通村民和乡村干部以及集体企业的经营管理者之间的谈判地位是不同的。乡村干部和经营管理者由于自身产业技术创新和原始积累时期的关键性作用，以及具备劳动技能尤其是经营管理能力和熟悉甚至掌控产供销各环节及信息网络等原因，在股权重构时处于优势地位。反映其利益诉求、增加其股权份额或设立贡献股要求，不仅被当地居民认为可以接受乃至不得不接受，而且也为上级管理部门所默认、同意和支持，以承认、照顾其既得利益并增加其利益权数和收入流的方式，为其提供股份合作制改造的制度创新激励。② 多年组织经济活动和从事行政管理的实践和经验，也使农村基层干部成为农民群众中的能人，他们持有较多股份，可以相对有效地保障自己以及全体参与者的经济利益，降低了集体行动的风险与成本。

集体经济的股份合作制改造，一方面需要将企业转变成排除行政干预、真正自主经营的经济组织；另一方面，由于股份合作制企业是由原来的集体企业脱胎而来，带有集体经济的深刻印痕，原企业组织和社区行政机构因制度创新中的特殊作用，并没有完全退出股份合作企业的经营管理过程。这种情形在社区型股份合作制中表现得尤为突出，得到了管理部门的认同直至规则化。广州市天河区委、区政府《关于推行和完善农村股份

---

① 村民分配股每股金额为 650 元，第一期 1 ～ 4 级为 6 股，4.5 ～ 6 级为 12 股，6.5 ～ 8.5 级为 24 股，9 ～ 11 级为 36 股；第 2 期 1 ～ 4 级为 4 股，4.5 ～ 6 级为 7 股，6.5 ～ 8.5 级 13 股，9 ～ 11 级为 19 股。

② 如登峰村对现职担任正副部长、正副车间主任级以上干部，在其按工资级别享受"分配股"的同时，按三个类别增配"贡献股"：（1）正副部长、正副车间主任增配 6 股；（2）店正副经理、正副厂长、正副场级增配 12 股；（3）正副公司经理、村干部级增配 18 股。享受各个级别待遇的其他干部，按相应的级别增加其股份。退休干部按同级同类股权享受 50% 的"增配股"。

合作经济的意见》规定，股份合作经济（联）社在重要建设项目立项、经济发展规划、大笔资金贷款、重要部门人事安排、年度财务计划和分配计划等重大经济决策方面，要向支委会、村委会请示后交股东（代表）大会审议，同时也要求支委会和村委会不应干预股份合作经济组织正常的、具体的经营业务，让股份合作经济组织拥有充分的自主权和经营权。

由集体企业改制而来的股份合作企业，其内部最高决策权虽然也同股份制企业一样，属于股东代表大会，但多数地区实行一人一票制，而不是按股配票制，并将其称为股份合作制企业实行民主管理、保持公有制主导地位和集体或合作经济性质的重要标志。其实，这种制度安排，是传统公社制遗产与新生的产权需求之间某种边际上的巧妙结合，并且是实现成员个人产权需求的有效方式。因为在决策权上的按股配票制，对由集体企业改制而来、集体股占优势的股份合作制企业来说，经营决策权仍将集中于社区集体经济组织及其代理人手中，个人股东则处于无权或无足轻重地位而丧失其改制效应。况且，"一人一票制"也正是有限责任公司的决策规则。这种殊途同归效果，包含着农民大众、社区基层组织和地方政府的制度创新智慧，或许也体现了传统文化中"中庸之道"的哲学机理。从现实发生的过程看，则既表现为原有集体经济成员的天然平等身份和平均主义分配倾向的制度惯性，又包括消减政治风险的安全性努力以及"不识庐山真面目"之类的制度误解。另外，在自发式的以及某些集体企业改制式的股份合作企业中，虽然没有类似"一人一票制"的有关规则或明确规定，但实际上企业管理往往也采取类似做法，但不排除一些原始产权来源于民间个人积累的股份合作企业采行"按股配票制"原则。

在股份合作制的创新过程中，由于目标函数的差异和"委托－代理"关系的不同，地方政府、基层社区组织、股份合作社及其成员之间，表现出种种耐人寻味的互动过程与竞争合作关系。

关于股权结构的规定，广州市天河区委、区政府从全区范围出发，规定集体企业的股份合作制改造时，个人分配股不得超过 40%，而且只有分配权没有所有权，不得转让、馈赠、抵押和继承，并在作为制度示范的登峰村股份合作联社的章程中充分贯彻了这一原则，以便在政治上保持相对安全的状态。当地主政官员在实施制度创新努力时，不仅坚持超过社员分配股比例的集体积累股，还努力从经典作家关于"生产资料共同占有的基础上重建劳动者个人所有制"的论述中寻找理论依据，力争作"成功的而不是悲壮的"改革家。但一些村社在建制过程中对这些原则采取了"机会主义"态度，不仅将集体资产全部量化给村民形成股东，而且红利分配以社会分配股为主，股权也可以继承。至于集体积累股及其份额要求，"上有政策，下有对策"地做出没有任何约束力的象征性规定[①]，以试探性越轨或机会主义行为，尽可能地伸展个人利益边界。另外一些村社虽然作了符合上级原则的规定，但附加条文如"每年董事会根据本联社（东圃镇吉山村）当年收支的具体情况，确定股红分配方案"等，来加大弹性范围和自由裁量空间，以期待外部制度约束条件松动而随时调整或移动股份合作社中个人与集体利益的边界。这自然也是对日益积累起来的集体资产的利益分享要求和产权明晰、硬化趋势及制度需求压力的回应。当然，也不乏保险系数更高、有利于代理人或管理者的制度安排。[②]

4. 股份合作经济治理模式与创制潜力

股份合作经济的制度结构特性，决定了它的治理结构既不同于以往的合作制经济或集体制经济，也不同于普通的股份制企业，在更大程度上，

---

① 如林和村将截至 1988 年 12 月 31 日的所有集体资产 1 600 万元折成 9 701 股，全部分给村民形成股东，该社的集体积累股则是指股份联社当年创收纯利润提留部分形成的股权。该社的社员分配股不仅像其他联社一样享受分配权，而且允许继承，只是不得抽资退股、转让买卖和用作抵押。在当年创收的纯利润的分配比例上，集体积累占 40%，股东分红占 60%。为回应有关规定，其章程中关于"随着经济的不断发展和壮大，集体积累股将逐步调整到当年创收的纯利润的 60% 以上"的条文，几无任何确切意义上的界定和约束力。

② 如东圃镇珠村股份合作经济联社将其盈利性资产的 85% 折为集体积累股，15% 作为社员分配股，当年红利分配也按照这一比例进行。但其基层经济实体即股份经济合作社（生产队），红利分配则可按集体积累股 60%、社员分配股 40% 的比例进行分配。

兼有两种制度形态的若干特征。但从制度安排的基本特征、需求结构和变动趋势看，则较多地具有或倾向于股份制的运行规则。

股份合作制企业或股份合作（联）社的治理结构，基本上仿效股份制企业的治理结构，其最高权力机构是股东（代表）大会。关于股东享有的权利，各地的规定虽有出入，但基本权利包括：享有投入企业股份的所有权、收益权和处分权；有参加股东大会、决定企业经营范围和发展方向等重大问题的民主权利；有选举和被选举为企业股东代表或董事的权利；有对董事会工作和企业的生产经营进行监督的权利。有的企业还规定股东有认购新股的优先权。股东应承担的义务包括：遵守企业章程，执行股东（代表）大会决议；在所持股份的限额内承担企业的经营风险，以及关心企业的生产经营，维护企业利益等。

股份合作制企业每年至少召开一次股东（代表）大会，遇有特殊情况，经半数以上股东同意可以随时召开。股东（代表）大会的职权是：决定或修改企业章程；选举产生董事会，改选或罢免董事；审查批准董事会的工作报告，决定企业的发展方向、收益分配方案等重大问题。董事会是企业的经营决策机构，向股东（代表）大会负责。其职权包括：筹备召开股东（代表）大会；执行股东（代表）大会决议；聘任厂长（经理）；代表股东与厂长（经理）签订承包经营责任制合同；审议批准企业的年度计划、财务预决算方案和生产经营及发展中的重大事宜；监督经营者正确行使职权等。企业实行董事会领导下的厂长（经理）负责制。厂长（经理）对企业的生产经营全面负责，即有权决定设置企业的管理机构，有权聘任、解聘副厂长以下管理人员，有权决定企业的计酬方式和奖励办法；有权行使企业章程规定的其他职权等。

社区型股份合作（联）社的内部治理原则与企业型股份合作制十分接近。只是由于其社区特征，对股东的权利和义务作了一些特殊界定。如登峰村联社《章程》规定，该社股东除执行党和国家的方针、政策和法令外，还必须遵守本村制订的各项规章制度和村规民约；爱护集体，关心集体，为发展本村经济和各项事业尽职尽责；积极参加集体组织的各项社会公益活动等，明显将股东的经济权益和国家尤其是村社的社会职能结合在一起，这是社区型股份合作经济的制度性回应。由此也形成社区政府或村社行政组织对社区股份合作经济组织较强的制约能力。

从基本制度特征层面看，股份合作经济居然能够在数十年的集体所有制基础上和具有特定价值信念的宏观制度框架内，将股份制及其治理结构这一市场经济微观基础建设以"股份合作制"的形式或名义推向极致，其利益博弈智慧、治理性改革路径和制度变迁机理令人叹为观止，其制度创新潜力和变革趋势也值得人们深思。

不同类型的股份合作制，是与制度需求及其供给条件的特殊性相联系的，但其满足方式和利益机制又是相同的。这些制度安排最基本的意义在于，它适应了个人对财产权利的需求。

共有产权最大的制度悖论是参与者名义上人人所有，但实际上不能将产权对象化或具体化到他们身上，即所谓"既是所有者又不是所有者"，由此派生出种种外部效应和机会主义行为。而个别成员的外部性成本，又总是由全体成员所分摊，从而进一步加大了外部性激励，并引致极其高昂且日益增加的监督成本。这种怪圈式的循环，降低了集体经济效率，最终也损及其全体经济成员的切身利益。通过股份合作制改造尤其是股份制因素的引入，终于将所有者权益部分地具体化或对象化到经济组织的参与者身上，使个人收益与其劳动效果和资产份额直接相关，提供了资产保值增值的内在激励，促使他们相互监督乃至产生对经营管理层实施监督的强烈要求。股份合作经济组织成员的平等权利和他们对企业经营活动的参与、接近或熟悉，使管理和监督变得极为经常和具体。个人产权的引入，缓解了至少是部分缓解了共有产权范围内因个人收益与社会收益的差异、现实生产能力与潜在生产能力以及实际收入与潜在收入的差异所引致的外部效应，降低了交易费用，增进了生产性努力。

类似的制度机理，对其他民营企业乃至国营企业也是适用的。当然，集资考虑是相当一批集体企业进行股份合作制改造的初衷，而股份制因素的引入，也确实在很大程度上解决了经济成长中的资金不足和融资渠道不畅等难题。在国民收入分配结构改变、农民以及社会其他阶层已经拥有大量闲散资金之后，股份制的发展无疑成为资本供给与经济成长的重要因素，这种制度性功能已经被各地股份合作制经济的发展所证实。

股份合作制的发育，对于农村社区组织功能的转变也是极其重要的。自合作化运动之后，农村社区组织基本上是一个以地缘关系为纽带、以行政强制为基本调节方式的集政治功能与经济职能于一体的村社共同体。但这种功能复合性的组织结构，解决不了其内在的目标函数的歧异性。经济组织运行低效，行政组织缺乏民主管理，社区组织主要对上级行政机关负责，往往忽视对成员利益的关心。社区共有产权几乎成了一种独立于其成员利益之外的经济实体。股份合作制将部分共有产权以特定的方式对象化、具体化到集体经济成员身上，对于自由产权主体的发育成长无疑作用巨大，并由此推动社区行政组织职能转换与功能转型，尽管在一些地区尤其是社区型股份合作经济中，还或多或少地存在着行政组织的负责人兼任股份合作社负责人的现象。

股份合作制的产生，标志着中国农村社区已经开始发生一些走出历史传统的制度创新过程。即在农民家庭经营制度之外，形成了社区共有的农业服务体系和在一定程度上与现代企业制度相联系的第二、三产业，构成了独立于家庭与国家、超越历史格局的社区性经济社会主体。这种利益主体及其行为方式，不仅突破了以往那种分配上的平均主义倾向，以较高的非农产业收入补贴了市场经济环境中农业因产品需求弹性低所引致的"弱质成本"，而且还以股份合作制的形式构造了具有丰富历史蕴涵和现实依据的新的产权形式，改变了国家大于"社会"或社区集体组织仅仅是中央权力的神经末梢的传统根性。在这种过程中，农民大众也逐步走出狭隘的家庭范围，培育起自愿联合的习惯与经验，以及对自己的社区组织、经济活动的参与和认同意识。

经济成长及其收入流的不断释放与积累，既提高了农村社会的人的经济价值，又使人们逐渐认识到并极为关注自身的经济与社会利益，不再满足于原来社区共有产权的模糊性质和个人产权的软弱性格，而需要像可分解的土地承包权那样，将在物质技术和资产专用属性上不可分解的非农资本，以股份制等产权界限较为清晰的形式对象化在他们自己身上。在制度供给的特殊约束条件下，以治理性改革保留部分公有经济成分的方式，尽可能地保障或延展个人利益空间并将其制度化。20 世纪 80 年代以来，农村社会固定资产投资增长很快。1987 年以后每年都达到千亿元以上。很难想象，增长如此之快、数额如此巨大的集体以及个人投资，能够以共有财产之类的模糊产权或其他软弱性产权形式长期存在下去，相应的制度需求与供给将势不可免。形式多样、迅速发展的农村股份合作制，正是这种资产资本及其收入流剧增在特定约束条件下的治理性创新和制度性反馈。

改革开放初期的中国农村社会，基本上处在"准自然经济"状态。较之技术变迁较早进行、计划体制早已成型、利益格局较为坚固的城市社会，市场经济的创制成本要相对低廉得多。不仅家庭承包制能够顺利形成，股份合作制也较早发育起来。这种最初滋生于农村共有产权领域中的股份合作制形式，迅速在广义的农业领域，如林木业、养殖业、菜蔬瓜果种植业中移植与传播，随后也广泛地渗透到城市集体乃至国有企业。尽管其间还包含着极其复杂的治理变革和利益调整过程，以及为此而付出的制度创新成本。[①]

---

① 如《北京市股份合作制企业暂行办法》(北京市人民政府 1994 年 7 月 25 日颁布) 第 13、14、15、28 条规定，国有企业可以改建为股份合作制企业。其中国营企业的存量资产归国家所有，但原属于职工个人的奖金节余、工资准备基金，可以转入改制后的股份合作制企业，继续用于支付职工的奖金和工资，或划归职工个人所有，并折成个人股份投入到企业。集体企业历年公共积累形成的资产，其产权归劳动者集体共有，另吸收个人入股。集体共有股的红利，可拿出一定比例分给现职职工，其分配比例及标准由各主管部门自行决定。

但是，股份合作制内在的制度要素的差异，决定了这种制度形式的矛盾性质，以及有关当事人在经济利益与政治风险的边际上的活跃性格及机会主义行为。股份合作组织中的集体产权要素仍然是一种共有产权，其参与者对这种产权依然存在着异己心理；分配权也仅仅只是一种集体福利享受，而不是权利关系相对完备的产权形式；股份合作经济成员往往更注重每年的红利分配，对股本整体增值的关切度并不很高，他们既是私人股东，又是共同财产的所有者，其中一部分人还是经营者，内部经营管理理念分歧及利益分配矛盾势所难免。一些社区型股份合作组织内，行政组织还在行使企业管理职能，与市场经济组织原则相悖。股份合作制还易于变成某种封闭性产权形式，因为任何新成员的加入，都会过分享受历年集体积累资产的公共服务而过多获益；社区型股份合作社易于造成人口扩张或产权拥挤，社区户口决定股权分配导致人们决不轻易迁出户口而丧失一份"天赋股权"及其利益，踊跃招郎入室、不愿招工招干等便成为必然现象。股份合作社对社员分配股的转让权和继承权的排除，替代不了人们对相关权利的强烈需求，以致发生形形色色超越规则的变通办法或机会主义行为，并造成合理的甚至极为必要的社区乃至社会利益的流失，以及有关当事人对公共利益的侵蚀和过度分享。

股份合作经济的制度机理和治理困境，表明这种制度安排不仅有产权深化的潜力，而且也有产权深化的必要。产权制度派生自市场经济活动中的外部效应。人们通过竞争与合作关系克服外部性的努力，将私人产权或其他明晰性产权形式的边界逐步推延至一切可以辨析、分割、界定、实施、保护且收益大于成本的占有对象上；不具有排他性的全社会可以普遍享有的产权形式，只存在于极少数纯公共品生产与服务之中；在纯粹性共有产权和私人产权的竞争过程中以及由此及彼的边际上，分布着各种次级共有产权及其他众多的混合产权形式。由于交易费用的权衡，无论是私人产权、共有产权或其他混合产权形式，还会派生出极其复杂的产权分解、细化形式和委托－代理关系，现实生活中的产权种类，远远超过理论上的分门别类。

股份合作制，正是农民大众在经济市场化变革中，基于现有的制度资源和约束条件，以治理性改革方式，在经济利益和政治风险及其相关的交易费用之间做出的某种边际性制度选择，尽管其间也的确包含着社区公共资源和公共品生产性质所决定的产权要素。可以预料，随着有关约束条件的改变和市场经济的渐次成熟，股份合作制中的股份制因素尤其是对象化在其所有者身上的股权，将会逐步发育成完备健全的财产权利，它在股份合作经济中的比重也会逐步加大。而集体股之类的共有产权，则会最终退缩到由交易费用的性质所决定的社区公共品生产的真实需要范围之内，由此才可以真正解脱股份合作经济的制度运行困境并充分发挥其经济激励和创制潜力。同时，国家应当基于公平、安全和竞争有序的考虑进行相应的制度建设。①

二、国有企业治理改革与制度变革

国有企业曾经是经济体制改革的重点，也是制度形态和价值信念的聚焦点。经过几十年的改革，国营企业虽然普遍改制为国有企业或控股企业，但在其存在与发展、地位与作用、结构与比例等基本问题上，至今依然争论不休、极为敏感但也不意外。作为公有制经济的古典或经典企业形式，对其进行权属性质的重大改革是一种制度性变革。耐人寻味的是，国营企业改革最初也是从治理性改革探路、逐步进入制度性变革深水区的。

---

① 自股份合作制问世数十年来，从国家有关部门到地方各级政府，先后出台的方针政策、部门规章、地方性法规、规范性文件，其荦荦大端者比比皆是，各部门和地方政府的规则、做法差异也较大。但国家层面至今没有关于股份合作制的统一立法，调整市场经济主体的基础性法律《中华人民共和国公司法》也未对股份合作制企业做出任何规定。其中的重要原因或许正是股份合作经济的特殊制度性质及其错综复杂、边际游离的产权演变形态、过渡性质与发展趋势。

（一）承包经营制及其局限性

改革开放以前的国营企业，实行高度集中的计划管理，资本归国家所有，企业为国营形态，国营企业的计划、投资、财务、物资、就业、工资等都由国家制定、审批及管制。这种计划体制和企业模式，对初始工业化发展和现代工业体系形成发挥过特殊作用，但对生产效率与发展活力的阻碍也是显见的。简政放权、减税让利、承包经营等激活企业发展活力与动力的治理性改革，历史地构成国营企业改革的逻辑起点。

1978 年 10 月，国务院批准四川省 6 家国营企业进行"扩大企业自主权"试点，主要是逐一核定企业的利润指标，允许完成年度计划后，提留少量利润作为企业基金，并发给员工少量奖金。让利虽小但作用巨大，激发了企业发展的内在潜力，成为国营企业改革起步的历史标志。中央决策层及时总结经验，分别于 1979 年 7 月、1984 年 5 月发布扩大国营企业自主权的相关规定，在计划、销售、价格等十个方面继续扩大企业自主权，企业发展动力、活力和经济效益显著提高，国家财政状况也由此好转。但是，当时企业的各项计划指标只能在上年实际完成数的基础上"讨价还价"逐一确定，"鞭打快牛""苦乐不均"便成为突出问题。

创造公平竞争环境、理顺国家与企业之间的权责利关系，一时间成为企业扩权后的普遍诉求，分两步走的"利改税"措施应运出台。1983 年 1 月开始试行的第一步利改税，主要采用税、利两种形式上缴企业利润。即按照基数法确定企业所得额，此外的企业利润，采取递增包干上缴、固定比例上缴、定额包干上缴或缴纳调节税等办法上缴国库。这种办法虽然公开透明、有"法"可依，企业有一定积极性，财政收入也相对稳定，但利润上缴规则不一、企业竞争环境不公依然如故。1984 年 9 月开始推进第二步利改税，国家对国营企业利润分别征收所得税和调节税，企业税后利润由企业自行安排使用。两步利改税虽然在所得税层面实现了企业利润分配公平一致，但与千差万别的企业相对应的"一户一率"的差别性利润调节税，本身就缺乏客观依据和规范透明性，企业之间公平竞争环境的创造只能期待改革的深入。

以 1984 年 10 月中共十二届三中全会通过《中共中央关于经济体制改革的决定》为标志，经济体制改革重点开始由农村转向城市。国营企业改革聚焦于理顺国家与企业、企业与职工之间的关系以增强企业活力。按照农村改革模式，以不触动全民所有制性质、所有权与经营权相分离原则，推进政企分开和承包经营责任制，使企业成为独立经营、自负盈亏的商品生产者和经营者。承包经营责任制主要是通过签订承包合同，确定国家与企业之间的权责利关系。其基本形式是所谓"两保一挂"：企业保证完成承包合同规定的上缴利润指标，保证完成国家规定的技术改造任务，工资总额与实现利润挂钩。包括上缴利润递增包干、基数包干超收分成，微利企业上缴利润定额包干，亏损企业减亏包干等形式。承包经营责任制在首都钢铁公司、第一汽车制造厂、第二汽车制造厂等大中型国营企业率先试点。以此为经验，国务院先后出台推广承包经营责任制的相关规定和暂行条例。[①] 至 1988 年底，实行承包经营的国营工业企业达到 95%。承包经营责任制通过包死基数、确保上缴、超收多留、欠收自补等形式，将国营企业一步步地推向市场，并在一定时期内促成企业活力增强、利润明显提升等积极效果。

但是，承包经营责任制面临的体制困境是根本性的也是注定没有出路的。就企业本身而言，承包经营包盈不包亏，分配向个人倾斜；重生产、轻投资，重短期利益、轻长期发展；经营承包一户一策、一对一谈判，竞争不公、苦乐不均严重；竞争性企业与垄断性企业一并承包，二者之间的定价能力与盈利潜力差距巨大；等等。在市场环境方面，供求关系

---

① 参见国务院《关于深化企业改革增强企业活力的若干规定》（1986 年 12 月）、《全民所有制工业企业承包经营责任制暂行条例》（1988 年 3 月）。

变化、价格调整改革以及国际市场波动等各种因素，随时有可能突破承包经营的约定条件。在宏观政策层面，国家计划调整对产销数量及价格水平的影响，社会总供求关系变动、货币供应量变化及其市场价格效应，新增生产能力的形成对原有产业结构及商品供需状况的冲击，对外开放中国家进出口政策调整带来的外部经济、市场环境的变化等，都不是承包企业在微观层面所能左右的。与近似于自然经济状态下的农村家庭承包制主要受制于自然力的作用不同，走向市场的国营企业，对市场经济发展所必需的广义的社会公共品的极度依赖，注定了国营企业承包经营责任制是没有出路的。企业内部的治理性改革，必须而且开始走向市场适应性的制度性变革，尽管当时还可能处在自发性、探索性甚至盲目性阶段。

20 世纪 80 年代初，一些城市的小型国营和集体企业开始发行股票、试行股份制。1984—1986 年间，北京、广州、上海等城市选择少数大中型国营企业进行股份制试点。① 国务院也明确"各地可以选择少数有条件的全民所有制大中型企业，进行股份制试点"②。越来越多的企业包括一些大型国营企业纷纷参与试点，公开或半公开发行股票，股票一级市场开始出现。其后上海证券交易所、深圳证券交易所的开业运营，推动了一部分大中型国有企业的股份制改造。

（二）企业治理结构的制度性变革

中共十四大确立社会主义市场经济体制的经济改革目标，国有企业改革重点开始转向重塑市场经济微观基础，建立"产权清晰、权责明确、政企分开、管理科学"的现代企业制度的新阶段③，由治理性改革步步逼近制度性变革的边缘直至核心领域。

---

① 1984 年向社会公开发行 3 年定期股票的北京天桥百货公司，成为首家进行股份制改造的国有企业。

② 《国务院关于深化企业改革增强企业活力的若干规定》(1986 年 12 月 5 日)。

③ 参见 1993 年 11 月 14 日中共十四届三中全会通过的《中共中央关于建立社会主义市场经济体制若干重大问题的决定》。

1994 年起，中央选择 100 户国有企业进行建立现代企业制度试点，各地区、各部门也开始选择部分企业进行类似试点，推进企业政企分开，实行投资主体多元化，建立法人治理结构，以市场为导向从事生产经营。到 1997 年底，参与试点的企业达到 2 500 多户，国有企业建立现代企业制度的改革试验在全国范围内逐步普及开来。这场企业微观层面的制度性变革所体现的政治决心、做出的改革努力、付出的成本代价、面临的转制风险是极其巨大甚至惊心动魄的。

一是从根本上调整政府与企业的关系。1998 年开始，政府机构进行重大改革，10 多个对企业实行计划管理的政府部门被裁并，200 多项职能交由企业、中介组织或地方承担。军队、武警、政法机关所办的以盈利为目的的经营性企业全部移交地方，党政机关与所办经济实体一律脱钩。通过政企分开，为国有企业建立现代企业制度、成为市场主体创造条件。

二是对企业与职工或资本与劳动的关系进行重大调整。1992 年初，以徐州国有企业改革为发端，启动了一场以"破三铁"为标志的国有企业内部改革。① 打破"铁饭碗"，建立能进能出的劳动用工制度；打破"铁工资"，建立企业自负盈亏机制和能高能低的分配制度；打破"铁交椅"，建立能上能下的干部管理制度等。以企业劳动人事、工资分配和社会保险制度等内部改革或治理性改革形式，迂回地实现了某种制度性变革，推动国营企业转型为市场主体；将国营企业与员工的关系调整为国有资本与普通劳动者的关系，相当一部分企业员工以"工龄补贴""买断工龄"等形式转变身份走向劳动力市场。

三是立足于整体搞活国有经济实施国有企业战略性重组。在竞争加剧

---

① 所谓"三铁"，是对国营企业劳动、工资和人事制度特点的形象概括：劳动用工制度的计划化和固定化，形成了"铁饭碗"；工资分配制度的统一化和刚性化，形成了"铁工资"；企业人事制度的资历化和终身化，形成了"铁交椅"。"三铁"的弊病集中表现为不能调动企业员工积极性，企业缺乏生机与活力。

的市场化改革中，相当一批国有企业难以适应，经营困难、亏损严重。①
国家一方面确定重点抓好一批在各个行业和领域起主导作用的大型企业，
包括借力资本市场优化企业股权结构。②对量大面广的小型国有企业，分
别采取改组、联合、兼并、租赁、承包经营、股份合作制和转让出售等多
种形式推向市场，促进优胜劣汰。另一方面，通过债转股、国债技改贴息
等方式，改善国有企业经营条件；通过增加银行核销呆坏账准备金方式，
推动企业兼并破产、关闭资源枯竭矿山③；通过设立资产管理公司，集中
处置和管理国有企业长期遗留在国有商业银行和开发银行的不良贷款④；
通过建立社会保险制度和再就业服务中心，保障下岗职工基本生活，帮助
其实现再就业。⑤

　　四是超越经济市场化基本次序强力推进股权多元化和资本市场化。因
价格发现需要，产品的市场化通常也必须优先于资本的市场化。为加快国
有企业股权多元化改革，在相关产品价格和利率汇率进行政府管制、市场
定价机制远未形成的情况下，曾经先于产品的市场化，将一部分国有垄断
性企业和大型商业银行，以引进战略投资者或公开上市的方式推向资本市
场。这类股权改革在资产估价、资本溢价、盈利支持、红利支出等方面，
可以说是"学费"高昂。以不无代价的治理改革起步的国有企业的战略性
重组，实现了企业资本构成的多元化乃至资本的市场化、国际化。

---

　　① 到 1997 年底，全国国有及国有控股的 16 874 大中型工业企业，亏损 6 599 户，亏损面
近 40%。

　　② 1996 年国家确定重点抓好 300 户大企业，1997 年又扩大到 512 户，在信贷、技改、股
票上市等方面，对这些企业予以优先考虑。在独立核算的国有工业企业中，这些企业虽然户数不
到 1%，但销售收入占 61%，实现利税占 85%。

　　③ 1998—2000 年三年间，全国共安排企业兼并破产和关闭项目 2 334 户，核销银行呆坏
账准备金 1 486.61 亿元。

　　④ 1999 年 10 月，国家成立信达、华融、长城和东方等四家国有资产管理公司，分别收
购、经营、处置来自建、工、农、中四大国有商业银行及国家开发银行约 1.4 万亿元不良资产。

　　⑤ 为推进国有企业改革，加快建立包括下岗职工基本生活保障、失业人员失业保障金、
城镇居民最低生活费三条保障线在内的社会保障体系；普遍建立再就业服务中心，共帮助 1 400
多万下岗职工实现再就业。

五是成立特设机构专事国有企业监管。国务院设立国有资产监督管理委员会履行出资人职责，包括指导推进国有企业改革重组，监管所属企业国有资产保值增值，推进国有企业现代企业制度建设，推动国有经济结构和布局战略性调整，指导和监督地方国有资产管理等。

国有企业的治理改革及其制度性变革时间之短促、规模之巨大、变革之深刻几无前例。这场改革部分地以牺牲公平为代价，取得了骄人的效率成果，包括亚洲金融风暴后中国经济的"一枝独秀"以及后来的快速发展。但也不免屡屡受到来自经济上、政治上的并非完全属于主观臆断的种种责难，诸如"国有资产流失""国有企业私有化""工人阶级丧失主人翁地位"，等等。

（三）"管资本为主"分类改革国有企业

经过大规模的体制改革和战略性调整，国有企业收缩了范围，提高了效益，但范围过广、门类过多以及对其他经济成分的挤出效应依然存在。自 2013 年起，新一轮国有企业改革正式启动，将国有企业区分为商业类和公益类，实行分类改革和监管。①

主业处于充分竞争行业和领域的商业类国有企业，实行公司制股份制改革，引入其他国有资本或各类非国有资本实现股权多元化，国有资本可以绝对控股、相对控股，也可以参股，并着力推进整体上市。主业处于关系国家安全、国民经济命脉的重要行业和关键领域，主要承担重大专项任务的商业类国有企业，保持国有资本控股地位，支持非国有资本参股。对自然垄断行业，实行以政企分开、政资分开、特许经营、政府监管为主要内容的改革，根据不同行业特点实行网运分开、放开竞争性业务，促进公共资源配置市场化；对需要实行国有全资的企业，引入其他国有资本实行股权多元化；对特殊业务和竞争性业务实行业务板块相互分离，独立运营核算。

---

① 参见《中共中央、国务院关于深化国有企业改革的指导意见》（2015 年 8 月 24 日）。

这一轮国有企业改革，使一些以往通常以行政垄断方式经营管理的领域如食盐专营、国防科技工业等得到了不同程度的市场化改革。盐业改革根据食盐产销供需特性，采取了政企管办分开、资质合格准入、产销一体经营、市场适度竞争等基本符合市场中性原则的改革政策。[①] 但仍有人为限定企业经营区域、沿袭食盐专营制度之嫌，对内名实背离、市场参与不畅，对外授人以柄、国际竞争受阻。经此改革，仍然具有行政垄断或"专营"性质的领域，实际上几乎仅剩烟草行业一家。国防科技工业改革和军民融合发展，重点是扩大军工开放协作与企业股份制改造，加强军民资源共享和协同创新，促进军民技术相互支撑、有效转化，推动军工服务国民经济发展，推进武器装备动员和核应急安全建设，完善军民融合发展法规政策体系等。[②]

国有企业监管由企业为主调整为监管资本为主，设立国有资本投资和运营公司，强化企业资本属性及其对国有资本投资方向、运营收益与风险的监管，建立以资本收益为目标的国有资产监管机制。通过监管理念与职能调整，深化政企、政资分开和所有权与经营权分离，推动国有企业公司制股份制改革、国有经济结构布局优化和国有资本运营效率的提高。但新一轮国有企业改革也有分歧和争论，依然集中在企业治理方式与《公司法》的冲突、国有企业的市场角色及其性质、国有企业与非国有企业的关系等重大问题上。

三、民营经济成长及体制环境营造

新中国成立以来，个体私营等非公有制经济经历了两次戏剧性的变革

---

① 参见 2016 年国务院印发的《盐业体制改革方案》。
② 参见《国务院办公厅关于推动国防科技工业军民融合深度发展的意见》（2017 年 11 月 23 日）。

历程。新中国成立初期，以限制、改造和逐步消灭为目标，建立了公有制经济占绝对地位的计划经济体制。改革开放以来，党和国家依据"解放思想、实事求是"的思想认识路线、中国经济社会发展阶段尤其是社会主义市场经济规律，积极支持、鼓励和引导非公有制经济发展，使之逐步成长为社会主义基本经济制度的重要组成部分。

（一）民营经济兴起与政策演变

非公有制经济的重新兴起与发展，一是源于农村改革后随生产要素市场化配置而逐步发展起来的个体私营经济；二是由国有企业尤其是中小型国有企业和城乡集体企业改制而来，广义的非公有制经济还包括台港澳企业和外商投资企业。非公有制经济从无都有、由小到大、从"补充"成分到"重要作用"、由体制"异己"因素到"重要组成部分"，伴随着我国经济的市场化改革，走过了一段复杂曲折的成长之路。

1. 个体私营经济自发成长与"被动认可"

农村家庭承包制的普遍推行和随后的人民公社解体，使农民获得了自主生产经营、自由流动从业等权利，为劳动分工深化、产业形态进化、个体私营经济成长创造了有利的要素供给条件。决策层面也顺应规律，逐步放松管制，积极主动地为之创造制度条件。

中共十一届三中全会提出，社员自留地、家庭副业和集市贸易是社会主义经济的必要补充，应当允许其发展。随着农村家庭承包制的推行，这种细小的个体经济及个体劳动者获得了就业创业自由和广阔的发展空间。1979 年底，全国个体从业人员由一年前的 14 万人发展到 31 万人。1980 年，国家提出城镇就业"实行劳动部门介绍就业、自愿组织起来就业和自谋职业相结合的方针"，城镇个体经济开始加快发展。1981 年 7 月，国务院发布《关于城镇非农业个体经济若干政策性规定》，首次以行政法规明确个体经济发展方针和管理政策，并将发展个体经济作为缓解城镇就业压力的一项战略决策，提出对个体工商户，应当允许经营者请两个以内的帮手，有特殊技艺的可以带五个以内的学徒。① 当年底，全国城镇个体经济发展到 183 万户，从业人员 227 万人。

个体经济发展到"雇工"、形成私营企业和私营经济，在当时的体制环境和制度理念下曾引起较大分歧，对是否赋予其合法地位，决策层采取"看一看"方针。但个体经济获得了宪法上的合法性："在法律规定范围内的城乡劳动者个体经济，是社会主义公有制经济的补充。国家保护个体经济的合法的权利和利益"。对农村个体工商户超过规定雇请较多帮手的，则采取"不宜提倡，不要公开宣传，也不要急于取缔，而应因势利导，使之向不同形式的合作经济发展"的政策。1984 年 10 月，中共十二届三中全会通过《中共中央关于经济体制改革的决定》，提出坚持多种经济形式和经营方式共同发展的长期方针，要求"为个体经济的发展扫除障碍，创造条件，并给予法律保护"。到 1986 年底，短短数年间全国个体工商户发展到 1 211.1 万户，从业人员达到 1 845.9 万人。

个体工商户发展及一定数量的"雇工"，使"私营企业""私营经济"呼之欲出。1986 年 9 月，中央文件首次提出"发展多种经济成分"。② 国务院随后从科技领域破题，"支持和鼓励部分科技人员以调离、停薪留职、辞职等方式……到农村和城镇承包、承租全民所有制中小企业，承包或领办集体乡镇企业，兴办经营各种所有制形式的技术开发、技术服务、技术贸易机构，创办各类中小型合资企业、股份公司等，允许他们在为社会创造财富的同时取得合法收入，技术入股者按股分红"③。政策激励促成科技

---

① 《中共中央、国务院关于广开就业门路，搞活经济，解决城镇就业问题的若干决定》（1981 年 10 月 17 日）。相关文件中虽然回避了"雇工"一词，但也突破了此前的有关规定。后来雇工 8 人以上称为"私营企业"便是由此而来。

② 中共十二届六中全会通过的《关于社会主义精神文明建设指导方针的决议》（1986 年 9 月 28 日）提出"在公有制为主体的前提下发展多种经济成分，在共同富裕的目标下鼓励一部分人先富裕起来"。

③ 《国务院关于进一步推进科技体制改革的若干规定》（1987 年 1 月 20 日）。

人员"下海"创业，形成中国第一次"下海潮"，后来一些知名的民营科技企业便是由此起步发展的。但此时"私营企业"还没有合法地位，也无从注册登记，多数冠以集体企业的"红帽子"或挂靠国有企事业单位，或仍以个体经济名义登记。由此也折射出我国制度变革趋势和必须改变的约束条件。

1987年10月，中共十三大报告首次论述了我国私营经济地位和党的方针政策，提出对于城乡合作经济、个体经济和私营经济，都要继续鼓励它们发展；并明确在不同的经济领域、不同的地区，各种所有制经济所占的比重应当有所不同，为私营经济的发展，也为公有制企业的民营化改革拓展了空间。1988年4月，七届人大一次会议通过宪法修正案，规定"国家允许私营经济在法律规定范围内存在和发展。私营经济是社会主义公有制经济的补充。国家保护私营经济的合法的权利和利益，对私营经济实行引导、监督和管理"。同年6月，国务院发布《中华人民共和国私营企业暂行条例》，相关税收法规也随之出台。

私营经济法律地位的取得，使较长时间以隐蔽形式存在的"妾身不明""名不副实"问题得以解决。以不触动制度信念或"公有制经济地位"的渐进式治理改革淡化法规冲突，并最终在改革创新与依法治国的辩证过程中，创造新型市场主体发育成长的制度条件，为我国经济社会发展带来了巨大的活力与动力，也为随后建立社会主义市场经济体制进行了微观基础的前期准备或必需的部分制度性变革，推动着我国经济体制向公有制为主体、多种所有制经济共同发展的新的基本经济制度迈进。

2."制度自觉"与非公有制经济依法平等发展

1989—1991年，个体私营经济处于徘徊状态，个别年份还有明显下降。直至1992年邓小平南方谈话和中共十四大确立社会主义市场经济改革目标，我国个体私营经济才由"被动认可"、自发成长阶段转向"制度自觉"、依法平等发展阶段。

中共十四大报告提出，在所有制结构上，以公有制包括全民所有制和集体所有制为主体，个体经济、私营经济、外资经济为补充，多种经济成分长期共同发展。一批维护市场秩序，保护经营者合法权益，健全市场行为的法律规范密集出台。①1997 年 9 月，中共十五大报告提出，公有制为主体、多种所有制经济共同发展，是我国社会主义初级阶段的一项基本经济制度。1999 年 3 月，九届全国人大二次会议通过宪法修正案，规定"在法律规定范围内的个体经济、私营经济等非公有制经济，是社会主义市场经济的重要组成部分"。个体私营经济从此由"补充"成分上升到"重要组成部分"。②

为创造各种所有制经济平等发展的体制环境，党和国家进行了一系列法规建设和重大政策调整。2002 年 11 月，中共十六大报告提出，必须毫不动摇地巩固和发展公有制经济。必须毫不动摇地鼓励、支持和引导非公有制经济发展。坚持公有制为主体，促进非公有制经济发展，统一于社会主义现代化建设的进程中，不能把这两者对立起来。明确要求"完善保护私人财产的法律制度"。次年 10 月通过的《中共中央关于完善社会主义市场经济体制若干问题的决定》，提出大力发展混合所有制经济，实现投资主体多元化，使股份制成为公有制的主要实现形式；大力发展和积极引导非公有制经济，允许非公有资本进入法律法规未禁入的基础设施、公用事业等行业和领域；非公有制企业在投融资、税收、土地使用和对外贸易等方面，与其他企业享受同等待遇。2004 年 3 月，十届全国人大二次会议通过宪法修正案，确认鼓励、支持和引导非公有制经济的发展；明确"公民的合法的私有财产不受侵犯""国家依照法律规定保护公民的私有财产权和继承权"。国务院及有关部门从贯彻平等准入原则，改进财税金融服务，

---

① 1993 年 2 月至 12 月不到一年时间里，《产品质量法》《反不正当竞争法》《消费者权益保护法》《公司法》相继出台。

② 1999 年 8 月，九届全国人大常委会第十一次会议通过《个人独资企业法》，从法律上确认个人投资创业及其平等地位。

维护企业及职工合法权益，规范市场监管行为等方面，出台了一系列重大政策，健全非公有制经济发展的政策与体制环境。

此后，中共十七大重申坚持基本经济制度和"两个毫不动摇"，坚持平等保护物权，形成各种所有制经济平等竞争、相互促进的新格局。中共十八大报告正式将非公有制经济发展的体制改革目标明确为保证各种所有制经济依法平等使用生产要素、公平参与市场竞争、同等受到法律保护。党和国家及地方政府支持民营经济和中小企业发展的各类具体政策也相继出台。此后的国有企业混合所有制改革，也推动民营资本逐步进入国民经济和社会发展的重要行业和关键领域。

3.发展绩效与制度变革效应

经过改革开放40余年的经济发展和制度创新，民营企业已经成为我国经济和社会发展中最具活力的重要力量，其经济表现众所周知。[①] 而不能由经济数据简单体现的，还有已经显现出来的或者还潜在着的制度建设和思想文化成果。

民营经济以劳动分工细化适用、产业进化循序渐进、要素配置市场导向的渐进嬗变或类似于"原始工业化"的蓬勃发展，弥补了中国工业化进程中的阶段跨越及其缺陷，迅速化解了一度"压力山大"的就业岗位和生产生活基本品短缺矛盾。

民营经济在体制外异军突起，营造市场竞争环境、创造比较绩效优势，形成日益增长、无从回避的"制度同构"[②] 压力，倒逼体制内企业尤其是竞争性行业中的国有企业和集体企业加快改革，以及进行体制机制上

① 截至2017年底，民营企业数量超过2700万家，个体工商户超过6500万户，注册资本超过165万亿元。民营经济被认为贡献了50%以上的税收，60%以上的国内生产总值，70%以上的技术创新成果，80%以上的城镇劳动就业，90%以上的企业数量。

② "制度同构理论"（institutional isomorphism）是制度主义社会学的核心理论之一。美国学者保罗·迪马乔（Paul Dimaggio）和沃尔特·鲍威尔（Walter W. Powell）1983年在《重临铁笼理论：组织领域中的制度同构与集体理性》一文中首次提出这一概念。意指在面临同样的环境条件时，有一种力量或"制约性过程"（constraining process）促使某一单元与其他单元变得日益相似直至"同构"。

的模仿性同构、规范性同构甚或强制性同构。

民营经济以发展红利也是改革的红利"富国裕民"，既促进改革开放正当性认知的形成，也缓解了体制变革的转轨成本压力，并较多地成为国有中小企业和集体企业大面积迅速改制退出的"接盘侠"。

民营经济以财产权利从启蒙、觉醒到自觉、硬化的渐进过程，促成了社会主义市场经济发育成长的各类产权明晰界定与公平交易法则，创造了类似于"诺斯条件"甚或被认为优于"西方世界兴起"的"中华民族复兴"的体制环境，推动经济发展直至塑造制度自信。

民营经济以私有经济与公有经济混合、市场制与公有制结合，共同发展中国特色社会主义，尤其是与苏联在"全盘国有制"下亡党亡国、中国在"混合所有制"下繁荣发展的强烈对比中，增添了理论自信和道路自信。

民营经济以古典商业精神在改革开放和社会主义市场经济的发展建制中的复兴、弘扬和理性化转变，逐步促成类似于韦伯意义上的现代商业伦理、企业家精神①和潜能巨大的创业创新活力与动力；以民营经济发展速度与当地经济发达程度以及国民经济综合实力的高度正相关关系，锻造出商业文化乃至国家与民族的文化自信，产生"周虽旧邦，其命维新"（《诗经·大雅·文王》）式的精神家园的回望和豪气。

计划经济的治理性、渐进式、市场化改革，使曾经作为公有制经济"异己因素"的民营经济，经由"被动认可"到"制度自觉"的因势利导的制度变迁，逐步成长为我国经济制度的内在要素。与公有制经济的治理性改革一起，"统一于社会主义现代化建设的进程中"，共同推动了传统计划经济向现代市场经济，单一公有制经济向公有制为主体、多种所有制经济共同发展的伟大历史转变，创造了举世瞩目的经济奇迹。

---

① "企业家"这一概念由法国经济学家理查德·坎蒂隆（Richard Cantillon）提出，其主要含义是指企业家能使经济资源的配置效率实现由低转高的转化；"企业家精神"则是企业家包括精神和技巧在内的特殊技能的集合。

（二）经济管制放松与民营资本成长

改革开放促成了计划经济体制向社会主义市场经济体制的历史性转变。但作为其历史出发点的集权式计划体制及公有制经济，一直具有价值信念色彩乃至政治是非判断，至今也未必完全走出这种传统窠臼或历史局限，因而对民营经济发展和企业家精神的养成，其影响是全面、深刻和长远的。

当年无论是农村农民私底下签署的承包经营合同之类的"手印血盟"，还是政治领袖做出的诸如"资本主义有计划""社会主义有市场""计划和市场都是手段、工具"等判断甚至"不争论"的决断，不管是出于自发直觉还是理性自觉，其思想解放和改革实践，促成了适应市场经济发展要求的自由个体或市场主体的萌芽，以及政府经济管制政策的放松，直至建立社会主义市场经济体制。问题的简化处理有其效率，提供了经济发展和市场建制的历史空间，但也留下了时至今日仍然争论不休的舆论聚焦点以及市场建制及其主体成长的历史局限。较之于人类经济史上类似于自然史过程的市场经济的自发成长，管制放松型市场发育及其中的民营经济的成长，具有独特的性质和体制困境。

特定的体制环境塑造特定的市场主体性格。市场经济的渐进成长，多以细小经济实体、低端边缘产业经由长期发育才进入"重要领域"和"关键环节"，至于形成垄断或独占乃至左右时政则是十分晚近的事情。自然成长的市场经济最初萌芽于分散细小的自然经济环境，因生长环境和社会条件影响，其市场细胞往往较多地带有早期研究者所谓的"真正个人主义"[①]特征，以至将自由竞争崇尚到"人类天性"的程度。由计划管制放

---

① 罗马法中的人格概念。这种人格概念，构成了当今私法学界有关人格理论研究的话语平台。对这个概念的界定，形成了法律主体资格说和权利主体资格说两种不同的表述。在罗马法中，人格是"法律资格"的表达更符合历史和法律认知水平；"权利主体资格"以权利概念的产生为前提条件，在当时的罗马社会，还不具备建立在"真正个人主义"观念基础上的权利观，权利概念的正式形成要等到18世纪的康德哲学。

松所孕育出的民营经济主体，从一开始就只能在那些具有价值正当性和"重要领域""关键环节"先占优势，并且已经"做大做强"了的体制内经济成分的夹缝中生存，无论是自然人还是法人形态，除孜孜以求"自主权"外，不可避免地带有较强的"社会个人主义"色彩。[1] 当代学者或以"行为个人主义"和"规则个人主义"[2] 相区分，究其行为方式而言，或者是在二者之间进行"机会主义"性质的选择。民营经济成分尽管在政策法规层面逐步获得了从"必要补充"成分到"重要组成部分"的市场地位，但它们仍然或多或少地在对现有体制的重重疑虑中筹划着自己的营利行为。一只眼盯着市场动态，小心翼翼同时也决不放过任何抓住机遇的可能，力求利益最大化；另一只眼盯着市长脸色，时时关注规则、政策及其变动，既担心树大招风、越界得咎，又担心"胆子太小"、错失机遇。

市场要素无论其起始点差异多大，一经发展，或迟或早地会挑战非市场性质的传统规则及体制架构，甚至需要进行颠覆性变革。区别在于渐进发展的市场经济所实现的规则、规制改变，多数时候是一个"温水煮青蛙"的漫长过程，但当引致上层建筑的质态变革时，或许"养虎成患"、势不可逆。计划体制转轨中发育的市场要素，本身带有传统体制主动地释放自身异己成分性质，虽然也在期待市场细胞成长，但不同经济成分及其利益诉求的差异，甚至一些场合的对立与冲突，使得"扎紧篱笆""做牢笼子"之类的范围限定努力，经常是管制者自觉或不自觉并且也有力量做到的惯性行为。

市场主体发育环境与后天体制规则的差异，决定了具有更多自发生长、自由竞争基因的市场细胞，将无限地扩张自身经济活动范围视为理所

---

[1] 英国经济学家弗里德里希·哈耶克（Friedrich August von Hayek）在其首版于 1948 年的《个人主义与经济秩序》（*Individualism and Economic Order*）一书中曾经区分过"个人主义"的"真与伪"，认为英国的个人主义是"真正的个人主义"，法国的"社会个人主义"是虚假的个人主义。参见邓正来译《个人主义与经济秩序》（生活·读书·新知三联书店，2003）相关章节。

[2] 范伯格. 经济学中的规则和选择. 史世伟，钟诚，译. 西安：陕西人民出版社，2011 年.

当然乃至"天赋人权"。其自由经济发展和市场体制形成，派生出某种带有文化优越感的"演化（或进化）个人主义"，并且"系统地选择出合适的规则"。[1] 而计划体制转轨中生长的市场细胞，尽管已经有了发展经济和市场建制的政策空间，但由于旧秩序的挤压包括对成长环境的恐惧，至少其中一部分甚至一大部分民营经济成员，具有较强的机会主义特征。在市场发育建制时期，他们无时不在捕捉机遇，一旦政策松动，即刻一哄而上，尽快捞上一把。极端情况下，甚至敢于置规则、秩序于不顾。由此也产生了其挥之不去的"原罪"恐惧和随时准备脱离险境的潜在需求。一旦政策层面出现任何风吹草动，他们便潜伏观望或转向止损、关张了结乃至"跑路"，向海外转移资本及自身。类此行为也发生在某些具有类似"原罪"恐惧的其他人群身上。

渐进成长的市场主体，本身具有长期市场建制和法治建设提供给社会经济成员和企业的财产权利的平等地位。计划体制转轨中，原有体制内企业改制成现代企业制度，不仅过程复杂甚至时而反复，而且一时间也难以放弃其"长子"角色乃至特殊地位，国有企业所享有、被方方面面诟病的政策优惠等超市场规则现象，便是其典型表征。在原有体制外成长的民营经济成分，尽管重大决策中一再强调为其创造平等发展的体制环境，并且出台一系列鼓励、支持和引导政策，直至提高到"毫不动摇"的程度，但这种"重要组成部分"，并非心甘情愿地长期充当配角而不想获得"主人翁"地位。

渐进成长的市场经济，其原始细胞曾经是相对纯粹的"个体私营经济"或私有制经济，经由漫长的发展过程，其内在的生产社会化与生产资料私人占有之间的矛盾变得不可调和，并以经济周期的恶性循环而变得难以为继。劫后余生的制度创新如合伙制、合股制直至现代股份公司的设立等，使之走出了原始市场经济内在矛盾频繁爆发的历史约束，以市场充分

---

[1] 范伯格. 经济学中的规则和选择. 史世伟，钟诚，译. 西安：陕西人民出版社，2011.

竞争释放出技术创新和管理创新潜力，其中的佼佼者甚至以跨国公司的形式富可敌国并咄咄逼人地走向世界。计划管制放松型市场经济也把股份制等制度模式作为"公有制的有效实现形式"加以推广，但国有企业负有扩大影响力、控制力的特殊任务，行政性垄断尚未完全破除，并或具有资源网络类自然垄断性质以及市场先占或独占性质。司空见惯的是因准入限制和效率低下导致资本供给与形成紧缺艰难，或因关联服务、自我强化等，推高经济杠杆、资产泡沫以至脱实向虚甚至形成所谓"僵尸企业"。开始以股份制形式建立现代企业制度的个体私营经济，则由于市场准入和容量约束致使投资无门或恶性竞争，一遇经济波动便风雨飘摇，"重点领域"和"关键环节"或"侯门如海"、可望而不可即，或"高山仰止"、使人望而却步。市场主体发育与竞争机制的扭曲，不仅使各类企业的动力、活力受到制约，而且影响市场经济建制、宏观经济质量和社会公平正义。

市场经济自然成长初期，企业的产权形式、组织结构、技术类型是一个彼此适应、循序渐进的历史过程。地区之间乃至国家之间，作为市场竞争基础的劳动分工和工艺技能还处在可模仿复制、可由劳动强度调整的阶段。直到后来，产业革命的捷足先登者才获得了世界市场优势和全球霸权地位。计划体制进行市场化改造时，一打开国门便面对着列强环伺的经济全球化环境，不仅要由弱到强培育国内市场要素，而且在一定时期内还需要利用国有企业的地位和作用保证国家经济安全。随着时间的推移，发展壮大起来的民间资本对"天花板"约束的不安以至不满，以及对公平营商环境及安全的顾虑，使其不能从根本上解决经济国民性和体制认同问题，极端表现是民间资本加速外流甚或外逃。

此外，市场经济微观主体的经营逐利行为，虽然都会受到政府规制，但在计划经济的市场化改革中，管制层对要素控制的规模和强度，既超过自然经济时代也远远高过一般市场经济国家。至少在一定阶段上，与自发成长的市场因素不同，计划体制市场化转轨中的民营资本及其经营领域，往往需要得到管制者许可或市场准入开放，对经济管理层的"公关"和"游说"就显得尤为重要，甚至不择手段。因市场秩序和民主法治建设滞后，部分体制外经济成分因"公关""游说"相对得法，或"近水楼台先得月"，甚至诉诸其他"灰色"乃至违法行为，加上少数体制内成员的利益输送、假公济私、化公为私等，部分人及其利益关联者迅速暴富，腐蚀市场主体和社会机体。在这种不无某种悖论的"管制"与"放松"的困境中走走停停的渐进式改革，国有资产有可能在一定范围内演化成内部人控制的"官吏资本"，部分人凭借人脉资源可能获得较为便利的准入条件、较为廉价的稀缺资源、较为优势的市场先占甚至垄断地位，演化出社会广为诟病的国有资产流失或"权贵资本"，形成改革的过程性利益格局，以及相关的既得利益者及其利益维护需要。这是经济腐败案件大面积发生、"改革攻坚"久攻不下、市场建制久拖不决以致产生改革正当性、道义性危机的重要原因。

（三）产权保护制度与商业理性精神

社会主义市场经济的发育成长，使民营企业及其商业精神终于以制度变迁的不可逆转的趋势，获得了复兴发展、理性化或现代化的必要意义和制度条件。但是，民营经济初始发展所依据的传统民间商业伦理毕竟并非现代商业理性，超越其自然本性限界而会通于后者，显然不可能再依赖韦伯式的宗教机制性心理媒介，也不能长期处于体制转轨中的扭曲状态，而只能更多地依赖于那种通常囿于难以突破的既得利益格局和诸如"搭便车"之类的机会主义行为而相对滞后的市场制度建设，以及以此为基础的传统商业伦理的理性化转型和企业家精神的成长过程。

1. 民营经济发展与市场规制原则

民营经济快速成长和民间商业精神的"野蛮式"释放，日益与市场建制及制度理性化过程产生"时差"与矛盾，民营企业作为个体理性意义上的"经济人"，其最大化行为往往越出原有的制度约束常规，但又缺乏新的有效性制度约束，从而产生许多良莠掺杂的行为方式及极端化形式，甚至一时间无从规范民营企业行为以及推动民间商业伦理向现代商业理性的转型与升华。遍地开花的作坊商铺，经商"下海"的阵阵热潮，急功近利的盲目投资，技术成果的"山寨"应用，产权变形的企业组织，市场竞争的无序"红海"，当然也包括创业创新的潜在热忧等，其实都是民间资本基于传统商业伦理，在现有的制度约束条件或相对宽松的改革开放环境中尽力地挥洒自己的"经济人"本能或伸展个体利益边界。

体制转轨中的民营经济主体特征与"机会主义"性质的"经济人"行为，是尚未理性化的民间商业精神或世俗商业伦理的现代复制品，以及民间资本在"体制疑虑"等特定条件下逾淮而枳之类的社会性反馈。市场建制和理性化过程滞后，使得这种行为不仅极易导致市场紊乱和社会问题，而且还有可能在价值信念和意识形态层面引致一些人或管制部门对民营经济发展以及市场变革本身的"黄牌警告"甚至"红牌处罚"。社会上时常出现的对民营经济发展及其局限性的诸多微词和不休争论，实际上与民间商业伦理所引致的民营企业的粗放性"原始野蛮"逐利行为也不无关系。

现代市场经济的发育成长，固然需要精神因素，但它终究是从产权明晰界定和市场公平交易等制度建设起步的。市场的最为广义、简洁也最为适当的定义是"自愿交换的场所"，只有当经济交易建立在自愿契约的基础上时，市场才会存在。为使市场存在并在资源配置中发挥决定作用，人们就必须有效实施某些规则，尤其是那些与保护产权和契约自由有关的规则。但是，无论历史上还是今天，既不存在真正个人主义的原始场所，也不会天然地产生自愿交换的契约规则。市场的产生及其运行，不仅取决于市场的参与方及其参与程度和互动深度，还取决于嵌入其中的由社会契约及政府供给的制度法则及其规制性质。市场与制度的供需互动和形成机理，决定着相关经济体的面貌与前途。

因此，促进民营经济乃至整个国民经济健康发展、锻造现代商业精神和社会秩序，进而促进社会主义市场经济制度成熟与定型，绕不过的改革路径是，建立健全各类产权平等保护制度，贯彻市场竞争、政府规制中性原则以及培育企业家精神。

2. 建立各类产权平等保护制度

经过数十年多种所有制经济共同发展和对非公有制经济的长期疑虑与争论之后，党和政府开始推进以平等为核心原则的产权保护制度建设，全社会对社会主义基本经济制度的最大公约数正在求新与升华。

2016 年 11 月，《中共中央国务院关于完善产权保护制度依法保护产权的意见》提出，加强各种所有制经济产权的平等保护，创造各种所有制经济依法平等发展的体制环境；完善平等保护产权的法律制度，加快编纂民法典，完善物权、合同、知识产权相关法律制度，清理有违公平的法律法规条款；妥善处理历史形成的产权案件，遵循罪刑法定、不咎既往、在新旧法之间从旧兼从轻等原则，甄别纠正社会反应强烈的产权纠纷申诉案件；规范涉案财产处置的法律程序，细化处置规则，慎用强制措施；审慎把握处理产权和经济纠纷的司法政策，严格区分经济纠纷与经济犯罪的界限，防范刑事执法介入经济纠纷和选择性司法；以及建立政府守信践诺机制，完善财产征收征用制度，加强知识产权保护，健全城乡居民财产性收入制度，营造全社会重视和支持产权保护的良好环境等。

按照平等保护产权重大政治决策和上位法修改、废止情况，国家对已有相关政策法规实施清理，应改尽改、应废尽废[1]，新的各类产权平等保护的政策法规陆续出台。2017 年 8 月，最高人民法院发布《关于为改善营商环境提供司法保障的若干意见》，按照各类市场主体法律地位平等、权利保护平等和发展机会平等的原则，保障各类市场主体的合法权益，推

---

[1] 参见《国务院办公厅关于开展涉及产权保护的规章、规范性文件清理工作的通知》（2018 年 5 月 5 日）。

动完善社会主义市场经济主体法律制度。同年 11 月，最高人民检察院、公安部联合修订印发《关于公安机关办理经济犯罪案件的若干规定》，从案件管辖、立案撤案、强制措施、侦查取证、涉案财物的控制和处置、办案协作、保障诉讼参与人合法权益、执法监督等方面，规范和细化执法办案程序，维护程序性价值与惩治犯罪的实体价值间平衡，平等保护各所有制产权。2018 年 1 月和 12 月，最高人民法院分两批发布人民法院依法保护产权和企业家合法权益的典型案例。产权平等保护制度建设，推动了各种所有制经济深化产权改革、完善财产权利制度。① 在经过多年积累、法律法规已成体系的知识产权保护领域，制度建设也有新的进展。②

3. 培育现代商业伦理和企业家精神

各类产权的平等保护和市场制度的发育成长，有助于非正式约束层面的"有恒产者有恒心"式的企业家精神的形成和民间商业精神的理性化转型。由"倒逼式"市场诱导和"规制型"政府供给共同促成的现代商业伦理，则会从利益取舍、行为方式、职业信念和心理结构等多维度推动民营经济主体形成企业家精神，认可市场秩序、敬畏市场规律、遵循市场机制、信守市场原则，进而自觉地坚持和巩固社会主义市场经济制度。

以市场主导、政策引导等方式，推动市场基础性制度建设，营造企业家健康成长环境，培育企业家精神或现代商业伦理。③ 重要政策包括依

---

① 参见《中共中央国务院关于稳步推进农村集体产权制度改革的意见》（2016 年 12 月 26 日）；国土资源部、发展改革委等八部门《关于扩大国有土地有偿使用范围的意见》（2016 年 12 月 31 日）；《国务院关于印发矿产资源权益金制度改革方案的通知》（2017 年 4 月 13 日）；中办、国办《矿业权出让制度改革方案》（2017 年 6 月 16 日）。

② 参见国家认监委、国家知识产权局《知识产权认证管理办法》（2018 年 2 月 11 日）；中办、国办《关于加强知识产权审判领域改革创新若干问题的意见》（2018 年 2 月 27 日发布）；最高人民法院《关于审查知识产权纠纷行为保全案件适用法律若干问题的规定》（2019 年 1 月 1 日起施行）。

③ 参见《中共中央国务院关于营造企业家健康成长环境弘扬优秀企业家精神更好发挥企业家作用的意见》（2017 年 9 月 8 日）。

法保护企业家的财产权、创新权益和自主经营权，营造依法保护企业家合法权益的法治环境；强化公平竞争权益保障，健全诚信经营激励约束机制，提高监管的公平性、规范性、简约性，营造企业家公平竞争、诚信经营的市场环境；构建"亲""清"新型政商关系，坚持正向激励和积极向上导向，营造尊重和激励企业家干事创业的社会氛围；引导企业家树立崇高理想信念，强化自觉遵纪守法意识，保持艰苦奋斗精神风貌，弘扬爱国敬业、遵纪守法、艰苦奋斗精神；支持创新发展，弘扬工匠精神，唤起企业家创业创新、专注品质、追求卓越的精神；引导企业家积极干事担当，履行社会责任，投身国家战略，弘扬企业家担当尽责、服务社会的精神；以市场主体需求为导向深化政府管理与服务改革，健全企业家参与涉企政策制定和政策信息公开机制，为企业家提供优质高效务实服务；加强政府规划引领、企业家教育培训、优秀企业家队伍建设和示范带动作用。构建政策支持体系，促进新型农业经营主体培育与成长的相关政策也随之出台。[1]

塑造市场法治环境、培育企业家精神及时得到了法规回应和司法响应。最高人民检察院、最高人民法院推动各级检察机关和人民法院充分发挥检察和审判职能，准确把握法律政策界限，依法保护企业家合法权益和正常经济活动；严格把握罪与非罪的界限，对企业生产、经营、融资等经济行为，除法律、行政法规明确禁止外，不得以违法犯罪处理；坚持罪刑法定、宽严相济刑事政策，对涉嫌行贿犯罪的，区分个人犯罪和单位犯罪，从起因目的、行贿数额、次数、时间、对象、谋利性质及用途等方面综合考虑其社会危害性。在执法层面，从被侵害和涉案两个维度，加强对企业家合法权益的保障。既加大惩治侵犯产权犯罪力度，维护企业家财产权、经营自主权和创新权益等合法权益，又强化刑事诉讼监督，促进公正

---

① 参见中办、国办《关于加快构建政策体系培育新型农业经营主体的意见》（2017 年 5 月 31 日）。

司法，从立案、侦查、采取强制措施、审判和执行等各个环节，依法保障涉案企业家的合法权益。以检查、审判职能及其良法善治努力，营造企业家人身财富安全感法治环境，增强和激励企业家创业创新信心。[①]

4. 确立产权、竞争和规制中性原则

传统计划经济经过数十年以产权细化深化为基础的治理性、市场化改革，多种所有制经济共同发展、各类产权平等保护、各种市场主体公平竞争，民间商业伦理逐步理性化为现代企业家精神，社会主义市场经济制度基本建立起来。制度建构的法理逻辑自然应当是，依据市场经济规律调整法律结构和民法关系，确认竞争中性和规制中性的市场原则，确保各类产权与合法财产不可侵犯的神圣权利和"负面清单"外的各种经济成分无差别的平等发展地位。

"竞争中性"（competitive neutrality）因曾被一些西方政要和发达经济体作为经济外交大棒打压市场竞争机制尚不健全的新兴市场经济体而被非议与排斥。其实，竞争中性是市场经济的内在法则，近来已为国内各界所认知和认可。"市场决定作用"的具体实现，就是各类市场主体法律地位的平等和竞争过程的公平，亦即竞争中性；政府的"更好作用"则主要体现在有效维护这种市场地位和竞争机制的平等与公平，或可称为"规制中性"（regulation neutrality）。竞争中性与规制中性虽然是一体两面，但没有政府的规制中性就不可能有市场的竞争中性。各种所有制经济平等发展，既要贯彻竞争中性原则，更要推进规制中性改革，破除某些经济成分所享有却被方方面面所诟病的公共补贴、信贷优惠、隐性担保、披露豁免、垄断经营、先占优势、软性约束、破产例外、信息强势、职能美化等超市场规则待遇，充分发挥政府在市场规制方面的公平维护者作用。

国内市场上较长时期大量存在的过剩产能、过多库存、过高杠杆，以

[①] 参见《最高人民检察院关于充分发挥职能作用营造保护企业家合法权益的法治环境支持企业家创新创业的通知》（2017年10月26日）；《最高人民法院关于充分发挥审判职能作用为企业家创新创业营造良好法治环境的通知》（2018年1月2日）。

及"僵尸"企业等,其成因固然较为复杂,但竞争与规制非中性是最深层的体制原因,其直接表现就是这类问题主要发生在难以出清的体制内企业。如果不进行较为彻底的竞争与规制中性化改革,推进"去产能、去杠杆、去库存"和清理"僵尸"企业不仅会面临巨大困难,其本身也会成为一种"经济症疾",周期性反复发生,极大地浪费社会资源,造成长期、严重的资产资源错配和经济结构扭曲与僵化。这已是我国当代经济史所反复证明并且还在发生的经济与体制痼疾。平等保护各类产权和实行负面清单管理制度,迈出了竞争与规制中性的关键步伐。只有彻底贯彻竞争和规制中性原则,我国各类企业与资本的经济发展潜力、市场竞争能力和体制认可程度才会大大提高,经济转型升级、动能科技创新才能成为必然的过程。

但是,经过40余年改革开放和市场建制,国有经济与民营经济的关系、民营经济的地位和作用及体制环境这些已成定论的制度与法律界定,在全党全社会纪念改革开放40周年之际,竟然一时间引起广泛疑虑并影响"稳增长"目标。决策层也不得不再次重申民营经济政策,给民营经济站台补位、"吃定心丸"。社会主义市场经济中的公有制经济和非公有制经济在实践上的成分交叉性和边界游离性,与经济性质上的体制倾向性和价值敏感性之间的二元分离及其冲突,使得将改革开放界定为不越雷池的纯治理性改革的历史局限性暴露无遗。如果全球第二大经济体及其领导与成就这一伟大壮举的执政党,在所谓"正统理论"面前如此脆弱不堪,经不起任何经济性质的审视、质疑和检验,那么受到"鼓励、支持和引导"的非公有制经济,无论法律地位如何,都摆脱不了其深刻的身份异己感、地位脆弱感和规制恐惧感。

实践证明,治理改革和市场建制进入全面深化改革阶段,迫切需要继续解放思想、坚持实践标准,深化对社会主义基本经济制度的理论认知和实践创新,按照平等保护各类产权的制度原则和社会主义市场经济规律，巩固和深化治理性改革已经确立的竞争中性、规制中性和产权中性原则，保障各种所有制经济完全平等地位，发挥各自在市场竞争中的体制适应性优势，并以此为基础构建社会主义基本经济制度及其民法体系。在思想理论和价值取向层面，彻底破除单一所有制偏好和迷信，客观汲取中国因多种所有制经济共同发展而繁荣昌盛，苏联在"全盘国有制"下体制僵化、活力退化、民心丧尽、亡党亡国的正反两个方面的经验教训，勇于正视、确认治理性改革所取得的制度性变革成果，继续完善与升华社会主义基本经济制度，构建真正符合国情规律的中国特色社会主义制度形态和理论体系。

四、混合所有制改革及其市场建制意义

如果说农村改革、国有企业建立现代企业制度和民营经济的兴起形成了社会范围内的混合所有制经济的话，那么，混合所有制改革则从企业微观层面明确无误地提出了国有经济与其他经济成分相互结合、内在兼容、一体发展的建制要求，并且从权能结构、运营机制到利益关系和价值理念，都面临着全新的治理改革乃至制度创新需求。

（一）改革动因及其客观性质

问题导向无疑是国有企业混合所有制改革的现实出发点。无论是治理革新还是体制变革，政策目标都是为了所谓"提高国有资本配置和运行效率，优化国有经济布局，增强国有经济活力、控制力、影响力和抗风险能力"，"实现各种所有制资本取长补短、相互促进、共同发展"。[①] 效率驱动是混合所有制改革的优先选择。

---

① 参见《国务院关于国有企业发展混合所有制经济的意见》（2015 年 9 月 23 日）。

市场失灵以及效率与公平的矛盾，曾使许多国家因处理不当而引起严重的贫富分化、阶级对立和政权颠覆。一个理性的政府无论是运用行政手段直接进行市场规制，还是通过国有企业介入经济活动进行间接管制，其法理意义或根本价值依据，是要应对市场失灵和求得效率与公平之间的某种平衡。推进混合所有制改革的价值取向，则是既要提高国有企业市场效率，又要履行其社会责任。最佳状态或许是，将这类直接规制、间接管制和国有企业的社会责任，限定在应对市场失灵的必要范围之内，在效率与公平之间达到某种边际均衡。但在改革实践中，这种最佳状态未必总是能被人们清楚认识并认可、接受，形成理论自觉、制度理念，进而成为改革目标和具体政策。

此外，多年来，正统马克思主义经济学和正统资产阶级经济学可谓针锋相对、水火不容。但二者有一项高度共识，那就是公有制与市场经济之间互不兼容。问题的解决，前者以生产资料的公有制或社会共同占有制与计划经济相结合，力图彻底扫荡商品、货币、市场、交换等一切市场经济要素乃至其价值意义上的正当性。而苏联模式的败北，则使得正统马克思主义经济学面临严峻挑战。并且，即使在苏联模式或计划经济中，也从来没有根除商品、货币、交换、私有经济成分或市场要素。后者则诉诸生产资料私有制与市场经济的天然联姻，从根本上排除公有制，其当代形态如"华盛顿共识"。但市场失灵或经济危机的周期性爆发，将正统资产阶级经济学一次又一次地逼到墙角。并且，在现实的西方经济生活中，始终或多或少地存在"国有""公有"经济成分以及经济上的"计划"。所谓资本主义有"计划"，社会主义也有"市场"。

20世纪早期，兰格与米塞斯、哈耶克等人进行过理论上的论战，后来东欧改革理论家如布鲁斯、科尔奈等人也进行过理论探索但最终退却。这类论战或探索，多是在抽象层面争论、辨析是私有制还是公有制与市场经济具有兼容性，以及公有制有无与市场经济结合的可能。从全球范围看，这些理论争论无论有无意识形态层面的胜负，在社会实践上都不可能最终胜出。无论正统理论形态或经典作家著述以及后来的理论论战胜负如何，东西方的现实经济生活表明，混合所有制经济有其客观必然性和规律决定性，只是因市场经济的历史起源和制度环境的不同而具有结构特征性以及结构优势性标准。[①]

（二）混合制改革范围与政策限界

国有企业混合所有制改革，不再像以往那样限于一般竞争性行业，而是逐步进入那些带有一定垄断性质的重要领域和关键环节。国有企业的效率目标、社会责任和政府的管制目标，都在改革政策中有所体现并交织在一起。

主业处于充分竞争行业和领域的国有企业，按照市场化、国际化要求，以提高经济效益和创新商业模式为导向，运用整体上市等方式引入其他国有资本或各类非国有资本实现股权多元化，以资本为纽带完善混合所有制企业治理结构和管理方式，使其成为真正的市场主体。主业处于关系国家安全和国民经济命脉的重要行业与关键领域、主要承担重大专项任务的商业类国有企业，保持国有资本控股地位，支持非国有资本参股。

对自然垄断行业，实行以政企分开、政资分开、特许经营、政府监管为主要内容的改革，根据不同行业特点实行网运分开、放开竞争性业务，促进公共资源配置市场化，规范盈利模式，推进分类依法监管，并以负面清单形式分别列出需要实行国有独资、绝对控股或相对控股的重要行业和领域。主业属于公益类如水电气热、公共交通、公共设施等提供公共产品

[①] 一些西方学者在论述市场经济中国家的作用时也认为，"世界上并不存在所谓'纯粹的'市场经济——一种所有的经济决策都由自由市场作出的经济。所有的市场经济都是混合经济。因为在现代社会中，国家——作为公共利益的代表——都要扮演一种重要的角色。虽然一般来讲，市场经济的成员较之计划经济的成员享有大得多的行动自由，但国家也必须保证一个适当的制度框架的存在。"（A.J. 伊萨克森，C.B. 汉密尔顿，T. 吉尔法松 . 理解市场经济 . 张胜纪，肖岩，译 . 北京：商务印书馆，1996：6.）

和服务的国有企业，通过购买服务、特许经营、委托代理等方式，鼓励非国有企业参与经营。根据业务特点分类推进具备条件的企业投资主体多元化。对成本控制、营运效率、价格水平、服务质量、信息披露、安全标准、保障能力等进行分类监管，并引入社会评价机制。

政策鼓励和支持非国有资本参与混合所有制改革。一是鼓励非公有资本通过股权、债权等多种方式，参与国有企业改制重组或国有控股上市公司增资扩股以及企业经营管理。企业国有股权转让时，除国家另有规定外，一般不在意向受让人资质条件方面对民间投资主体单独设置附加条件。二是允许经确权认定的集体资本、资产和其他生产要素作价入股，参与国有企业混合所有制改革。三是引入外资参与国有企业改制重组、合资合作，鼓励通过海外并购、投融资合作、离岸金融等方式，利用国际市场、技术、人才等资源和要素，发展混合所有制经济，深度参与国际竞争和全球产业分工。四是推广政府和社会资本合作（PPP）模式，鼓励社会资本投资或参股基础设施、公用事业、公共服务等领域项目，使投资者在平等竞争中获取合理收益。五是试行混合所有制企业员工持股，主要采取增资扩股、出资新设等方式，优先支持人才资本和技术要素贡献占比较高的科研院所、高新技术企业和科技服务型企业开展试点，支持对企业经营业绩和持续发展有直接或较大贡献的科研人员、经营管理人员和业务骨干等持股。

政策鼓励国有资本在混合所有制改革中拓展发展空间，实现合理权益和保障一定的管控能力。一是鼓励国有资本在公共服务、高新技术、生态环境保护和战略性产业等重点领域，以市场为基础，以资本为纽带，利用国有资本投资、运营公司的资本运作平台，对发展潜力大、成长性强的非国有企业进行股权投资。二是鼓励国有企业通过投资入股、联合投资、并购重组等方式，与非国有企业进行股权融合、战略合作和资源整合。三是支持国有资本与非国有资本共同设立股权投资基金，参与企业改制重组。

四是在国有资本参股非国有企业或国有企业引入非国有资本时，允许将部分国有资本转化为优先股。五是在少数特定领域探索建立国家特殊管理股制度，依照相关法律法规和公司章程，行使特定事项否决权，保证国有资本在特定领域的控制力。对混合所有制改革中国有产权保护和员工利益维护也有相应的政策规范。

（三）产权混合经济的创制意义

混合所有制改革，在一定意义上是国有企业的自我革命。改革政策既涉及制度理念、产权安排、权利保护、市场建制，也关乎准入管理、规制监管、法律规章等诸多方面。混合所有制经济如何定位于社会主义市场经济制度，如何促成公有制与市场经济内在兼容，是一项在理论上与东西方"经典""正统"理论大相径庭，在实践中有太多原创性或不确定性的世界性创新，需要政策、体制、法规以及理论上的开放性探索和创新。

第一，建立企业产权结构优化与权能利益均衡机制。

混合所有制改革意味着多元产权进入企业内部，并以其资本份额行使权利、实现收益。如同劳动分工的发展会完善工艺技术、提高生产效率一样，企业形态的发展则逐步促进了产权功能的分工。先是有企业所有权与经营权的分工。随着公司制的创立，在所有权层面，出现了自然人产权与法人产权的分工、委托与代理的权能分工。在公司治理中，又有决策权与经营权的分工，以及子孙公司的分设、分立，董事层与经理层的社会化选聘，产权持有错综交叉，委托与代理权能更加复杂。

在国有资本控股的混合所有制企业中，其他社会资本参与某种产权分工已经细化、产权功能相对复杂的"有组织的行动"，意味着它们必须放弃单独掌控自有资本的权利。个人作为投资方向公司投资，公司契约所界定的产权形式、权能结构和行使方式，决定了他们参与其中的具体样式和利益实现方式，包括投资者向公司贡献的资源、公司资源如何使用的决策方式以及投资者如何分享共同努力所获得的利益等。混合所有制企业的类此约定，作为市场经济契约主义意义上的游戏规则，面对不同性质的投资者，更需要保证各类产权分工合理、结构优化，产权功能边界清晰、均衡有效，公司权益共同分享、公平合规。无论委托与代理关系如何复杂，混合所有制企业的产权分工及其权能均衡与否是判别其是非成败的依据。既要防止一股独大引起权能及利益倾斜，又要防止委托与代理关系中的所谓"经理革命"产生的内部人控制，还要防止借"职工利益""社会责任"之名，故意违反或随意改变契约规则。混合所有制企业的产权分工优化、权能结构均衡和利益关系调适等，是其发展潜力释放、竞争优势形成的关键所在。

以资本为纽带的混合所有制引入后，产权结构和权能关系的变化深刻影响着国有企业的管理者和劳工层的权利关系。在当初的国有企业中，管理者和劳工层都是国家的主人，只有分工不同，没有高低贵贱之分，他们的管理权能和劳动权利，在逻辑和法律上既是经济权利也是社会权利，并且是无差别意义上的权利。经由混合所有制改革，尤其在国有资本放弃控股权的公司中，其管理者只是与其资本份额相对应的出资人代表，不再具有公司的掌控权；企业职工也由主人翁转变为相对于资方的普通劳动者，其原有的经济社会权利受到了侵蚀而必须处理好相应的职工利益保护等问题。企业管理层为保障自身特定利益或达到内部人控制，在国有企业改制中，往往以"照顾职工利益""职工持股、经营者持大股"等方式或名义迂回地实现其目的，当然也不乏一些人胆大妄为、利用权势直接推动由公有到私有的产权颠覆类"改革"案例。这也是国有企业改革过程中屡屡受到诟病的常见现象。混合所有制企业的结构性矛盾以及由此派生的管理权差异和参与性顾虑，需要相应的企业产权的清晰界定和权能安排的均衡合理以及劳资关系的适当处理，来保障所有投资者与之投入相适应的正当权益和混合所有制经济的活力、动力与持久的生命力。

第二，促成国有资本效率目标与社会责任的边际优化。

混合所有制企业资本构成的变化，使其效率追求较之于以往的国有企业更为明确。但政府总是或多或少地期待国有资本尤其是控股类国有企业承担部分社会责任。混合所有制企业中的效率目标与社会责任之间的内在矛盾与冲突，在社会范围内的混合所有制经济乃至基本经济制度中也是存在的。深层次上看，这种矛盾与冲突也是力图将公有制与市场经济结合起来的世界性创新的固有矛盾与困境。只有从体制机制上解决了这类矛盾和冲突，前无古人的高难度创新才有出路。任何模糊性处理、缘木求鱼式诉求甚或南辕北辙式努力，只能将这场本来就极为艰难的制度创新，误导至传统主义的泥沼、迷途甚至归途。

在微观层面，一般竞争性、商业类混合所有制企业，无论其资本结构如何，是国有资本还是非国有资本控股，不考虑重大灾难救助、战时经济环境等例外情况，其企业目标只能是通过技术进步、管理创新等，在公平竞争、优胜劣汰的市场环境中依法合规地追求效率最大化，而不能简单地赋予其社会责任。对于需要国有资本绝对或相对控股、属于自然垄断性质及其他需要政府管制的重大安全领域的混合所有制企业，应以商业模式和盈利方式创新，形成非国有资本参股混制的盈利预期和投资激励。所谓"优先股"的设立，或许更适合这类企业中的非国有资本参股混改，以免国有资本履行社会责任时侵蚀其他投资者的资本权益。除非国有资本旨在放弃控股权或行使超经济权力，否则，混合所有制企业中设立国有资本"优先股"等，在一般竞争性领域因共担风险而没有必要；在国有资本绝对或相对控股的重点关键企业中，则属于画蛇添足、节外生枝。

在社会范围内，混合所有制经济中的国有经济成分，毕竟有应对市场失灵、保障普遍服务、维护公平竞争等非营利目标或社会责任。这也是社会主义市场经济或基本经济制度中保有国有经济成分的依据也是界限所在。在经济转轨过程中，因利益相关方的极力维护，国有经济成分会在较长的时间内超出其必要范围。但国有企业混合所有制改革，已经在主动收缩国有经济的范围和边界。其中的一些改革措施，如购买服务、PPP 模式等，将过去通常由国有企业以自然垄断、市场垄断甚至行政垄断方式所独占、先占或占优势的行业和领域，部分地推向市场或利用市场机制，提供更有效率、更高质量的商品和服务。随着市场深化、体制创新和经济发展，国有资本直接参与一般经济活动的必要性将会进一步降低，应当收缩边界或进行战略性调整，集中力量应对市场失灵，履行社会责任，提高抗风险能力。混合所有制改革中对国有企业进行业绩分类考核，也正是在一定意义上适应这种要求和趋势。更广义地看，在由市场决定的经济效率与政府需要的社会责任之间，国有经济有必要主动、动态地调整其经营范围和比例，形成某种边际运动机制或边际均衡状态，以发挥"市场决定作用"基础上的"政府更好作用"。国有经济的这种自觉性、自制力及其定力，从根本上说，也是公有制与市场经济之间有机结合、内在兼容的世界性创新能否成立，带有治理性改革和制度性变革双重性质的"中国故事"有无普遍意义以及混合所有制经济或社会主义市场经济能否具有竞争优势和制度自信的关键所在。①

第三，分立自然垄断环节与收缩经济管制边界。

国有企业混合所有制改革已经进展到以绝对控股或相对控股的方式，将一批长期界定为重要领域、关键环节、自然垄断以及政府严格管制的行业向社会资本开放。这些领域的改革，需要从市场经济规律、技术经济规律、政府规制规律的有机结合等诸多方面，为公有制与市场经济兼容结合这个"世界性难题"探索出一条新路。

---

① 当然，"混合经济中已蕴含资本主义市场和协同共享两种元素，两者既相辅相成，又存在不可避免的竞争。有时，两者能够通过互利的方式反哺自身。但更多时候，其竞争的本质促使两者相互吞并或取代对方。""市场资本主义与协同共享两种经济模式之间将是一场历史弥久的鏖战。"（杰里米·里夫金. 零边际成本社会：一个物联网、合作共赢的新经济时代. 赛迪研究院专家组，译. 北京：中信出版集团，2017.）由此可见，政府依据体制适应性对不同经济成分进行适时有效规制与平等中性规制一样是极其必要的。

分期分批推出的试点企业涉及配售电、电力装备、高速铁路、铁路装备、航空物流、民航信息服务、基础电信、国防军工、重要商品、金融服务、石油天然气等重点领域，这些企业都是本行业的代表性领军企业，至少具有"大"的典型性。其混合制试点模式，既包括民企入股国企、国企入股民企，也包括中央企业与地方国企混合、国企与外资混合、政府和社会资本合作（PPP）等。

先期纳入混合所有制改革的国有企业，有行政管制或行业垄断类企业，如国防军工、航空物流、民航信息服务、铁路装备、重要商品、金融服务等。其中除少部分重要工艺环节需要保密管制的国防军工企业外，其他大部分是一般竞争性企业，因其地位重要并具有先占甚至独占优势，长期行业垄断排他、政府管制过度，其经济效率和社会福利损失是显而易见的。另有一部分企业涉及资源、网络类自然垄断领域，如配售电网、交通路网、市政管网、基础电信、稀有矿藏以及石油天然气及其输送管网等。历史上这些领域通常由众多关联企业和产业形成纵横向一体化的"巨无霸"国有企业。其混合所有制改革，关键在于兼顾技术规律和市场规律，将企业的自然垄断业务与竞争性业务分开，对生产链上下游各环节进行结构性分拆。其中竞争性业务一律推向市场、开放竞争，其他资源、网络类领域分类规制与专业化监管。

改革路径的清晰并不表征改革目标的实现。其间利益关系的调整与改革阻力之大甚至难以估量。与改革路线图相对应的改革时间表，也许只有时间才可以回答。这些领域已经或正在出现与混合所有制及市场化改革趋势相悖的改制行为。如部分电网企业将本来有利于网络规模适度化、输配电体制优化的县市以下的配售电网子公司，加快改制为具有纵向一体化性质的分公司，进而扩张电力网络的垄断范围、规模和程度。部分油气企业利用先占优势和勘探开采权"跑马圈地"，将大面积的油气资源潜在储藏掌控在自己手中而又无力勘探开发。类此现象既表明改革的艰难性与复杂性，也表明改革的紧迫性和必要性。

第四，顺应产权、竞争、规制及市场中性规律。

数十年的改革开放和社会主义市场经济发展建制，已经确立产权平等保护、市场公平竞争和规制一视同仁即产权中性、竞争中性和规制中性原则。国有企业混合所有制改革和混合所有制企业的建立，不仅将社会范围内的外在性产权、竞争和规制中性需求转化成企业内部各个投资主体的内在需求，而且改变了所有制的存在形态，公有制和私有制既有其外部分立形式也有其内部融合状态，可以随时随地交叉转换，产权、竞争和规制中性催化成了市场中性趋势乃至规律①，进而将正统资产阶级经济学认为不可能结合共生的公有制与市场制的抽象对立，转变成了经常发生、自然融合的现实经济活动。公有制与市场经济相互结合、内在兼容的"世界性难题"或创新，终于讲出了中国故事、走出了中国道路。"善者因之"、顺应趋势与规律确立市场中性原则，也就成为社会主义基本经济制度完善升华、成熟定型的历史选择和逻辑规律。

循此趋势与规律，自然是创造竞争中性的体制环境发挥"市场决定作用"，通过规制中性体现"政府更好作用"。长期以来，尽管宏观层面早已做出具有规制中性性质的产权中性和竞争中性类政治决策，但国有企业的地位和作用以及其存在依据，还是自觉不自觉、或多或少地赋予其超经济角色和超市场地位，对其进行即便是治理变革的利益调整，也有可能受到来自不同侧面的批评责难直至政治攻讦。其中有出自天下公心者，但也不排除部门、行业以及个人的利益维护。没有产权中性和规制中性的政策法规平等保护各类资本及其相应的权能，混合所有制改革就有可能"跑

---

① 学界有依据传统的经济性质标准提出所有制中性之说，其间有大同小异之处。但市场中性有其更深层次的含义，包括避免像早期社会主义者那样，采取将"孩子"和"脏水"一起泼掉的极端方式，既彻底否定资本主义制度，又试图根除市场经济及其所有发展条件和价值意义。当代中国以社会主义性质重建区别于资本主义性质的市场经济，本身就意味着市场是中性的。确立产权、竞争和规制中性基础上的市场中性原则，原本就是题中应有之义。

题走偏"、不得其所，其政策空间和发展潜力也会受到极大的限制。在社会范围内，如不确立市场中性原则，破除包括境外资本在内的所有经济成分的超经济权利、超市场地位或超国民待遇，就不可能创立各种所有制经济竞争中性、平等发展的体制基础和安全环境。因此，除极少数需要特定激励或负面清单管制的领域外，其他领域必须一律遵循产权中性、竞争中性、规制中性原则并顺应市场中性发展的趋势与规律。

第五，创立多元产权的平等保护及良法善治环境。

微观层面的国有企业混合所有制改革，是以宏观体制意义上的混合所有制经济为基础的。"国有资本、集体资本、非公有资本等交叉持股、相互融合的混合所有制经济，是基本经济制度的重要实现形式。"[①] 在这种制度结构中，社会上不仅广泛存在着不同性质、相互独立的所有制主体，而且经过混合所有制改革之后，不同性质的资本及其所有者开始进入同一企业内部，并依据股权份额实现权益。与独资企业中的产权所有与企业经营一体化不同的是，在混合所有制企业中，经营的一体化要求与产权的多元化构成，即使不存在委托-代理关系，也依然不能保证其股东之间总是能够达成意见一致的合意安排。

公有资本与非公资本的混合，是通过平等的契约形式来实现的，双方都不能有履约预期疑虑尤其是履约地位的差异。国有企业的强势角色或控股地位，以及经济转轨中成长起来的非公资本的先天不足和相对弱势地位，使得非公资本对处于主体地位方的履约诚信及履约平等尤为担心。而改革政策层面做大做强国有经济、提高其控制力和影响力的目标期待，无论是价值信念意义上的决策初衷，还是求得改革正当性的策略性表述，或者是管制放松型市场化改革的现实出发点，给非公资本也给社会的直接观感是，混合所有制改革依然存在十分浓厚的国有企业本位性和主导型色彩。至于国有企业参股民营企业，以及"管资本为主"的国有资本投资公

---

① 参见《国务院关于国有企业发展混合所有制经济的意见》(2015年9月23日)。

司和运营公司设立后利用资本市场及其便利性，不仅国有资本有向民营企业和竞争性领域延伸之嫌、之便，而且国有企业影响力和控制力的扩大，必然增加市场疑虑和政策误解，未必符合混合所有制改革的初衷。

因此，在混合所有制经济中夯实微观基础的取长补短、相互促进、共同发展，既需要构建企业命运共同体来约束那种在市场建制中新生的非公资本的个人主义性格和机会主义行为，更需要在社会范围内保障不同所有制经济之间资源配置的开放竞争和市场决定的体制环境，以及在混合所有制企业中保证所有投资者的产权平等安全、依规行使，尤其是主体方对功能责任的界定、控股方对履约守信承诺的坚守。考虑到我国市场建制特点，明确区分"破旧立新"初期及无法可依阶段的经济纠纷与经济犯罪的界限，依据罪刑法定原则，以典型案例的适当处理，豁免民营资本成长早期的一些不规范经营行为，并探索经典判例入法，做到有法可依。以良法善治消除民营资本的"原罪"恐惧，增加其资本安全感和体制向心力。平等保护多元产权也不能长期徘徊于政策文件阶段，应当按照产权中性、竞争中性、规制中性的市场中性原则，分别立、改、废、释所有涉及财产权利、市场竞争和政府规制的政策法规，形成良法善治的民法环境，最终以治理性改革和制度性变革辩证统一的成功实践和混合所有制经济蓬勃发展的中国故事，探索出符合国情规律的公有制与市场经济内在兼容、各种所有制经济平等发展的社会主义市场经济制度或中国特色社会主义道路。

第四章

垄断领域改革及其市场适应性特征

市场经济较之于自然经济，其发育成长需要更为广泛有效的社会公共品生产和服务。经济领域中的广义公共品除规则、公平、安全等制度要素外，还包括资源、网络等具有自然垄断性质的生产要素。相对于竞争性领域的市场化改革，自然垄断领域的市场适应性建制，既要符合市场公共品性质、遵循市场经济规律，又要兼顾产业特性、技术规律和社会治理结构；既要进行错综复杂的体制改革创新和经济利益调整，又要构建稀缺要素、网络体系均衡配置机制和共享服务平台；既要对自然垄断业务进行商务盈利模式创新，又要信守政府规制理念、政策和管理体制。加之历史上这类行业政企、管办不分，生产、流通和社会服务纵横向一体，自然、行政、市场垄断与技术经济因素和行政化管理体制错综交织、彼此维系，其体制架构之坚固、既得利益之丰厚、维权意愿之强烈、游说渠道之便捷、改革博弈之强势绝非普通商业类企业可比。相关改革走走停停、避重就轻乃至铩羽折戟、成败无常不难理解。

一、资源类企业改革及其艰难进程

资源类生产处于产业链的上游或前端。从制成品尤其是消费类制成品领域率先破题的市场化改革及经济发展，迅速打破了计划体制下原有的产业链与价值链的平衡状态。其中能源供应链和价格体系失衡尤为迅速、突出。煤炭矿区和矿井接续紧张、采掘比例失调，油气勘探投入欠账、储采比下降，电力建设滞后、多数地区供电紧张。能源政策调整和市场化改革也由此起步。

（一）从政策支持到承包制试点

自 20 世纪 80 年代初起，国家开始对地方国营煤矿实行亏损补贴、降低工商税等政策；提出国家、集体、个人、大中小型煤矿齐上并建的办矿方针，从资源划分、产品运销、技术服务等方面支持小煤矿发展；实行"电厂大家办，电网国家管"的集资办电政策；出台"自建、自管、自用"和"谁投资、谁所有、谁管理"的所谓"三自""三谁"等鼓励发展农村小水电的政策。[①] 此外，如同其他国营企业改行"拨改贷"政策一样，中央预算内能源基本建设投资由拨款改为贷款，国家基本建设计划资金以贷款形式下达给国营企业或建设单位，形成国家与建设单位最初的资金借贷关系，激励建设单位节约投资、提高效益。

与改革目标探索和认知局限性有关，改革之初，资源能源类企业效行农村包产包干制改革，在油气、煤炭等能源行业，开始实行各种类型的承包、包干制度。

1981 年 6 月，国务院对原石油工业部做出一亿吨石油产量总承包政策。石油行业超产、节约的原油可按国际价格销售，高于国内油价的收入部分，85% 作为石油勘探开发基金，其余 15% 用作职工福利和奖励基金。1987 年 3 月，国家又对天然气生产实行包干办法。超过包干基数的天然气产量由石油工业部自行定价，价差收益用作勘探开发基金。包干政策使油气定价由国家定价向国家定价为主、多种价格并存转变，也激活了油气行业的发展潜能。到 1988 年，石油行业累计筹集勘探开发基金 294亿元，占同期石油开发总投资的 80% 以上；原油产量提高了 3 500 万吨，部分缓解了市场供应紧张状况。从 1992 年起，中国石油天然气总公司实行"四包、两定、两保、一挂钩"承包经营责任制，即油气田包新增探明石油和天然气储量、原油和天然气产量及商品量，定投资规模和生产盈亏，总公司对油气田保专用器材和油气外输销售，油气田工资总额与承包指标完成情况和经济效益挂钩。

---

① 1981 年 12 月，国务院批准原国家能源委员会《关于地方国营煤矿若干经济政策的请示》；1983 年 4 月，国务院批准原煤炭部《关于加快发展小煤矿八项措施的报告》；1985 年 5 月，国务院批转《关于鼓励集资办电和实行多种电价的暂行规定》。

煤炭行业试行产量、投资等包干办法。1983 年 2 月，原煤炭部开始在煤炭行业推行各类包干制度。1985—1990 年间，先后分别在部分骨干煤炭企业推行过一包数年（六年）的基本建设包建、吨煤工资包干、产量和财务包干等项包干制度。其间，1984 年 9 月，为集中统一推行承包制管理，将山西、山东、河南、陕西等主要产煤省份的煤炭工业厅（局）、骨干统配煤矿以及所属主要地质、施工、设计、科研教育等单位划归煤炭部直属管理。这种以计划体制乃至强化计划管理为基础的承包制，其经济激励有效但也有限。1990 年与 1985 年相比，全国煤炭产量增长 23.8%，达到 10.8 亿吨，但年均增速不及 5%，与其他制造业行业和整个国民经济增速相形见绌，能源供给瓶颈依然如故甚至有所加剧。六年承包到期后，煤炭行业仍在延续承包制，重点转向完善指标体系、落实盈亏包干和安全指标等方面。

这一阶段，国营企业管理体制和利税、价格改革等也在资源能源领域推进并有所进展。经营管理方面，煤炭企业实行矿务局和煤矿两级核算，加强成本管理；石油企业按油田进行核算；电力领域扩大电厂权限，由电力行业统收统支改为电网、省局、发电厂三级核算，电网内实行国家和地方两种体制。陆续组建中国石油天然气总公司、中国海洋石油总公司、中国统配煤炭总公司、东北内蒙古工业公司和核工业总公司。华东电网开展以"政企分开、省为实体、联合电网"为主要内容的电力改革试点，保留华东电力管理局和省（市）电力工业局，另外分别成立华东电力联合公司和上海、江苏、浙江、安徽等省级电力公司，以"双轨制"运行破题政企分开改革。1988 年，国务院撤销煤炭、石油、水利电力和核工业部，设立能源部，主要负责拟定行业发展规划、产业政策、技术标准，市场监测分析，实施行业监督管理，不再直接管理企业。价格改革方面，统配煤矿包干基础内的产量执行国家调拨价格，每年递增的包干产量按国家调拨价格加价 50%，再超产部分可由企业自行议价销售；新建电厂实行"还本付息"电价。

（二）能源企业股份制、公司制改革

中共十四大确立社会主义市场经济改革目标，资源能源类企业改革指向、路径得以廓清，进程也随之加快。

1994 年 1 月，国务院批准山东华能发电、华能国际电力、山东国际电源和北京大唐 4 家电力企业经过股份制改造作为首批海外上市预选企业，自当年起陆续在纽约和香港上市。电力体制全面改革启动于新世纪初，主要是实行厂网分开、资产重组，组建电网及发电公司，建立竞价上网电价形成机制等。[①] 相继成立国家电力监督委员会，国家电网公司和南方电网公司两大电网公司，华能、大唐、华电、国电和电力投资等 5 个发电集团，水电规划设计院、电力规划设计院、葛洲坝集团、水利水电建设总公司等四大辅业集团公司。厂网分开改革在国家层面基本完成。此外，政府通过上网优惠电价、扩大市场准入、引入竞争机制等政策支持和引导光伏发电、风能发电等并网技术开发，我国可再生能源商业化进程启动并形成一批骨干企业。

煤炭行业改革由最初的煤炭生产、多种经营和后勤服务内部分离，推进到主业辅业分离、转换企业机制，再推进到价格改革和企业战略性重组。2004—2007 年间，国家出台一系列政策，加快建设神东等 13 个大型煤炭基地，培育和发展若干个产能亿吨级的大型煤炭企业集团；推行煤电价格联动机制，改革煤炭订货办法，鼓励供需双方直接商谈价格、签订供煤合同；鼓励能源企业以资产为纽带，实施跨行业、跨地区、跨所有制战略重组，煤炭企业利用资源优势，与电力、钢铁、有色等企业合作发展非煤产业；新成立的几家大型发电公司纷纷进军主要煤炭矿区，独资或合资开设煤矿，建设坑口电厂；在山西省开展煤炭工业可持续发展试点，完善

---

① 2002 年 2 月 10 日，国务院发布《电力体制改革方案》。

资源有偿使用制度、煤炭成本核算制度，建立煤炭开采补偿和生态环境恢复机制、资源型企业和城市转产发展机制。

1998 年 3 月，国家组建中国石油天然气集团公司（中石油）、中国石油化工集团公司（中石化），旨在建成政企分开、自主经营的法人实体。虽然改历史上的"一家独霸"为"两家各大"格局，但仍然是上下游、供产销、内外贸一体化经营。其中，中石油集团公司负责北方 11 个省区内的石油石化生产企业、原油成品油运输管道和地方石油公司及其加油站；南方 15 个省的相应单位归属中石化集团公司。1999 年下半年起，中石油、中石化、中海油总公司先后重组主业优质资产，设立中国石油股份公司、中国石油化工股份公司和中国海洋石油有限公司，分别于 2000 年 4 月、10 月和 2001 年 2 月在纽约、香港、伦敦上市。

但石油天然气行业一体化垄断体制根深蒂固，体制改革长期迟滞不前。直到 2017 年，因全面深化改革的推动，才以活力、能力建设为中心，开始突破一体化体制。[①] 即有序放开油气勘查开采体制，提升资源接续保障能力；完善油气进出口管理体制，提升国际国内资源利用能力和市场风险防范能力；改革油气管网运营机制，提升集约输送和公平服务能力；深化下游竞争性环节改革，提升优质油气产品生产供应能力；改革油气产品定价机制，释放竞争性环节市场活力；深化国有油气企业改革，释放骨干油气企业活力；完善油气储备体系，提升油气战略安全保障供应能力；建立健全油气安全环保体系，提升全产业链安全清洁运营能力。

（三）能源价格、矿业产权和油气管网改革

石油价格由政府定价逐步过渡到参照国际市场价格，建立市场化调整机制。2013 年起，规范价格调控程序，取消调价幅度限制，价格调整周期缩短至 10 个工作日。随后放开液化石油气价格，简化成品油调价操

---

① 2017 年 5 月，中共中央、国务院印发《关于深化石油天然气体制改革的若干意见》。

作方式，建立油价调控风险准备金制度，但恢复设定成品油价格调控下限。[①] 天然气价格实行分级管理，国务院价格主管部门管理门站价格，地方价格部门管理门站以下销售价格。2013—2015 年间，分类分步推进天然气和电力价格改革。区分存量和增量，分三步实现非居民存量气与增量气价格并轨，建立与可替代能源价格挂钩的动态调整机制；有序放开输配以外的竞争性环节电价并向社会资本放开部分配售电业务等。[②]

矿业产权制度经历了从无到有的市场建制过程。自 1986 年《矿产资源法》颁布实施并几经修订以来，我国矿业权出让制度经历了从无偿到有偿、从申请批用方式到竞争性、市场化取得等变化。但出让竞争和所有者权益实现不充分、部分大型企业集团垄断矿产勘探开采等问题也一直存在。2017 年 6 月，国土资源部选取山西、福建、江西、湖北、贵州、新疆六个省（区）开展试点，2019 年在全国推广实施。重点力推矿业权竞争性出让，严格限制协议出让；理顺矿产资源税费体系，调节矿产资源收入；调整矿业权审批权限，强化出让监管服务。以维护和实现国家矿产资源基本权益为核心，建立新型矿业权出让制度和国家矿产资源权益金制度。

我国油气管网大型干线和支干线工程主要由中石油、中石化、中海油三大石油公司投资建设，区域内支线也主要由三大石油公司和地方资本投资建设。其中，中石油占管网总投资的 70%。虽然管网及储库供给十分短缺，但社会资本仍然难以进入，其自身投资建设的质量效益不甚理想。尽管早在 2014 年就明确规定油气管网等基础设施向第三方平等开放，但中石油仅在有剩余运输能力时向第三方零星开放，中石化、中海油仅个别管道开展代输业务，管网开放程度严重不足。垄断业务与竞争性业务不

---

① 参见《国家发展改革委关于进一步完善成品油价格形成机制的通知》及《石油价格管理办法（试行）》（2013 年 3 月 26 日）；《国家发展改革委关于进一步完善成品油价格形成机制有关问题的通知》及《石油价格管理办法》（2016 年 1 月 13 日）。

② 参见《中共中央国务院关于进一步深化电力体制改革的若干意见》（2015 年 3 月 15 日）。

分，输配环节层级多，成本不透明，定价机制扭曲。据有关能源咨询机构的典型调查，近年来一些省份的工业天然气销售价格构成中，气源成本比例不到 40%，国网、省网及城市配气网的管输费占比超过 60%，管输价格明显偏高。

分离管网主业垄断业务和辅业竞争性业务，开放第三方平等接入和多元投资参与，完善市场决定和政府规制相结合的管网服务价格形成机制和盈利模式等，既是优化油气管网体制、提速管网建设、促进生产性普遍服务的方向与路径，也是降低经济发展和人民生活成本、兼顾经济效率与社会公平的制度建设。为打破三大石油公司的油气管网垄断，政府监管部门从管控规制价格、促进无歧视开放、剥离垄断环节以及诉诸公众意见等多维度艰难破题。

从 2014 年起，国家有关部门就拟将中石油、中石化、中海油三家石油公司下辖的天然气管网资产剥离，对油气行业的一体化体制进行勘探开采、石油炼制、管道输送、市场营销的结构性分拆，推动油气管网等基础设施向第三方无歧视开放。但因得不到三家石油公司的支持而被搁置，转而重点加强对油气管道输送价格监管和成本监审的精细化、制度化建设。[①] 时隔四年之后，国家有关部门以油气管网设施公平开放为切入点，渐进式地推进管网体制改革，并就拟议中的监管办法公开向社会征求意见，也有对冲既得利益方的反对意见之意味。经过长期的利益博弈和改革准备，最高决策层终于下定政治决心，组建国有资本控股、投资主体多元化的石油天然气管网公司，实质性地推动石油天然气行业的管网分离改革 [②]，《油气管网设施公平开放监管办法》最终得以出台，鼓励和支持各

---

① 参见国家能源局《油气管网设施公平开放监管办法（试行）》（2014 年 2 月 13 日）；国家发展改革委《天然气管道运输价格管理办法（试行）》和《天然气管道运输定价成本监审办法（试行）》（2016 年 10 月 9 日）。

② 2019 年 3 月 19 日，中央全面深化改革委员会第七次会议审议通过了包括《石油天然气管网运营机制改革实施意见》在内的有关文件，提出坚持深化市场化改革、扩大高水平开放，推动石油天然气管网运营机制改革，组建国有资本控股、投资主体多元化的石油天然气管网公司。

类资本参与投资建设纳入统一规划的油气管网设施，提升油气供应保障能力。①油气管网建制的产权多元、规模适度、接入公平、价格合理、服务优质、管理精良和监督有效等，已经引起社会的瞩目与期待。

此外，经济市场化变革也推动了资源能源监管体制几经变化。到2003年，国土资源部承担煤炭、油气等能源资源勘探规划、资源配置等监管职能；国家能源局负责能源战略规划、产业政策、行业标准等监管职责；能源价格、财税等分别由国家有关部门负责管理。中央和省级国有资产监督管理委员会负责监管所属国有能源企业。自2018年起，新组建的自然资源部统一行使全民所有自然资源资产所有者监管职责。资源、能源法规建设也各有进展。

二、基础网络类企业改革及其条件

基础网络类垄断领域，包括输电配电网、公路铁路路网、航空水运航线、市政路网管网等。其生产与服务企业，具有网络垄断性、结构一体性和资产专用性，在计划体制下还赋予其行政垄断和市场独占地位。网络类企业改革，不仅要遵循市场经济规律，而且要适应网络技术规律要求以及政府规制方式创新，数十年来推进艰难、进展迟缓，至今离改革目标还相去甚远。

（一）输配电网体制改革

经过20世纪八九十年代尤其是21世纪前十年的努力，电力体制初步实现了政企分开、厂网分开和主辅分开，开始进入电网体制改革的攻坚

---

① 参见《国家发展改革委关于就〈油气管网设施公平开放监管办法〉公开征求意见的公告》(2018年8月3日)；国家发展改革委、国家能源局、住房城乡建设部、市场监管总局《关于印发〈油气管网设施公平开放监管办法〉的通知》(2019年5月24日)。

阶段。

1. 电力体制改革及其焦点难点

电力体制改革，最初是要打破电力领域集行政垄断、市场垄断和自然垄断于一体的行业超级垄断，矫正竞争性业务与垄断性业务混合、主营业务与辅业业务不分、企业责任与社会责任交叉、市场规律与技术规律作用扭曲、资源配置与政府管制失序等，包括缓解当时近乎无限的需求与捉襟见肘的供给之间的矛盾。

随后需要重点理顺政府与企业、中央与地方乃至地方各级政府的涉电关系，电网自然垄断业务与竞争性业务的关系，输配电网企业发展机制及网际之间的关系，发电、输配电、售电各环节间的关系，电网主业与网辅行业之间的关系，输配电价规制与网络营利模式的关系，以及电网企业平等竞争与其代行行业公权的国网公司间的关系等。

适应市场经济发展建制，电网改革还需要兼顾网络一体化、规模适度性与产权多元化、市场竞争性的关系，电网企业投资运营与普遍服务责任间的关系，分布式智能电网和特高压输电网建设中的技术创新与制度创新的关系，传统电力输配体制与清洁环保型电力输配模式间的关系，电网体制改革创新与电力法律规范及监管体系建设间的关系等。

即便是输配电网内部改革，也还取决于工业化、城市化发展阶段对配电网所必需的规模经济支持，电力基础网络完善程度尤其是配电长尾网络覆盖水平，网络普遍服务由企业与政府间责任不分、权力不清的交叉补贴方式向制度化、长效化机制的转变及其进展，以及输配电网的网络一体性、规模适度化与投资准入、营运参与多元化相适应的市场机制和政府规制建设等。

2. 厂网分开改革与电网模式调整

自 2002 年起，电力体制改革重点推进厂网分开，重组发电企业和电网资产；实行政企、管办分开，推动政府监管体系建设；制定发电排放环境保护标准，形成清洁电源发展的激励机制；开展发电企业向大用户直接供电试点以及推进农村电力体制改革等。[①]

实行厂网分开改革，将国家电力公司管理的资产按照发电和电网两类业务划分，分别进行资产、财务和人员的重组，组建若干独立发电企业，实现电力行业的主要竞争性业务与具有自然垄断性质的电力网络的分离。为防止形成新的垄断，规定发电资产重组综合考虑电厂的资产质量和所在地域条件等，每个发电企业在其电力市场中的资产份额原则上不超过20%。

重组电网资产，以原国家电力公司管理的电网资产设立国有独资形式的国家电网公司；设立华北（含山东）、东北（含内蒙古东部）、西北、华东（含福建）、华中（含重庆、四川）等区域电网有限责任公司或股份有限公司[②]；设立南方电网公司，以资产比重较大的地方电网公司为控股方组建有限责任公司或股份有限公司，各方按现有电网净资产比例成立董事会负责经营管理，经营范围为云南、贵州、广西、广东和海南等省区；各区域内的省级电力公司改组为区域电网公司的分公司或子公司，负责经营当地相应的输配电业务。

授权国家电网公司代行行业管理职能，负责各区域电网之间的电力交易和调度，处理区域电网公司日常生产中的网间协调问题；参与投资、建设和经营相关的跨区域输变电和联网工程，负责三峡输变电网络工程的建设管理；协助国家有关部门制定全国电网发展规划；代管西藏电力企业。区域电网公司经营管理电网，保证供电安全，规划区域电网发展，培育区域电力市场，管理电力调度交易中心，按市场规则进行电力调度。电网企业暂不进行输配分开重组，对配电业务逐步实行内部财务独立核算。县域范围内营业区交叉的多家供电企业，以各方现有配电网资产比例为基础，

---

① 政策要点参见 2002 年 2 月 10 日国务院印发的《电力体制改革方案》。

② 由电网资产比重较大的国家电网公司负责组建，各地方以其所拥有的电网净资产比例为基础参股。

组建县供电有限责任公司或股份有限公司。

厂网分开和电网改革推动建立新的电价形成机制。首先是通过市场交易调度形成发电竞价上网机制。在区域电网公司经营范围内，根据各地电网结构、负荷分布特点及地区电价水平，设置一个或数个电力调度交易中心，实行市场开放，由区域电网公司负责管理。其次是调整电价形成机制。将电价划分为上网电价、输电电价、配电电价和终端销售电价。上网电价由国家制定的容量电价和市场竞价产生的电量电价组成；输配电价由政府确定定价原则；销售电价以输配电价为基础形成，建立与上网电价联动的机制。最后，政府按效率原则、激励机制、投资需求并考虑社会承受能力，对各个环节的价格进行调控和监管。在具备条件的地区，开展发电企业向较高电压等级或较大用电量的用户和配电网直接供电试点，直供电量的价格由发电企业与用户协商确定，并执行国家规定的输配电价。此外，2011 年 9 月，中国电力建设集团有限公司、中国能源建设集团有限公司两大辅业集团成立，标志着电网企业主辅分离改革基本完成。

新的电网体制一经运行，原有体制痼疾和新体制缺陷便显现出来。一是交易机制缺陷制约电力公平交易。作为市场公共品的电力调度交易仍附属于区域电网公司，难破电力上网交易的网络垄断格局；售电侧有效竞争机制尚未建立，发电企业和用户之间交易有限，市场的资源配置作用难以发挥。二是尚未形成市场化电力定价机制。电价管理仍以政府定价为主，电价调整往往滞后于成本变化，难以及时反映电力实际成本、市场供求状况和环境保护支出。三是新能源和可再生能源开发利用面临网络瓶颈。清洁性可再生能源的发电无歧视、上网无障碍机制难以建立，节能环保机组不能充分利用，弃水、弃风、弃光现象时有发生，个别地区窝电和缺电并存。四是政府职能与企业管理权责不清、职能交叉。授权国网公司代行行业公权，负责区域电网间的电力交易调度和网间协调并协助制定电网发展规划，其公正性、科学性存在市场疑虑。五是立法修法落后于电力体制改革创新。现有的一些电力法律、法规、政策、标准，多是计划性垄断体制的产物，亟待立、废、修订，为电力行业发展和改革创新提供法规政策依据。

3. 电网深化改革及其存留问题

针对电网体制的传统痼疾和突出矛盾，新一轮电力体制改革于 2015 年重新启动。其改革重点和路径是在政企分开、厂网分开、主辅分开的基础上，坚持管住中间、放开两头的体制架构；分步放开输配以外的竞争性环节电价、公益性和调节性以外的发用电计划以及向社会资本开放配售电业务；推进交易机构相对独立、规范运行，强化电力安全可靠运营、电力统筹规划和政府监管；继续深化对区域电网建设以及适合国情的输配电体制研究。①

推进电价形成机制改革。一是单独核定输配电价，政府定价范围主要限定在重要公用事业、公益性服务和网络自然垄断环节。政府主要核定输配电价，并逐步过渡到按"准许成本＋合理收益"原则分电压等级核定。二是分步由市场形成公益性以外的发售电价格。参与电力市场交易的发电企业的上网电价由用户或售电主体与发电企业通过协商、市场竞价等方式自主确定；其他没有参与直接交易和竞价交易的上网电量，以及居民、农业、重要公用事业和公益性服务用电，继续执行政府定价。三是改革不同种类电价之间的交叉补贴。改革过渡期内，现有各类用户间的电价交叉补贴数额，由电网企业申报，通过输配电价回收。

推进电力市场化交易机制改革。一是规范市场主体准入标准。按照接入电压等级、能耗水平、排放水平、产业政策以及区域差别化政策等确定并公布可参与直接交易的发电企业、售电主体和用户准入标准，实施动态化监管。二是引导市场主体开展多方直接交易。对符合准入标准的发电企业、售电主体和用户赋予自主选择权，自行确定交易对象、电量、价格和

① 参见《中共中央国务院关于进一步深化电力体制改革的若干意见》(2015 年 3 月 15 日)。

洽谈合同，实现多方直接交易。三是鼓励建立长期稳定的交易机制。直接交易双方通过自主协商决定交易事项，依法依规签订电网企业参与的三方合同，构建体现市场主体意愿、长期稳定的双边市场模式。四是建立辅助服务分担共享机制。适应电网调峰、调频、调压和用户可中断负荷等辅助服务要求，完善并网发电企业辅助服务考核机制和补偿机制。五是完善跨省跨区电力交易机制。按照国家能源战略和经济、节能、环保、安全的原则，采取中长期交易为主、临时交易为补充的交易模式，推进跨省跨区电力市场化交易，促进电力资源在更大范围优化配置。

建立相对独立的电力交易机构。一是组建和规范运行电力交易机构。将原来由电网企业承担的交易业务与其他业务分开，实现交易机构依照章程和规则相对独立运行。二是完善电力交易机构的市场功能。电力交易机构主要负责交易平台建设和运营管理，包括组织市场交易、提供结算服务、汇总双边合同、管理注册登记、发布市场信息等。三是改革和规范电网企业运营模式。电网企业按照政府核定的输配电价收取过网费，不再以上网电价和销售电价价差为收入来源，保障电网投资运营、资产管理效率和网络系统安全，履行公平无歧视开放和电力普遍服务义务。

推进发用电市场化改革。一是有序缩减发用电计划。根据市场发育程度，直接交易的电量和容量不再纳入发用电计划。鼓励新增工业用户和新核准的发电机组参与电力市场交易。二是完善政府公益性、调节性服务功能。政府保留必要的公益性、调节性发用电计划，保障居民、农业、重要公用事业和公益性服务等用电，以及电网调峰调频、安全运行和按规划收购可再生能源发电。三是建立电能服务需求适时响应机制。运用现代信息技术，精细化电力供需两侧管理和能效管理，保障电力供需总量平衡以及节能减排和老少边穷地区电力供应。

向社会资本分步放开售电业务、推动售电侧改革。一是鼓励社会资本投资配电业务。逐步向符合条件的市场主体放开增量配电投资业务，鼓励以混合所有制方式发展配电业务。二是建立市场主体准入和退出机制。界定符合技术、安全、环保、节能和社会责任要求的售电主体条件；明确售电主体的市场准入、退出和监管规则；保障电网企业无歧视和按约定履行保底供应商义务等。三是多途径培育市场主体。允许符合条件的高新产业园区或经济技术开发区、分布式电源用户或微电网系统、城镇供水供气供热等公共服务行业以及社会资本和发电企业等，组建售电主体和投资售电业务。四是赋予市场主体权责义务。各售电主体按规定从事购售电业务，相应地承担电力基金、普遍服务及社会责任等义务。

以电网开放接入建立分布式电源发展机制。一是采用"自发自用、余量上网、电网调节"运营模式和先进储能技术、微电网及智能电网技术，发展分布式、清洁性电源。二是修订完善电力入网技术标准、工程规范和管理办法，以及新能源和可再生能源并网技术标准，建立可再生能源发电的无歧视、无障碍上网及保障性收购制度。三是规范自备电厂准入标准，推动其严格执行国家节能和环保排放标准，履行电网调峰义务和公平承担社会责任。四是全面放开用户侧分布式电源市场，支持企业、机构、社区和家庭根据各自条件，因地制宜投资建设太阳能、风能、生物质能发电以及燃气"热电冷"联产等各类分布式电源，准许接入各电压等级的配电网络和终端用电系统。

加强电力统筹规划和市场监管。一是加强电源规划与电网规划、全国电力规划与地方电力规划之间的统筹协调，优化电源与电网布局。二是完善电力监管组织体系和监管手段，推动电力交易调度、供电服务、电网投资运营、新能源并网接入和网络安全等方面的有效监管。三是明确从业审核条件和服务标准，减少、简化和规范行政审批及其程序。四是建立健全电力市场主体信用体系并纳入统一的信用信息平台，依法惩戒企业和个人的违法失信行为。五是修订电力法及相关行政法规，推动依法治电。

建立独立的输配电价体系，从地方增量配电业务改革试点起步。继

2014 年 10 月深圳市开展首个输配电价改革试点之后，2015 年 6 月，内蒙古西部电网又启动输配电价改革试点。两地试点方案基本一致：按照"准许成本＋合理收益"原则和监管周期，对电网企业实行总收入监管，单独核定分电压等级输配电价，电网企业盈利与购售电差价脱钩，相应地建立对电网企业的激励和约束机制。2018 年 4 月，改革试验扩大至河北、陕西、内蒙古、辽宁、吉林等 20 个省区市 97 个项目，鼓励和引导社会资本投资增量配电业务。其间出台了相应的交易规则和监管办法，推动建立规范、透明、独立的输配电价形成机制和监管体系，规范各地电力中长期交易行为。①

新一轮电网体制改革也还有一些存留、存疑问题。售电竞争性业务可以与网络业务直接分开但路径迂回、进展迟缓；电力交易机构虽然相对独立于电网，但电力调度机构保留在电网体制之内，市场交易平等和电力平等并网尚存疑问；电力输配分开能否推进及如何建制还有认知争议，现实中一些电网企业将有利于输配分开、专业化运营的内部母子公司制加速改为适合一体化管理的总分公司制，电网输配体制改革诸多相关问题尚在未定之天；决策层在电网产权多元化、规模适度性趋势与企业专业化扩张、网络一体化诉求之间兼顾两难、举棋未定；电网企业对市场公共品的平等共享需求与国网公司的授权定位和行权性质并非没有微词；电力普遍服务需求与电网企业的社会责任间边界模糊，电力法规建设长期滞后于电力改革创新的格局也亟待改变。

（二）交通路网与航运体制改革

具有自然垄断性质的交通网络包括公路铁路路网、航空水运航线等。计划经济时代，我国交通运输业实行政企、管办合一体制，交通运输管理

---

① 2015—2016 年，国家发展改革委、国家能源局先后印发《输配电定价成本监审办法（试行）》《省级电网输配电价定价办法（试行）》《电力中长期交易基本规则（暂行）》等交易规则和监管办法。

部门既是行政主管机构，又直接从事经营管理；中央政府交通主管部门绝对主导全国交通投资和运输管理，通过指令性计划直接组织运输企业生产；运输企业是集自然垄断、行政垄断和行业垄断于一体，网络垄断业务与普通运输业务、运输主业和各种辅业混合经营的行政附属机构。

1. 简政放权让利与承包经营试验

改革开放初期，交通运输业与其他领域一样，首先以简政放权让利、承包经营责任制等方式，推动部分行业和企业自主经营，交通网络体制尚未进入改革议程。

铁路运输领域，1981—1983 年间，铁道部下放部分管理权限，先后批准上海、广州、齐齐哈尔、吉林铁路局开展扩大企业自主权试点；组建广深铁路公司，实行"自主经营、自负盈亏、自我改造、自我发展"管理体制。1986 年 3 月，国务院对铁道部实行投入产出、以路建路的大包干式经营承包责任制，铁道部除按章缴纳营业税、城市建设税和教育附加费外，全部利润留用于发展铁路运输、车辆设备制造和铁路基本建设。

公路交通领域，自 80 年代起，交通部门逐步推进政企分开，将人、财、物及生产经营管理权下放给企业，不再直接干预企业经营。撤销部分省级交通工业企业，下放给所在中心城市归口管理[①]，运输企业逐步普及承包经营责任制。1987 年 10 月《公路管理条例》确立了"条块结合"的公路管理体制。全国公路实行统一领导、分级管理，国道、省道由省级公路主管部门负责修建、养护和管理；国道中跨省、自治区、直辖市的高速公路，由交通部批准的专门机构负责修建、养护和管理；县乡道路由县乡人民政府负责修建、养护和管理。

水运港口领域，以 1983 年长江航运实行港航分管、政企分开为标志，推进港口管理体制改革。实行水运政企分开、所有权与经营权分离，扩大企业经营自主权。1984—1987 年，推行"中央和地方双重领导、以

---

① 到 1986 年底，全国已撤销 15 个省级运输公司，将企业管理权限下放到中心城市。

地方政府为主"的港口管理体制改革，将秦皇岛港以外的沿海和长江干线其余 37 个交通部直属港口全部下放地方管理。

民航领域改革，始于 1980 年的军转民管理改革。自当年 3 月 15 日起，隶属空军的民用航空业划归国务院领导。1980—1986 年间，航空运输企业和民航机场以经济核算和劳动人事制度为核心，推进承包经营责任制。企业实现利润按"倒一九"比例分成，支持民航业改革发展。1987—1992 年，民航业实施以政企分开，管理局、航空公司、机场分设为主要内容的体制改革，建立民航总局 - 地区管理局 - 省（区、市）局三级行政管理体制。其中绝大部分省级局与机场合一，实行企业化运营。组建中国国际、东方、南方、北方、西南和西北六大骨干航空公司；改革航空运输服务保障系统，分离民航各级管理机构的服务保障性业务，组建中国航空油料总公司、中国航空器材进出口总公司、计算机中心和中国航空结算中心等专业性企事业单位。1990—1994 年，将原设有飞机基地的部分民航省（区、市）局所从事的航空运输和通用航空业务分离出来，组建航空公司的分（子）公司；在原地区管理局所在地成立北京首都、上海虹桥、广州白云、成都双流、西安咸阳和沈阳桃仙机场；将原各机构的航行管制、航行情报、通信导航、气象保证等管理业务分立出来，组建相对独立的民航空中交通管理系统；改革民航投资体制，允许地方政府、国内企业和民间资本投资民航企业和机场。① 推进民航业开放，允许外商投资航空公司、机场、飞机维修和民航相关企业。东方航空公司、南方航空公司、首都机场、中国航信等企业先后在香港、纽约等境外市场上市，一批外商投资的飞机维修公司和配餐公司在境内诞生。

2. 交通网络改革及市场化限度

进入 90 年代，国民经济各领域市场化改革进程加快。交通运输各行

---

① 部分省市政府、国内企业独立投资或与民航总局、中央企业合资，组建了 20 余家航空运输公司和 20 余家通用航空公司。

业政企、政资分开，企业经营机制转换和政府交通运输管理体制改革也随之提速，但因网络特性及制约程度不同，行业之间市场深化程度、产业发展速度出现分化。

90 年代中期，公路交通领域确立"管养分离、事企分开"改革目标，启动公路养护体制改革试点。[①]1998 年起，交通部与直属企业全面脱钩、实现政企分开，部分管理职能逐步转移（委托）给行业组织承担。各省也陆续将直接管理的企业予以剥离或转移出去。2000 年以后，交通部将省际客运专线审批权下放到省级运输管理部门。农村公路管理养护体制过渡到以县为主管理，实行管养分离和公路养护市场化。[②]公路建设投资多元化格局形成，既有中央和地方政府预算投资及预算外养路费投资，也有国内、国际金融机构贷款和资本市场融资，还有其他各类企业与法人机构投资，以及形式多样的各种投资、建设和运营管理模式。收费路段也遍地开花。

自 1992 年起，部分省市开始试行航道管理事企分开，引进市场机制养护航道。上海海运（集团）公司所属上海海兴轮船公司进行股份制改造，于 1994 年在香港发行 H 股并在全球配售，成为我国首家境外上市的海运交通企业。1995 年起，交通部、省、自治区、直辖市、计划单列市先后在 48 家企业试点建立现代企业制度。1998—1999 年，交通部合并船舶检验局和安全监督局，组建海事局；界定中央和地方管理水域和职责分工，整合水监管理机构，建立全国水上安全监督管理体制。随后，航运港口实行所在城市属地化管理，将秦皇岛港以及中央与地方政府双重领导的港口全部下放地方，由省级或港口所在城市剥离港口企业的行政职能，实行统一的行政管理。[③]长江入海口的航道规划投资、建设管理、科研维护

---

① 参见原交通部《关于全面加强公路养护管理工作的意见》（[1995] 853 号文）。
② 2005 年 9 月 29 日，国务院办公厅印发《农村公路管理养护体制改革方案》。
③ 参见国务院办公厅转发交通部、国家计委、国家经贸委、财政部、中央企业工委《关于深化中央直属和双重领导港口管理体制改革的意见》（2001 年 11 月 23 日）。

等，仍由交通部所设事业单位即长江口航道管理局负责。近年来，政府监管部门对涉港收费、营运监管等提出了规范管理办法，并部分放松航运管制、优化港口营商环境。[①]

民用航空领域经过市场化改革全面向社会开放。1994 年，上海虹桥机场下放给上海市管理，试点民航机场下放地方管理和投资建设。2002—2004 年，民航业以航空运输企业联合重组、机场属地化管理为重点推动民航体制改革。对原民航总局直属主管企业实行政企分开、改革重组和市场化运营，由国务院国资委负责监督管理。除首都机场和西藏区内机场外，原民航总局直属机场全部移交地方政府管理。民航管理机构也由三级行政管理调整为民航总局－地区管理局两级管理。近年来，民航业市场化改革全面提速。一是放宽市场准入、价格管制和空域限制。放松国内航线准入、航班安排和设置运营基地的限制；分类配置管理国际航权资源，一类国际航线不限定指定承运人数量、航线表、运营班次及运力安排，二类远程客运国际航线及远程、非远程货运国际航线不限制承运人数量，逐步引入竞争机制。放松价格管制，航空公司在政府基准价及浮动幅度内自主确定价格，对旅游航线、短途航线以及竞争性环节运输价格和收费等，完全由市场决定。扩大低空空域开放，培育通用航空市场。二是鼓励社会资本投资建设运营民用机场，凡符合民用航空业发展规划的运输机场项目全部向社会资本开放，减少国有或国有控股的运输机场数量；放开运输机场对公共航空运输企业和服务保障企业的投资限制；全面放开通用机场建

---

① 2015 年 12 月 29 日，交通运输部、国家发展改革委印发《港口收费计费办法》，2016 年 3 月 1 日起施行。对货物港务费、港口设施保安费、国内客运和旅游船舶港口作业费、引航（移泊）费、拖轮费、停泊费、驳船取送费、特殊平舱费和围油栏使用费、港口作业包干费、堆存保管费和库场使用费、船舶供应服务费等规范计费收费办法。2019 年 3 月 13 日修订，合并部分收费项目，降低部分政府定价收费标准。其中，将货物港务费、港口设施保安费、引航（移泊）费、航行国内航线船舶拖轮费的收费标准分别降低 15%、20%、10% 和 5%；对进出沿海港口的 80 米及以下内贸船舶（化学品船、液化气体船除外）、进出长江干线港口的 150 米及以下内贸船舶，由船方根据安全等实际情况自主决定是否使用拖轮。放松收费及营运管制，优化口岸营商环境。

设，对投资主体不作限制。三是放开民航中介服务市场，符合资质要求的国有、民营、外商投资、混合所有制企业以及其他投资经营主体，可单独或组成项目联合体全面参与民用机场咨询、设计、建设、运营、维护等业务；社会资本可通过特许经营、经营权转让、股权出让、委托运营、整合改制、专项信托计划、认购股权投资基金等方式，参与民用机场及其服务配套设施项目的建设运营，或综合开发民用机场周边用地及临空经济区范围内的土地、物业、商业、广告等资源。①

受网络制约较深的铁路领域，其体制改革较长时间徘徊在调整隶属管理、推进承包经营阶段，只有极少数辅业企业开始进行公司制改革试点，市场化改革相对迟缓、初浅。但迫于铁路建设资金短缺，国家也开始推动地方政府参与投资铁路建设。② 广州铁路（集团）公司、大连铁道有限责任公司分别于 1993 年 2 月和 1995 年 12 月挂牌成立，开始探索国家铁路企业公司化、集团化经营改革。1996 年 5 月，广深铁路股份有限公司发行的 H 股和美国存托股份（ADS）分别在香港联合交易有限公司和美国纽约股票交易所挂牌交易，成为首家境外上市的中国铁路运输企业。但直到 20 世纪 90 年代末，铁路领域资产经营责任制仍是主流。1998 年，铁道部在昆明、呼和浩特、南昌、柳州 4 个铁路局和广州铁路（集团）公司及部属非运输企业中开展资产经营责任制试点，并于次年在 14 个铁路局（集团公司）全面推行。2000 年 4 月，铁道部开始与中国铁路工程总公司、中国铁路建筑总公司、中国铁路机车车辆总公司、中国铁路通信信号总公司和中国土木工程集团公司实行政企分开。2003 年 12 月起，在铁路行业

---

① 参见中国民用航空总局《国内投资民用航空业规定》（2005 年 7 月 15 日）；中国民航局《推进民航运输价格和收费机制改革的实施意见》（2015 年 12 月 22 日）；国务院办公厅《关于促进通用航空业发展的指导意见》（2016 年 5 月 13 日）；中国民航局《关于鼓励社会资本投资建设运营民用机场的意见》（2016 年 11 月 3 日）、《国际航权资源配置与使用管理办法》（2018 年 5 月 2 日）。

② 参见国务院批转国家计委、铁道部《关于发展中央和地方合资建设铁路的意见》（1992 年 8 月 11 日）。

内部推进主辅分离改革，成立中铁集装箱运输、中铁特货运输、中铁行包快递三个专业运输有限责任公司。次年成立中国铁路建设投资公司，履行大中型铁路建设项目出资人代表职能。2005 年 3 月，铁道部全面实行铁路局直接管理站段体制，撤销所有 43 个铁路分局（公司），并对全路运力布局进行调整。直到近年才逐步推进市场化相关改革，放开铁路客票价格，部分扩大铁路运输企业准入范围。[①]

（三）市政公用事业及管网改革

市政管网设施和公用事业具有自然垄断及准公共产品特性，通常由城市政府组织实施和运营，建设行政主管部门进行行业管理。具体领域包括城市供水、供气、供热、公共交通等城市公用事业；城市道路、排水、污水处理、防洪、照明等市政工程；城市市容、公共场所和公共厕所保洁、垃圾和粪便清运处理等市容环境卫生事业；城市园林、绿化等园林绿化业。较之于一般竞争性领域，市政公用事业和管网设施因其准公共产品特征或自然垄断特性，市场化改革起步较晚，难度也相对较大。

1. 市政公用事业与管网设施改革开放

改革开放以来，城镇化的快速发展使市政公用事业等基础设施供求矛盾日渐突出；经济市场化改革将市政公用企业运营效率和服务质量低劣问题暴露无遗；长期对市政公用事业采取低价格、高补贴政策，使城市政府财政负担加重、难以为继；人民生活水平提高对增加市政公共品供给、提高服务质量效益的呼声日盛一日。加快体制改革、促进市政公用事业发展及网络设施建设，成为社会的普遍期待。

市政公用企业初期改革主要是探索经营方式变革。以承包责任制为主推动用工制度、人事制度和分配制度等项改革，建立企业内部激励和约束

---

① 参见国家发展改革委《铁路普通旅客列车运输定价成本监审办法（试行）》（2017 年 2 月 28 日）；国家铁路局《铁路运输企业准入许可实施细则》（2015 年 5 月 8 日发布，2018 年 1 月 29 日修订）。

机制。1985 年起，"以国营为主，发展集体和个体经营"，市政公用企业"可以实行全民所有制下的个人承包"①。进入 90 年代，国家开始引导和鼓励企业、集体、个人投资建设市政公用设施，并在经济特区、沿海开放城市和沿海经济开放区允许外商投资开发经营成片土地及其中的公用设施建设。② 一些城市也开始利用世界银行、亚洲开发银行等国际金融组织和日本、法国、德国等发达国家提供的中长期优惠贷款建设城市供水项目。继 1992 年中法水务进入中国投资建设并经营管理供水企业后 ③，法国通用水务、英国泰晤士水务等国际供水集团纷纷进入我国，参与水厂的投资建设和经营管理。1993 年 12 月，广州市首开城市公共交通利用境外资本先例，由广州电车公司与澳门新福利巴士公司合作成立广州新福利巴士服务有限公司，赋予其 26 条公交线路经营权。一批市政公用企业开始进行公司制改组改制。1994—1996 年间，深圳市取消供水企业行政主管部门，成立国有独资的有限责任公司。由国有资产经营公司对供水企业进行产权管理，市水务局负责行业监督管理。国家有关部门也出台了城市供水价格管理办法，对供水成本、利润率和价格构成做出规定，公用事业价格形成机制逐步走向规范化、法制化。④

　　进入新世纪，国家鼓励和引导社会资金、外国资本采取多种形式参与市政公用设施建设。⑤ 允许跨地区、跨行业参与市政公用企业经营；工程

---

　　① 参见国务院转发原城乡建设环境保护部《关于改革城市公共交通工作报告的通知》（1985 年 4 月 19 日）。

　　② 1990 年 5 月 19 日，国务院发布《外商投资开发土地管理办法》。

　　③ 中法水务投资有限公司（简称中法水务，Sino French Water）由法国苏伊士环境和中国香港新创建集团有限公司合资组成。1992 年 11 月，投资建设并经营管理我国第一家境外全资供水企业——中山坦洲自来水有限公司。

　　④ 参见国家计委、建设部《城市供水价格管理办法》（1998 年 9 月 23 日）。

　　⑤ 参见 2002 年 3 月 11 日，国务院授权国家计委、国家经贸委、外经贸部发布《外商投资产业指导目录》；建设部《关于加快市政公用行业市场化进程的意见》（2002 年 12 月 27 日）、《市政公用事业特许经营办法》（2004 年 3 月 19 日发布，2015 年 5 月 4 日修订）；《国务院关于鼓励支持和引导个体私营等非公有制经济发展的若干意见》（2005 年 2 月 19 日）；住房和城乡建设部、国家发展改革委、财政部、国土资源部、中国人民银行《关于进一步鼓励和引导民间资本进入城市供水、燃气、供热、污水和垃圾处理行业的意见》（2016 年 9 月 22 日联合发布）。

设计、施工和监理、设备生产和供应等从市政公用行业主业中剥离出来，统一实行市场公开招投标。按经营性和非经营性项目对市政公用设施实行分类管理。推进经营类项目投资建设主体多元化、方式多样化、运营市场化以及特许经营制度，非经营性项目的建设和维护实行竞争招标制度。民间资本的投资领域逐步扩大到交通、水、电、气、道路、园林绿化、垃圾处理等几乎全部市政公用领域。在外商投资指导目录中，将城市供水厂、封闭型道路、城市地铁及轻轨（中方控股）、污水和垃圾处理、危险废物处理处置（焚烧厂、填埋场）及环境污染治理设施的建设和经营均列为鼓励项目，并以中方控股形式开放外商投资燃气、热力、供排水等城市管网。

2. 深化市政管网市场适应性改革

市政公用事业改革和网络监管体制创新，打破了政府统包统揽格局，国有资本和各类非国有资本广泛参与、相互融合，多种所有制投融资体制和经营机制形成；市政公用设施投资快速增长，公共服务设施种类和数量大幅增加，长期困扰城市运行的水、气供应及公交服务等瓶颈和财政补贴压力得到根本性缓解；符合市政公用事业和网络设施特性的价格形成机制和企业盈利模式基本成型，市场公平竞争格局初现，公用企业经济效益与服务质量提高；政企政事分开、管办分离基本完成，政府职能实现了从管办公用企事业向依法合规监管市场的重大转变。

但是，市政公用事业及网络服务中政府管办责任界限不清、参与干预过多现象仍然存在，各地区、各行业市场化改革进程差异也较大；民间资本投资市政公用事业尤其是管网建设运营，仍有诸多体制限制，供需缺口较大，市县乡镇市政设施供求矛盾尤为突出；市政公用事业特许经营在准入条件、责任边界、资产评估与收费定价等方面人为因素多，签约履约规范性、约束力差，信用违约风险及成本较高；市政公共品的普遍服务责任模糊，政府对公共服务成本的不当转嫁，往往加重市政公用事业经营主体负担或引起矛盾与纠纷；"市场决定作用"与"政府更好作用"，还不足以体现市政公用产品与服务的基础公益性、均等普惠性的公平特性以及有效规制管网自然垄断和区域行政垄断以实现其质量效益性目标；体现技术规律、市场规律、公用事业与市政管网运营规律的政府监管体系及法规建设，还处在需要兼顾改革创新与依法治理的放松管制与重塑规制的起步阶段。

因此，市政公用事业及管网改革，还需要继续深化政事政企分开、管办分离和企业改制，将市政公用企业真正改造成自主经营、自负盈亏、优胜劣汰的市场主体；开放准入社会资金、外国资本参与供水、供气、供热、污水处理、垃圾处理等经营性市政公用设施建设运营，增强城市综合承载能力和可持续发展能力；打破地区经营垄断，开放跨地区、跨行业参与市政公用企业经营，以市场竞争机制提高市政设施建设运营的质量与效益；分离市政公共服务中的垄断业务与竞争性业务，创新普遍服务提供方式和管网等自然垄断企业的服务价格形成机制和盈利模式，以"市场决定作用"为基础发挥政府的"更好作用"；兼顾网络一体性、规模适度性和产权多元性、质量效益性，健全市政公用事业及网络投资运营等政府管理政策和专业法规制度，增强市场行为的依法合规性和政府规制的公信力及有效性。

（四）垄断程度与市场适应性难度

具有自然垄断业务的经济领域，历史上集行政、自然和经营垄断于一体，垄断性业务与商业性业务相互交织。网络企业有可能甚至必然会利用自然垄断因素尽可能地维系其纵向、横向一体化的行业垄断地位，利用先占独占优势排斥同业竞争及社会资本参与，利用议价定价能力侵蚀其他生产企业或消费者权益，利用信息不对称与政府监管部门讨价还价，并且还会由于垄断红利或暴利而放松经营努力、阻碍技术进步、忽视服务质量与效益，弱化企业自身发展乃至整个国民经济发展的动力活力和国际竞争能力，当然也包括形成改革阻力。

铁路领域是网络垄断强度与改革开放难度高度关联的典型案例。相对于公路交通、水运港口、民用航空以及市政公用网络，铁路网络技术关联性强、一体化程度高、行业利益链条坚固。铁路系统利用其网络结构的技术规律特性，削弱市场规律作用、迟滞改革进展曾广受社会诟病。在铁路交通领域，无论是政府行政职能与企业经营及资本运营职能分离、网络自然垄断业务与企业竞争性业务分离，还是铁路网络主业与运输服务辅业、企业经济职能与科教文卫及公检法司等社会职能的分离，相对于其他行业甚至部分网络垄断领域，都要艰难、迟缓得多，对其发展潜力与活力的制约也是显而易见的。

铁路行政主管部门长期政企、管办一体。1994 年市场经济建制目标确立后，铁道部仍然兼负政府和企业双重职能。其后十多年间，铁道部只是在行业内部试行政企分开、社会职能与企业经营分离。进行了建立"铁道部－铁路局－站段"三级管理体制，提出"网运合一、区域竞争"主辅业混业经营模式和剥离铁路社会职能等改制探索。直到 2013 年才撤销铁道部，铁路行政职能由交通运输部及所辖国家铁路局承担，组建中国铁路总公司承担原铁道部的企业职责，启动铁路运输业政企分开改革。

中国铁路总公司为国有独资企业，以铁路客货运输服务为主业，实行多元化经营，由财政部代表国务院履行出资人职责。2017 年起，中国铁路总公司将全国 18 个铁路局改制为集团有限公司；理清总公司和铁路局集团公司的管理关系、确立铁路局集团公司的市场主体地位；推进中国铁路建设投资公司等非运输类企业公司化改制重组和劳动人事、收入分配制度改革，探索实施分类分层建设模式，以优势项目吸引社会投资、推进混合所有制改革。2018 年 12 月，中国铁路总公司更名为"中国国家铁路集团有限公司"（中国铁路）并于次年 6 月正式挂牌。

经过改制的中国铁路，既以先占优势甚或独占地位经营客货运输主业和近乎无所不包的铁路运输辅业，又担负着广泛的行业管理、普遍服务、特殊保障等公共管理和社会公益职能。包括负责铁路运输统一调度指挥，统筹安排路网性运力资源配置，承担国家规定的公益性运输任务，负责铁路行业运输收入清算和收入进款管理，拟订国家铁路投资建设计划和路网建设筹资方案建议，以及负责国家铁路运输安全等。中国铁路本质上仍然是企业经营与行业管理合一、网络运业不分、主业辅业交叉、纵向横向一体、市场议价与政府定价边界模糊、盈利模式与政府规制纠结不清、自然垄断与市场垄断互为表里的经济社会职能联合体。铁路运输业市场化改革虽已起步，但路径、目标仍然若明若暗。

铁路业市场化改革的迟滞，无论对国计民生还是对铁路行业自身发展都代价不菲。毋庸置疑，铁路行业及其员工为经济发展和人民生活付出了极大努力，创造了以高难度线路和高铁为标志的"中国品牌"等许多可为称道的壮举，但由于长期的体制束缚，铁路建设几乎一直是瓶颈行业，其增速明显滞后于同类行业乃至国民经济增长速度。

国家统计局数据显示，1978—2017年间，国民经济年均以9.5%的速度增长，同期我国铁路营业总里程也由5.17万公里增加到12.70万公里，增长145.6%，但年均增速仅为2.3%，与同为交通网络的高速公路投资建设和质量效益相形见绌。尽管政府倾心尽力，铁路运输业在政府投资中一直占比较高，铁路行业自身也债台高筑甚至有引发债务危机的担忧，但由于体制制约、社会投资受限，铁路投资在社会投融资总量中的比重一直呈下降趋势，以致可以忽略不计。长期资本投入不足、服务供不应求以及多重垄断相互纠结，社会对铁路业服务质量和经济效益微词甚多，生产服务中的"铁老大"形象和生活服务中的"节日式拥挤""春运式恐怖"至今挥之不去。业务混绑、体制僵化，使铁路商业性业务"搭便车"于路网垄断、缺乏竞争机制进而质量效益，较之其他网络类企业乃至许多一般竞争性行业，铁路员工平均收入增长缓慢或苦乐不均，而最为便利、似是而非的责任划分方式则是归咎于政府的价格规制。政企、管办不分的体制模式，行政、网络与市场的集成垄断，竞争性业务与垄断性业务的交叉混合，横向、纵向一体化的全功能"巨无霸"结构，以及较长时期集经济、社会和政府职能于一体的"治理便利"、制度惯性或强势地位，使铁路管理层有意愿和力量迟滞改革进程、扭曲改制导向，并且因信息不对称，在运输成本价格、服务质量效益、普遍服务责任以及政府规制约束和铁路自主运营等方面，与政府部门间纠结不清，产生无穷无尽的争议与博弈，以及彼此指责和推卸、规避责任的现象。

较之一般竞争性行业，自然垄断领域固然因其资源稀缺性、网络一体性和经济规模性等特征，市场适应性改革相对艰难一些，但只是特点不同，而决不是无路径可循。

彻底破除行政垄断和市场独占，以技术创新、产权深化、规模适度、专业监管等，规制稀缺资源配置和自然垄断业务。国内成品油炼油环节80%以上的油源来自中石油、中石化、中海油三家公司，造成市场竞争和价格形成机制扭曲，煤炭市场也存在寡头垄断、操纵煤价问题。打破油源、煤炭等资源垄断既有必要并且也没有技术性障碍。输配电网高度集中，竞价上网困难重重，电网改革切入点在于兼顾网络一体化，创新输配电网盈利模式，推进产权多元化、规模适度化以及分布式智能电网建设，建立兼容服务竞争与政府规制的市场适应性机制。铁路运输业政企分开后仍然是中国铁路独家先占。客货运竞争业务与网络类垄断业务分开，企业市场化运营与公益性服务责任界定，中国铁路、国家电网及其他掌握行业公权及资源网络优势地位的垄断企业的公权分离和网络公平服务体制改革等，都有待破题起步。

政府对无法通过市场充分竞争形成产品和服务价格、保障服务质量与效益的自然垄断环节进行规制和监管是国际通例。近些年来，以"准确核定成本、科学确定利润、严格进行监管"为特色的垄断行业产品与服务定价方式改革已经启动。其要点以成本监审为基础，建立以"准许成本＋合理收益"为核心、约束与激励相结合的定价制度。包括严格监审成本、健全定价机制、规范定价程序、推进信息公开、强化定价执行等。针对输配电价格、天然气管道运输价格、铁路普通旅客列车运输价格、居民供水供气供热价格、垄断行业经营服务性收费等，建立成本监审办法和价格形成机制，从细从严监审成本和管理定价与收费。①

兼顾技术规律和市场规律，推进自然垄断领域的市场适应性改革。将竞争性业务与垄断业务彻底分开，如电网的输配电业务与售电业务、铁路的客货运服务业与路网业务、其他网络类企业的各种辅业与网络主业等，将其竞争性业务推向市场、开放竞争；遵循网络技术规律，适应市场竞争规律，推动网络一体化基础上的产权多元化、规模适度化改革，引导社会资本参与、防止"巨无霸"倾向；以"必要成本＋合理利润"的价格形成方式或行业盈利模式，稳定投资效益及市场预期，为全社会提供平等参与、适度竞争、公平共享的投资机会和服务平台。

自然垄断领域的市场适应性改革，不仅有助于发挥市场决定作用，缩小政府管制范围，而且也是自然垄断企业提高质量效益、持续快速发展的制度利好。目前，一方面铁路行业债台高筑、电网改造捉襟见肘、资源勘探朝不保夕，另一方面一般商业领域产能过剩、恶性竞争，民间资本投资无门、竞相外流。自然垄断领域的企业制度和体制模式阻碍了资本供给与需求的适时、对称配置，资源错配损失难以估量。自然垄断领域的市场适应性改革，将使其资本供给源源不断，发展潜力不可限量。

三、信息网络企业改革及其特性

信息网络类垄断企业，包括传统电信企业和现代互联网企业。传统电

---

① 国家发展改革委《关于进一步加强垄断行业价格监管的意见》(2017年8月23日)。

信业体制经历了从计划经济下国家对电信业的完全垄断到后来放松管制、引入竞争的电信市场化改革，再经历现代信息产业发展，到今天仍在探索、进展艰难的电信网、广播电视网和互联网的"三网融合"改革，电信业及其网络体制几经变迁，其产业组织、市场结构和经济绩效发生了巨大变化。

（一）电信体制及网络融合改革

新中国邮政和电信业发展起步始于 1949 年 11 月邮电部成立。自次年 7 月起，邮电部改此前邮政和电信分营旧制，实行邮政电信合一、统一垂直管理的电信业体制。邮电部所辖电信总局和邮政总局，分别经营管理电信业和邮政业并各自垂直管理下属企业。自 1952 年起，实行中央集中统一领导、邮电部"邮电合一"和地方政府共同参与邮电通信建设的双重管理体制，投资计划管制，财务统收统支，资费价格等由政府确定。过低的计划价格以及与利润脱钩的邮电企业运营，使电信行业无从形成自身发展激励和外部竞争压力，发展速度迟缓、服务质量低劣和供求关系紧张是其必然结果。

改革开放初，国家对电信业的投资、财税和收费政策进行了一系列调整，缓解了电信业发展迟滞和供求紧张关系。1982 年和 1986 年，投资政策上实行"统筹规划、条块结合、分层负责、联合建设"，扩充资金渠道；收费政策上实行收取市话初装费、邮电附加费等，增加电信业资金来源；财税政策上确定"向国家上交所得税 10%、上交非贸易外汇收入 10%、偿还预算内拨改贷资金本息 10%，保留相应的三个 90%"，即所谓"三个倒一九"政策，一直延续到 1994 年，推动电信业积累发展。

凭借特殊优惠政策和垄断经营优势，在全社会探索市场化改革之际，电信业仍然滞留于计划体制之内、延续传统发展模式，只是在垄断经营和优惠政策前提下进行一些内部管理层面的调整。1980 年起，电信业陆续推行财务大包干及经济核算制、承包经营责任制、分配与收入挂钩等项改革。类此"改革"既缺乏行业间竞争发展的公平性基础，也扭曲自身发展环境、背离市场化改革取向。整个电信业政企一体、管办不分，"条块"分割、双重管理权责利不清，以致形成隶属于不同政府部门的几十个部门专用网和数千个地区专用网。网络设备标准各异、互联互通极其困难，"政府失灵"与"市场失灵"同时发生，电信业建设成本急剧上升和服务质量极其低劣相互激荡。

针对网络及市场乱象，80年代中期起，国家有关部门开始跟进出台电信业发展政策措施，推进公网、专网协调发展，增强国家通信网络的整体效能；加强通信业务市场管理，整顿邮政通信市场和集邮市场，对开放经营的电信业务实行经营许可证和申报制度；发展新型电信主体及服务、调整电信网络组织，成立中国速递服务公司（EMS），恢复办理邮政储蓄服务，推动长途电话网由四级网向两级网过渡；推动电信业法规制度建设，《中华人民共和国邮政法》颁布实施，邮电部随后发布了一批加强通信业行业管理、整顿电信业务市场秩序等的政策意见和规章办法，地方政府也出台了一系列地方性通信行政管理法规。

市场经济发展建制，开始推动电信业突破传统垄断格局。1993年起向社会开放无线寻呼、国内VSAT通信、电话信息服务等9种电信业务经营。[1]次年，邮电体制实行政企职责分开改革，将邮电总局、电信总局分别改为单独核算的企业局，统一经营全国公用邮政、电信通信和邮电基本业务，并承担普遍服务义务，其原有的政府职能转移至邮电部有关职能司局；成立中国联合通信有限公司，经营移动通信业务和部分地区的固定通信业务，通信业开始打破一家垄断格局。1997年起，邮政、电信分营改革在重庆和海南先行试点；次年组建国家邮政局和中国电信集团公司，邮

---

[1] 参见1993年8月3日国务院批转邮电部《关于进一步加强电信业务市场管理意见的通知》。

电、电信各自成为面向市场、自主经营的经济实体。[①] 至 2000 年，全国省邮政局和市县邮政局、电信局相继组建完毕，邮、电分营改革基本完成。国家及有关部门相继颁布了一批法律、规章，强化电信业技术规范和监管制度。[②] 但国家邮政局既负责邮政行政管理，又实行企业化管理，负责全国通信网络建设与经营服务，仍然是政企合一的公共服务部门。

公用电信业政企合一、垄断经营的体制痼疾和利益格局，使电信体制经历了艰难曲折的改革之路。由原电力部、电子工业部和铁道部共同组建、挂靠国家经贸委的中国联合通信有限公司（中国联通），是各方利益博弈的结果。其进入公用电信业的方式是，对铁道部、电力部的专用通信网进行改造，用富余能力向社会提供长话服务，在公用市话网覆盖不到或公用市话能力严重不足的地方开展市话业务，以及经营无线移动通信业务和电信增值业务等。中国联通的成立，标志着我国电信业市场结束独家垄断、进入双寡头竞争时代。但网络自然垄断特性和市场先占企业优势，又注定了双寡头间的非对称竞争条件与性质。

进入市场后的中国联通，虽然获得了相关电信业务，但由于没有自己的基础网络，发展长途和固定电话业务需要接入和租用中国电信的基础网络，在接入和租费上受到价格歧视而毫无竞争力可言。即使是当时发展获利能力最强、进入成本最低的移动通信业务，面对中国移动的巨大市场支配力量，中国联通也根本无法与之形成有效竞争。中国移动通过"接入限制""网间资费""资源分配"等各种壁垒阻碍中国联通的发展。"双寡头垄断竞争"因网络垄断造成非对称性失衡而难以达成电信业改革与发展的普遍市场预期。

破除网络业务垄断、促进市场公平竞争，成为重组电信企业的市场推动力。1999 年 2 月，国务院通过中国电信重组方案，将原"中国邮电电

---

① 参见信息产业部《邮电分营工作指导意见》（1998 年 4 月 30 日）。
② 如《电信条例》《电信网码号资源管理办法》《电信业务分类目录》等。

信总局"按业务性质进行结构性分拆，分别组建中国电信集团公司、中国移动集团公司、中国卫星通信集团公司和国信寻呼通信公司。国家对中国联通采取了一系列扶持政策，增加国家资本金，扩大其业务范围，将国信寻呼并入中国联通，授予联通 CDMA 网络经营权，铁通通信业务注入联通，允许联通提供低价服务等。吉通、网通、铁通也相继进入电信市场。到新世纪初，电信市场初步呈现多家运营商竞争格局。但长期形成的中国电信"一家独大"，尤其在固话、长途电话和互联网市场所占据的绝对优势并未改变。

为打破固定通信领域的垄断局面，优化电信资源配置，2001 年 12 月，国务院批准对中国电信进行横向分拆重组，将中国电信按区域拆分为南、北两个部分。其中，华北、东北地区和河南、山东共 10 个省份归属中国电信北方部分，长江以南和西北地区共 21 个省份归属中国电信南方部分。北方部分和原中国网通、中国吉通重组为新的中国网络通信集团公司，南方部分重组为中国电信企业集团公司。2003 年 2 月，两家公司实现网络、业务和用户的相互交接及独立运营。这次拆分重组，改变了电信市场上中国电信一家独大格局，各电信企业力量大体上趋于均衡。

由于电信企业拆分之前分业经营，中国电信横向分拆所形成的企业力量均衡，只是暂时的区域性、规模性均衡，企业电信业务并没有实质性竞争。在本地固定电话业务上，其实是把全国性垄断变为南、北区域性垄断，未形成本地电话市场上的竞争局面。在移动通信市场上，由于对全球电信技术发展态势和国内移动通信技术侵蚀固定电话业务的能力预判不足，在尚未解决中国电信分拆后的区域性垄断之际，中国移动迅速成长为新的更强有力的垄断寡头，电信业垄断痼疾依旧、新患再生。

破除市场垄断、促进公平竞争、优化资源配置等方面的诉求，推动了新一轮电信产业重组。国家有关部门顺势而为，给出业界所谓的"五合三"重组模式,^① 即发放三张 3G 牌照,形成三家拥有全国性网络资源、实力与规模相对接近、具有全业务经营能力的市场竞争主体。其中,中国电信收购中国联通 CDMA 网,中国联通与中国网通合并,中国卫通的基础电信业务并入中国电信,中国铁通并入中国移动。由五家企业合并而成的三家电信运营商都拥有全业务经营资格与牌照。中国移动参照我国自主知识产权的 TD-SCDMA 技术标准,中国联通参照 WCDMA 技术标准,中国电信参照 CDMA2000 技术标准建设新网络。尽管三家电信企业在市场先机、技术标准、网络基础、客户规模等方面会有差异并影响其未来前景,但我国基础电信运营商自此进入全业务运营与竞争发展时代则是符合市场期待的。

电信体制改革推动和加速了电信业对外开放。我国采取引进、消化、吸收国外先进电信技术设备及生产线并推动自主研制开发和国际合资、合作,加快改造传统电信业。适应加入世界贸易组织的新形势,国家出台外商投资管理规定,开始受理外商投资电信企业业务。^② 国内通信企业也采取境外上市、开拓境外电信服务等方式走向国际市场。2002 年 8 月,中国电信(美国)公司和中国网通(控股)公司先后在美国取得国际电信业务经营许可证。中国电信(美国)公司开通了中美间"新视通"多媒体通信系统,电信业跨国经营迈出重要一步。至 2003 年底,中国移动、中国联通、中国电信三家电信公司均已在海外上市。这一时期,三家电信公司以及中国网通陆续在香港设立子公司,提供电信服务。改革开放也加速了中国电信业技术进步。在较短的时间内,电话交换跨越纵横制阶段实现程控化,长途传输跨越同轴电缆阶段实现光缆数字化,电信网络的技术、规

---

① 参见工业与信息化部、国家发展和改革委员会、财政部《关于深化电信体制改革的通告》(2008 年 5 月 22 日)。

② 参见国务院 2001 年 12 月 11 日发布的《外商投资经营电信企业管理规定》(2002 年 1 月 1 日起实施)及《国务院关于修改〈外商投资电信企业管理规定〉的决定》(2008 年 9 月 10 日第一次修订;根据《国务院关于修改部分行政法规的决定》2016 年 2 月 6 日第二次修订)。

模、业态和能力实现了质的飞跃，支持和适应着国民经济快速发展与人民生活逐步提高的电信服务需要。

"数网融合、混业经营"已经成为国际电信业发展的潮流。我国因信息网络及业务分割，人为地增加了网络服务价格和制度性运营成本。遵循技术规律、市场规律及信息网络发展规律，推动"数网融合"改革和相关法律法规建设成为市场期待和建制趋势。自 2010 年起，北京等 12 个地区和城市率先试点"三网融合"改革。根据试点经验，国家在全国范围推广广电、电信业务双向进入，部署各省（区、市）和电信、广电行业主管部门推动 IPTV 集成播控平台与 IPTV 传输系统对接；统筹规划电信传输网和广播电视传输网建设及升级改造，加快建设下一代广播电视网、电信宽带网络；强化技术管理系统、网络信息安全和文化安全监管体系；促进关键信息技术产品研发制造和标准体系建设；营造适应"三网融合"新兴业务发展的市场环境。[①]

（二）互联网发展与监管创新

进入新世纪以来，我国互联网信息产业迅速发展并渗透到生产生活和公共服务各个领域。但政府对互联网市场的普遍服务功能建设及监督管理相对滞后，屡屡出现规制底线被动破堤问题。同步推动信息化与工业化及经济社会生活深度融合和建设信息网络产业监管制度，同时成为产业发展与市场建制需要。[②]

新千年伊始，国家便着手创建互联网基础管理制度。十多年来，出

[①]　参见国务院办公厅印发《三网融合推广方案》（2015 年 8 月 25 日）。2015 年 9 月 23 日，工业和信息化部发布《关于进一步扩大宽带接入网业务开放试点范围的通告》，落实"三网融合"推广方案，将天津、石家庄等 44 个城市纳入宽带接入网业务开放试点范围。民营企业可向试点城市所在省（自治区、直辖市）通信管理局提出开展宽带接入网业务的申请。

[②]　参见《中国制造 2025》（国务院 2015 年 5 月 19 日发布）；《国务院关于大力发展电子商务加快培育经济新动力的意见》（2015 年 5 月 7 日）；《国务院关于深化制造业与互联网融合发展的指导意见》（2016 年 5 月 20 日发布）；《国务院关于深化"互联网＋先进制造业"发展工业互联网的指导意见》（2017 年 11 月 27 日发布）等。

台一系列法规政策，规制与监管互联网信息服务。包括健全互联网信息服务市场秩序，加强互联网上网服务营业场所管理，规范经营者经营行为和网络商品交易服务行为，完善非经营性互联网信息服务备案管理，保护消费者、经营者和其他组织的合法权益，加强和规范互联网安全技术防范措施，保障网络安全和信息安全，维护国家公共利益和社会公众利益等。[①]《网络安全法》的发布实施，则为国内建设、运营、维护、使用网络和网络安全监督管理提供了法律依据，也是保障国家网络安全、维护网络空间主权的法律基础。

规范互联网新闻业态。信息网络技术的发展，最先影响并深刻改变了新闻信息传播的途径和形态。国家新闻管理部门发布相关规定和办法，规范互联网新闻信息服务活动，加强互联网新闻信息服务单位、相关人员和内容管理。包括治理一些组织和个人通过新媒体方式肆意篡改、嫁接、虚构新闻信息等问题，促进互联网新闻信息服务和直播行业健康有序发展，保护公民、法人和其他组织的合法权益，维护国家安全和公众利益。针对互联网新闻信息发展的新技术、新业态、新模式和网络空间治理中的新问题，加强对互联网新闻信息服务单位从事信息服务和相关业务从业人员的管理。[②]

加强互联网信息工具管理。互联网信息工具、应用程序、网络域名、

---

① 2000 年 9 月 25 日，国务院发布《互联网信息服务管理办法》；2000 年 12 月 28 日，九届全国人大常委会第十九次会议通过《关于维护互联网安全的决定》；2002 年 9 月 29 日，国务院发布《互联网上网服务营业场所管理条例》（后经 2011 年 1 月 8 日、2016 年 2 月 6 日、2019 年 3 月 24 日修订）；2005 年 2 月 8 日，信息产业部发布《非经营性互联网信息服务备案管理办法》；2011 年 12 月 29 日，工业和信息化部发布《规范互联网信息服务市场秩序若干规定》；2014 年 1 月 26 日，国家工商行政管理总局发布《网络交易管理办法》（同时废止 2010 年 5 月 31 日发布的《网络商品交易及有关服务行为管理暂行办法》）；2005 年 12 月 13 日，公安部发布《互联网安全保护技术措施规定》，次年 3 月 1 日起施行；2016 年 11 月 7 日，《中华人民共和国网络安全法》发布，次年 6 月 1 日起施行。

② 2005 年 9 月 25 日，国务院新闻办公室、信息产业部发布实施《互联网新闻信息服务管理规定》；2016 年 11 月 4 日、2017 年 5 月 2 日和 10 月 30 日，国家互联网信息办公室分别发布《互联网直播服务管理规定》《互联网新闻信息服务管理规定（修订版）》《互联网新闻信息服务单位内容管理从业人员管理办法》。

公众账号以及区块链技术等日新月异，国家互联网信息管理部门陆续出台各类规定，规范互联网信息搜索服务；加强对移动互联网应用程序（APP）信息服务管理；参照国际准则规范互联网域名服务，保障互联网域名系统安全可靠运行和用户合法权益；强化互联网用户公众账号信息服务提供者及使用者主体责任和区块链信息服务提供者的信息安全管理责任等。[①]

全面完善互联网监管法规。由于互联网应用的公众性和普及化，网络监管法律法规也逐步覆盖到经济社会生活的各个领域。在经济管理领域，如互联网金融信息服务、保险业务监管、政府和社会资本合作（PPP）综合信息平台管理等；在技术管理层面，如电子认证服务、互联网 IP 地址备案管理等；在网络传播权及其保护方面，如广播电影电视类节目管理、网络游戏发展和管理、信息网络传播视听节目管理、互联网电子公告服务管理、互联网站从事登载新闻业务管理、信息网络传播权保护等；在文教卫生领域，如互联网文化管理、互联网出版管理、互联网著作权保护、教育网站和网校管理、互联网药品信息服务管理、互联网医疗卫生信息服务管理、药品电子商务试点监督管理等；在互联网自律规制方面，如互联网行业自律公约、互联网网络版权自律公约、公众多媒体信息服务管理、互联网站禁止传播淫秽色情等不良信息自律规范等；在网络国际接入上，如计算机信息网络国际联网保密管理、计算机信息网络国际联网出入口信道管理、公用计算机互联网国际联网管理、计算机信息网络国际联网管理等。可以预料，随着信息化、互联网与国民经济和社会管理的深度融合及不断发展，政府规制和市场监管法律法规也会与时俱进、日益丰富。

[①] 2016 年 6 月 25 日和 28 日，国家互联网信息办公室分别发布《互联网信息搜索服务管理规定》《移动互联网应用程序信息服务管理规定》；2017 年 8 月 16 日，工业和信息化部发布《互联网域名管理办法》（原信息产业部 2004 年 11 月 5 日公布的《中国互联网络域名管理办法》同时废止）；2017 年 9 月 7 日和 2019 年 1 月 10 日，国家互联网信息办公室分别印发《互联网用户公众账号信息服务管理规定》《互联网群组信息服务管理规定》及《区块链信息服务管理规定》。

（三）电信网络规制及互联网监管难点

传统电信业改革和现代互联网发展，从不同侧面向市场建制、政府监管提出了新的挑战。因技术手段、网络特性和产业形态的差异，电信网络规制和互联网监管的特点和难点各异，相应的规制与监管重点也有所不同。

经过数十年的电信改革和以打破、削弱垄断为目的的企业重组，我国电信业政企、管办分开和企业主体地位、市场竞争性格局基本形成，电信业发展也成就斐然，但仍然存在诸多痼疾、新症。如电信企业股权结构失衡导致产权约束不力，一家独大扭曲市场竞争，因专业管理对技术进步及其影响缺乏前瞻性预判而使资源配置调控进退失据，政府规制缺位错位以致留下企业不正当竞争或侵蚀消费者权益隐患，监管部门对微观经营干预过多，信息网络及业务分割增加网络服务价格和制度性运营成本，以及电信服务质量与效益等方面的问题。

在市场准入、业务分工、网络服务、模式创新、监督管理等方面，电信业改革至少还需要处理好网络关联性与产权多元化、网络专业化发展与综合信息及网络融合性服务、网络自然垄断性质与公共平台属性或普遍服务责任、资费定价方式与网络盈利模式、网络便利安全服务与技术质量标准、技术创新促进机制与制度创新适应能力、行业自律性经营管理与大众性社会监督机制、市场适度开放竞争与法规制度建设及合法依规性政府规制等一系列重大关系。电信网络体制的成熟程度，取决于这些重大关系的适当处理及其速度。而信息网络技术进步也为突破传统电信业的自然垄断创造了条件。如因移动通信技术发展，极大地削弱了电信业的基础网络垄断，使一度因网络自然垄断因素而极为艰难的"三网融合"类改革，聚焦在或简化为打破集成播控权的行政垄断，包括界定集成播控权的共享与管控、网络技术创新与安全管理边界，竞争合作秩序与行业适度规制，以及通信网络监管理念和模式创新等政府行为。

信息互联网作为新兴产业出现及快速发展，是前所未有的新业态，也是新挑战。政府对互联网的规制与监管，迄今颇有救急治乱、忙于应对的色彩，但也不难理解。

在经济活动方面，信息互联网既可以推动分布式商业模式创新、个性化创业从业与自由发展，又可能需要更加广泛与经常的市场联系、竞争合作、平台共享和相对完备的规则约束，二者之间经常会出现非对称性所造成的摩擦与冲突；既可以推动数据公开共享和信息交流平衡对称，又可能放大信息失衡因素，人为造成新的信息不对称及恶意操控达成特定目的；既可以通过信息便利、物联优势及"长尾服务"等方式打破原有市场先占优势，又可能因信息网络平台及线上线下技术模式整合、市场临界规模形成新的先占优势，操纵市场纵横整合，损害竞争公平和经济效率；既可以突破市场分割、政府管制等传统垄断、提高资源配置和生产服务的质量与效益，又可能因技术、模式和业态创新、资本加持、服务补贴和跨越市场临界点后的规模经济效应以及正外部性推动，促成"几网坐大"甚至"一网独霸""强者恒强"，有能力补贴竞争产品、强制捆绑"服务"、支配市场交易、操纵价格形成，直至进行扼杀性恶意并购，重塑行业进入门槛，掌控规则标准制定等，构成"赢者通吃"的新的垄断格局。①

① 即梅特卡夫定律（Metcalfe Law）。该定律以网络外部性为基础，阐释网络价值与网络技术、网络规模之间关系。其主要内容是：一个网络的价值等于该网络内的节点数的平方，而且该网络的价值与联网用户数的平方成正比，一个网络的用户数目越多，那么整个网络和该网络内的每台计算机的价值也就越大。互联网经济的一个典型特征是网络外部性，即当一个既定规模的网络客户群中，因新客户加入使原有客户得以"搭便车"、免费获得更多价值即形成网络外部性。一旦网络企业因客户群扩大、突破临界市场规模，供给侧边际成本迅速下降直至趋近于零、推动生产规模效益递增，需求侧则因网络正外部性不断产生边际效益递增效应，供求双向推动企业步入自我强化的良性发展通道。这种客群层面的正外部性，还会由于网络行业进入壁垒下降、市场竞争加剧和垄断难度加大，不断创新技术和服务模式、创造市场需求以维持市场份额而得到强化、推动社会效益与福利增进。在市场供给与需求、社会效益与福利改善等多重正外部性推动下，部分自我强化、良性发展的网络企业便形成"强者恒强"直至"赢者通吃"的市场垄断能力。但当新的市场壁垒形成后，当初的技术结构性垄断便会转化为企业行为型垄断，企业或尽可能地以垄断方式获取高额利润。

在社会生活领域，信息互联网既可以助推各类信息真实适时披露、个人信用操守透明公开，又可能滋生网络欺诈、滥用用户数据、逃避平台责任、传播乃至编造虚假信息，侵害公众权益、误导社会舆论；既可以运用自媒体方式推动个人意愿、诉求自由表达，又可能产生特定信息强势和网络暴力，损害他人自由和权益；既可以促成信息表达便利、传播快捷，弘扬社会正气，又可能夸大阴暗消极因素和败德不良信息，导致去伪存真、驱邪立正艰难；既可以特立独行、张扬个性空间，又可能极大地降低"集体行动"的信息、"共识"和组织成本，促成乃至误导大规模公众行为。

在国家治理和国际交往中，信息互联网既可以促进经济社会管理和国家治理信息化，提高政府治理效率与能力，又可能垄断数据资源、刻意影响政府决策和运行、危及国家和公众的信息安全及正当权益；既可以运用数据采集的简明化、泛在性与数据使用的便捷化、多维性，提升公共管理和国家治理的公开性及透明度，维护社会公平正义与权力正当行使、吏治清正廉明，又可能诱惑部分网络平台及用户利用特定信息"猎头"于商界获取不正当竞争优势，"俘获"公职人员左右政府公共决策实现监管套利；既可以利用信息网络工具和平台交流，便捷反映社情民意、公众诉求以提高政府治理的民主化、公平性和便民化程度，又可能因公共信息平台的全息化、通用性，模糊或超越公权私权界限，公权不适当侵蚀私权边界，导致经济管制或社会治理的集中程度提高；既可以便于国际经济、科技、文化、信息、公众等各方面交流与合作，又可能因外来恶意信息渗透，危害国家安全和国民利益，以及国内民粹主义和国际偏执意识形态影响、扭曲乃至绑架国家内外部政策和国际交往。

由于信息互联网的多重作用和"双刃"特质，市场监管和政府规制经常面临两难或顾此失彼。但信息技术与经济社会发展的深度融合是国家治理现代化的内嵌因素，不能因其两面特质或负面因素而因噎废食，应当顺应发展趋势，完善专业规制和市场监管以兴利除弊。通过反垄断、反不正当竞争综合执法，重点规制和监管网络技术安全隐患、信息失衡及数据垄断操控、网络平台先占优势、竞争抑制类激励、强制性捆绑销售、交易支配和价格操纵、排他性共谋及协议、扼杀性恶意并购、网络霸权与网络暴力、虚假阴暗信息传播、极端偏执情绪泛滥、公共安全及权益危害因素，以及危及国家安全利益的外来敌意信息渗透及网络挑战等。

此外，社会共享类公用网络、信息平台、基础数据及频谱资源等，属于社会基本公共产品和服务范畴，应当通过制度安排、网络投资、技术改造、市场作用、规制监管等，改变因公共政策迟滞缺位造成的部分网络企业越俎代庖、侵蚀国家与公众权益、影响公平也减损效率的局面，健全公权私权及其信息权利保护制度，适当规制网络技术、模式、业态性垄断以及相应的企业行为型垄断，实现公共基础网络及其数据支持工具的开放性、中立性、共享性、公平性、安全性以及效率性等经济社会综合目标。

第五章

商品价格改革与
要素市场建制

市场基础功能是通过竞争机制反映价值规律和供求关系，形成商品和要素价格，为资源配置和生产消费提供价格信号与调节机制。计划价格体制与政府定价管制，使商品和要素价格既不体现价值规律也不反映供求关系，造成企业经营扭曲变形和社会资源长期错配。商品价格改革及要素市场建制，成为经济市场化变革的基础性领域。

一、商品与服务价格改革及次序

通过计划定价压低农产品价格和其他部分工业生产资料价格，抑制劳动力成本和部分工业生产成本上升，相对抬高工业制成品价格，曾经是国家为促进资本积累、实现工业化赶超目标进行价格管制的政策理念和基本做法，商品、要素价格改革也循此破题。

（一）计划价格弊端与"调放结合"改革

计划价格扭曲价值规律和资源配置的直观、典型现象，一是通过价格管制形成工农业产品交换价格剪刀差。据测算，改革开放初，农产品价格通常偏低 25% ～ 30%，工业品价格高估 15% ～ 20%。畸形的价格关系挫伤了农民的生产积极性和农业发展，粮棉油等农产品供应不足，长期凭证定量供应。二是工业品比价关系人为扭曲。部分生产资料企业成本构成不完整，因定价偏低而长期亏损，依赖财政补贴维持简单再生产；一些工业消费品虽然价高利大，但生产资料短缺也导致无从扩大生产。三是僵化统一的进销差、批零差作价办法阻碍了流通企业和商品市场的发展。主要工业生产资料按"以收抵支、收支平衡"作价，流通企业无利可图或利润微薄；城市粮油购销价格倒挂，由财政补贴维持经营；漠视商品季节差价、品质差价，丧失供求调节机制和企业商机；国内外价格长期脱节，对外经济贸易处于停滞状态。计划价格体制对生产消费活动、市场供求关系和资源配置方式的负面影响日盛一日，积重待返。

初始阶段的价格改革，是在原有购销体制、市场联系和定价方式下进行的。20 世纪 80 年代前半期，价格改革以"调放结合、以调为主"方式进行。大幅提高农副产品价格，逐步延伸至部分工业生产资料和制成品价格。先后进行了六次较大规模的价格调整，其中包括提高粮食、棉花、油料、糖料等 18 种农副产品收购价格和猪肉、鸡蛋等 8 种主副食品零售价格；提高统配煤厂销售价格和焦炭、钢材、化肥等工农业生产资料价格；提高烟酒厂销价格和铁路货运价格；调整纺织品价格，降低国产机械手表等耐用消费品价格；分步放开小商品价格和部分农业土特产品价格；对部分电子产品和机械产品试行浮动价格，部分机械新产品试销价格定价权由中央下放到地方直至企业。

80 年代中后期，价格改革由"调放结合、以调为主"转向"放调结合、以放为主"的价格形成机制创新。放开了大部分农产品价格和多种工业消费品价格，粮食及工业生产资料价格实行"双轨制"。[①] 从 1985 年起，放开除国家定购的粮食、棉花、油料、糖料等少数品种以外的绝大多数农副产品购销价格，扩大工业生产资料价格"双轨制"范围并取消对超产自销的生产资料加价幅度的限制。以 1986 年放开名牌自行车、电冰箱、洗衣机等 7 种耐用消费品价格为标志，放开大部分工业消费品价格。调整、理顺价格结构，继续提高粮食、棉花等农产品的国家定购价格，以及煤炭、交通运输等产品和服务价格。改革进出口商品作价机制，将原来比照国内同类商品定价改为外贸企业代理制，进口商品按照到岸价格加税

---

① "价格双轨制"是指同种商品国家统一定价和市场调节价并存的价格管理制度，主要涉及粮食价格及生产资料价格。粮食收购制度改为合同定购后，国家规定按"倒三七"比例价格收购，即三成按原统购价、七成按原超购价收购，属于国家定价；合同定购以外的粮食，由农民和粮食部门协商制定价格，属于市场调节价。生产资料作为商品进入市场后，属于计划调拨或计划统一分配的，由国家统一定价，继续实行指令性计划价格，而把计划内生产的一定比例允许自销及超产部分的生产资料价格放开，实行市场调节价格。

金和国内相关费用作价，出口商品按照企业或工贸双方协定的价格交易，使国内进出口价格与国际市场价格关联起来。这一阶段也因市场供给紧张和货币投放增加，一度出现了通货膨胀乃至一些城市的抢购风潮。对其治理整顿期间，仍然调整了5大类20多个系列的产品价格。包括提高国家定价偏低的粮食、棉花、糖料收购价格，两次提高统配煤价格和铁路货运价格，三次提高原油价格，适度提高铁路、水路、航空客运票价和多年未作调整的粮油统销价格，以及建立价格水平监测与调控机制。

价格改革实际上是商品市场关系的重建过程。由政府调放价格到市场决定价格，既体现为政府与市场关系的重大调整、管制经济的逐步放松和计划体制的渐进市场化改革过程，也伴随着市场主体的发育成长、计划价格体制矛盾激化，以及改革主导者适应市场供求规律、经济发展要求和内外部环境变化而进行的经验和教训都十分丰富的"问题导向型"应对应急式治理性改革努力。

价格改革初期，在时序上以大幅度提高农副产品价格为起点，不是政府决策者的主观意愿或随心所欲的结果。当时，由于长期利用价格管制过多地征取农产品和农业剩余，农村简单再生产难以为继，生存温饱压力日渐沉重。农民甘冒风险对集体耕作制进行家庭承包制改革，其实是迫于生存危机而无奈选择的结果。值得庆幸的是，农民的生存追求与决策层的放松管制以"搞活经济"进而推进改革开放的政治决策历史地交汇碰撞在一起，相互促进和激励，开启了当时社会大众包括中外观察家都未曾预料到的会对中国面貌以及世界格局产生深远影响的改革开放的历史大幕。

在价格"调放结合"改革阶段，政府一方面允许、扩大直至鼓励农村家庭承包经营发展，提高农民生产积极性和农产品供给能力；另一方面，多次较大幅度地提高农副产品收购价格，增加了农业剩余和农民收入，并以此示范城市改革，增加日用工业品供给能力和城镇居民收入。尽管城乡经济的公有制性质没有发生变化，但经营方式或治理层面的改革，推动了工农业生产能力、居民收入水平和政府财政收入的提高，为多次大幅调整提高农副产品和部分工业品价格提供了物质基础和支付能力。并且，人民公社集体劳作制的解体和农民自由从业机会的获得，推动了社队工业继而乡镇企业和个体私营经济异军突起，促成了80年代前中期农民转移就业、农村非农产业、乡镇企业和城乡非公有制经济的兴起和发展。

改革开放之初，市场经济元素尽管还只是在作为公有制经济必要补充或商品经济意义上理解和发展，但计划体制的逐步松动、公有制治理层面的改革，以及由此推动的市场主体发育和价值规律作用，使经过国营与集体制长期束缚、十年动乱反复折腾后国民经济濒临崩溃边缘的一把"烂牌"，几乎在一夜之间打成了近乎帕累托改进或普惠性增长的一手"好牌"。市场建制目标在当时或许还不甚清楚，至多是若明若暗状态，但由经济快速发展、人民生活改善所锻造的改革自信由此形成。此后的改革进程固然曲折、艰辛，甚至出现局部反复，但其早期改革绩效所促成的改革认同和制度取向，则是改革开放持久推进、市场建制不可逆转的动力、定力和伟力所在。

如同其他改革一样，价格改革并非一帆风顺，甚至直接伴随着风险暴露。随着微观经济层面改革、市场主体发育、商品交易与要素配置活跃，推动价格信号真实化，"价格体系的改革是整个经济体制改革成败的关键"[①]。早期的价格"双轨制"，虽然对突破传统体制的生产计划和价格管制、推动市场发现价格并渐进式地释放计划经济的隐性通胀压力发挥过积极作用，在计划经济市场化改革早期具有客观性质和破题作用，但双轨价格并存必然会助长两种经济运行机制的对撞摩擦、计划内外的倒买倒卖和权力寻租，以及腐败蔓延和社会的强烈反弹。经济发展需要、体制运行压力、"双轨制"弊端凸显、社会广泛期待以及前期成效的改革自信，促成了1988年的"物价闯关"改革决策。

---

① 《中共中央关于经济体制改革的决定》(1984年10月20日)。

但是，"物价闯关"很快便面临严峻复杂的局面。当时，经济高速增长主要依赖银行贷款拉动投资，经济过热与货币超发相互推动，社会总需求超过总供给，通货膨胀压力很大。当年密集出台的价格改革政策，又使长期潜在的隐性通胀压力骤然释放，物价上涨成为公众普遍的心理预期，抢购风潮一触成势乃至出现极端现象，加之价格"双轨制"所导致的企业与个人利益分配失衡、苦乐不均，以及大面积滋生的权力寻租和腐败现象引致社会的广泛不满，甚至部分地成为接踵而至的"政治风波"的经济成因。随后三年的治理整顿期间，实行财政和信贷双紧政策，压缩财政支出，管住货币发行，控制信贷总规模；压缩基建投资规模，调整投资结构；控制居民收入过快增长，抑制过旺的消费需求。通货膨胀终于得到抑制，全国零售物价上涨指数由 1989 年的 17.8% 降为 1990 年的 2.1% 和1991 年的 2.9%。

治理整顿使经济发展和体制改革付出了较大代价，许多市场调节政策被取消，一些下放的管制权力重新收回，乡镇企业发展受到抑制，民营经济发展停滞，大批基本建设项目下马，国内生产总值增速由 1988 年的11.3% 下降到 1989 年的 4.1%、1990 年的 3.8%。但"无心插柳柳成荫"。经济增速下行改变了市场供求关系，经济环境趋于宽松，为价格调整和改革腾出了空间。1989—1991 年，国家集中调整了棉花收购价、盐和盐化工产品价格及客运、石油、钢材、有色金属等价格，调价总额达 500 多亿元。1992 年市场建制目标渐出，价格改革也加快步伐。国家物价局重新修订和颁布中央价格管理目录，大幅减少价格管制项目。重工业生产资料价格和交通运输价格由上年的 737 种减少为 89 种；轻工商品价格由 41 种减少为 22 种；农产品价格由 40 种减少为 9 种，并利用各地库存粮食较多、供求基本平衡的有利时机，于年底前原以为会惊心动魄但实际上却波澜不惊地在全国 844 个县（市）放开粮食价格。到 1993 年，社会零售商品总额的 95%、农副产品收购总额的 90%、生产资料销售额的 85% 已经由市场定价，政府管制价格的比重已经低于一些西方市场经济国家。价格改革闯关终于涉险成功，为社会主义市场经济建制发展做了基础性市场准备。

（二）全面建立市场形成价格机制

20世纪90年代后，价格改革的主要任务是建立由市场形成价格的新机制。即"在保持价格总水平相对稳定的前提下，放开竞争性商品和服务的价格，调顺少数由政府定价的商品和服务的价格；尽快取消生产资料价格双轨制；加速生产要素价格市场化进程；建立和完善少数关系国计民生的重要商品的储备制度，平抑市场价格"①。

由于市场供求关系的变化，"双轨价"中计划价格和市场价格之间的差额已经大大缩小，少数产品还出现市场价格低于计划价格的现象。1993年，钢铁产品价格和大多数机械产品价格实现了价格并轨；1994年，陆上原油价格和煤炭价格也实现了价格并轨；绝大部分产品计划价格放开由市场调节。至此，价格"双轨制"基本取消，并轨完成。1992—1997年间，政府管制价格进行了大幅度的结构调整。三次较大幅度提高粮食定购价格，五次提高原油出厂价格，四次大幅度提高铁路货运价格，五次提高电力价格。1998年，汽油、柴油零售价格由政府定价改为政府指导价，原油价格与国际市场接轨；放开棉花购销价格，发布收购指导性价格信息；取消螺纹钢、圆钢、线材等10种钢材指导价格，完全由市场定价；化肥出厂价格由政府定价改为政府指导价，放开化肥零售价格。各地也择机疏导城市公共交通、民用燃料、自来水、房租、教育、医疗价格等，多年积累的基础产业和公共产品价格偏低状况得以改观并助推相关领域改革与发展。

进入新千年后，价格改革开始向重要商品、垄断业务、民生服务等关

---

① 《中共中央关于建立社会主义市场经济体制若干问题的决定》（1993年11月14日）。

键领域延伸。这一时期的价格改革，既深化市场定价机制、开放竞争，又兼顾产业特性、技术规律、公众利益和贯彻绿色发展理念。改革重点集中在农产品价格、资源品价格以及运输物流价格、中介服务价格和环保收费等方面。按照加入世贸组织相关承诺，中央管理的定价项目由1992年的141种（类）减少到2001年的13种（类），政府对市场的干预范围大大缩小。放开粮食收购和烟叶收购价格，对重点粮食品种实行最低收购价政策。建立综合反映国际石油价格变化和国内生产成本、供求关系、社会承受能力等因素的石油价格形成机制，建立天然气价格与可替代能源价格挂钩调整机制；实行差别电价、脱硫加价和可再生能源发电加价等促进节能减排的电价政策，明确市场形成上网电价和销售电价、政府调控输电配电价格的改革目标；建立包括水资源费、供水价格和污水处理费在内的全成本水资源价格形成机制，实施工商业用水同价政策，对高耗水行业制定特种用水价格；放开电煤价格，实施煤电、煤热价格联动；推行兼顾资源生产成本、居民负担能力和节能环保要求的城镇居民用水用电用气阶梯价格制度；推动城市供热由按面积计价向按热值计价转变，促进节约用热和供热事业发展；采行城乡用电同网同价和电信资费同价政策。

全面深化改革推动了重要商品和要素价格改革，以及价格监管和反垄断执法，价格形成机制和市场竞争环境得以健全和优化。

深化重要民生产品及服务价格改革。以差别化支持政策完善稻谷、小麦最低收购价政策；试点棉花、大豆目标价格改革，据实监测市场、制定目标价格，建立"市场化收购＋补贴"价格形成机制；放开烟叶、蚕茧等产品的收购价格，建立市场决定价格机制；废除油菜籽临储政策，由市场决定购销价格；取消食盐市场准入限制和所有价格管制，由市场决定盐产品价格；放开非公立医疗机构医疗服务价格；分类管理公立医疗机构医疗服务项目价格，对市场竞争比较充分、个性化需求较强的医疗服务项目实行市场调节价格；扩大按病种收费范围，取消公立医疗机构除中药饮片以外的所有药品加成。①

推进资源、能源价格形成机制或使用收费改革。2013—2016 年，政府有关部门密集出台政策意见，推进水资源费、水土保持费、污水处理费等项收费改革和农业水价综合改革、水利工程供水价格改革；区分存量和增量，分三步推进天然气价格改革，实现非居民存量气与增量气价格并轨，建立天然气与可替代能源价格挂钩及动态调整机制，构建天然气管道运输价格监管体系；参照国际油价调节国内成品油价格，放开液化石油气价格，建立油价调控风险准备金制度；分步放开输配电以外的竞争性环节电价，推动建立规范透明的输配电价监管体系，规范电力中长期市场交易行为。

放宽交通运输业市场形成价格范围。建立民航国内航线旅客运输燃油附加与航空煤油价格联动机制；完善港口收费、邮政资费和机动车停放服务收费政策；放开铁路客票价格和铁路散货快运、铁路包裹运输价格，放开社会资本投资控股新建铁路的货物运价、客运专线旅客票价等具备竞争条件的铁路运输价格；放开国内民航货运价格和部分民航客运价格；放开港口竞争性服务收费；将省级行政区域内执行的短途管道运输价格管理权限下放到省级管理。②

推进服务业收费及价格改革。2014 年以后，逐步放开代办外国领事认证签证、证件密钥服务、海关统计资料及数据开发、商标注册等认证、涉外（台）经济贸易争议调解、土地价格评估、房地产价格评估等 7 项专业服务收费；放开铁路客货运输延伸服务、邮政延伸服务、会计师服务、税务师服务、资产评估服务、房地产经纪服务、非保障性住房物业服务、

①　参见国务院印发《盐业体制改革方案》（2017 年 5 月 5 日）；国家发展改革委等部门印发《关于非公立医疗机构医疗服务实行市场调节价有关问题的通知》（2014 年 3 月 25 日）、《推进医疗服务价格改革的意见》（2016 年 7 月 1 日）、《关于推进按病种收费工作的通知》（2017 年 1 月 10 日）。

②　参见中国民航局《推进民航运输价格和收费机制改革的实施意见》（2015 年 12 月 22 日）；交通运输部、国家发展改革委《港口收费计费办法》（2015 年 12 月 29 日发布，2019 年 3 月 13 日修订）；国家发展改革委《铁路普通旅客列车运输定价成本监审办法（试行)》（2017 年 2 月 28 日）。

住宅小区停车服务、部分律师服务等 9 项服务价格。继 2000 年将 1 500 种国家基本医疗保险药品和医疗服务价格由政府定价改为政府指导价后，持续推进药品价格改革，调整医疗服务价格及比价关系。明确经济适用住房价格以及廉租住房租金的构成、定价及管理原则。

压缩中央定价目录，健全垄断领域价格监管制度。中央定价种类由 13 种（类）减少到 7 种（类），具体定价项目由 100 项左右减少到 20 项，地方定价目录约 20 类。保留项目主要限定在重要公用事业、公益性服务和网络型自然垄断环节，并以定价目录制度实行清单化管理。建立以"准许成本＋合理收益"为核心、约束与激励相结合的垄断行业定价制度，构建自然垄断行业和公共服务价格监管制度框架。[①]据测算，2016 年中国价格市场化程度上升至 97.01%，政府管理价格的比重已不足 3%。其中中央和地方政府管理价格的比重分别为 1.45% 和 1.54%，较 2012 年分别下降了 1.91 和 0.77 个百分点，由市场决定价格的机制已经基本形成。

伴随着市场决定价格机制的逐步建立，价格调控体系和法规建设也循序推进。建立居民基本生活必需品和服务价格、重要生产资料交易价格监测网络，发现、警示市场价格异常波动；建立粮食、棉花、食糖、石油等重要商品物资储备制度，适时吞吐储备平抑市场价格；建立具有国情特色的"米袋子"省长负责制和"菜篮子"市长负责制，保证基本农产品供求平衡和价格稳定；大部分省市建立重要商品价格调节金制度，应对区域性价格波动。其价格调控效果也是显而易见的，既迅速抑制了 80 年代后期和 90 年代前期价格总水平过快上涨，也有效治理了继其之后而来的通货紧缩，在经济快速增长、结构剧烈变动和改革持续推进环境下，保持了价格总水平长期基本稳定。价格法规建设伴随着整个价格改革过程。截至 2015 年底，我国共有全国性价格法律 2 部，行政法规 3 部，规章 23 个，规范性文件

---

① 参见国家发改委《中央定价目录》（2015 年 10 月 21 日修订版）、《关于进一步加强垄断行业价格监管的意见》（2017 年 8 月 23 日）。

858 个，形成了以《价格法》《反垄断法》为核心的价格法律法规体系。

二、劳动力市场特性与制度建设

计划体制排除了市场决定商品价格、引导资源配置的机制，甚至否定劳动力、土地、资本等生产要素的商品性质、市场配置和价值正当性。计划体制对价格的扭曲和资源的错配及其严重性质今天已为人们所广泛认知。但即使在治理或"工具"层面，生产要素尤其是劳动力的商品化及其市场化配置也面临诸多困境。劳动力市场建设不仅需要重塑利益格局和体制形态，有技术性难度，而且还与信念意识和社会性质密切相关，有价值性挑战。劳动力市场建制的速度与深度，取决于解放思想、直面挑战的勇气和力度及创制环境的完备程度。

（一）劳动力市场重建及初始发展

自由劳动者固然是一个较为久远的历史现象，但整个社会或国家建立自由劳动力市场，在人类发展史上还是相对晚近的经济现象。正是由于自由劳动力市场的存在，经济主体、交易活动、竞争合作、创业创新等一切与市场经济及其制度形态有关的人类行为和行为结果才得以产生。生产要素的市场化不简单地等同于生产要素的市场交易，劳动力市场的形成当然也不能简单地等于存在可供交易的劳动力，而是需要通过理性复杂的市场安排，使劳动者个人自主自由地择业从业，使社会以此为基础实现劳动力体力与智力资源的优化配置。一个社会乃至国家间的经济活力、竞争能力和创新潜力的发挥程度及其差距，与自由劳动力市场的存在与否和有效程度密切相关。

公有制经济性质及其法律、价值形态，决定了国有企业职工和集体经济成员既是雇员也是自己的雇主，经济组织的管理者与普通从业者都是无身份差别的劳动者。在国有企业和部分城镇集体企业中，劳动力配置实行集中计划管理和统包统配的招工就业制度。劳动者不仅就业生活与企业或单位融为一体，其生老病死直至家属、子女也都高度依赖所在单位。除安排生产经营活动外，企业或单位也在从事其他社会事务或"家务"活动。离开了企业或单位，劳动者几乎丧失所有生产生活条件，相应地也赋予企业或单位部分社会职能和员工的就业依赖及隐性福利预期。在这类企业或单位率先进行就业制度改革或劳动力市场重建，成本无疑要高昂得多，主客观阻力也是十分巨大的。在农村人民公社中，由于集体经济性质和农业耕作特性，国家不负责其就业管理。无论人口如何增长变化，只能在集体经济组织内部从事农业生产，至多有如后来若有若无的自我服务型"社队工业"。就业拥挤、隐性失业或劳动力资源严重浪费是普遍现象。

传统就业制度的改革破题，发生在矛盾集中点和体制薄弱处。改革开放初期，我国劳动力增长处于高峰期。由于十年动乱的影响，国民经济和社会就业增长缓慢。面对历年积累的下乡知识青年大量集中返城，城镇就业压力巨大，几成社会问题，政府统包统配的就业制度难以为继，不得不出台"另类"政策，广开门路搞活经济，缓解城镇就业压力。[①] 即在国家统筹规划和指导下，实行政府劳动部门介绍就业、自愿组织起来就业和自谋职业相结合，使就业制度由过去主要依靠国有单位安排就业转变为国有、集体、个体私营和外商投资企业共同扩大就业；由过去主要依靠发展工业特别是重工业吸收劳动力转变为通过发展轻工业、服务业等劳动密集型产业扩大就业；由过去依赖国家招工安置就业转变为鼓励劳动者积极自主择业；由过去单纯依靠政府调配手段管理就业转变为运用行政、经济和

---

① 《中共中央、国务院关于广开门路，搞活经济，解决城镇就业问题的若干决定》（中发〔1981〕42 号）。

社会服务相结合的手段促进和扩大就业。

就业制度的改革，突破了传统就业观念，推动了城镇个体私营经济发展，非公有制经济以解决社会突出的就业矛盾为突破口和切入点，找到了其生存发展的契机和空间。适应生产经营和产业发展需要，部分民营、外资和中小企业通过兼职、联营等形式，从国有单位或大中城市引进科技人才，打破了长期以来的人员流动单一计划调配体制，劳动力市场建设开始萌芽起步。而农村劳动力转移就业发挥了助推市场发展的特殊作用。家庭承包制改革解放了农村生产力，农民获得了自由择业的权利。当时乡镇企业和"三来一补"加工贸易的发展，使数以亿计的农村富余劳动力获得了非农就业机会，迅速形成中国式"农民工"群体。农民工包括农民企业家犹如自然经济主体，他们不存在也未曾期待那种被计划体制拉高了的国有企业员工的福利预期以及就业与生活依赖，以其劳动技能和经营能力从业、创业，寻求自己的生活门路也推动了城乡经济发展和劳动力市场化配置及其结构变化。

经济改革重心由农村转入城市后，国有企业改革成为中心环节。增强企业活力必然面对劳动用工制度改革，国有企业的固定工制度成为最突出的问题。从 80 年代中期开始，在新招职工中推行劳动合同制，实行增量改革。其标志是 1986 年国务院颁布以实施劳动合同制度为核心内容的"四个暂行规定"，在劳动力资源配置中引入市场机制。[①] 劳动用工制度改革对于强化新招职工管理、提高劳动效率发挥了积极作用，但一个企业两种用工制度，激励约束机制不一，劳动努力迥异，各种"优化组合"作用不大。进入 90 年代，开始试行全员合同制。国家赋予全民所有制工业企业用人自主权，不再下达用人计划，企业用人的数量、条件、方式及招用时间完全由企业自主决定，开始在国有企业劳动者与用工单位之间建立

---

① 即《国营企业实行劳动合同制暂行规定》《国营企业招用工人暂行规定》《国营企业辞退违纪职工暂行规定》和《国营企业职工待业保险暂行规定》。

双向选择机制。① 在城镇新增劳动力和进城务工的农村劳动力等就业群体中，市场机制取得主导地位。社会主义市场经济建制目标首次正式提出建立劳动力市场，全国人大颁布《劳动法》，以法律形式将劳动合同制度推广到所有企业职工。企业劳动关系从此完成了雇主与雇员关系的法律定位和根本性转变，劳动力市场建设取得了相应的法治基础。②

（二）劳动关系变革与市场结构性特征

企业劳动关系的根本性转变，使数千万国有企业职工从理念到生活都受到前所未有的挑战。数十年来，他们的就业、生活及各种隐性保障直接依赖于企业。劳动关系的调整及其配套改革的时滞，几乎一夜间打断了国有企业员工尤其是中老年职工的就业和生活链条，将其推向前途渺茫的劳动力市场。历史对改革成本的承担者和新制度的建设者应当保持同等的理解和尊重。

90 年代中后期，因市场竞争加剧和结构调整压力，中小型国有企业集中改制以及大面积退出，数以千万计的国有企业职工下岗失业，其生活保障和重新就业问题突出、矛盾集中。政府劳动管理部门普遍成立了就业公共服务机构，所属公共职业介绍所、公共就业训练中心、失业保险机构及就业服务指导机构逐步向街道、社区、乡镇延伸，建立就业保障公共服务平台，承担公益性岗位开发、劳动力资源管理、就业政策落实和困难群体就业援助等职能，形成了比较完整的各级各类就业公共服务体系。

在此期间，针对国有企业员工下岗分流、失业压力集中问题，从中央到地方采取就业促进政策，帮助下岗人员重新就业，创新劳动保障体制

---

① 《全民所有制工业企业转换经营机制条例》（国务院第 103 号令，1992 年 7 月 23 日发布；2011 年 1 月 8 日，根据《国务院关于废止和修改部分行政法规的决定》修订）。

② 《中共中央关于建立社会主义市场经济若干问题的决定》（中共中央十四届三中全会 1993 年 11 月 14 日通过）；《中华人民共和国劳动法》（1994 年 7 月 5 日八届全国人大常委会第八次会议通过，后经 2009 年 8 月 27 日十一届全国人大常委会第十次会议修订、2018 年 12 月 29 日十三届全国人大会常委会第七次会议修订）。

机制，分离企业社会职能等，实现了劳动力市场建设的重大转机。[①] 其具体政策从建立再就业服务中心、实施"再就业工程""四〇五〇工程"[②] 到实行"基本生活保障－失业保险－城市低保制度""三条保障线"，从下岗分流与解聘失业"双轨"并存到"并轨"运行管理，国有企业减员最终通过终止、解除劳动合同，纳入失业保险体系，实行社会化管理。在当时经济环境并不宽松、社会保障体系尚不完善的条件下，成功地实现了或许是人类经济史上数量最大、时间最为集中的企业富余人员离岗分流的"软着陆"，建立起全社会市场就业机制并保持了社会基本稳定。

城乡劳动力市场的普遍建立，大大提高了我国劳动力配置效率、企业经营活力和国民经济发展动力，但由计划体制延续而来的结构性矛盾依然存在并呈现出新的特征。农村劳动力大规模向非农领域、大中城市尤其是东部沿海地区转移、流动就业，从体制外推动了劳动力市场发育以及非公有制经济的发展。农村劳动力中的第一代"农民工"虽然未曾获得稳定进入城市就业生活的制度保障，但其劳动收入明显高于农作收入的比较收益和家庭承包地的某种保障作用，形成了城镇就业的持久引力和近乎无限供给，既为经济高速增长提供了源源不断的廉价劳动力，也为经济波动时调整劳动力市场供求关系、缓解城镇就业或失业压力保留了"减压阀"和"蓄水池"。

具有中国特色的二元劳动力市场，一方面为城镇固定工在一定时期内保持相对稳定的工作岗位和福利、逐步适应市场化改革提供了适应期、过渡期，以获得就业体制改革的认同和社会稳定；另一方面，农民工进城所

---

① 改革期间，党中央和国务院召开了一系列会议、发布若干政策文件推动相关工作。如1998 年 6 月发布《中共中央国务院关于切实做好国有企业下岗职工基本生活保障和再就业工作的通知》；2002 年 11 月发布《中共中央国务院关于进一步做好下岗失业人员再就业工作的通知》；2008 年 2 月，国务院发布《关于做好促进就业工作的通知》；2007 年 8 月，全国人大审议通过并颁布《就业促进法》，从法律上确立就业政策体系和制度保障机制。

② 即采取特殊的就业扶持政策，帮助年龄在 40 岁、50 岁以上的下岗员工重新获得就业岗位。

形成的就业竞争，倒逼国有企业改革就业制度，提高劳动效率和企业竞争力，推动了劳动力市场建设。更重要的是，数量巨大的廉价劳动力长期充分供给，不仅为中外投资企业提供了成本比较优势、企业竞争和资本盈利能力（对重新成长的个体私营经济加速资本原始积累尤为有利），而且也因农民工比较成本优势的存在，相应地抑制了城镇国有企业尤其是劳动力选择较为便利的竞争性行业的职工工资福利水平或增长速度，在较长时期内形成社会范围内的工资福利抑制或成本抑制现象，在很大程度上降低了传统就业和工资福利制度的改革成本以及新型劳动力市场的建设成本。

数量足够、成本低廉的农民工群体的形成、扩大和长期存在，是农村原始工业兴起、城镇中低端制造业发展、海外资本进入以及中国工业化最终得以完成的基本要素条件和重要"秘密"所在。正是这一渐成劳工主体、在世人眼中衣履朴素且收入绵薄的农民工阶层，谱写了当代中国工业革命的壮丽史诗。时至今日，这个劳工群体仍然是中国工业化、城镇化持续发展的动力所在。许多国际厂商的品牌乃至名牌产品，都是由中国农民工在生产线上代工制作而成。随着产业科创发展、居民收入增长和政府引导得当，以及本土产品文化自信的成长，"消费替代"进而"品牌替代"或许是一个自然发展的过程。中国产业和消费升级以及商品附加值提高的可能和趋势，已经内生于劳动力市场潜力乃至现实生产过程之中。

（三）劳动力市场并轨及制度建设

效率的获得有其公平的代价。劳动力市场的二元结构及其持久化，必然制约经济社会的转型升级。以二元结构和价格扭曲形式重建劳动力市场实现竞争优势、体制变革并创造经济奇迹，或有路径依赖、历史作用和改制机理，但其派生的公平损失及从长期看也会有损效率的负面影响，也是不容忽视的。

农民工的就业模式和流动方式，直接影响其稳定就业、专注于技术及精深工艺和敬业精神的锻造。随着工业化、信息化深入发展，生产过程对专业技术和工作专注程度需求日深，缺乏培育职业理念、工匠精神和现代商业伦理的就业创业环境，企业和劳动者个人都有可能成为日趋激烈的市场竞争的落败者。

劳动力市场二元结构及其价格扭曲，可能会由经济问题导致社会矛盾。较之于城镇固定工，农民工因其就业机会不公、工资福利差别、劳工成本不完整或更为艰辛的劳作与生活，自然会产生不平、屈辱和挫败感以及不同的表达形式。对那些较多地进行就业和收入纵向比较的第一代农民工来说，还处于"可以接受"阶段，但对于已经长期在城镇学习、工作和生活并且不可避免地进行横向比较的第二代、第三代农民工来说，可能变得越来越"不可接受"。

劳动力市场的二元分割，制约了城市二、三产业平衡增长、结构优化和可持续发展的能力。农民工的漂移式就业或"四海为家"，使其"挣钱不易、花钱更难"，往往尽可能地将个人支出限制在最为必需的衣食温饱范围，以及相应的城镇常住人口迅速增加但户籍人口增长缓慢，第二产业快速增长但第三产业发展长期滞后，就业结构改善但产业结构进而经济结构失衡等，大中城市的综合承载能力和社会治理能力严重不足。

长期低估农民工成本或价格，固然使厂商、企业有低成本竞争优势，但劳动剩余过多地向资本集中，过早地导致体制性的"短缺型过剩"。即在农民工和城乡居民收入普遍不高、基本需求还很紧张的背景下，便出现大量产品滞销、市场供过于求问题。这种矛盾现象 20 世纪 90 年代即已产生，只是由于加入世界贸易组织、产能对外释放而有所缓解，但投资比重过大、外贸依存度偏高、国际市场波动直接乃至严重影响国内经济增长则积重难返。

增长趋缓、代际更替和老年社会来临，使劳动力市场二元结构冲突加剧、难以为继。进入新世纪后，我国劳动年龄人口增速趋缓直至呈下降趋势，所谓"刘易斯拐点"[①]到来；第一代农民工"告老还乡"、无力农作，但养老、医疗等基本保障缺乏或不足；劳动力供求关系的变化和农民工家庭负担骤增，推动农民工工资上涨，部分地区出现"招工难"问题。推动劳动力成本真实化、统一城乡劳动力市场和社会保障制度成为建制必然趋势。

劳动力市场结构的重大变化，使得继续背离市场统一公平、起决定作用的劳动力价格扭曲行为代价巨大、难以承受。进入新世纪以来，因高等教育的大众化，城镇新增劳动力中高校毕业生逐步占主要地位。由于先进制造业发展相对迟缓、高端服务业及公共服务体制改革滞后，出现了高校生就业难于农民工、中低端劳动力供给短缺现象，继续维系劳动力市场二元结构或延宕服务业体制改革都将是作茧自缚。鼓励创业创新、拓展人才市场等，同样需要统一劳动力市场并发挥其工资价格决定作用。[②]

针对劳动力市场二元结构尤其是农民工相关问题，21 世纪伊始，政府开始推动劳动力市场综合性改革。以健全农民工工资支付、劳动合同管理、就业服务和技能培训、社会保障与公共管理服务、进城落户与子女教育、土地承包权益为重点，清理和取消针对农民进城就业和管理服务等方面的歧视性规定，制定和推行农民工养老、医疗、工伤等社会保险政策，开展统筹城乡就业试点，逐步缩小劳动者城乡就业差别，直至完善全社会平等就业制度。陆续出台了一批加快农业转移人口市民化的公共政策

---

① 诺贝尔经济学奖获得者、发展经济学家威廉·阿瑟·刘易斯（W. Arthur Lewis）于 1954 年和 1972 年先后发表《劳动无限供给条件下的经济发展》《对无限劳动力的反思》等论文，提出了"二元经济"发展模式，认为经济发展过程是现代工业部门相对传统农业部门的扩张过程，这一扩张过程将持续到把沉积在传统农业部门中的剩余劳动力全部转移完毕，即"刘易斯拐点"，直至出现一个城乡一体化的劳动力市场时为止，即"刘易斯第二拐点"，此后劳动力工资转变为市场决定的或新古典主义的均衡实际工资。

② 中组部、人事部《加快培育和发展我国人才市场的意见》（1994 年 8 月 30 日）；国务院办公厅《关于发展众创空间推进大众创新创业的指导意见》（2015 年 3 月 11 日）；国务院办公厅《关于加快众创空间发展　服务实体经济转型升级的指导意见》（2016 年 2 月 18 日）。

及相关法规，推进以人为核心的新型城镇化发展，促进和保障数以亿计的农民工在就业、生活、居住、迁移、社会保障、公共服务等各方面的平等权利。①

经过 40 余年的就业体制改革和劳动力市场建设，就业模式、规模结构、管理体制发生了根本性变化。劳动者自主择业、市场导向就业、社会多元就业、政府促进就业的体制机制已建立起来。到 2016 年，全国从业总人数为 77 603 万人，国有单位就业为 6 169.8 万人，占 7.95%；就业结构明显优化，一、二、三次产业就业比重由 1997 年的 70.5%、17.3% 和 12.2% 分别调整为 27.7%、28.8% 和 43.5%。城镇失业率一直保持在 5% 左右的相对较低水平。以《劳动法》为基础，《劳动合同法》《就业促进法》《劳动争议调解仲裁法》为主干的就业相关法律法规规章陆续出台，批准了数十部国际劳工公约。劳动力市场公共服务和法律体系基本建立起来。

在社会人口与日俱增、计划就业刚性依赖和国有企业职工规模巨大的背景下，中国在较短时间内完成了就业体制改革和劳动力市场重建，实现了劳动关系的根本性变革，同时支撑经济社会快速稳定发展，有特殊条件也有逻辑规律。人固然是生产力中最活跃的因素，中国人口规模或人力资源居世界首位，但计划体制的统包统配就业制度，曾经使人们最基本的就业和生活也难以为继。当初以劳动部门介绍就业、自愿组织起来就业和自谋职业就业的"三结合"就业方式，打破统包统配就业体制依赖，鼓励返城知青自谋职业，开启市场引导就业、政府促进就业进程，既解决了 1 700 余万返城知青的就业难题，又使人们看到了顺应市场需求配置劳动力资源的巨大潜力和广阔前景，为就业理念转变、就业体制改革和劳动力市场建设先行试水，积累了经验和信心。

---

① 参见《国务院关于解决农民工问题的若干意见》（2006 年 1 月 31 日）。此外，国务院于 2015 年 11 月 26 日发布、2016 年 1 月 1 日起实行《居住证暂行条例》；2016 年 7 月 27 日，国务院发布《关于实施支持农业转移人口市民化若干财政政策的通知》；2016 年 9 月 30 日，国务院办公厅发布《推动 1 亿非户籍人口在城市落户方案》。

顺应经济市场化改革及其规律，变革僵化落后的计划就业体制，直接触动数千万国有企业职工的切身利益。面对如潮而来的失业大军及对就业体制改革的质疑与反对之声，既需要改革者从决策层到执行面对市场化改革的坚定决心、清晰理念及政治担当，也需要因时应势的经验示范、策略采选、路径创新和制度建设。改革初期的固定工"老人老办法"与合同工"新人新制度"的二元就业体制，虽然有就业群体间的公平代价，但也有减轻阻力、降低成本的改革效率，以新的就业群体不断壮大、市场就业体制日益成长以及经济稳定增长，促进、倒逼、支撑就业体制改革，包括劳动者所承担的改革阵痛和部分转制成本，诸如待业失业、下岗分流、买断工龄等不一而足的具体办法，直至最终形成全新、统一的劳动力市场。

宏观层面的市场深化、经济发展和就业促进相互推动的政府作为，尤其是鼓励乡镇企业、私营企业、外资企业发展的改革开放政策和各级政府的再就业政策，不仅在世纪之交的十余年内帮助 2 500 多万国有、集体企业下岗人员实现再就业，而且数十年来，每年平均创造 1 000 多万个城镇就业岗位，解决了城镇新增劳动力以及后期占多数的高校毕业生就业，吸纳了 2 亿以上农村富余劳动力转移就业、进城务工经商。在市场主导就业基础上，政府的经济发展政策与积极就业政策适应市场深化、结构变化，从早期经济增长优先、主要是劳动密集型行业快速发展，到就业优先的经济增长政策，再到后来创业创新政策的密集推出，直至统一城乡劳动力市场及其法规制度建设，近乎适应劳动力数量增长和结构变化，与时俱进地推进政策调整和市场建制。这究竟是偶然因素的机缘巧合、时势使然的因势利导，还是逻辑规律的洞察遵循抑或兼而有之的创制努力？研究者见仁见智，或可得出"经验"，统一劳动力市场的任务也仍然艰巨，但中国就业体制改革和劳动力市场重建，就是以此历史过程呈现其逻辑关联的。

三、土地产权市场化及其迟滞性质

土地和劳动力都是创造财富或使用价值的生产要素。商品是使用价值与交换价值的统一，土地参与财富创造继而商品具有交换价值，其自身也就成为不可或缺的生产条件乃至稀缺要素。尽管经济学家就土地对财富生产、价值创造和经济增长的作用各持己见[①]，但包括土地在内的生产要素按贡献参与分配，则自市场经济发展建制之日起，便成为社会通行的收入分配原则。土地资源的优化配置和集约节约利用，也有赖于土地市场及其价格信号反映土地资源的稀缺性质、市场供求关系和生态修复成本。我国土地要素也是从治理改革起步，进入市场交易并最终形成土地市场的。

（一）土地产权析解与使用权市场交易

我国土地分为城镇国有土地和农村集体土地两类不同所有制性质的土地。城镇基础设施建设、工商业发展及其他非农用地，主要通过土地征用制度将农村集体土地变性为国有土地。计划体制下，国有土地实行行政性划拨、无偿性获取、无限期使用、无流动配置的供地使用制度，土地浪费

---

① 与农耕时代或工业化早期土地的特殊作用相联系，早期经济学家普遍重视土地要素。威廉·配第关于"劳动是财富之父，土地是财富之母"的著名论断世人皆知；亚当·斯密把土地、劳动和资本作为三个基本的生产要素；大卫·李嘉图甚至担忧土地、资本与劳动的边际报酬递减会导致一国的经济增长停滞；马歇尔指认农业技术迟滞导致土地耕作的边际报酬递减；以马克思为代表的劳动价值论者尽管认为其有"庸俗"成分，但从未否定土地参与财富或使用价值的创造。随着工业革命完成及科技进步，"边际革命"的代表人物如门格尔、杰文斯、瓦尔拉等人不再重视土地的作用，认为土地可以被资本替代，技术进步足以抵消固定不变的土地所带来的不利影响；包括发展经济学家在内的新古典经济学家如柯布－道格拉斯、哈罗德－多马、索洛、阿罗等人在构建其理论模型时，土地要素便淡出视野而忽略不计；罗默和卢卡斯等人认为，免除土地报酬递减的困扰后，经济增长理论可以将主要精力用于探究物质资本的增长与配置效率、技术进步、人力资本、创新和研发投入在经济增长中的重要性。舒尔茨给出了有代表性的理由，认为土地作为生产要素的经济重要性一直在下降。土地的重要性从举足轻重到被轻视忽略，体现的是经济学家所处经济时代以及生产要素贡献率的变化，包括他们的理论认知与现实世界的落差。深受劳动价值论影响的一些国家，即使在市场化变革时，也往往忽视土地要素对于经济增长的功能，甚至错失利用其土地要素潜力发展经济的机会。

严重、利用效率低下，国有土地所有权也得不到经济上的实现。市场化改革显现出要素稀缺性质，人们开始从理论研讨、体制构想到试点探索，改行政划拨供地制度为市场配置土地资源，土地产权制度改革逐步浮出水面，并产生了当初人们完全没有预料到的利益新局和体制变局，当然也包括改革困局。

农村家庭承包制中农地所有权与使用权分离的治理改革实践及其认可、推广和制度化，为国有建设用地制度改革提供了借鉴和示范，国有土地也开始按照所有权与使用权分离，通过收取城镇土地使用费和试行土地使用权出让两种主要形式逐步开展相关制度改革。

改革开放伊始，外商即陆续进入中国市场，国家开始对外资企业和中外合资企业用地征收土地使用费。无论是新征用土地，还是使用原有企业场地，一律计收场地使用费。[①]1981—1984 年间，深圳特区率先起步，合肥、抚顺、广州等城市也相继征收土地使用费，从此改变了国有土地无偿使用制度，拉开了城镇土地使用制度改革的序幕。

土地使用费的收费实践，虽然打破了传统的土地无偿使用制度，但收费标准低、范围小，未形成反映土地稀缺性质和供求关系、促进土地集约节约利用的市场信号，国有土地权益过多地流入开发企业。城镇工商业发展和市政基础设施建设也受到行政划拨供地制度的严重制约。顺应市场需求，1987 年 11 月，国务院决定在深圳、上海、天津、广州、厦门、福州进行土地使用制度改革试点，将原有无偿、无期限、无流动的行政划拨供地制度，改革为有偿、有期限、可流动的土地使用制度。深圳市首先破冰实践，分别于 1987 年 9 月和 12 月，以协议、公开招标和公开拍卖方式出让三宗国有土地使用权。1988 年 3 月，上海市也招标出让了一宗国有土地使用权。

---

① 参见《中外合资经营企业法》（1979 年 7 月 1 日五届全国人大二次会议通过，后经全国人大及其常委会 1990 年 4 月 4 日、2001 年 3 月 15 日、2016 年 9 月 3 日三次修订）；《国务院关于中外合营企业建设用地的暂行规定》（1980 年 7 月 26 日）。

深圳市和上海市的改革实践，突破了国有土地使用权不允许转让的法律禁区，开市场配置土地资源的先河。国有土地使用权改革尽管未曾触动土地所有权性质，只是地权治理层面的改革，但仍然面临"任何组织或者个人不得侵占、买卖、出租或以其他形式非法转让土地"的法律瓶颈。顺应市场化改革和经济发展规律，辩证地处理"改革创新"与"依法治国"的关系，成为国有土地制度改革的决策选项和当务之急。此后《宪法》和《土地管理法》修法规定，国有土地和集体所有的土地的使用权可以依法转让；国家依法实行国有土地有偿使用制度。① 国务院依据土地相关立法，以行政法规形式建立土地使用权交易流转规则，确立城镇国有土地使用权出让、转让制度和土地使用权主体及其合法权益保护制度，规定土地使用权出让、转让、出租、抵押和终止办法，并对划拨土地使用权处置做出安排。②

20 世纪 80—90 年代，城镇国有土地使用虽然并行划拨供地制度和有偿使用制度，并以划拨制度为主，有偿使用也主要采取协议出让方式，较少采取招标、拍卖等公开竞价形式，但计划体制的土地行政划拨供地制度的坚冰已经打破，有偿、有期限、可流动的土地出让制度及其法律基础初步确立，深化土地使用制度改革、规范发展土地市场已是大势所趋。

进入新世纪，国有土地使用制度改革，开始由有偿使用向市场配置土地资源转变。国家出台一系列法规政策，控制划拨用地范围，规范协议出让行为，推动土地市场发展。推进土地使用权招标、拍卖制度，土地使用权在土地有形市场上公开、公平和公正交易；除涉及国家安全和保密要求

---

① 参见《中华人民共和国宪法》（1982 年 12 月 4 日全国人大通过）、《中华人民共和国土地管理法》（1986 年 6 月 25 日六届全国人大常委会第十六次会议通过）；1988 年 4 月 12 日七届全国人大一次会议通过的《宪法修正案》、1988 年 12 月 29 日七届全国人大常委会第五次会议依据《宪法修正案》修订的《土地管理法》。1994 年 7 月 5 日，八届全国人大常委会第八次会议通过《城市房地产管理法》，进一步从法律上明确国有土地有偿、有期限使用制度。

② 参见《城镇国有土地使用权出让和转让暂行条例》（1990 年 5 月 19 日）；《外商投资开发经营成片土地暂行管理办法》（1990 年 5 月 19 日发布，2008 年 1 月 15 日废止）。

外，国有建设用地供应一律向社会公开；工业、商业、旅游、娱乐和商品住宅等经营性用地以公开招标、拍卖方式提供。经营性土地使用加快向市场配置方式转变，土地使用权市场逐步建立起来。①

土地市场初创时期，一些地方一度出现非法占地、非法入市、违规设立开发园区等问题。2003—2004 年，全国集中清理、整顿、规范开发园区设立、土地占用及审批、耕地占补平衡、征地补偿安置、新增建设用地有偿使用费征收与使用、经营性土地使用权招标拍卖挂牌出让等，推动依法管地、供地、用地，促进土地集约节约利用，落实土地招标拍卖挂牌出让制度，规范和调控土地市场秩序，调整土地管理体制，建立国家土地监察制度等。②

市场改革深化逐步推动国有土地有偿使用范围延伸至公共服务项目用地以及国有企事业单位改制时的建设用地资产处置政策，如土地使用权作价出资或者入股、授权经营管理和抵押管理等。建立国有农用地确权登记和使用管理制度，完善国有农牧场改革土地资产处置政策和土地等级价格体系。比照国有土地使用制度改革办法，限制矿业权协议出让，以招标拍卖挂牌方式为主推进矿业权竞争出让，建立矿业权出让制度。③

（二）土地产权交易的要素价值意义

经过数十年的土地市场化改革，我国以不改变土地国有制、集体制的公有制性质，从治理层面确立了以国有土地使用权为核心的土地产权制度，建立了以有偿使用、公平交易、专业服务、行业监管、政府调控等为

---

① 参见《国务院关于加强国有土地资产管理的通知》（2001 年 4 月 30 日）；国土资源部《划拨用地目录》《招标拍卖挂牌出让国有土地使用权规定》《协议出让国有土地使用权规定》《招标拍卖挂牌出让国有土地使用权规范（试行）》《协议出让国有土地使用权规范（试行）》《全国工业用地出让最低价标准》《招标拍卖挂牌出让国有建设用地使用权规定》；《中华人民共和国物权法》等。

② 2004—2008 年，国务院先后发布《关于深化改革严格管理土地的决定》《关于加强土地调控有关问题的通知》《关于促进集约节约用地的通知》等。

③ 参见国土资源部、发展改革委等八个部门《关于扩大国有土地有偿使用范围的意见》（2016 年 12 月 31 日）；中办、国办《矿业权出让制度改革方案》（2017 年 6 月 16 日）。

主要内容的土地使用权市场基本制度。土地资源也以其要素价值意义，深刻地影响着我国经济发展和市场建制。

国有土地使用制度改革，使新中国成立以来规模巨大的城镇存量土地进入市场、实现价值，为国家基础设施投资、城市市政设施建设及其他经济发展需要提供了丰厚的资金或资本来源，其中一部分也用于支付改革成本。并且，我国土地制度的性质及其类别管制和法律界定，决定了各级政府能以土地征用方式源源不断地、廉价地从农村集体经济组织获得基础设施建设、工商业发展及其他城市建设用地，并且将用途改变了的土地投入市场，获得溢价巨大的财政收入、建设资本或"改革红利"，所谓"土地财政"则是其典型表征之一，当然也延伸到其他生产要素和公共资源领域。这种土地要素市场化过程中的价值实现意义、原始积累方式、资本积累规模和要素集聚效率在世界上是绝无仅有的。

受市场化改革节奏与结构因素影响，在一定时期内，要素价格管制明显，金融压抑旷日持久，区域间相互竞争以及国际经贸利益权衡，使我国的土地、劳动力、资本等主要生产要素价格普遍受到抑制。但其另一重效果是为计划体制下一直优先发展的物质生产部门即制造业尤其是中低端制造业创造了独一无二的比较成本优势和市场竞争能力。加之经济发展和国内市场的扩大、加入世界贸易组织后国际市场的开拓，在较短的时间内，成就了中国制造业大国的地位和经济快速增长的奇迹。

其他一些曾经与我国有过类似体制的转轨国家及新兴市场经济体，或由于彻底放弃公有制，回到相对细小的生产要素私有制的原始市场经济的历史起点，由此也丧失了包括土地要素在内的传统制度遗产的部分要素价值潜力；或本来就长期受到传统私有制对社会化大生产及产业结构变动的束缚，生产要素市场配置成本居高不下。其中许多国家在激烈的市场竞争中，尤其是在与明显具有资本、技术和市场先占优势的发达国家的竞争中，几无优势可言而表现平平。中国土地产权的析解方式或治理性改革所释放的要素潜力及其价值意义，以及内在的历史基因、路径轨迹和逻辑规律，或许才真正是其他经济体市场化变革所无从复制的"国情特色"。

（三）地权市场利益及其非均衡性质

国有土地使用制度改革，支持了经济发展、市场建制和制造业竞争优势的形成，但也深刻地影响着国家与农民、城市与乡村以及不同产业之间的要素占有关系和利益分配格局。市场发展建制中效率与公平的矛盾暴露无遗并不时有冲突发生。

传统社会的国民产权是所谓"软弱的产权"，极易受到侵蚀和损害。公有制条件下的国有制和集体制产权，由于产权代表的虚化和利益实现的间接化，以及层次上的差异和地位上的高低，集体制产权相对于国有制产权也存在类似的"软弱"性质。不仅集体经济内部成员外化漠视，而且不断地因国家利益、长远大局需要不得不被动地进行利益输送。

在制度层面，从当初的"价格杠杆"到今天仍在沿用的"征地制度"，以及人力产权早期由于体制束缚而就业拥挤、收入低下，后来则由于市场分割而成本构成不完全，等等，较之改革开放初期，农村经济虽有较大发展，但城乡收入水平和发展能力方面的差距反而扩大。人们从产业特性、比较效益、市场弹性诸多方面做过分析、不乏有见地的研究，而对其制度原因所引致的长期困境，则往往浅尝辄止、游离回避，政策层面则不免隔靴搔痒甚或南辕北辙。退而言之，即便是征地及土地使用本身，虽然不乏公有、公益、国有性质，但也不排除因市场信息不对称、交易竞争不充分、掌控者的违法违规行为而发生利益流失，以及由于征地价格与市场价格的巨大差异所诱发的各类灰色交易与败德（moral hazard）行为，引致农民不时地为保障自身合法土地权益而采取激烈甚至极端行为。

其实，各级政府通过征地制度和对土地一级市场的垄断，为城镇建设尤其是大中城市建设提供了数额巨大、源源不断的土地供给和原始资本，但也扭曲了城乡要素分配关系，侵蚀了农村集体经济组织和农民的利益，使那些适应市场刚性需求、较多利用及获得土地要素、方便转移土地成本直至暴利溢价的产业，易于获得市场支撑、融资条件和暴富机会。这种情形在行政划拨或协议出让土地、因征地成本过低而抑制市场出让价格时期尤为突出或严重。结果造成城市各行业间发展机会和盈利空间的苦乐不均，在一定时期内，某些行业易于"做大做强"，富豪也较多地集中于这些行业（如房地产业）。由此扭曲的利益链条和要素分配关系，包括政府对"土地财政"的依赖，使得房地产业的泡沫化倾向得以持久维系、拒斥改革或积重难返。

在城乡土地关系中，政府通常是通过征地制度以极其低廉的成本将农村集体土地征归国有，用作城镇建设用地。即使在城镇国有土地使用制度经过几十年的改革之后，这种征地体制也未发生实质性变化，土地增值收益或市场溢价几乎全部流入城市，形成乡村向城镇的长期性、体制性利益输送。集体土地只能用于农村集体建设，无论在农村内部还是在城乡之间，都不可以通过市场机制配置土地资源，由此带来的土地粗放使用和经济社会矛盾日甚一日，探索建立城乡要素平等交换的体制机制，成为深化土地管理制度改革的攻坚任务。

城乡经营性建设用地同权同价、同等入市改革试验，向建立城乡统一的土地要素市场迈进了一步，但改革任务十分艰巨。这场改革试验，不仅需要探索建立城乡土地市场一体化发展的体制机制，调整城乡土地利益关系，推动土地要素集约节约利用和优化高效配置，还需要研究和应对东中西部以及同一地区的不同区域之间建设用地占用数量的失衡状况。简单局部地推行同权同价入市试验及推广经验，势必强化不同地区因发展不平衡造成的农村经营性建设用地规模、土地入市机会、交易价格级差、土地溢价能力等方面的苦乐不均，使地区之间本已拉大的发展及财力差距继续扩大。推进城乡经营性建设用地市场化改革，需要在宏观层面建立国土资源均衡开发调节机制，以及国土开发强度的量化规制和成本补偿机制，以土地收入的纵向、横向转移支付制度，推动地区间优化国土开发、加速产业转移、调整经济结构、实现平衡发展。相关制度的建立，对于土地开发强度过大地区的土地节约、结构优化、产业升级、生态保护和人居环境的改善也是重要的。

推进中的征地制度改革试点，由于制度理念和顶层设计的模糊，仍然是传统体制的某种延伸。尤其在价格决定上，不是遵循市场规律，发挥其决定作用，而是人为地确定某种无法避免简单博弈、广受争议甚至后患无穷的所谓"补偿标准"。"为民做主"式的改革试验成功与否，依然面临复杂局面甚或功亏一篑。符合市场规律、体现政府作为的征地制度，应当是以国土规划为基础，建立城乡统一的土地要素市场。具体来说，在土地价格的形成上，坚持以城乡统一的市场机制为基础；在土地收入的分配上，兼顾国家、集体、农民三者利益关系；在公益性社会成本的分担上，由所有受益相关方共同分担，而不是简单地通过低价征地方式转嫁到部分集体经济组织及其成员身上；在公共政策理念上，以市场决定土地收入初次分配为基础，缩小城乡间土地增值收入差距，改变土地收入长期片面向城市尤其是大中城市集中的趋势。

改革征地制度、统一城乡土地要素市场，入微细处都是如何发挥市场的决定作用和政府的更好作用。关键是要建立起市场决定土地价格、政府合理调节土地收入的新型土地市场制度。无论是公益性建设用地还是商业性经营用地，征地价格一律由市场决定，而不由地方政府与集体经济组织及其成员间进行市场机制之外的双边博弈。离开了市场决定价格，所谓"缩小征地范围、提高补偿标准"等"为民做主"的努力，既缺乏客观标准，又很难得到被征地者的真正认同。政府的"更好作用"则更多地体现在维护土地交易规则及过程的公平，保障土地用途适当和土地利益的合理分配，在受益范围内或全社会公平分担公益用地成本等。集体经济组织及其成员即使对土地收入分配有不完全认同之处，至多只能与政府在市场决定价格的基础上进行讨价还价之类的"文斗"，而不是对整个土地征收制度心存否定、时常发生持械"武斗"。征地制度改革试验，对试验地区和决策当局的制度认知能力、政策研判水准和利益调整决心，都将是一场严峻的考验。

四、资本市场建设及其次序与得失

伴随着经济市场化改革，我国的资本市场重新经历了一个从无到有、从小到大、逐步规范化和国际化的发展过程以及交易规则、监管体系、法规制度的重建过程。

（一）股票、债券发行与证券市场的创立

经济改革催生了股份制的产生。20世纪80年代初期，农村乡镇企业中出现了一批合股经营的股份制企业，城市一些小型国有和集体企业也开始发行股票，进行多种形式的股份制尝试。1984—1986年，北京、广州、上海等城市选择少数企业进行股份制试点。此后，包括全民所有制大中型企业在内的越来越多的企业开始发行股票、试行股份制。[①] 但在当时，股票主要是面向内部职工和当地公众，按面值、保本、保息、保分红，自办发行、到期偿还，具有某种债券性质。

同一时期，各类债券也陆续登场。1981年7月，中国政府重新开始发行国债。自1982年起，少数企业自发地向社会或企业内部集资并支付利息，发行企业债。同年，中国国际信托投资公司首次在国际市场（日本东京证券交易所）发行外国金融债。1984年，为应对当时货币紧缩政策

---

① 1986年12月，《国务院关于深化企业改革增强企业活力的若干规定》明确，"各地可以选择少数有条件的全民所有制大中型企业，进行股份制试点"。

下在建项目融资短缺，部分银行开始发行金融债以支持在建项目融资。此后，金融债成为银行的常规性融资工具。

由于当初没有相应的法律法规或政府规制管理，部分企业开始自发地以内部集资或向社会发行债券等方式进行融资活动，存在债券信用风险。因经济过热和国有企业预算软约束，当时债券融资需求强烈。发行的债券有中央和地方企业债券、国家和地方投资公司债券以及其他国家投资债券、重点企业债券、住宅建设债券等不一而足。发债企业既存在市场风险也包含道德风险和发行管理漏洞，企业债券市场偿债风险及债券信用违约增加，一度影响投资者信心。由于计划经济特性和发行主体范围，国家当时对企业债券进行的规范管理，实际上是在金融创新领域再次复制计划体制，对企业发行债券实行集中管理、分级审批制度。企业债券年度发行规模实行计划管理，债券发行计划根据全社会固定资产投资计划确定，由人民银行会同国家计委、财政部制定全国企业债券发行的年度控制额度，下达给省级政府和计划单列市执行。[①]

尽管如此，我国证券市场因股票、国债、金融债和企业债的发行而逐步丰富起来。股票、债券等证券发行及其投资者增多，证券流通需求日甚一日。其间虽然不无波动、周折，但也催生了我国证券一级市场的产生与发展，股票和债券的柜台交易陆续在全国各地出现。1986 年 8 月，沈阳市信托投资公司率先开办代客买卖股票和债券及企业债券抵押融资业务。同年 9 月，中国工商银行上海市信托投资公司静安证券业务部率先对其代理的公司股票开展柜台挂牌交易。1988 年 4 月起，国家批准沈阳、上海、深圳、广州、武汉、重庆、哈尔滨等 7 个城市开展个人持有国债的转让业务。当年 6 月延伸至 54 个大中城市，到年底国债转让市场普及到全国范围。至此，股票、债券二级市场雏形已成，建立专业性交易机构势所

---

① 参见 1987 年 3 月 27 日国务院颁布实施的《企业债券管理暂行条例》。1993 年 8 月 2 日国务院发布《企业债券管理条例》，原《暂行条例》同时废止。

必然。1990年12月，上海证券交易所和深圳证券交易所先后设立并开始营业。

证券一、二级市场的初步形成，推动了证券经营机构的诞生。1987年9月，中国第一家专业证券公司——深圳特区证券公司成立；次年，中国人民银行在各省（区、市）组建了33家证券公司，财政系统也成立了一批主要从事国债经营的证券公司。此外，期货交易也浮出市场。1990年10月，郑州商品交易所引入粮食期货交易；1992年10月，深圳有色金属交易所推出特级铝期货标准合同。

（二）证券市场风险暴露与监管特征

资本市场初创期，对于股票、债券及其交易，社会大众由陌生到认知，供求关系由冷到热，市场交易由场外到场内，股市风险由分散到集中，市场规制从无到有、由地方试行办法到规范统一管理，经历了一系列经验和教训同样丰富的探索试验。

1990年底沪深两市推出时，上海证券交易所只有8只上市股票、25家会员，深圳证券交易所只有6只上市股票、15家会员。交易所早期的会员主要为信托投资公司或其证券业务部和证券公司。有限的股票供给面对公众参与交易后市场需求规模的扩大，股票市场极度紧张的供求关系和市场交易模式的变化，终于导致了深圳股市"8·10"事件的爆发。[①] 股市风波平息后，规范管理、统一监管体制应运而生。诞生于市场建制目标确立之前的监管体制，虽然推动了资本市场规范发展，也使资本市场较多地保留有计划体制特征。资本市场因次序变形、管制过度造成的供求关系扭曲，"高大上洋"式技术治理"创新"以及监管规制的错位、缺位、越位等问题，融资功能游离不定，股市价格跌宕起伏，市场前景扑朔迷离。

---

① 1992年8月10日，深圳有关部门面临股市需求压力，发放新股认购申请表，因申请表供不应求及少数工作人员的舞弊行为，申购群众采取了过激的抗议行为。

1992 年 10 月，国务院证券管理委员会和中国证券监督管理委员会成立之初，[①] 迅即实行集中统一监管，调整市场发展模式，建立资本市场法规制度。

第一，优先发展交易所市场。资本市场实行统一监管后，立足于沪深两市主板市场发展，密集出台相关法规制度，对股票发行、交易及上市公司收购等活动予以规范，确定上市公司信息披露的内容和标准，对禁止性交易做出详细规定，打击违法交易行为。[②] 此后，监管机构还陆续出台一系列管理办法，推动证券公司业务和证券投资基金规范发展。[③] 一系列法规制度出台，遏制了股市分散发展、监管不力的早期乱象，企业上市集中于沪深两市，主板市场优先发展、统一监管成制。此前一些地区未经批准设立的产权交易所（中心）、证券交易中心和证券交易自动报价系统等机构，逐步予以清理整顿直至关闭。[④] 沪深两市交易品种也逐步由单纯的股票扩大到国债、权证、企业债、可转债、封闭式基金、证券化产品等。[⑤] 但在较长一个时期，我国资本市场层次单一，主板市场一枝独秀，企业发

[①] 国务院证券委员会成立于 1992 年 10 月，1998 年 4 月撤销。其全部职能及中国人民银行对证券经营机构的监管职能划归中国证监会。中国证监会在全国设立 36 个派出机构，实行跨区域集中监管体制。2004 年，中国证监会改变跨区域监管体制，实行按行政区域设立监管局加强与地方政府协作监管，实施"属地监管、职责明确、责任到人、相互配合"的辖区监管责任制和综合协作监管体系。

[②] 1993 年 4 月颁布《股票发行与交易管理暂行条例》，6 月颁布《公开发行股票公司信息披露实施细则》，8 月发布《禁止证券欺诈行为暂行办法》以及后来发布的《关于严禁操纵证券市场行为的通知》。

[③] 参见中国证监会《证券经营机构股票承销业务管理办法》（1996 年 6 月 17 日）、《证券经营机构证券自营业务管理办法》（1996 年 10 月 24 日）；国务院证券委员会《证券投资基金管理暂行办法》（1997 年 11 月 14 日），后被《证券投资基金管理公司管理办法（2012 修订）》废止。

[④] 具体办法见 1998 年 3 月 25 日国务院办公厅转发中国证监会《清理整顿场外非法股票交易方案》、1998 年 9 月 30 日国务院办公厅转发中国证监会《清理整顿证券交易中心方案》。

[⑤] 上海、深圳证券交易所逐步采用无纸化交易平台，按照价格优先、时间优先原则，实行集中竞价交易、电脑配对、集中过户，在市场透明度和信息披露方面，明显优于以往的黑市和区域性柜台交易，交易成本和风险大大降低。沪深交易所的登记结算公司分别建立了无纸化存托管制度和自动化电子运行系统。为管控价格波动，从 1996 年 12 月起，上交所、深交所实行 10% 的涨停板制度。进入新世纪后，陆续推出了可转换公司债券、银行信贷资产证券化产品、住房抵押贷款证券化产品、企业资产证券化产品、银行不良资产证券化产品、企业或证券公司集合收益计划产品，以及权证等新品种，以适应投资者的不同需求。

行上市门槛偏高、管制过严，难以适应处于不同阶段、不同类型企业的融资需求和投资者不同的风险偏好。一直到新世纪之初，才开始逐步探索建立创业板、中小企业板等多层次资本市场①，但在管理模式和监管体制上与主板市场并无二致。

第二，建立股票审批发行制度。在股票发行数量上，针对市场初创期参与者认识模糊与入市拥挤、地方争夺商机一哄而上以及股票发行的投资效应，监管当局采取了严格的额度指标管理的审批制度。国务院证券委确定当年发行总额度并分配到各省级行政区与主要行业，由省级政府或行业主管部门在其指标限额内推荐企业，再经由上海、深圳证券交易所报中国证监会审核、批准发行股票。② 在发行方式上，汲取深圳股市"8·10"事件的教训，自1993年起，上海、深圳股市相继采取了无限量发行申购表、银行专项存款抽签③ 和申购保证金配号抽签④ 等方式，向社会公众公开发行股票。在发行价格上，早期股票多按面值发行，无定规可循。交易所市场形成后，因当时发行者、投资者和中介机构以及相应的定价机制都不成熟，新股发行基本上根据每股税后利润乘以人为制定的或相对固定的市盈率来确定发行价格。

第三，实行企业股权分置制度。资本市场创立之初，国有资产股权化、市场化仍有"国有资产流失"疑虑，国有股份制企业上市，采取了国

① 在国外并没有与"多层次资本市场"对应的概念，也没有形成一套多层次资本市场理论。中国资本市场是由市场化改革尤其是人为改变或设定进程的体制建构而来的。因此，"多层次资本市场体系"实际上是一个服务于体制改革的理论表达。"建设多层次资本市场"则鲜明地体现了市场创制的建构理性主义色彩。在这个意义上，它是一个特色非常鲜明的中国化的概念。

② 当时额度分配的行政色彩极浓，有些几乎与经济运行毫无关系的党政部门及社团组织也能分配到一定额度。但股票发行的社会总规模并不大。1993—1997年间，年度股票发行额度为50亿元至300亿元人民币不等。

③ 银行专项存款分为专项存单和全额存单两种方式。前者指投资者在银行购买面值固定的专项存单，凭存单号码抽签，中签者可购新股；后者指投资者根据申购股票的总价格在银行办理全额存单，按照存单号码参加抽签，中签者的存款直接转为认股款，未中签者的存款转为定额储蓄。

④ 申购保证金抽签是指投资者根据申购新股的数量在其保证金账户存入足额资金，证券交易所对有效申购进行网上连续配号，主承销商根据股票发行量和有效申购量计算中签率，并组织摇号抽签，中签者可购入新股。

有股以及类似于国有股的法人股暂时不上市流通的方案，即所谓"非流通股"，约占上市企业总股份的 2/3，其中法人股占 1/5 左右。另外一部分股份上市流通，主要成分为社会公众股，即所谓"流通股"。同一上市公司的股份分为流通股和非流通股的股权分置制度，为中国内地证券市场所独有。这种制度设定，当时降低了国有企业在内地及香港市场上市所遇到的思维观念及利益分配方面的阻力，加快了中国资本市场的发展进程。但也有一系列严重的后遗症，包括加剧市场供需失衡、股东利益冲突及企业控制权僵化等问题。

第四，实施"紧供给、宽需求"的市场管理制度。股票审批发行制度，对初期市场秩序发挥过规范作用，但其审批发行模式必然导致资本市场"供给侧"的紧张局面或紧缩效果。包括 A 股、B 股、H 股在内，上市公司从创市之初到 2000 年刚刚达到 1 088 家，2010 年沪深两市上市公司 2 063 家，发生股灾的 2015 年底为 2 827 家，2017 年底达到 3 485 家。或许数量本身不是主要因素，当时 GDP 总量约是我国三倍的美国，其上市公司数量 2017 底为 4 336 家，而日本 GDP 总量仅为我国 1/3 左右，其上市公司数量却达到 3 598 家。[①] 但是，中国股市一方面由于发行审批制度造成上市公司数量偏少、增速较慢，并且在很长一段时间只有占比很低的流通股可以上市流通，市场供给一度极其短缺；另一方面，在股市需求侧，则几乎从一开始就采取了开放准入以及不时刺激入市政策，形成数以千万计、高峰时近亿计的散户股民为主的投资群体。据上交所年鉴数据，2007—2016 年间，每年的交易额 80% 以上是由自然人投资者所贡献。证券管理机构的所谓"制度创新"也主要集中在需求侧，如场内外配资、融资融券以及海外投资者通过某些电子信息系统或"新技术"闯关入市等。股市供求关系一直存在重大结构性失衡。加上现金分红制度建设滞后及扭曲、宏观面流动性充裕、散户股民投资经验及理性的缺失，不时地推动股

---

① 据标准普尔《全球股票市场手册》和标准普尔增补数据。

市成为脱离上市公司经营业绩的主观博弈场所，出现与实体经济基本面近乎没有任何关联的股价波动或超高市盈率及"妖股"，引发使股民乃至社会付出沉重代价的股价动荡、股市泡沫甚至股灾。但也并不排除证券投资机构的快速发展，以及社会流动性不时地背离实体经济而较多地向虚拟经济聚集。

第五，试水资本市场对外开放。基于外汇短缺和外汇管制背景，1991年底，中国在境内上市外资股或人民币特种股票（B股）以吸引国际资本。B股以人民币标明面值，以美元或港元认购和交易，投资者为境外法人或自然人。[①] B股的推出在一定时期内缓解了部分企业外汇资金短缺的矛盾，促进了B股公司按照国际惯例运作，推动中国资本市场在会计和法律制度以及交易结算等方面的改进与提高。此后，H股、N股、红筹股[②] 也陆续推出并逐步成为境外上市的主要形式。1993年6月起，中国境内企业开始试点在境外上市。首先在香港，继而在纽约、伦敦、新加坡等证券市场发行上市。[③] 在境外上市顺序上，经历了由制造业、基础设施、红筹股到后来的科技网络类企业几个阶段。中国境内企业海外上市，拓宽了融资渠道，有助于推动国有大型企业转换经营机制、提高竞争力和国际知名度，促使中国证券界熟悉国际成熟资本市场的业务规则和运行机制，吸引海外投资银行及其他投资者关注并投资中国市场。

股票审批发行制度及其额度管控、发行方式和人为定价办法以及"紧供给、宽需求"的市场管理制度，在中国资本市场发展史上形成了一种极其罕见的独特现象，即最为前沿的资本市场发展或市场化改革，却采取了

---

① 2000年10月后B股市场暂停发行，2003年一度恢复发行。其间2001年2月，中国允许境内居民以合法持有的外汇开立B股账户，交易B股股票。

② H股是指在中国境内注册的公司在香港上市的外资股，因香港的英文名称是Hong Kong，取其首字母名为H股；N股是指在中国境内注册在纽约（New York）上市的外资股，取其首字母名为N股；红筹股是指由中资企业控股、在中国境外注册、在香港上市的公司的股票。

③ 1995年12月25日，国务院发布实施《关于股份有限公司境外募集股份及上市的特别规定》。

最为极端的计划性治理，以及由此派生的股市供给侧的严格管控和需求侧的极度宽松。"市场"与"计划"两种体制矛盾地结合在一起的二元体制，在其制度创始点上或许有客观需要及不得已性质，但由创制理念及其制度设定所造成的股市运行中的机制对立、供求冲突、利益扭曲，对资源配置、市场运行及公众利益的负面影响，包括由体制性寻租空间所派生的内幕交易、败德行为已为世人熟知。更为不堪的是，一旦某种制度创立，其路径依赖、利益格局及维持刚性等，尤其是既关乎监管者的"政治正确"，又牵涉到当事人的"利益关切"，绝非研究面的洞见或改革层的意愿所能轻易撼动的。而堵塞漏洞的行政规制和完善体制的技术性治理创新，则必将是一个高强度、密集型过程，当然也不排除见小失大、顾此失彼甚至南辕北辙的情形发生。矛盾的体制模式和人为造成的供求关系及其长期极度失衡，注定中国资本市场必然走出一条命运多舛的发展道路。

（三）资本市场的市场化改革

资本市场的发展，近乎复制了一部新中国经济史，经历了由"计划"到"市场"且至今仍处在"进行时"的制度建设过程。世纪之交，以《证券法》发布实施为标志，中国资本市场由早期的探索试验阶段，逐步转向矫正前期缺陷、推进市场化改革以及依法规范发展阶段。[①]

推进股权分置改革。股权分置作为中国资本市场培育过程中的历史性缺陷，在多方面制约了资本市场规范发展和国有资产管理体制变革。随着新股发行的不断积累，流通股比重虽然有所提高，但股权分置的体制弊端和结构性矛盾日渐突出，国有股减持试验也囿于市场条件而旋即暂停。截至 2004 年底，中国上市公司总股本 7 149 亿股，其中非流通股份 4 543 亿股，占 64%，国有股份在非流通股份中占 74%。基于资本市场改革开

---

① 1998 年 12 月 29 日，九届全国人大常委会第六次会议通过《中华人民共和国证券法》，自 1999 年 7 月 1 日起施行。后经全国人大常委会 2004 年 8 月 28 日、2005 年 10 月 27 日、2013 年 6 月 29 日三次修订。

放和稳定发展需要，自 2005 年 4 月起，股权分置改革正式启动。[①]

解决股权分置、实现机制转换，消除主板市场股份转让的制度性差异，既是市场规则统一、监管机制完善的过程，更是非流通股股东与流通股股东之间的利益调适过程。股权分置改革解除了上市公司招股合同对非流通股份的流通限制，但根据《合同法》相关原则，非流通股股东改变暂不上市承诺，需要取得流通股股东的同意并做出相应的利益平衡安排。在改革过程中，非流通股股东与流通股股东之间采取对价方式平衡相互利益，非流通股股东向流通股股东让渡其股份上市流通的部分收益。[②] 对价没有统一标准，其对价水平的确定采取市场化的方式，由两类股东根据上市公司具体情况平等协商、诚信互谅、自主决定，包括非流通股股东动议、各方协商修订改革方案、全体股东和流通股股东分类投票表决等。改革方案需经参加表决的股东和流通股股东所各自持有的表决权的 2/3 以上同时通过时方可实施。这种改革方式，保护了各类股东利益博弈中中小投资者的利益。为应对市场异动，实施股权分置改革的上市公司还可以采行股价稳定措施，如控股股东增持股份、上市公司回购股份、预设原非流通股实际出售条件及回售价格、认沽权证等。

股权分置改革基本完成后，国有股、法人股和流通股的股权、价格、利益分置不复存在，各类股东享有相同的股份上市流通权和股价收益权，各类股票统一按市场机制定价，形成各类股东共同利益基础，中国资本市场向摆脱行政管制、深化市场功能、优化资源配置的方向迈进了一大步，实现了市场基础制度和运行机制的重要变革，克服了市场创建初期的体制性缺陷与结构性矛盾，市场交易基础与国际资本市场不再有本质差别。

---

① 参见《国务院关于推进资本市场改革开放和稳定发展的若干意见》（2004 年 1 月 31 日）。其中确立了遵循市场规律解决股权分置问题的基本原则，推动了股权分置改革进程。

② 在实际操作中，上市公司采取了送股、派发权证等对价方式，平均对价水平约为每 10 股送 3 股左右。

股票发行制度改革。资本市场发展的内在逻辑，需要其制度安排从"政府管制型"向"市场主导型"转变，股票发行、定价与交易过程，主要由市场机制决定。股票发行审批制是具有中国特色的"新兴加转轨"资本市场的历史起点也是改革难点。我国《证券法》在借鉴国际证券市场经验基础上，将股票发行审批制改为核准制，改变了证券市场初创时期由政府部门预先制定计划额度、选择和推荐企业、审批企业股票发行的行政本位式管制体制，确立了由主承销商根据市场需要推荐企业，证监会进行合规性初审，发行审核委员会独立审核表决的市场化原则。核准制的核心是监管机构健全股票发行的信息披露标准和法规，对发行人进行信息披露是否真实、准确、充分、完整等合规性审核，并建立相应的强制性信息披露和事后追究的责任机制。①

适应《证券法》正式实施和股票发行审批制向核准制转变，股票发行审核和推荐制度改革也相应起步。由中国证监会、其他有关部委和证券交易所代表及专业学者共80人组成股票发行审核委员会（发审委）。② 每次新股发行，"发审委"以名单保密方式抽选9人参加，采取无记名投票表决，2/3多数通过即形成发审委审核意见。后将发审委委员人数由80人减至25人，其中13人为专职委员，主要来自中国证监会以及会计师事务所、资产评估机构和律师事务所的资深合伙人；兼职委员12人，主要由中国证监会、其他有关部委、科研机构、高等院校、证券交易所和中介机构的专家组成。每次表决有7名委员参加，5名赞成即为通过。投票方式由无记名改为记名投票，建立发审委委员问责和监督机制，强化其审核责任。发审会前，中国证监会向社会公布会议时间、参会委员和审核企业名单，会后公布审核结果，提高发审透明度。③ 随后，股票发行上市也开始

① 2000年3月16日，《中国证监会股票发行核准程序》发布，标志着我国股票发行体制开始由审批制转向核准制。《证券法》发布实施后，经国务院批准，中国证监会2006年5月18日废止《中国证监会股票发行核准程序》。

② 依据《股票发行审核委员会条例》（1999年9月16日）组成，正式取代1993年6月成立、属于中国证监会内设审核机构的原股票发行审核委员会，成为对申请发行股票的公司资质进行审核的专业机构。

③ 中国证监会《股票发行审核委员会暂行办法》（2003年12月）。

由通道限制①的主承销商推荐制过渡到保荐制度，相应地建立了保荐机构和保荐代表人资质管理、尽职调查准则及约束问责机制。②

适应股权分置改革，监管当局出台了相应的证券发行管理办法及配套规则，形成了股票全流通模式下的新股发行体制，初步建立起发行审核程序化、标准化监管法规体系，包括证券发行上市与承销管理办法③；引入上市公司市价增发机制和配股发行失败机制④；严格保荐责任，取消一年辅导期强制要求；推出可分离交易的可转换公司债券；实施新股询价、向战略投资者定向配售、境内境外市场同步发行上市、超额配售选择权试点⑤、非公开发行和股本权证制度等。⑥当然也包括加剧股市供求紧张关系的融资方式和工具创新。股票发行的市场约束有所加强，发行效率也相应提高，但股票发行制度的政府管制色彩依然较浓，与成熟资本市场股票发行普遍实行注册制仍然相去甚远。

---

① 通道限制是指由证券市场监管部门确定各家综合类证券公司拥有的发行数量，证券公司按照发行一家再上报一家的程序来推荐发股公司的制度。该制度旨在通过行政手段限制证券公司推荐发行公司数量，实现对准上市公司发行数量及扩容节奏的控制。2014年2月实施保荐制度时，中国证监会做出保荐制与通道限制并行的过渡性安排，至2015年1月通道限制正式废止。

② 中国证监会《证券发行上市保荐制度暂行办法》(2003年12月18日发布，2004年2月起实施)。

③ 中国证监会《上市公司证券发行管理办法》(2006年5月8日起施行)、《首次公开发行股票并上市管理办法》(2006年5月18日起实施)、《证券发行与承销管理办法》(2006年9月17日起实施，后经2010年10月11日、2012年5月18日、2014年3月21日修订或更替)。

④ 配股发行失败机制下，控股股东不履行认配股份的承诺，或者代销期限届满，原股东认购股票的数量未达到拟配售数量的70%，发行人应当按照发行价并加算银行同期存款利息返还已经认购股票的股东。

⑤ 超额配售选择权制度，俗称"绿鞋"机制，是指发行人授予主承销商的一项选择权，获此授权的主承销商按同一发行价格超额发售不超过包销数额15%的股份，即按不超过包销数额115%的股份向投资者发售。在当次包销部分的股票上市之日起30天内，主承销商有权根据市场状况选择从集中竞价交易市场购买发行人股票，或者要求发行人增发股票，配售给对此超额发售部分提出认购申请的投资者。

⑥ 股本权证通常由上市公司自行发行，也可以通过证券中介机构发行，标的资产一般为上市公司或其子公司的股票。股本权证通常给予权证持有人在约定时间以约定价格购买上市公司股票的权利。目前绝大多数股本权证都是欧式认购权证。在约定时间到达时，若股票的市面价格高于权证的行权价格，权证持有人会要求从发行人处购买股票，而发行人则通过增发股票的形式满足权证持有人的需求。

机构投资者曲折成长。中国资本市场发展早期，投资者以散户为主，少有机构投资者。随着资本市场的发育成长，机构投资者逐步发展起来。

证券投资基金是一种利益共享、风险共担的集合投资制度，即通过向社会公开发行一种凭证来筹集资金，并将资金用于证券投资。按其组织形式，投资基金可分为契约型基金和公司型基金；按基金受益凭证可否赎回和买卖方式，分为开放式基金和封闭式基金。我国投资基金起步于1991年，当初只有深圳南山风险投资基金和武汉证券投资基金两家，规模为9 000万元。随着次年海南富岛基金、深圳天骥基金、淄博乡镇企业投资基金等37家基金的成立，投资基金规模开始扩大。到1994底，我国投资基金共有73家，其中有31家基金在沪、深两地证交所以及一些区域性证券交易中心挂牌成为上市基金。

基金业发展初期，主要投资于证券、期货、房地产等，统称"老基金"。因当时资本市场投机气氛浓厚，基金组织自身运营也不成熟，"交易黑幕"频频出现。包括基金组织买卖自身股票、从事"对倒"交易，同一家基金管理公司的两只基金通过事先约定价格、数量和时间进行"倒仓"交易，或交替使用"对倒""倒仓"手段等，制造虚假成交量，拉抬基金股价，吸引、误导其他投资者以获取不正当利益。中国证监会以清理整顿"老基金"为契机，从2000年起，将"超常规发展机构投资者"作为改善资本市场投资者结构的重要举措。2002年，基金审批制开始向核准制转变进而启动市场化改革，监管部门简化审核程序，引入专家评审制度，推动基金产品审核过程透明化、专业化和规范化。2004年6月，《证券投资基金法》实施，基金募集审核逐步探索与国际通行的注册制接轨。又经过十余年的实践，我国公募基金产品最终由核准制进入注册制时代。[①]

基金制度的市场化改革，极大地释放了行业发展潜能，公募基金资产规模大幅攀升。截至2018年3月31日，已成立且在运营的基金共有4 845

---

① 参见中国证监会《公开募集证券投资基金运作管理办法》（2014年7月7日）。

只，资产管理总规模已达 123 815 亿元。其中普通股票型基金 265 只，管理规模约 2 589 亿元；指数型基金 511 只（包括被动指数型基金和增强指数型基金），管理规模约 4 935 亿元；混合型基金 2 287 只，管理规模约 18 996.9 亿元；债券型基金 1 225 只，管理规模约 16 614 亿元；QDII 基金 134 只，管理规模约 846.3 亿元；另类投资基金 29 只，管理规模约 274 亿元；货币市场型基金共 394 只，管理规模约 79 853.8 亿元。我国境内共有基金管理公司 116 家。近些年来，市场格局变动不居，一些成立时间较久的老牌基金公司厚积薄发，仍居前十之列，也有不少新成立的基金公司后来居上，挤入规模排名前十位榜单。具有渠道优势的银行系基金公司规模扩展迅速。天弘基金凭借"余额宝"的管理规模于 2013 年一举跃居前列。

随着全国性市场的形成和扩大，证券中介机构也随之增加。1992 年 10 月，依托中国工商银行、中国农业银行、中国建设银行，华夏、南方、国泰三家全国性证券公司成立。此后，证券公司数量急剧增加，其股东背景基本上都是银行、地方政府和有关部委，经营业务包括证券承销、经纪、自营和实体投资等。商业银行参与国债的承销和自营，信托公司也都兼营证券业务。其他从事证券业务的服务机构如会计师事务所、律师事务所、资产评估机构等，也得到了相应的发展。

建立多层次资本市场。自 2001 年起，深圳证券交易所开始探索筹建创业板。同年，为解决 STAQ 系统和 NET 系统挂牌公司流通股转让问题，中国证券业协会设立代办股份转让系统，承担从上海、深圳证券交易所退市公司的股票流通转让功能。2005 年 5 月，深圳证券交易所设立中小企业板。2006 年 1 月，中关村高科技园区非上市股份制企业开始进入代办转让系统挂牌交易，"新三板"市场随之诞生。

与主板市场的"紧供给、宽需求"不同的是，"新三板"市场实行"宽供给、紧需求"的市场管理制度。或许是汲取主板市场的教训，企业挂牌上市条件相对宽松，但对其投资者资质严加限制。其中机构投资者参与挂牌公司股票公开转让，必须是注册资本 500 万元人民币以上的法人机构，或实缴出资总额 500 万元人民币以上的合伙企业。自然人投资者必须本人名下前一交易日日终证券类资产市值 500 万元人民币以上，并且具有两年以上证券投资经验，或具有会计、金融、投资、财经等相关专业背景与培训经历。类此制度安排，"新三板"市场缺乏流动性是必然的。监管层又"有针对性地"进行了一系列近乎"舍本求末"式的"制度创新"，包括进行基础层、创新层的人为分层及对分层机制、发行制度、交易规则、信息披露等进行差异化制度安排等。[①] 其初衷或许带有降低信息搜集成本、提高投资分析效率、引导投融资精准对接、增强市场流动性等良好愿望，但背离供求平衡和公平竞争等市场规律的"制度完善"努力注定没有出路，更解决不了科创投资的瓶颈制约。2019 年初推出的"科创板"，虽说主要是基于科创企业的融资便利考虑，但也是对现有资本市场投融资功能失望或无奈的制度性回应。"科创板"入市门槛大大降低，交易条件较为宽松，股票发行试行注册制，退市安排直接、果断，市场起步即行开放。

长期受到抑制的私募股权市场，即主要服务于中小微企业的区域性股权市场，2017 年以来开始鼓励其发展。区域性股权市场运营机构对市场参与者实行自律管理，促使其遵守法律法规和证监会制定的业务及监管规则。但如同"新三板"市场一样，也实行合格投资者制度，即在一定时期内拥有符合中国证监会规定的金融资产价值不低于人民币 50 万元，且具有两年以上金融产品投资经历或者两年以上金融行业及相关工作经历的自然人。其信息系统须符合有关法律法规和证监会制定的信息技术管理规范。区域性股权市场不得为所在省级行政区域外的企业私募证券或股权的融资、转让提供服务；市场监管由所在地省级人民政府负责，并承担相应

---

① 如 2017 年 12 月中国证监会接连发布《全国中小企业股份转让系统挂牌公司分层管理办法》《全国中小企业股份转让系统股票转让细则》《全国中小企业股份转让系统挂牌公司信息披露细则》等。

的风险处置责任。①

推进上市公司深化改革。2015 年夏季股市的剧烈震荡，不仅暴露了我国资本市场管理体制的深层弊端，也将上市公司等市场主体的先天不足、机制扭曲等问题暴露无遗，监管当局开始规范矫正上市公司的经营行为。一是推进上市公司兼并重组。对市场化、规范化程度高的并购交易取消或简化审批程序；创新支付工具和融资方式，推出上市公司定向可转债；鼓励证券公司、资产管理公司、股权投资基金和产业投资基金等参与上市公司兼并重组；鼓励国有控股上市公司依托资本市场进行资源整合；推动商业银行开展并购贷款业务，并对兼并重组后的上市公司实行综合授信，通过并购贷款、境内外银团贷款等方式支持上市公司实行跨国并购。二是建立健全上市公司现金分红制度。鼓励上市公司结合本公司所处行业特点、发展阶段和盈利水平，增加现金分红在利润分配中的占比及实施中期分红；加强对上市公司现金分红信息披露的监管；完善长期持有上市公司股票的税收政策，提高长期投资收益回报。三是支持上市公司回购股份。对股票价格低于每股净资产，或者市盈率、市净率低于同行业上市公司平均水平达到预设幅度的，可以主动回购本公司股份；支持上市公司通过发行优先股、债券等方式，为回购本公司股份筹集资金；督促上市公司回购股份遵守法律法规、履行内部决策程序和信息披露义务，落实董事、监事和高级管理人员的依法合规责任，保护投资者特别是中小投资者的合法权益。②

推进资本市场开放与国际化。2001 年 12 月中国加入世界贸易组织后，资本市场对外开放步伐加快。按照中国证券业对外开放承诺，外国证券机构可以直接从事 B 股交易；外国证券机构驻华代表处可以成为所有

---

① 参见国务院办公厅《关于规范发展区域性股权市场的通知》（2017 年 1 月 20 日）；中国证监会《区域性股权市场监督管理试行办法》（2017 年 5 月 3 日发布，当年 7 月 1 日起施行）。

② 参见证监会等四部门《关于鼓励上市公司兼并重组、现金分红及回购股份的通知》（2015 年 8 月 31 日）。

中国证券交易所的特别会员[①]；允许外国证券业服务者设立合资公司，从事国内证券投资基金管理业务，外资比例不超过33%，中国加入世界贸易组织三年内外资比例不超过49%；在"入世"三年内，允许外国证券公司设立可以不通过中方中介从事A股承销，B股、H股及政府与公司债券的承销和交易以及基金发起的合资公司，外资比例不超过1/3。[②]截至2006年底，证券业"入世"相关承诺得到全面履行。此后，资本市场继续深化对外开放，推动国内企业和证券业加快国际化进程。[③]国内大型企业集团扩大利用境外资本市场重组上市融资，H股、红筹股成为香港资本市场的重要组成部分；陆续允许符合条件的外国投资公司申请在中国境内上市，允许外资受让上市公司国内股权和法人股权；允许外国投资者通过具有一定规模的中长期战略性并购投资取得已经完成股权分置改革的上市公司的A股股份。

（四）资本市场资源配置效应

经过多年多轮努力，中国资本市场多层次体系形成，企业入市及交易秩序基本确立，规制监管及风险防控逐步成型，对外开放也取得一定进展。但由于创制方式局限及路径制约，资本市场仍然存在诸多功能性、体制性缺陷和重大结构性失衡，对经济发展以及资本市场自身的发展形成负面影响。

首先，资本市场结构性矛盾突出，主板市场、场外市场及其供求关系

---

① 中国证券交易所采取会员制，从事证券经纪业务的公司必须是交易所会员。外国券商可以申请成为特别会员，但与普通会员相比，特别会员的相关权限有一定限制。

② 中国证监会据此于2002年发布《外资参股证券公司设立规则》和《外资参股基金管理公司设立规则》，上海、深圳证券交易所也于同年分别发布《境外特别会员管理暂行规定》。此外，银河期货经纪有限公司和荷兰银行于2006年合资成立了国内首家合资期货公司，标志着外资机构正式进入中国期货市场。

③ 外经贸部、中国证监会2001年10月8日印发《关于上市公司涉及外商投资有关问题的若干意见》。此前，已经陆续批准一些中外合资公司在中国境内上市，如1993年8月上海耀华皮尔金顿股份有限公司等。2001年12月10日，中国证监会、财政部、国家经贸委发布《关于向外商转让上市公司国有股和法人股有关问题的通知》。商务部等五部委2005年12月31日联合发布、2006年1月31日起实施《外国投资者对上市公司战略投资管理办法》。

失衡，发展次序、速度、比重、政策等存在重大体制性困境。

主板市场"计划化"优先发展，形成资本市场"倒三角"结构性矛盾，行政式审批制及后来的核准制自始至终都存在扭曲市场供求关系及其价格形成机制的内在逻辑。经过数十年的发展，中国资本市场上无论是参与者数量、市值总量还是社会流动性，都发生了巨大变化，没变的是一以贯之的管制式准入。社会日益膨胀的流动性与管制体制下的有限供给，天然地具有扭曲市场供求关系和股价形成机制的内在机制。巨额的社会流动性以各种方式间隙、潮汐式地涌入股市，竞价于经审批或核准而有幸入市、为数不多的部分企业的股票，早期甚至仅仅限于数量极为有限的流通股，股市价格不可避免地背离由实体经济盈利水平起决定作用的资本化价格而虚高离奇、大幅震荡。更有甚者，监管层似乎并未充分理解发行审批制、核准制的市场管制性质及在此基础上的资本市场运行特点，在供给侧严加约束的前提下，居然默认、时而鼓励、至今甚或还在误读证券机构的金融创新性质，允许那些简单地模仿国际成熟资本市场做法、强烈刺激市场需求的场内外配资、融资融券等杠杆的引入及其泛滥性运用。资本市场曾经以其多次强制性形式或股灾式后果，为这类重大体制缺陷及其火上浇油式的误导性"创新"做过恰如其分的历史注脚。

基础性资本市场先是盲目发展、后是"一管就死"，中小微企业间接融资艰难，直接融资门槛更高。近年来虽然有所变化，但由于应对失据，产生了似是而非的结果。与主板市场 IPO 审批制、核准制不同，"新三板"市场企业挂牌上市相对开放。截至 2017 年 12 月，"新三板"挂牌公司总数已达 11 636 家，但"新三板"市场"生不逢时"。在经济下行压力加大、实体经济基本面不振、传统产业产能过剩明显的背景下，供给侧疾风暴雨般地增加挂牌公司数量，需求侧则准入门槛相对较高甚至严加管制，一时间市场当然难以消化。为应对市场流动性不佳，监管层对挂牌企业进行了基础层和创新层的人为分层。但市场活跃与否，除与上市企业的自身品质、资本潜质有关外，还与股票供求是否匹配、定价机制是否合理等发行制度密切相关。"新三板"市场中的定价机制不公、流动性欠缺、企业分层主观误导、创新层公司质量参差不齐、人为加大监管难度等问题迅速暴露出来。

监管层为应对市场颓势及治理缺陷，于2017年密集出台相关办法或细则，但药非对症。不同于交易所市场，"新三板"的投资者以机构投资者和高净值群体为主，即便引入竞价交易，也是有条件的竞价交易，并非连续的集合竞价，短期内或使创新层企业的交易相对活跃，但市场决定价格的作用有限。创新层企业的维持条件，调整为以基本财务要求合法合规为主，而挂牌公司多为中小微企业，经营业绩波动普遍，容易导致"大进大出"、频繁升降层以及交易方式变化，既存在操作风险，也容易导致市场不稳定。在信息披露制度方面，对创新层公司增加了季度报告、业绩快报和业绩预告等披露要求，在执行审计准则等方面从严要求，并初步实现分行业信息披露，而基础层公司信息披露要求基本保持不变。这种差异化制度安排，虽然给予创新层更优质的制度环境，同时也要求其履行更多义务、受到更严格的监管，但也会造成不同层的挂牌企业在市场公信力和流动性方面的更大差异，基础层企业或许更是雪上加霜。

更为关键的是，"新三板"市场的分层管理办法，本身就有创新次序倒置、体制本末错位之嫌。当初因为市场不够活跃，便人为地区分企业品质优劣高低，试图通过确认部分优质企业以提高市场流动性，引导需求、激活市场，其初衷或许是好的。但同时也可以预料，"新三板"市场的供求机制缺陷和人为主观分层，未必会给创新层企业带来人们所期待的市场流动性活跃，但使相当一部分基础层企业陷于无从交易的僵死状态则是必然的。市场监管层不集中精力解决准入管理缺陷、市场供求失衡等重大问题，而在分层管理的技术层面以差异化制度安排"精耕细作"，必将使市场运营更为复杂、监管难度更大。在需求层面，那些本来应该更多地在交易所市场之外的多层次资本市场上有所作为的大量散户，却被直接或间接地屏蔽在"新三板"市场之外。

违背市场规律的制度设定，扭曲运行机制、利益关系，也损害市场信心。"新三板"市场投资准入的"门槛制"从需求侧严格限制需求、近乎单边开放供给，与主板市场的IPO审批制、核准制从供给侧严格限制供给、近乎单边开放需求之类的制度设定，在扭曲资本市场供求关系上，二者有异曲同工之妙。差别仅仅在于，主板市场的"紧供给、宽需求"偶尔创造"繁荣"，而"新三板"市场的"宽供给、紧需求"则长期制造"萧条"。[①] 在这种极端化的制度设定、供求关系及频繁无序的市场波动中，包含有多少变形的投资行为、惊人的内幕交易和不法的暴富故事，又有多少缺乏资本市场知识的小股散户作为"尾羊"一次又一次地被"剪羊毛"乃至血本无归？[②] 那"嚣嚣的市声"，既是"壮士"登高时的"九州"，也是草民落难时的"江湖"。[③]

资本市场舍本求末式的规则创新和监管修补，包括"新三板"市场的某些新规，根本解决不了资本市场的重大制度硬伤。资本市场的供求严重失衡、结构人为扭曲、资源长期错配、直接融资受限、企业融资艰难等，已经让社会付出了不菲的学费，并且不得不另谋"创新"，设立"科创板"以弥补市场缺陷。相关改革需要的或许并不是什么艰深的专业知识、精细的技术工具或高超的创新能力，更需要的是遵循基本市场规律，进行供求关系对应、市场结构均衡、准入退出便利等基础性市场制度建设。

其次，资本市场化进程失序，产品的市场化滞后于资本的证券化，实

---

① 2018年"新三板"市场状况已经为之做出注脚：当年新增挂牌公司数583家，摘牌公司数1 529家，在连续两年走低后再创新低，当年挂牌公司流失千余家；"新三板"市场不仅整体遇冷，而且新增挂牌公司中的创新层和做市转让挂牌公司占比显著下降、不受市场青睐，"分层创新"难脱困局，或已失效。

② 袁剑.中国证券市场批判.北京：中国社会科学出版社，2004.作者的语言表达或有激愤之处，原因分析也过于简化，但书中对中国资本市场的种种弊端则揭露得淋漓尽致。

③ 语出余光中诗《十年看山》。

体资本的证券化滞后于金融资本的证券化，金融基础产品的证券化滞后于金融衍生产品的证券化，造成体制性利益流失或输送，以及经济运行中的脱实向虚现象。

我国资本市场建设相对滞后，但也有一批大型国有企业还在产品实行政府定价、或多或少享有市场垄断地位以及价格补贴和政策优惠阶段，借由"加快改革"而得以公开上市直至涉足海外资本市场。即尚未实现产品市场化的企业，却先行实现了资本市场化。短期看或许使企业有了快速做大与迅速扩张的机会，有利于其发展，但从长远看，这类企业有可能一方面利用垄断地位或垄断价格从市场获取超额利润，抬高社会生产生活成本，以及形成企业间不平等的竞争地位；另一方面利用信息不对称，以市场波动、价格管制为由向政府要价，寻求政策优惠或经营补贴。无论是哪一种情形，不仅意味着市场竞争秩序与规则的扭曲，而且还形成那种以全社会的利益牺牲为代价，对相关企业的持股者包括海外持股者长期性的体制性利益输送。这是经常反复发生并持续了多年的非正常现象。在那些以人为定价方式引入战略投资者的领域，因资本溢价或非正常利润因素，这种损失与利益流失表现得尤为明显。[①] 应当坚持产品的市场化优先于资本的市场化，对那些具有自然垄断性质、带有政府定价成分、享受直接或间接补贴及政策优惠并已经造成利益流失的企业，尽快消除其超市场主体待遇。对部分企业的垄断业务如路网、线网、管网、频谱等垄断环节以及政府管制性业务，遵循技术规律与市场规律，创新"必要成本＋合理利润"的商业营利与政府监管模式，防止不平等竞争和体制机制性的利益输送。

资产证券化是金融深化、结构调整的重要领域。但在资产证券化过程中，必须先后次序得当、结构配置合理，坚持实体经济的证券化优先于

---

① 当然，鉴于当时能源、电信、金融等具有垄断性质的国有企业，计划体制坚固、运营管理落后、技术手段陈旧、既得利益强大、改革创新艰难，通过资本市场或以引入境外战略投资者等方式，有其打破体制坚冰、改善经营管理、提高质量效益等积极意义或客观作用，但由此付出的代价或改革成本也是不菲的。

虚拟经济的证券化，基础产品的证券化优先于衍生产品的证券化，股权基础市场的培育优先于二级交易市场的发展。而现实情况是，除历史上在利率汇率政府管制、金融资本市场缺失背景下，以人为估价方式引进战略投资者、付出巨额"学费"外，当前金融结构性错位也十分突出。公开市场的发展次序、速度、比重、政策，明显优于场外市场等区域性、基础性股权市场。现有 A 股市值中，金融板块占比过大，金融资产证券化的程度或比重远远超过实体经济。较之于实体经济，金融行业在市场准入上"近水楼台"，杠杆"自我强化""自娱自乐"，资产证券化捷足先登。银行信贷资产、银行间债券市场信贷资产、基金公司资产、保险项目资产等证券化已率先启动，抢占先机。与民间及中小金融机构发展滞后形成鲜明对比的是，有国有银行背景的非银行金融机构急剧膨胀，占用信贷资源过多。2009—2016 年，其信贷增速达到实体经济的 3 倍左右，杠杆率绝不低于实体经济。金融投资理财类产品过多过滥，同样存在产能过剩和结构失衡隐患。长此下去，资产证券化将不可避免地陷入"脱实向虚"的泥沼，甚至诱发系统性金融风险。

最后，包括资本市场在内的金融业分业经营实际上已经混业化、综合化，风险交叉复杂、创新花样迭出，"一行三会"①分业监管体制捉襟见肘、顾此失彼，金融险象环生。

中国资本市场自产生以来，因其"转轨加创新"特性和内在体制性缺陷，风险因素一直十分明显，在 2015 年股灾中暴露得尤为充分。当时，由于电子信息交易系统的引入，证券市场上的各类机构投资者包括尚未开放准入的境外个人投资者通过交易技术"创新"，以伞形信托、场内外融配资及其杠杆机制等，顺利地绕过监管屏障，"合法"地涌入股市、助长

---

① "一行三会"是国内金融界对中国人民银行、中国银行业监督管理委员会、中国证券监督管理委员会和中国保险监督管理委员会这四家金融分业监管部门的简称。2018 年 3 月，根据国务院机构改革方案，银监会与保监会职责整合组建中国银行保险监督管理委员会，与中国人民银行、证监会合称"一行两会"，共同接受国务院金融稳定发展委员会的监管协调。

投机，轻易地击穿了证监部门的监管底线。应急性融配资清理必然造成市场上的强行平仓、逃市踩踏、泡沫破裂。有关方面不得不在股价高点入场救市，并承担规则、秩序、信用、财富、信心等多重损失，主板市场长期存在的供求机制的重大缺陷及失衡也因此暴露无遗。

其实，早在证监部门的监管底线被击穿之前，银监部门的监管底线就已经被击穿。按照分业经营、分业监管要求，信贷银行及其类似机构不可以兼营投行业务，金融综合经营当时还属于个别地区的先行试验。但在实际金融活动中，不仅早有通过类似于特许性质的内部分业方式获得综合经营权限的若干"治外主体"，而且现有商业银行在逐利本能以及前者示范的背景下，"上有政策，下有对策"，纷纷通过理财产品等形式绕过监管规则，间接地从事非信贷投资业务。在其获得稳定佣金收入的同时，毫无遗漏地将其风险转嫁到未必全部知情的理财产品投资者尤其是个人购买者身上。当股市景气受到鼓励时，包括银行信贷资金在内的各类社会资金，便通过错综复杂的理财渠道、证券机构"丰富"的信托工具以及银行对非银机构的融资支持等，间接地其实也类似于直接地涌入股市，为其提供源源不断的流动性支持。此后股市下行时的平仓加速、踩踏逃市，不仅是直接配资机构而且也是商业银行的资产保全所必需的，这种金融链条在股灾后也未见彻底切割。

此外，央行的货币政策底线也极其脆弱，甚至岌岌可危。某家著名的互联网企业早在2013年就通过第三方支付平台迅速积累起巨额货币资本并用来"做大做强"其关联基金，使后者几乎在一夜之间成长为超过7 000亿元的全球第二大货币基金。这笔巨额货币资本，相对于当时央行每次调控货币市场时几十亿元、几百亿元的公开市场操作来说，力量是何其悬殊。前者进入市场的潜在影响力、冲击力无疑是巨大的。当央行规制第三方支付平台时，不明就里的普通百姓甚至一些业界人士还多有责难。其实，中国的货币市场管理肯定还有诸多需要完善之处，但央行基于市场现状进行的预防性、筑底性规制应对，有其监管制度建设意义。

金融监管改革创新滞后，分业监管盲点甚多。理财投资野蛮成长，资本收益微薄甚至空转，流动性脱实向虚，风险暴露惊人。[①] 由于分业监管，同类资产管理业务的监管规则和标准各异，存在部分业务发展不规范、产品多层嵌套、刚性兑付、监管套利、规避金融监管和宏观调控等问题，致使监管部门应接不暇，纷纷出台应急措施，堵塞监管漏洞，防范扑面而来的金融风险。[②] 一些公共领域如社会保险基金等，委托投资风险也有集中趋势。[③] 此外，沪港通、深港通相继开通之后以及资本市场对外开放，境内股市 IPO、T+1、停板制以及其他信息披露方式和交易工具差异，也需要进行适时适应性调整。资本市场及其监管制度建设，依然山高、路险、坑深，切不可懈怠无为或掉以轻心。

---

① 据有关统计，截至 2016 年末，银行表内、表外理财产品资金余额分别为 5.9 万亿元、23.1 万亿元；信托公司受托管理的资金信托余额为 17.5 万亿元；公募基金、私募基金、证券公司资产管理计划、基金及其子公司资产管理计划的规模分别为 9.2 万亿元、10.2 万亿元、17.6 万亿元、16.9 万亿元；保险资产管理计划余额为 1.7 万亿元。各类资产管理余额已经达到 100 万亿元之巨，超过 GDP 总量。

② 近年如《证券期货经营机构落实资产管理业务"八条底线"禁止行为细则》（2015 年 3 月）、《证券期货经营机构私募资产管理业务运作管理暂行规定》（2016 年 7 月）、《中国保监会关于清理规范保险资产管理公司通道类业务有关事项的通知》（2016 年 6 月），"一行三会"联合发布《关于规范金融机构资产管理业务的指导意见》（2018 年 4 月）等。

③ 截至 2017 年底，全国已有九个省与社会保障基金理事会签订委托投资合同，金额达 4 300 亿元；西藏、甘肃、浙江、江苏等省区也有意向委托投资运营，估计可增加投资资金 1 500 亿元左右。

第六章

资源市场化配置与
政府经济职能转型

劳动力、土地及资本等生产要素的市场化改革，既推动着微观层面要素配置形态的变化，建立起社会主义市场经济的微观基础，也推动了宏观经济管理体制的改革和政府财政税收职能及其经济调节功能的转型，形成市场起决定作用基础上的国民经济和社会发展体制。

一、从计划配置资源到宏观规划管理

在计划体制下，国民经济计划事无巨细、包罗万象。从工农业生产、基本建设、交通运输、商贸流通、财税金融到劳动工资、科教文卫体事业等方方面面，都有详细具体的计划安排。计划的形式以国家指令性计划为主，直接调控微观经营活动。主要生产资料实行计划分配，主要消费品实行计划收购和供应，国家重大建设项目和资金分配统一安排。计划管理实行"统一计划、分级管理"制度，以行政手段大包大揽，将计划决策权和管理权高度集中到中央，通过制定实施涵盖全社会生产、流通、分配、消费全过程的年度国民经济计划，直接配置各类资源，组织生产建设和社会生活。这种计划体制对工业化初期改善物资极度匮乏状况、恢复发展国民经济、开展大规模生产建设、奠定现代工业基础有其历史作用，但背离经济规律、错配资源要素的体制弊端也日甚一日，不改革就没有出路。市场化改革，是从根本上变革计划经济的体制基础、建立社会主义市场经济制度的必然过程。计划体制的改革速度与程度，标志着经济市场化的力度和深度。

（一）从政府指令性计划转向市场主导性规划

计划体制是从编制部门生产建设的微观计划起步，逐步过渡到编制整个国民经济计划的。[①]1952 年，中央政府设立国家计划委员会，有关部

---

① 1950 年，政务院财政经济委员会试编出《国民经济计划概要》；1951 年，中财委试编全国性经济计划。

门和各级政府也先后建立了相应的计划机构，形成系统的计划经济体系，对国民经济发展实行严格的计划管理。这种状况一直持续到市场化变革之前。

与经济改革进程相适应，计划体制改革最初按照"计划经济为主、市场调节为辅"的制度理念起步，以引入市场机制和改进年度计划为重点，协调短期、中期和长期计划，逐步推进指令性计划、指导性计划和国家计划指导下的市场调节的管理体制。到 1985 年，国家共取消 25 种主要农产品的指令性计划；占全国工业总产值 40% 的 120 种工业指令性计划产品减为 60 种；国家统配物资由 256 种减少到 20 多种；出口供货领域的指令性计划管理商品由 900 多种减少到 31 种。缩小指令性计划范围、适当扩大指导性计划范围、更多运用市场调节手段，成为计划体制改革和实行"有计划的商品经济"的重要内容。[①]

社会主义市场经济建制目标确立后，计划职能开始进行适应性调整。主要是确定国民经济和社会发展的战略目标，做好经济预测、总量调控、重大结构与生产力布局、重点基础设施建设，以及综合协调宏观经济政策和经济杠杆的运用等。确立综合性宏观经济调控目标，相应地改革年度计划指标体系，突出宏观性、战略性和政策性，将若干重要经济活动和社会发展计划指标调整为预期指标。到 1995 年，工业指令性计划产品减少到 29 种，国家统配物资减少到 11 种左右，国家计划直接安排的投资下降到全社会固定资产投资的 15% 左右，90% 以上的投资品价格和 95% 以上的消费品价格改由市场调节。

进入新世纪后，政府与市场的关系发生了根本性变化。计划重点由年度计划为主转向以中长期计划为主；计划编制执行由直接管理为主转向以间接管理为主；计划范围由单一经济计划改变为国民经济、社会发展和科技进步结合为一体的计划规划体系；计划工具由主要靠行政手段和

---

① 《中共中央关于经济体制改革的决定》（十二届三中全会 1984 年 10 月 20 日通过）。

指令性计划改变为市场起决定作用的指导性计划规划；计划调控由国家主导改变为中央和省、自治区、直辖市以及计划单列市两级管理和调控体系。年度计划、五年规划和中长期规划，开始成为适应社会主义市场经济要求、促进国民经济和社会可持续发展的战略目标导向和宏观调控机制。

（二）政府投资管理体制变革

计划体制的市场化改造，终究要体现为资源配置或投资体制的根本性转变。计划体制下政府是唯一的投资主体，占企业绝大多数的国营企业从属于政府，不能独立进行投资决策，私人投资近乎完全排除；资金来源基本上是单一渠道的财政性资金，信贷资金主要用作流动资金，极少用于固定资产投资；资源要素包括资金、物资、劳动力等，由政府集中计划分配和统一安排使用；投资项目决策权高度集中于政府手中，所有项目必须经过行政性审批；投资管理实行单一的指令性计划，行政命令是其基本管理方式。这种投资体制自然会影响经济社会发展活力和成长动力，改革违背经济规律的计划投资体制势所必然。

投资体制改革从明确基本建设和技术改造投资标准、规范资金来源使用和审批权限程序并建立中央和省两级技术改造投资计划管理体制起步。[①]1986 年起，对全社会固定资产投资进行分类计划管理。全民所有制单位固定资产投资以指令性计划管理为主，城乡集体所有制单位和个体投资实行指导性计划管理，指令性计划管理范围逐步缩小。简化项目审批程序，扩大资金筹措范围，引入建设竞争机制。预算内基本建设投资实行"拨改贷"，划分中央和地方投资事权，发行重点建设债券和企业债券，利

---

① 参见国务院《关于加强现有工业交通企业挖潜、革新、改造工作的暂行办法》（1980 年 6 月 21 日），《关于改进计划体制的若干暂行规定》（1984 年 10 月 4 日）；国家计委等《关于更新改造措施与基本建设划分的暂行规定》（1983 年 6 月 20 日），国家经委等《关于加强技术改造管理的通知》（1983 年 8 月 15 日发布，1993 年 7 月 9 日废止）。

用境外投资以及乡镇集体投资和民间社会投资，开始打破政府作为单一投资主体、主要由行政命令分配投资资金的格局。其中"拨改贷"改革，一方面体现了基本建设投资的资金稀缺性质和投资效率约束，另一方面也打通了居民储蓄直接转化为基建投资的渠道，使我国居民一直以来所具备的较高储蓄倾向及数量巨大的储蓄存款得以迅速形成源源不断的投资资金，成为经济长期较快增长的条件之一。但国有企业和金融机构的特殊性质及投融资机制，又派生了对银行贷款的过度依赖，形成从基建投资到企业经营的过高杠杆甚至"无本经营"，以及商业银行金融资产质量的劣质化，由此推动了后来投资项目资本金制度的建立。①

投资领域建设资金筹措、投资审批权限程序调整，推动了投资体制的市场化改革进程。在资金筹措方面，国家建立经营类和非经营类中央基本建设基金，前者由国家计委下达给国家专业投资公司，主要用于计划内基础设施和基础工业的重点工程建设，后者主要用于中央各部门直接举办的科教文卫建设和大江大河治理。先后设立石油、电力、交通、邮电、民航专项建设资金，推动相关基础设施和基础产业的建设。沪深两地证券交易所的成立，也为企业投资开辟了新的资金来源。在管理体制方面，对原由各部门管理的投资，按经营性和非经营性分类剥离，在中央一级成立了能源、交通、原材料、机电轻纺、农业、林业六个领域的国家专业投资公司，负责经营管理相关领域中央固定资产投资的经营性项目。划分中央和地方政府的投资范围，对重大长期建设投资实行分层管理。提出产业发展序列，明确重点支持和限制的产业及产品，建立以产业政策为核心的投资调控体系。开征固定资产投资方向调节税，运用经济杠杆调节投资方向。②适应对外开放要求，1985—1992年，国务院赋予广东、福建、海南

---

① 参见国务院《关于固定资产投资项目试行资本金制度的通知》(1996年8月23日)。

② 参见国务院印发《关于投资管理体制的近期改革方案》(1988年7月16日)，《国务院关于当前产业政策要点的决定》(1989年3月15日)，《固定资产投资方向调节税暂行条例》(1991年4月16日发布)。

等省的经济特区和上海浦东新区较大的投资决策权。

社会主义市场经济建制目标助推了市场配置资源的基础性作用。在投资决策方面，将投资项目分为竞争性、基础性和公益性三类。竞争性投资项目改行政审批制为登记备案制，由国家产业政策引导推向市场，建立法人投资和银行信贷风险责任，企业自主决策、自担风险、自负盈亏。基础性项目建设鼓励和吸引各方投资参与。其中国家重大建设项目，按照统一规划由国家开发银行等政策性银行，通过财政投融资和金融债券等渠道筹资，采取控股、参股和政策性优惠贷款等多种形式进行；企业法人对筹划、筹资、建设直至生产经营、归还贷款本息以及资产保值增值全过程负责。地方政府负责地区性的基础设施建设。社会公益性项目建设，根据中央和地方事权划分，由政府通过财政统筹安排，并广泛吸收社会资金参与。

投资来源上，除已发展的资本市场（扩大社会直接融资）和商业银行（提供项目融资）外，1994 年 3 月，成立国家开发银行，负责发放政策性固定资产投资贷款。一般投资贷款由项目建设单位和商业银行自主选择。[①]1995 年 5 月，对原国家六大投资公司进行整顿重组，成立国家开发投资公司，作为国有独资政策性投资机构对国家确定的政策性项目进行参股、控股投资。投资项目的政策引导和建设管理也逐步制度化，包括试行投资项目资本金制度，全面实行招标投标制和工程项目监理制[②]，建立投资项目审计制度，强化后续监督管理[③]，建立由产业政策引导社会投资的

---

① 参见国家计委、中国建设银行等《关于完善和规范商业银行基本建设贷款管理的若干规定》(1997 年 10 月 20 日)。

② 参见建设部、国家计委《工程建设监理规定》(1995 年 12 月 5 日)，国家计委《国家基本建设大中型项目实行招标投标的暂行规定》(1997 年 8 月 18 日)，《国务院办公厅关于加强基础设施工程质量管理的通知》(1999 年 2 月 13 日)，《招标投标法》(2000 年 1 月 1 日实施)。

③ 参见《审计署关于内部审计工作规定》(1995 年 7 月 14 日发布，2003 年 5 月 1 日施行新规定时废止)；财政部《关于加强基础设施建设资金管理和监督的通知》(1999 年 3 月 30 日)；国家计委《国家重大项目稽查办法》(2000 年 8 月 17 日)；审计署《审计机关国家建设项目审计准则》(2001 年 8 月 1 日)。

宏观调控体系等。①

　　进入 21 世纪，投资主体多元化、资金来源多渠道、投资方式多样化和项目建设市场化已然成型，但投资决策及资源配置权力仍然过于集中，效率约束和问责机制缺失或软化失效。投资体制改革首先聚焦于转变政府管理职能，确立企业的投资主体地位。对于企业不使用政府投资的建设项目，一律不再实行审批制，区别不同情况实行核准制和备案制；扩大大型企业集团的投资决策权，放宽社会资本的投资领域，允许各类企业以股权融资方式筹集投资资金。其次是明确政府投资取向，规范政府投资行为。政府投资主要用于关系国家安全和市场不能有效配置资源的经济和社会领域；健全政府投资项目决策机制和规则程序，规范政府投资资金、建设质量和项目风险管理；利用特许经营、投资补助等方式引入市场机制，吸引社会资本参与有合理回报能力的公益事业和公共基础设施项目建设。再次是改进管理和服务，健全政府投资监管体制。完善政府投资制衡机制和重大项目稽查制度，建立政府投资项目后评价制度与责任追究制度；健全国土资源、环境保护、城市规划、质量监督、金融监管、工商管理、安全生产监管等部门协同配合的投资监管体系；确立法律规范、政府监督、行业自律的行业管理体制。最后是加强和改进规划管理，健全投资宏观调控体系。强化投资决策的经济社会发展规划依据，建立涵盖环保标准、安全标准、能耗水耗标准和产品技术、质量标准的行业准入制度，综合运用经济的、法律的和必要的行政手段，以间接调控为主引导社会投资，优化投资结构。②

---

　　① 参见《90 年代国家产业政策纲要》（1994 年 4 月 12 日），国家计委等《指导外商投资方向暂行规定》《外商投资产业指导目录》（1995 年 6 月 20 日发布，2002 年 4 月 1 日起施行新规定时废止）。

　　② 参见《国务院关于投资体制改革的决定》（2004 年 7 月 16 日）及有关部门规章办法，如《企业投资项目核准暂行办法》《政府核准的投资项目目录》《外商投资项目核准暂行办法》《境外投资项目核准暂行办法》《关于实行企业投资项目备案制指导意见的通知》《政府核准的投资项目目录》《产业结构调整指导目录》《外商投资产业指导目录》《境外投资产业指导政策》等。各省级地方政府参照国家有关部门规章办法，陆续出台了本地区的企业、外商、境外投资项目核准管理办法和企业投资项目备案管理办法。经过此轮改革，政府审核的投资项目数量大幅减少，约占企业投资项目的 20%，实行备案制的约占 80%。

（三）市场配置资源体制成型

投资管理的核准制、备案制改革虽然推动着资源配置朝市场化方向发展，但由于体制惯性，投资领域仍然充满行政审批色彩。社会对发挥市场的"决定作用"和政府的"更好作用"、推动建立资源配置新体制充满期待，并得到了相应的政策性回应。[①]

近年来，投资体制改革集中于推进企业投资核准范围最小化，由企业依法依规自主决策投资行为。对极少数关系国家安全和生态安全、涉及全国重大生产力布局、战略性资源开发和重大公众利益的项目，政府以清单方式列明。建立政府核准投资项目目录，企业投资项目管理负面清单、权力清单与责任清单"三个清单"管理制度及其动态调整机制，目录范围以外的投资项目一律实行备案制管理。企业遵照城乡规划、土地管理、环境保护、安全生产等方面的法律法规和政策标准，依法落实项目法人责任制、招标投标制、工程监理制、合同管理制以及企业信用建设，自觉规范投资行为。

限定政府投资范围，发挥好政府投资的引导和带动作用。政府资金只投向市场不能有效配置资源的社会公益服务、公共基础设施、农业农村、生态环境保护和修复、重大科技进步、社会管理、国家安全等公共领域的项目。政府投资以非经营性项目为主，原则上不支持经营性项目。优化政府投资方式和监督管理，鼓励政府和社会资本合作。

创新投融资机制，畅通投资项目融资渠道。发挥多层次资本市场的融资功能，支持实体经济的资产证券化。推动政策性、开发性金融机构及保险资金等机构资金通过债权、股权、资产支持等投资方式，支持重大基础设施、重大民生工程、新型城镇化等领域的项目建设。放宽境内企业和金融机构赴境外融资，为国内企业参与境外投资和重点合作项目提供投融资

---

① 参见《中共中央国务院关于深化投融资体制改革的意见》（2016 年 7 月 5 日）。

支持，加强政府规划政策引导，改善投资服务方式，健全监管约束机制。

适应资源市场化配置和开放性经济发展，投资领域还进行了从清理规范投资项目报建审批事项、降低制度性交易成本到逐步开放投资范围直至全面推行市场准入负面清单管理制度等一系列改革。凡没有法律法规依据、未列入国务院决定保留的行政审批事项目录的，一律取消审批。[①] 适时精简发布政府核准投资的项目目录，以负面清单形式列出在中国境内禁止和限制投资经营的行业、领域、业务等。清单以外的行业、领域、业务等，各类市场主体皆可依法平等进入。[②] 基础设施与公用事业特许经营、公共服务领域 PPP 投资模式起步、提速[③]，鼓励创业投资、拓宽民间投资、扩大引进外资、引导规范境外投资的改革政策也陆续出台。[④] 从 2018 年起，在全国范围内正式实行统一的市场准入负面清单制度，适应社会主义市场经济要求的新型投资体制基本成型。

二、财政体制及其经济调节机制变革

无论是自然经济、计划经济还是市场经济，政府以税收作为主要财政

---

① 参见国务院《清理规范投资项目报建审批事项实施方案》(2016 年 5 月 19 日)。

② 参见《国务院关于实行市场准入负面清单制度的意见》(2015 年 10 月 2 日)。

③ 国家发展改革委等《基础设施和公用事业特许经营管理办法》(2015 年 4 月 25 日)；国务院办公厅转发财政部、发展改革委、人民银行《关于在公共服务领域推广政府和社会资本合作模式的指导意见》(2015 年 5 月 19 日)。

④ 参见《国务院关于促进创业投资持续健康发展的若干意见》(2016 年 9 月 16 日)；住房和城乡建设部、发展改革委、财政部、国土资源部、中国人民银行《关于进一步鼓励和引导民间资本进入城市供水、燃气、供热、污水和垃圾处理行业的意见》(2016 年 9 月 22 日)；国家发展改革委《促进民间投资健康发展若干政策措施》(2016 年 10 月 12 日)；国家民航局《关于鼓励社会资本投资建设运营民用机场的意见》(2016 年 10 月 25 日)；国务院办公厅《关于进一步激发民间有效投资活力 促进经济持续健康发展的指导意见》(2017 年 9 月 1 日)；《国务院关于扩大对外开放积极利用外资若干措施的通知》(2017 年 1 月 12 日)；《国务院关于促进外资增长若干措施的通知》(2017 年 8 月 8 日)；国务院办公厅转发国家发展改革委、商务部、人民银行、外交部《关于进一步引导和规范境外投资方向指导意见》(2017 年 8 月 4 日)；《国务院办公厅关于进一步激发民间有效投资活力 促进经济持续健康发展的指导意见》(2017 年 9 月 1 日)等。

来源、建立其实现政府职能的财政制度，都是共同现象和规律。尽管各国政府历来寻求稳定有序的财政体制，但因经济基础、政府职能以及变动不居的经济社会和政治环境，从财税基础到管理方式，财政体制往往是治理层面变动最为频繁的制度形态。中国财政制度从计划体制下的统收统支制到市场建制中的分税制改革，实际上是财税治理体制的市场适应性变革。由于我国财政部门较多地负有公共资源配置及经济调节职责，并较深程度地参与其他资源要素的配置和调节，财政体制改革也是资源配置方式的重大变革，既折射着经济市场化的节奏和样式，也标示着财政体制对其适应程度以及相应的变革需求和趋势。

（一）从统收统支制到分级包干制

计划体制建立之初，财政实行统收统支体制。自20世纪50年代后期至改革开放前，中央财政对各地实行各种形式的"大统小分"式比例分成体制。自1980年起，伴随着放权让利、扩大企业自主权改革，我国开始调整中央和地方财政分配格局。北京、天津、上海继续实行"收支挂钩、总额分成、一年一定"体制；其他各省、自治区统一实行"划分收支、分级包干"的"分灶吃饭"财政体制，即按照经济隶属关系划分中央和地方财政收支范围，以1979年财政收支执行预算为基础，确定地方财政收支包干基数，一般一定五年不变。基于照顾现状或鼓励发展等多种考虑，江苏省继续实行固定比例包干办法，广东省实行"划分收支、定额上缴"包干办法，福建省实行"划分收支、定额补助"包干办法。对少数民族地区和经济欠发达地区，也做出了一定的优惠政策安排。

"划分收支、统筹包干"财政体制改革，对调动地方和企业的生产积极性以及推动当时已经起步的价格、工资、金融、外贸等多项改革有其支持性作用，但也存在收支划分不尽适当、地区之间苦乐不均、助长地方保护主义以及中央财政日渐困难等问题。自1985年起，开始实行"划分税种、核定收支、分级包干"财政改革。一是确定财政收支范围。以第二步"利改税"后的税种设置为基本依据,划分中央财政和地方财政的固定收入与共享收入;按经济隶属关系划分中央财政和地方财政支出范围,对不宜实行包干的专项支出,由中央财政专项拨款支出。二是界定财政支出责任。凡是地方固定收入大于地方支出的,定额上解中央财政;小于地方支出的,从中央与地方共享收入中确定一个分成比例留给地方;地方固定收入和全部共享收入留给地方仍不足以收支相抵的,由中央财政定额补助;财政收入分成比例和上解或补助数额一定五年不变。三是保留若干例外安排。广东、福建两省继续实行财政大包干办法,对其原定上解或补助数额进行调整;对少数民族地区及视同少数民族地区对待的省份,由中央财政核定补助数额,五年内每年继续递增10%;经国务院批准实行国家计划单列的经济体制综合改革试点地区以及后来的计划单列市,按全国统一体制划分收支范围、界定支出责任;企业、事业隶属关系改变,相应地调整地方分成比例和上解或补助数额,或单独进行结算。

在执行过程中,地方包干财政体制有部分微调。此时的财政体制虽然依旧是财政包干制,但经过改革后,中央与地方的财政收支范围和支出责任更加明确,权责利关系简明对称,有利于推动财政开源节流、平衡收支、承担公共职能。1992年起,选择天津市等9个地方进行了分税制改革试点,以税收种类作为各级政府财政收入的划分依据。部分地区的分税制改革试点,为后来建立全国性分税制财政体制进行了某种早期预演,部分地提供了模式示范和实践经验。

(二)财政包干制政策效应与潜在缺陷

经过十多年的经济改革,市场机制逐步发育成长。到20世纪90年代初,农村经济发展和乡镇企业兴起,城市国营企业普遍引进市场机制,个体私营经济得到长足发展,我国经济结构和财税基础发生了重大变化。

财政包干制改革，曾经发挥过突破传统体制、推进渐进改革、调动地方政府理财和发展经济的积极作用。但财政包干制与"条块分割"的企业行政隶属制相结合，也造成了重复建设、结构失调、地区封锁等突出问题，如1993年由政府主导投资引起的经济过热，羊毛、棉花、蚕茧等各类原料"大战"在各地此起彼伏，"诸侯经济"几成气候。而财政包干制中，中央与地方通过一对一的谈判达成的收支基数、上缴或补贴的数额，又缺乏客观性、透明度，交易成本高。尤其是经过十余年的运行，包干制直接导致"两个比重"下降并影响财政收入的可持续性增长。[①]

两个比重中，第一个比重是财政收入占GDP的比重，反映的是政府在国民收入初次分配中的汲取能力；第二个比重是中央财政收入占全国财政收入的比重，反映的是中央与地方财政分配关系。两个比重的高低，会从治理与规制层面折射出政府与市场的关系以及政府间的财政关系。两个比重过高，易于产生政府挤出效应或加重社会税收负担，出现"拉弗曲线"[②]现象和财力过于集中问题，影响企业活力和经济发展，降低地方政府的努力程度以及公共服务和社会治理能力。两个比重过低，则难以满足社会公共需要，扭曲甚至动摇单一制主导的分权制体制基础。因此，通过财政改革和制度建设促成两个比重合理适度，是优化国民收入分配结构、处理好政府与市场关系、保障政府公共服务和规制管理、规范中央与地方以及地方各级政府间财政关系的重要基础。

两个比重下降，几乎使各级政府都陷入严重的财政困难。尤其是中央财政预算赤字持续增加，不得不向部分发达省份借债甚至借而不还来平衡

---

① 20世纪70年代末至90年代初，中国GDP实际年均增长近10%，但1978—1995年间，政府财政收入占GDP的比重从近31%跌至不到11%，下降20多个百分点。中央财政收入占财政总收入的比重从60%左右降至1994年的不足33%；地方财政收入占财政总收入的比重虽然有所增加，但占GDP的比重也在下降，其中2/3的省份下降幅度超过10%。

② 美国供给学派经济学家阿瑟·拉弗（Arthur B. Laffer）在20世纪70年代描绘政府的税收收入与税率之间的关系时用了一条曲线来表示，该曲线即"拉弗曲线"。按其描述，当税率在一定的限度以下时，提高税率能够增加政府税收收入，但超过这一限度时，再提高税率反而导致政府税收收入减少。因为较高的税率会抑制经济的增长，使税基减小，税收收入下降；反之，减税可以刺激经济增长，扩大税基，增加税收收入。

收支。其中有政府推进放权让利改革、部分下放经济权力的原因，但这只是改革初年的故事。从 20 世纪 80 年代中期起，政府就开始采取措施提高两个比重，但都无功而返。最根本的原因，是改革开放后财税基础的变化和财政包干的体制缺陷。

首先，随着经济改革的推进，产业形态、经济结构及税品价格等税源基础发生了重大变化，改革相对滞后的传统税政体系及征管方式组织财税收入的能力相对不足。单一的公有制经济转变为多种所有制经济并存，非公有制经济快速发展，乡镇企业、个体私营企业及其产业形态创新层出不穷，生产要素市场化及其配置流动性日益增加等，带来了财税收入来源的迅速变化，传统的税种设置及其征管体系一时间难以适应，组织财税收入的能力缺失或下降并不意外。而且，计划体制下以从量定额计税为主的产品税体系，面对经济市场化过程中商品价格往往以数倍甚至更多倍的涨幅高于此前的"计划价格"，仍然延续原有的从量征税方式，自然会大大降低税收在商品价格进而在 GDP 中的占比。许多重要商品如资源类产品由从量计税全面改为从价计税，则是十分晚近的改革事件。①

其次，实行划分收支、分级包干的"分灶吃饭"财政体制，存在着导致正税流失的内在体制缺陷。财政收支的划分，逻辑上应当以明确收支责任为前提。但这种前提条件在体制转轨之初原本就是一笔糊涂账，即使是今天也未必十分清楚。尽管进行了"划分税种"的改革，但中央财政"核定收支、分级包干"，通常只能以一省范围内的所有财税收入为基数，分别进行一对一的讨价还价来确定分成比例。由此可以理解这种基数甚至某一年的基数对地方政府的特殊重要性，以致基数成为后来财税改革的焦点与难点。由于信息不对称，中央与地方讨价还价的结果未必对中央财政有利甚至不可能有利。加上标准不一、透明度缺失，几乎所有省份都对分成方式和比例缺乏认同性和公平感，恶化了各省之间财税竞争机制与性质，助长了地方各级政府将预算内收入转为预算外收入以降低分成基数，以及

---

① 晚至 2016 年 5 月 9 日，财政部、国家税务总局才发布《关于全面推进资源税改革的通知》（财税〔2016〕53 号），当年 7 月 1 日起正式实施。对 21 种资源品目和未列举名称的其他金属矿实行从价计征，但仍有部分资源品目实行从量定额计征，或从价计征为主、从量计征为辅。

背离中央财税政策、以税收优惠也是流失的方式制造不公平竞争环境等机会主义行为。由于财政体制转轨过程中,体制本身、各项参数(如收支基数、分成比率)等,都在不断调整,至多"一定五年不变",中央财政自身也有可能时常改变游戏规则。中央与地方之间的财税关系,处在这种潜在的也是经常性的体制性冲突之中。

再次,财政包干制下的税政决策权与执行权的分离,导致税收征管机构及人员的忠诚度偏移、努力度降低。当时,几乎所有税目、税率都由中央决定,税收征管则由当地税务部门完成,中央财政没有自己独立的税政系统。更多地、实际上也是直接地从属于地方政府的税务机构,虽然在名义上代表国家,但更偏重于地方政府的利益。因实行财政分成包干制,地方加大征税力度、增加正税收入易造成中央财政"鞭打快牛"。降低税收征管努力[1]、实施各种超越统一规定的税收优惠政策、压低影响分成基数和比率的正税收入、增加预算外收入或将预算收入尽可能多地转为预算外收入[2],便成为地方财税部门典型的机会主义行为,进而导致财政收入占比下降以及中央与地方间财政收入比重的失衡。而经济改革带来的税收基础(如产业形态、市场价格、经济结构)的迅速变化,既增加了税收征管难度、模糊了努力程度,也为地方财税机构的机会主义行为提供了便利甚至激励。

最后,财政包干制造成了中央财政收入与支出责任间的明显不对称,以致财政收支捉襟见肘、状况恶化。一方面,中央政府面对着经济增长和市场发育所带来的公共产品与服务需求增加、基础产业设施建设需要及成本上升、稳定宏观经济与支持欠发达地区发展,以及补偿经济改革成本、实施涉外经济优惠政策等日益增长的支出规模;另一方面,财政包干制下中央和地方政府财政收支及其责任的不确定性,导致了财政包干制本身的

---

① 世界银行研究发现,除上海略微高于平均值外,中国富裕省份如浙江、山东和辽宁等省的征税努力程度均低于全国平均水平(World Bank. China Revenue Mobilization and Tax Policy)。此类现象也发生在贫困地区,相当一部分正税由此流入预算外资金。

② 据有关测算,1978—1992年,国家预算收入增长3倍,预算外收入增长了11倍。到1992年,预算外财政资金与预算内财政资金几乎等量齐观(中国统计年鉴1995.北京:中国统计出版社,1995,221)。

不确定性，虽然有"一定五年不变"的规定，但制度调整的经常性需要和自由裁量权的大量存在，使地方政府以降低征税力度来规避规则调整风险几成普遍现象，导致两个比重尤其是第二个比重螺旋式下降。中央财政不得已通过透支信用、改变游戏规则来满足支出需要，如在协议到期前与某些省份甚至所有省份重新商定一些条款或改动收支基数，直接或变相转移部分中央支出责任，以及将一些优质国有企业收归中央所有等。但即便如此，也仍然难以避免中央财政入不敷出。20 世纪 80 年代中后期先后推出的能源交通基金、预算调节基金直至借款不还，实属中央财政的无奈之举。这种财税机制及其链条断裂的风险极大。当初苏联各加盟共和国不再向联盟政府上缴税款，被认为是导致苏联解体的原因之一。① 中国财税体制改革迫在眉睫。

（三）分税制改革及其经济调节特征

自 1994 年起，在原财政包干体制确定的地方上解和中央补助不变、不触动地方既得利益的条件下，对财政收入增量分配进行分税制改革。改革之初，是以 1992 年还是 1993 年的地方支出基数作为分税基础，一度成为中央与地方争执的焦点，经过艰难的讨价还价过程，最终以中央政府妥协、保证地方既得财力为基础制定分税制改革方案。

划分中央与地方事权和支出责任。中央和地方之间财力分配，原则上以财权与事权相统一为基础。中央财政支出包括：国防、外交、武警、重点建设、中央财政负担的支农支出和内外债还本付息，以及中央直属行政

---

① Roy Bahl, Christine I. Wallich. Intergovernmental Fiscal Relations in The Russian Federation// Richard M. Bird, Robert D. Ebel, Christine I. Wallich. Decentralization of the Socialist State : Intergovernmental Finance in Transition Economies. Washington, D.C. : The World Bank, 1995：337. 当初苏联在讨论税收制度和税率改革时，具有分裂倾向的"俄罗斯领导人开始坚持所谓的单渠道制，即全部税入都由各加盟共和国征收，然后再把一小部分上缴中央，以满足全苏财政需要……过了不长时间，俄罗斯下面的那些共和国也学着把这个对任何联邦起破坏作用的原则拿过来当作武器。"尼·伊·雷日科夫.大国悲剧：苏联解体的前因后果.徐昌翰，译.北京：新华出版社，2008：359.

事业单位的各项事业费支出。地方财政主要承担本地区政权机关运转所需支出以及本地区经济、事业发展所需支出，包括地方统筹的基本建设投资、地方企业的技术改造和新产品试制费、支农支出、城市维护建设费，以及地方各项事业费支出。

划分中央与地方财政收入。根据中央和地方事权划分，按照税种划分中央与地方的收入。将维护国家权益、实施宏观调控所必需的税种划为中央税；将同经济发展直接相关的主要税种划为中央与地方共享税；将适合地方征管的税种划为地方税。[①]

建立税收返还制度。中央财政对地方税收返还数额以 1993 年为基期年核定。按照当年地方实际收入和中央与地方收入划分情况，核定中央从地方净上划的收入数额，确定中央对地方税收返还基数。从 1994 年开始，税收返还数额递增率按全国增值税和消费税增长率的 1∶0.3 系数确定，即全国增值税和消费税每增长 1%，中央财政对地方的税收返还增长 0.3%。

建立新的预算编制制度和税收征管机构。实行分税制后，中央和地方改按新的口径编制财政预算，并核定资金调度比例，避免资金往返划拨。中央和地方分设税务机构、分别征税。国家税务局和海关系统负责征收中央财政固定收入及中央与地方共享收入，地方税务局负责征收地方财政固定收入。

解决体制平稳过渡问题。实行分税制之初，原包干制下中央对地方的补助，仍按原规定补助；地方上解按不同类型执行：实行定额上解的地

---

① 中央固定收入包括：关税，海关代征的消费税和增值税，中央企业所得税，非银行金融企业所得税，铁道、银行总行、保险总公司等部门集中交纳的收入，中央企业上交利润等。地方固定收入包括：营业税（不含银行总行、铁道、保险总公司的营业税），地方企业所得税，地方企业上交利润，个人所得税，城镇土地使用税，固定资产投资方向调节税，城市维护建设税（不含银行总行、铁道、保险总公司集中交纳的部分），房产税，车船使用税，印花税，屠宰税，农牧业税、耕地占用税，契税，遗产税和赠予税，房地产增值税，国有土地有偿使用收入等。中央财政与地方财政共享收入包括：增值税、资源税、证券交易税。增值税中央分享 75%，地方分享 25%。资源税按不同的资源品种划分，陆地资源税作为地方收入，海洋石油资源税作为中央收入。证券交易税，中央和地方各分享 50%。

区，继续按原定额上解；实行递增上解的地区，继续按原规定递增上解；实行总额分成的地区和原分税制试点地区，按 1993 年实际上解数和核定递增率递增上解。从 1995 年起，凡实行递增上解的地区，一律改按各地 1994 年实际上解额实行定额上解。

分税制改革是社会主义市场经济改革目标确立后，也是新中国成立以来财税领域涉及范围最广、调整力度最大、影响也最为深远的一次体制改革。改革的直接效果是迅速扭转了两个比重下降趋势。从改革头十年的情况看，我国财政收入从分税制改革前的 5 000 多亿元增加到 2 万多亿元，年均增长 17.4%。全国财政收入占 GDP 的比重由 1993 年的 12.6% 提高到 2003 年的 18.6%；同期中央财政收入占全国财政收入的比重由 39% 提高到 54.6%，上升了 15.6 个百分点。到 2017 年，全国财政收入占 GDP 的比重进一步提高到 20.9%，中央与地方政府财政收入占比分别为 47% 和 53%。

但是，由于改革路径、财税模式和国情性质等因素，分税制改革的体制光谱和长期效应则要复杂得多，直接影响当时直至后来的制度运行、财政绩效以及经济调节功能和公共服务效果。

分税制改革具有极为明显的转轨特性和照顾地方既得财力的特征，原有体制形成的地区间财税差距不仅得以持续并且有继续扩大的趋势。1993 年研究制定分税制改革方案时，中央和地方之间的财税基数博弈，以及中央政府向地方政府妥协、最终确定以各地当年财政收入为基数，造成当年第四季度地方财政收入"猛增"，后来虽然有所矫正，但也抬高了各地基数或拉大了差异。1994 年后财政收入的增量部分，在收入层面也许有分税性质，但在支出上仍然实行总量分成制，增值税和消费税两大主要税种的增长部分按 1∶0.3 的系数，确定中央和地方之间的分配比例，这种"基数不变、增量分成"的妥协方案，已经与分税制原则相去甚远。[①] 在

---

① 当然，改革操作要比坐而论道困难得多。面对强大的地方利益诉求，这种办法在创制当初曾经是各方易于接受和达成共识的办法，甚或被认知为"创新性经验"。

营业税和所得税的划分上，更是直接依据企业的行政隶属关系而非分税制原则。因中央所属企业相对优质，当时的这种税种划分办法对中央财政较为有利一些。

迁就地方既得财力的"基数不变、增量分成"妥协性方案，明显存在收入上的分税制与分配上的分成制的内在冲突以及地区间财税关系的逆向调节效应。按税种划分中央与地方税收来源并分设税务机构各自征税，固然有明确分税性质、提高征管效率及两个比重的作用，但是，由于经济地理环境、历史发展水平和非均衡战略等因素的影响，初行分税制时，地区之间的经济实力和税收基数已有很大差异。直至实行分税制十余年后，一些西部大省的财税收入尚未达到当年实行分税制时某些发达省份的税收返还基数，存量不均或不公，并且长期化。为照顾地方利益而实行的主要税种（增值税和消费税）增量分成，看似具有"普惠"性质，但同样的分成比例会形成越来越大的所得财力差距。此外，当初按行政隶属关系划分所得税，似乎对中央财政有利，但随着市场改革的深化，各地尤其是经济市场化和非公有制经济发展较快的地区，其所得税的增长将会或迟或早地超过传统税源基础。财力向市场化、先发性地区倾斜，是"基数不变、增量分成"这种制度设定的内在逻辑。

以计划体制行政层级为基础的分税制，先天存在"衣不合体"、"僧多粥少"、无从贯彻分税制原则的体制困境。实行分税制的市场经济国家，通常采行直接或间接的三级行政架构并按相应的财税层级分税。我国在深受计划体制影响的行政层级重叠、部门职能交叉的基础上移植分税制，有限的税种税收难以在四五级财政之间分清税源税种，实现事权财权对应。改革之初这种问题即已存在，故而有"充实地方税税种，增加地方税收入"之类的相关表达。在中央政府与省级政府之间实行了多重扭曲的分税制后，省级以下多级政府之间几乎无从分税，不得不继续采取各种形式的财政包干制。尽管在政治决策层面早已做出构建中央、省、市县三级基本财政层级的决定，但由于行政体制改革滞后，三级基本财政层级及相应的分税制改革仍然若明若暗。财政部门后来通过"省直管县""乡财县管"等于法无据、进退维谷的迂回试验，以并非分税制的方式来尽可能地促成体制性适应，但也留下了诸多矛盾。另外，受政府部门设置及传统职能所限，财政一般转移支付与专项转移支付的关系也难以理顺，长期博弈，影响了财税政策效率和经济调节功能。

单一制主导下的分权体制特性，注定了中央和地方的事权、财权责任关系不会完全界定清楚甚至也不可能界定清楚。实行分税制是市场经济国家的普遍现象，因为市场竞争虽然通常体现为多元主体行为和财力相对分散，但公共产品乃至宏观调控也是市场经济的内在需求，必须集中相应的财力。这种财力集中与分散的关系，反映到政府管理体制上就是中央政府与地方政府之间的财税关系。财政包干制改为分税制，其体制建构的真正难点也是真实含义在于，合理界定中央与地方的事权和财权责任关系，以及相应的国家与纳税人的关系。我国单一制主导下的分权体制，政府干预、参与经济社会生活过多，地方、部门之间职能相互交叉，无论是此前的包干制还是后来的分税制，都面临着中央与地方以及地方各级政府之间事权、财权及相关支出责任难以划分清楚的困局。反映在税种划分上，除大致分类的中央税、地方税外，必然是共享税占主导地位，甚至是越来越重要的地位。已经做过归属划分的税种，不排除因其政府事权交叉性质而被逐步纳入共享税系列，即名义上的分税制、实际上的比例分成税制。

分税制的建立完善与有效实施，必须优先推进政府行政层级改革以及相应的法制基础建设。在各国税收实践中，实行分税制的国家基本上可以划分为"完全分税制"和"不完全分税制"两种类型。前者彻底划分中央和地方税收管理权限，不设置中央与地方共享税，采取这种分税制的大多是联邦制国家，如美国等；后者设置中央税、地方税以及中央和地方共享税，采用这种分税制的大多是管理权限比较集中的单一制国家，如英国、日本等。但无论是前者还是后者，中央政府与地方政府都享有一定的、独立的税收立法权。其建制理念是，政府行使事权必须具有相应的财力保障和政策工具。实行分税制应当界定各级政府的事权范围和一定的税收权力，政府拥有法定的固定收入来源和财力保障，并根据权责对等的原则，中央税由中央立法，地方税由地方参照中央税立法，建立中央和地方两套税制，分别征收、使用和管理。我国是单一制主导下的财政分税制，税收立法权集中在中央，若干细小税种的立法权赋予地方，则是新近拟将推进的改革。因此，无论是划分中央与地方的事权财权责任，还是深化分税制改革，都必须具备相应的行政治理体制和财政税法基础。否则，有关改革很可能陷入动辄得咎、缘木求鱼的窘境。

（四）事倍功半的治理修复及其限制

1994 年建立分税制财政体制后，20 多年来，因其体制特性和内在矛盾，对其进行调整改革和制度修复的努力始终没有停顿过。但是，这些调整和修复往往只是拾遗补阙，不可能解决其内在矛盾以至基本问题。新近推出的社会期待甚高的改革政策，几乎仍然在做过去难以做好、今后也未必有效的基本功，一些重大改革又回到或徘徊在起始点上，甚至取向不明、举棋不定。

一是探索建立省级以下政府财政分税体制。从分税制改革之日起，中央财政多次提出完善省以下财政管理体制，重点推动收入、支出划分和转移支付制度建设，直至开展省直管县、乡财县管等财政管理体制改革试验。但由于省以下政府层级重叠、政府职能和财政事权支出责任交叉，以及主体税种实行向中央集中的"共享税"模式，地方政府尤其是县以下政府缺乏主体税种。取消农业税后，县乡财政本级收入降低，运行更加困难。事权责任不清，财力无从保障，使得省级以下财政过度依赖转移支付或继续通行各种变相的分成包干制，以事权责任与财力保障相对应的分税体制始终难以建立起来。

二是建立政府间财政转移支付制度。随着分税制改革的推进，从1995年起，开始实行过渡性转移支付制度，即在不调整地方既有财力的前提下，中央财政从收入增量中划出一部分资金，按照统一因素和公式计算地方财力缺口，对欠发达地区进行一般性财政补助，对财政更为困难的民族地区实行政策性转移支付。后来几经改易，大体上形成了可以分为两种类型的中央对地方的转移支付制度。其中一类是财力性转移支付，主要是增强财力薄弱地区的地方政府财力，包括一般性转移支付、民族地区转移支付，以及工资调整、农村税费改革、"三奖一补"① 等转移支付项目；另一类是专项转移支付，即中央政府对地方政府承担中央委托事务、中央和地方共同事务以及符合中央政策导向的事务进行补贴，补贴款项按规定用途专款专用。基于具有逆向调节效应的财税基数及增量分成制度，期待通过部分财政收入增量建立转移支付制度来予以矫正或平衡地区财力，进而均衡公共服务能力，其实施难度和效果以及经济欠发达地区对中央政府财力及执行力的依赖是不难想象的。

三是扩大共享税范围和共同支出责任。单一制主导的财政分税体制，本身存在分担事权支出责任和扩大共享税范围的内在需求。随着市场改革深化，所得税源开始向地方尤其是改革进展较快、非公有制经济相对发达的地区集中。从2002年起，当初依据行政隶属关系实行分税的所得税，除少数不能按地区划分的铁路运输、国家邮政、四大国有商业银行、三大政策性银行以及海洋石油天然气企业外，其他企业所得税和个人所得税，一律改为按统一比例由中央和地方分享的共享税制。为取得改革认同和社

---

① "三奖一补"是指对财政困难的县乡政府增加县乡税收收入和省级政府增加对财政困难县财力性转移支付给予奖励，以调动地方政府缓解县乡财政困难的积极性和主动性；对县乡政府精简机构和人员给予奖励，促进县乡政府提高行政效率和降低行政成本；对产粮大县给予奖励，以确保粮食安全，调动粮食生产的积极性；对以前缓解县乡财政困难工作做得好的地区给予补助，以体现公平的原则。

会支持，仍然采取了此前曾经屡试不爽的"基数不变、增量分成"办法，并对用途做出事先承诺。具体做法是，中央保证地方 2001 年实际所得税收入基数，实行增量分成；中央因所得税收入的共享制改革而增加的收入，全部用于对地方主要是中西部地区的一般性转移支付；跨区域经营的企业集中缴纳的所得税中属于地方分享的部分，依据相关因素在有关地区间分配。另外，金融保险营业税收入以及证券交易印花税收入，也在中央与地方间调整分享比例。2004 年起，按照出口品税收的共享比例，建立了出口退税支出上的中央和地方共同分担机制等。

四是内在机制冲突致使技术性或治理性修补日复一日。体制特性所决定的各级政府之间事权不清、财力难以划分，派生了分税制的意愿与共享制的趋势之间的背离与冲突，以及中央与地方之间的妥协性渐进改革方式，使原本就已经错综复杂的财政体制经过多次反复扭曲，变得很难在分税制的基础性制度建设上有所作为，而只能做一些几乎令人眼花缭乱当然也殊为不易的技术性、治理性修补或改革，以及在财政管理体制上"精耕细作"（尽管这些治理性改革也是十分必要的），基础制度建设则往往徘徊不前以致舍本求末。如我国早在 1994 年就已经通过《中华人民共和国预算法》，1995 年通过《中华人民共和国预算法实施条例》，但至今财政预算制度仍然是深化改革的重点难点任务。如包括行政层级改革在内的分税制基础性体制改革至今无从破题；各级政府事权责任交叉，支出责任及转移支付制度的科学性、公正性与效率性广受关注甚至质疑；带有"基数返还、增量分成"制度底色以及不断增添的因素变量，中央与地方政府的预算编制、执行中人为裁量内容、谈判博弈过程纷繁庞杂，与其客观合理性距离甚远等。

五是单一制主导下的分权体制界定了分税制的有限性质。因国情体制因素，各级政府之间的事权支出责任本身很难划分清楚。即使某一时期、某些领域做了相对明确的划分，但各级政府以及政府各部门之间内在的职能交叉、责任不清，势必导致财税事权和支出责任的重新混淆，财政改革往往无所适从或只能扩大共享税范围。全面深化改革中正在进行的财税改革，则将单一制主导的分权制与市场经济取向的分税制之间的体制冲突、机制悖论和改革困境暴露无遗。一方面着力推进中央和地方政府的事权与支出责任划分，明确中央和地方财政事权及其共同事权，并对改革实施步骤做出具体安排①；另一方面，以全面推进营业税改增值税为标志，共享税范围继续扩大，主导地位更加巩固，地方税局最终与国家税局"分久必合"、重归一体。由此可见，分税制财政体制的建立与完善，必须在减少财政层级进而分清各级政府的事权与支出责任、健全与各级政府事权与支出责任相匹配的主体税种、以零基分税简化税制设定和地区间财税关系以及处理好一般预算与专项预算的关系进而建立科学合理的转移支付制度等基础性制度建设方面有所作为。否则，分税制就只能迁就现状、名不副实，继续沿袭现行体制，在收入侧分税且共享税占主导地位，在支出侧分成辅之以被扭曲了的各级政府间的财政预算安排和转移支付制度。无论其技术性、治理性改革持续多久或搞得多么复杂，终将权责难清、成效有限。

自亚当·斯密提出公共财政概念②两个多世纪以来，尽管理论与政策歧义甚多，但市场经济体制下政府财政通过向社会提供公共产品以满足社会的共同需要或对经济运行进行适当的调节、建立公共财政制度则几成共

---

① 参见《国务院关于推进中央与地方财政事权和支出责任划分改革的指导意见》（2016年8月16日）。该指导意见对央、地财政事权和支出责任如何划分提出了"谁的财政事权谁承担支出责任""适度加强中央的财政事权""减少并规范中央与地方共同的财政事权"等重要原则，还对中央财政事权、地方财政事权、中央地方共同事权进行了划分，并勾画了分步推进相关改革路线图和时间表，要求2016年先从国防、国家安全等领域开始，2017—2018年推进到教育、医疗、环保、交通等领域，2019—2020年基本完成主要领域改革，形成央、地财政事权和支出责任划分的清晰框架。

② 公共财政理论的奠基人是18世纪英国经济学家亚当·斯密。他在《国富论》中将政府财政的管理范围和职能限定在公共安全、公共收入、公共服务、公共工程、公共机构、公债等范围，基本确立了公共财政的理论框架。

识。我国已提出"建立统一完整、法治规范、公开透明、运行高效，有利于优化资源配置、维护市场统一、促进社会公平、实现国家长治久安的可持续的现代财政制度"和重点改革任务。[1] 这些任务的完成或目标的达成，将会是我国由统收统支的计划财政体制经由财政包干制继而分税制改革，最终过渡到社会主义市场经济的公共财政制度的一场深刻变革。其间无论是"优化资源配置、维护市场统一"的经济调节职能，还是"促进社会公平、实现国家长治久安"的公共服务功能，都涉及从财税基础制度到政府管理体制等一系列高难度改革选项，其任务艰巨、过程曲折和路途艰辛是不难想象的。

三、税制变革及其经济调节效应

税收制度是一个国家或地区在一定的历史时期根据经济、社会和政治发展状况，以法律、法规形式建立的各种税收法规制度。我国经济市场化改革推动税制调整和变革，税收制度对经济社会活动的规制取向、调节效应和影响程度也随之发生了深刻变化。

(一) 计划型税收体制及其更易

新中国成立之后，税制多次变易，但其基本线索是适应经济体制变革而进行适应性调整。大体说来，从 1950 年税制建立到 1978 年改革开放以前，我国税制与计划体制的建立和发展相适应，经历了税制的废立、修改和简并几个阶段。

为恢复国民经济、巩固新生政权，保证国家机器正常运转，新中国成立初期，通过废旧立新，统一了税法和税收政策，初步形成了以按产品或

---

① 《深化财税体制改革总体方案》(中共中央政治局 2014 年 6 月 30 日审议通过)。

流转额征税的货物税和营业税、按所得额征税的所得税为主体税种，其他税种为辅助税种，在生产、销售、所得、财产等环节进行课征的统一的多税种复合税制，新中国的税收制度由此建立。[①]

适应农业、手工业和资本主义工商业社会主义改造需要和"三大改造"后经济结构和体制变化，国家对税制进行了相应的修正或改革。其中1953年的修正税制除基本保持原有税负基础、简并税收种类外，还"对公私企业区别对待、繁简不同，对公私合营企业视国家控制的程度逐渐按国营企业待遇"[②]，将税收作为促进三大改造、巩固国营经济主导地位的政策工具。三大改造基本完成后，国营和集体经济比重占90%以上，国营企业与集体企业成为纳税主体。适应经济结构与征纳关系的变化，1958年对税制进行了一次较大的改革。主要是简并税收种类，将原来的商品流通税、货物税、营业税和印花税合并，征收工商统一税，将所得税从原工商业税中独立出来，征收工商所得税，并统一了农业税；简化纳税环节，对工农业产品实行从生产到流通两次课征制度，简化了计税价格与纳税手续及"中间产品"征税规定，调整了部分产品税率。经过这次税制改革，我国税制结构由多税种复合税制转变为以流转税为主体的税制格局，税收对经济生活的调节作用逐步减弱。

经济体制、经济结构和税收征纳关系的变化，推动着税收制度继续走向简化。1973年，我国又进行了一次税制简并改革。进一步简并税种，把企业原来缴纳的工商统一税及附加、城市房地产税、车船使用牌照税、屠宰税以及盐税合并为工商税；大幅度简化税目税率，工商税税目由108

[①] 1950年1月，中央人民政府政务院发布《全国税政实施要则》《关于统一全国税政的决定》《全国各级税务机关暂行组织规程》。除农业税外，全国征收14种中央税和地方税，包括货物税、工商业税、盐税、关税、薪给报酬所得税、存款利息所得税、印花税、遗产税、交易税、屠宰税、地产税、房产税、特种消费行为税、车船使用牌照税等，其后有所增益。

[②] 当时将税收简并为商品流通税、货物税、工商业税、印花税、盐税、关税、牲畜交易税、城市房地产税、文化娱乐税、车船使用牌照税、屠宰税、利息所得税、农（牧）业税、契税等14种。1958年税制改革简并为9种。

个减为 44 个，税率由 141 个减为 82 个；调整征税办法，如取消中间产品税，原则上按企业销售收入计算征税，将部分税收管理权限下放给地方等。[①] 经过这次税制简并，国营企业只需要缴纳工商税，集体企业只需要缴纳工商税和工商所得税。其他如农业税制基本保持稳定，城市房地产税、车船使用牌照税和屠宰税，实际上只对个人征收。税收的功能进一步弱化、淡化，税收对经济的调节范围大大收缩，作用减小。

从 1950 年建立新的税制到 1978 年改革开放前，适应公有制经济主导地位和计划经济体制形成与发展，税种合并与简化趋势明显。我国税制也由建制初期的复合税制，基本上转变成为流转税为主体的单一税制，税收几近丧失其经济调节作用。

（二）经济转轨期的税收转制趋势

适应改革开放需要和经济结构变化，我国首先从涉外企业入手启动税制改革。出台了数部涉外企业所得税法，恢复建立所得税制[②]；除沿用经修订后的工商统一税等流转税外，涉外企业另缴纳车船使用牌照税和城市房地产税。税制改革从一开始，便朝着建立流转税、所得税、财产税、行为税等大体完整的复合税制方向回归并进行市场适应性建制。

其次是推进农业税制和国营企业"利改税"改革。适应农村家庭承包制改革，农业税实行起征点、户缴户结、折征代金等纳税方式，另外开征农林特产税、耕地占用税，并对契税进行调整。1983 年起，对国营企业实行第一步"利改税"，形成"税利并存"模式；1984 年推出第二步"利改税"改革，"税利并存"模式逐步过渡到"以税代利"制度；1987 年起税利分流后，国家与企业的利润分配格局趋向稳定。

---

① 虽然此前也有一些小的变易，如受苏联"非税论"影响、1959 年开展的"税利合一"试点，1962 年开征集市交易税，1963 年调整工商所得税等，但其影响都不及此次税制简并改革。

② 参见《中华人民共和国中外合资经营企业所得税法》（1980 年 9 月 10 日）、《中华人民共和国个人所得税法》（1980 年 9 月 10 日）和《中华人民共和国国外企业所得税法》（1981 年 12 月 13 日）。几部法律后经统一、合并和多次修订。

再次是全面改革工商税制。伴随"利改税"的推进，逐步规范流转税。将工商税按照性质划分为产品税、增值税、营业税和盐税；开征资源税和所得税，对原油、天然气、煤炭等先行开征资源税[1]，对盈利的国营企业征收所得税，对国营大中型企业缴纳所得税后的利润征收调节税；恢复和开征财产税，如房产税、土地使用税、车船使用税和城市维护建设税等地方税种。

最后是改革关税制度。随着对外开放的逐步扩大，无论是国内建设和人民生活需要，还是宏观调节与经济安全考虑，完善关税制度势在必行。1980年恢复对进出口贸易公司进口货物征收关税，并对关税税率进行多次调整。1985年开始全面修订关税税则，规范关税税率的调整频率与规模。1987年成立国务院关税税则委员会，负责规制进口关税并发挥关税对内外部经济的宏观调节作用。到1992年底，我国关税的算术平均税率仍达47.2%，经济开放还可以大有作为。

此外，1982—1991年间，适应经济改革需要，包括应对两个比重下降，国家还开征了一系列税种。涉及投资的如建筑税，固定资产投资方向调节税；调节所得的有国营企业工资调节税，国营企业、集体企业、事业单位奖金税，城乡个体工商户所得税，以及改工商所得税为集体企业所得税；与生产生活相关的如烧油特别税、筵席税等，并恢复征收印花税，在一些地区试征增值税等。这些税种后来虽修废不一，但其密集出台有解燃眉之急所需，也为此后的复合税制体系建设进行了前期探索，打下了一定基础。

(三) 市场初建期的复合税制体系建设

社会主义市场经济建制目标的确立，推动了与之相适应的财税体制改

---

[1] 1984年9月28日，财政部发布《资源税若干问题的规定》，从1984年10月1日起，对原油、天然气、煤炭等先行开征资源税，对金属矿产品和其他非金属矿产品暂缓征收。

革和复合税制体系建设。1994年的税制改革，使我国税收体系更加简化，税种结构趋于合理，征管效率得以提高，税收对国家财政收入的支撑作用和对宏观经济运行的调节功能大大增强，适应市场经济体制初建期的复合税收体系雏形初成。

第一，改革流转税制。实行内外资企业统一的增值税、消费税和营业税，取消工商统一税。对商品的生产、批发、零售和进口全面实行增值税，价外计征，基本税率为17%，低税率为13%，后来针对特定行业（如农产品、天然气等）增设低档税率。对小型纳税人实行简便征税办法。对需要进行特殊调节的部分最终消费品交叉征收消费税，对不实行增值税的劳务交易和第三产业征收营业税。

第二，改革所得税制。从1994年起统一内资企业所得税，实行33%的比例税率，对部分微利企业增设27%和18%两档优惠税率，择机统一内外资企业所得税；取消国营企业调节税和国家预算调节基金，用税法规范税前列支项目和标准。简并个人所得税，将个人所得、个人收入调节税和城乡个体工商户所得税统一合并为个人所得税；个人工资、薪金所得在月扣除额之外实行5%～45%的超额累进税率；个体工商户的生产、经营所得实行5%～40%的超额累进税率。

第三，改革资源税制。从1994年1月起，对开采应税矿产品和盐品的生产单位，实行"普遍征收、级差调节"的新资源税制。资源税征税范围扩大到所有矿产资源，按产品类别实行从量定额征收办法。统筹资源税与流转税负担结构，将部分原材料少征的增值税转由资源税征收。调整城镇土地使用税。

第四，改革行为税制。以房地产交易增值额为课税对象，开征土地增值税；改革城市维护建设税，以销售收入为计税依据，实行0.5%～1%的幅度税率，将外资企业纳入征税范围；改股票交易印花税为证券交易税，对买卖双方各按3‰的税率征税，最高税率可以上浮到10‰。2000

年起，以车辆购置税替代车辆购置费。

第五，改革或并废若干税种。包括调改农业特产税，将原征收产品税的 10 个农林水产品税目与原农林特产税合并为农业特产税，重新确定应税项目、税率及征收办法；下放屠宰税等；取消或合并盐税、筵席税、集市交易税、牲畜交易税、特别消费税、烧油特别税、奖金税和工资调节税；取消对外资企业和外国人征收的城市房地产税和车船使用牌照税，统一征收房产税和车船使用税并调整相关税率。

第六，改革税收征管制度。自 1994 年税制改革起，建立纳税申报制度；推行税务代理制度；推进税收征管计算机化进程；建立严格的税务稽核制度；适应分税制需要，组建中央和地方两套税务机构等。

（四）市场深化与税收治理改革

1994 年税制改革，是新中国建立以来规模最大、内容最丰富、影响也最大的一次税制改革。这次改革不只是缓解了两个比重下降的燃眉之急，更重要的是确立了适应社会主义市场经济需要的税收规范和复合税收体系，并且与国际税收惯例基本接轨，为开放型经济发展提供了税制条件。

税收领域的基础性制度建设基本完成之后，其治理维系性改革远远没有终止。经济形势和利益关系变化，推动或期待着税收制度的调整与变革。除为应对经济波动而配合宏观需求管理政策适时采取结构性短期税收政策外，自 2003 年起，以增值税转型和统一企业所得税为重点，启动了新一轮税制改革并多有制度建树。

一是完善流转税制，推行增值税转型、营业税改增值税和调整消费税政策。1994 年税制改革因两个比重下降明显，增值税采取了保障税源税收的生产型增值税。[①] 这种增值税制，对企业固定资产投资和技术改造

---

① 生产型增值税指在征收增值税时，只能扣除属于非固定资产项目的那部分生产资料的税款，不允许扣除固定资产价值中所含有的税款。该类型增值税的征税对象大体上相当于国民生产总值，因此称为生产型增值税。

更新有抑制作用。自 2004 年 7 月起，先在东北地区的装备制造业等八个行业，此后又扩大试点地区及行业，进行增值税转型改革试点，允许企业新购进机器设备所含的增值税进项税额予以抵扣。经过几年的试验，自 2009 年 1 月起，在全国所有地区和行业，全面将生产型增值税转为消费型增值税。[1]与此同时，消费税税目、税率也进行了一些调整。[2]为解决营业税重复征收问题，促进服务业发展，从 2012 年 1 月起，在上海交通运输业和部分现代服务业开展营业税改增值税试点，至 2013 年 8 月逐步在全国开展"营改增"试点，此后陆续将广播影视服务业、铁路运输和邮政服务业、建筑业、房地产业、金融业、生活服务业全部纳入改制范围。至 2016 年 5 月，曾经作为我国流转税主体税种之一的营业税正式退出历史舞台，中央与地方之间的财政分税比例也因之做了相应的调整。[3]

二是深化所得税改革，统一内外资企业所得税和调整个人所得税政策。改革开放初期，曾对外资企业实行包括所得税在内的税收优惠政策。1994 年税制改革统一了流转税，但内外资企业所得税仍有较大差别。自 2008 年起，将企业所得税法定税率由 33% 降至 25%，统一税前扣除办法、标准及税收优惠政策，正式实施新的统一适用于内外资企业的所得税法。兼顾税收调节收入分配和税负适度原则，先后多次修订税法，调整个人所得税相关政策，包括提高个人所得税起征点、调整居民储蓄存款利息所得税等。

---

① 消费型增值税指在征收增值税时，允许将固定资产价值中所含的税款全部一次性扣除。这样，就整个社会而言，生产资料都排除在征收范围之外。该类型增值税的征税对象仅相当于社会消费资料的价值，因此称为消费型增值税。

② 自 2006 年 4 月 1 日起，国家对消费税税目、税率进行调整，其中税目由原来的 11 个增至 14 个。

③ 2016 年 4 月 29 日，国务院印发《全面推开营改增试点后调整中央与地方增值税收入划分过渡方案》，以配合税制改革。主要内容是：以 2014 年为基数核定中央返还和地方上缴基数；所有行业企业缴纳的增值税均纳入中央和地方共享范围；中央分享增值税的 50%；地方按税收缴纳地分享增值税的 50%；中央上划收入通过税收返还方式划给地方，确保地方既有财力不变；中央集中的收入增量通过均衡性转移支付分配给地方，主要用于支持中西部地区发展。

三是改革资源税计征办法，由"从量定额"改为"从价定率"征收。1994 年税制改革时，资源税实行从量定额征收办法。此后因资源稀缺程度、市场供求关系和环境补偿成本的变化，这种计税征收办法已严重背离市场规律。① 经在新疆等地先行试点后，2011 年 11 月起，石油、天然气在全国范围内由从量定额征收改为从价定率征收，税率定为 5%。2016 年 7 月起，通过清费立税，扩大资源税从价计征范围，全面推进矿产资源等资源税改革。此外，2016 年 12 月，环境保护税法通过，2018 年 1 月施行，将排污费"税负平移"到环保税，征收对象包括大气污染物、水污染物、固体废物、噪声等。水资源税则仍以从量计征开展试点，征税对象为江、河、湖泊（含水库）等地表水和地下水，纳税人为直接取用地表水、地下水的单位和个人。截至 2017 年底，试点范围已扩大到 10 个省（区、市），为全面开征水资源税积累经验。

四是实行差别性消费税，促进资源节约和环境保护。自 2015 年 2 月起，我国对电池、涂料征收消费税。该项消费税在生产、委托加工和进口环节征收，适用税率均为 4%。对无汞原电池、金属氢化物镍蓄电池、锂原电池、锂离子蓄电池、太阳能电池、燃料电池和全钒液流电池免征消费税。对铅蓄电池缓至 2016 年 1 月起按 4% 税率征收消费税。对施工状态下挥发性有机物（VOC）含量低于 420 克／升（含）的涂料免征消费税。

五是改革税收征管制度，税务机构由国税、地税分别设立过渡到统一设置。适应 1994 年税制改革，国税、地税分设征管机构，其后对其履职尽责进行了一系列改进强化，包括 2015 年出台改革方案，推动征管职责划分、创新纳税服务机制、转变征收管理方式、深度参与国际合作、优化税务组织体系、构建税收共治格局等。② 随着 2002 年企业所得税分成改

---

① 以煤炭行业为例，1994 年税制改革时，资源税从量定额计征，每吨原煤征收资源税 2 ～ 5 元、焦煤 8 元，煤业综合税负为每吨 3.5 元，而煤炭价格较当初税制改革时已平均上涨 10 余倍，最高时超过 20 倍。

② 参见 2015 年 12 月 24 日中办、国办发布的《深化国税、地税征管体制改革方案》。

革尤其是 2006 年营业税改增值税，地税机构征税职能大大收窄，国税、地税机构的权责职能交叉、失衡，征税成本高、效率低等问题日渐突出。2018 年 3 月，党政机构改革方案决定合并国税、地税机构，自上而下统一设置国家税务机构。此外，税收法定化进程也陆续起步。[①]

（五）顺应市场规律健全税收调节功能

我国税制由计划经济时期的单一税制逐步转变为适应市场经济发展的复合税制体系，是政府经济调节与规制方式的重大体制性变革，发挥了支持财政治理、调节经济运行和保障经济社会发展的重要作用。但是，随着市场经济的深入发展和经济社会结构的深刻变化，税收来源结构和调节效应正在或已经发生一系列趋势性变化，税收结构性矛盾和体制性短板也逐步显现出来，需要预作研判、适时适当应对。

近些年来，曾经支持国家税收较长时间高速增长的传统产业税负压力较大、税收增速下降，信息技术、商务服务和居民消费等新型税源虽然相对稳定，但需要轻税减费、扶持成长。面对国际社会减税压力，如何利用税收工具推动传统产业转型升级和新型产业发展，也是税制结构性改革的重要内容。另外，必须正视地区发展差异所导致的地方财力的严重分化。即使是新近推出的有利于服务业发展和经济结构优化的税制改革，总体上也是有利于发达地区的。新增税收主要集中在东部沿海省份，尤其是少数优势城市。部分地区的财政可持续性面临挑战。

我国新从低收入国家成长为上中等收入国家，税收体系中结构性短板突出。直接税比重偏低，有历史因素和技术性难点，也有取向不明以致决策无所适从的问题。应当适应经济发展阶段和社会结构变动，以宽政裕民、平等共享为取向，积极而又审慎地推动居民收入及社会财富调节类税

---

① 2017 年起，耕地占用税法、车辆购置税法、资源税法、税收征收管理法修订稿等公开征求意见，烟叶税法和船舶吨税法等进入立法程序。

制改革。

鉴于从业条件、生活成本、赡养负担及税收征管方式等方面的差异，现行的个人所得税制既无效率又不平等，应当尽快过渡到综合与分类相结合的个人所得税制，并适当提高税基、降低税率、简化累进层级，以及加快个人申报与交叉稽核等税收征管技术平台和基础性制度建设。

通常构成地方主体税种的房产税尚属预案、若明若暗。其改革决策难定，无非是纠结于产权性质、免税面积、纳税价格、税率水平以及居民负税能力与公平程度等。其实，可以考虑按照产权性质，将地产税与房产税区分开来，"大产权房"在一定时限（如70年）内只征房产税，以免征的地产税抵扣购房者已经一次性缴纳的土地出让金；"小产权房"既征房产税也征地产税［相当于大产权房的土地出让金分期（如70年内）摊付］；鉴于城乡收入差距，农民宅基地上的自住房不征地产税，也可以暂不征房产税。关于免税面积，考虑到我国居民的房产情结、全面小康社会的居住期待，以及城乡居民住房面积差距等因素，适当扩大免税面积或浮动范围，而不是简单地以现有或此前某个时点的城镇居民平均住房面积为免税基数。至于纳税价格、税率水平等，应当从低从轻，公平透明，使人民大众轻税安居、乐于置业。因房产税的地税性质，可在税制统一基础上赋予地方政府更多的自主权。

经济社会发展和结构深度调整以及相应的税制结构性改革，直接税比重逐步提高渐成趋势，也符合促进社会公平的居民收入分配和社会财富调节需要，但也潜藏着地区性结构失衡的可能。在居民收入水平和社会财富积累程度较高的东部地区，以及经济发展、结构调整相对缓慢，居民收入及财富积累较低的其他地区，直接税对政府财力、发展潜力以及广义的居民福利可能出现逆向调节或马太效应。

面对经济结构和税源结构变化所凸显的税制短板和结构性矛盾，尤其是地区间财力与发展潜力的不平衡趋势，除地区发展政策需做重要调整外，税制改革应从央地税收分享体制、转移支付制度等方面早做预案。至少应当把当初照顾发达地区既得财力、目前在财政收入中已影响很小的基数返还制尽快改为零基分税制。分税因数以及相应的财政转移支付方式也应当与时俱进，真实地反映并适度调整、平衡经由几十年发展，地区之间在经济、社会、财富、生态等方面已经发生的深刻变化和巨大差别。在此基础上，推动中央与地方之间的事财权关系、财税体制以及运行机制等的规范化、法治化，减少不同地区之间的财力差异以及人们对现行财税体制的客观性、公平性乃至法理性的疑虑。

第七章

经济货币化与金融市场化

计划体制本质上排斥商品货币关系的发展，金融抑制是其普遍现象。经济市场化改革，体现为经济货币化过程，也推动着金融市场化发展。

一、经济货币化与金融体制演化

农村家庭承包制的推行，使农户生产剩余得以进入市场交易并由市场决定价格，尽管最初的农副产品市场或许还只是农村集市贸易之类的原始市场形态。乡镇企业和个体私营经济的兴起，从"边角余料"处撕裂了生产要素价格管制和计划配置的铁幕，开始以市场机制配置资源，并且推动着城乡生产要素价格的市场化改革，尽管其市场形态当初还属于并非合法的"灰色市场"性质。当代中国经济的货币化和金融市场化过程在城乡市场、价格双轨制的土壤中曲折地孕育和成长。

（一）货币金融发展与体制调整

市场取向的经济改革，推动了经济货币化过程。1979—1992间，我国真实国民生产总值（GNP）增长 2.31 倍，1992 年流通中的现金（M_0）和广义货币（M_2）增至 1978 年的 20 倍。同期官方价格指数和自由市场价格指数只分别增长 1.25 倍和 1.41 倍，货币（M_0、M_2）流通速度也仅仅分阶段下降一半左右，通货膨胀率明显小于货币增长率与真实 GNP 增长率之间的差额；广义货币与 GNP 之比，从 1978 年的 0.32 增至 1985 年的 0.60，再增至 1992 年的 1.0 以上，呈单调递增趋势。社会金融资产总量迅速攀升。1978 年居民银行存款为 260.6 亿元，只占 GNP 的 5.9%，国民储蓄绝大部分来自中央政府。到 1992 年底，居民银行存款总额达到 11 545 亿元，占当年 GNP 总量的 48% 左右，中央政府金融资产比重下降，居民、企业、金融机构和地方政府的金融资产逐步增加。[①] 社会金融资产结构的变化，推动着商品要素交易及货币金融市场的进一步活跃。即在改革开放之初，市场取向的改革从理论到实践都还处在突破计划体制、"摸着石头过河"阶段，带有金融深化性质的经济货币化过程，就已经因体制变革、市场活跃和经济发展而随之启动，开始锻造经济市场化的金融基础。

改革早期某种近似于线性轨迹的经济货币化过程，是中国制度变迁的函数，折射着经济改革和金融深化及其体制创新的进程与特性。经过1979—1984 年间农村改革所推动的农业剩余增长、乡镇企业与个体私营经济兴起、初级市场活跃以及经济货币化速度加快之后，经济改革的重点由农村转向难点更多、难度更大的城市，我国货币供应和真实 GNP 增长速度开始波动不居，但直到 1992 年，平均增速较之于此前阶段几无变化。其间，1985—1989 年，货币流通速度有所下降，由此前 2 次的区间降到 1 次的区间；通货膨胀率开始攀升，由最低年份（1986 年）的 6.5%达到最高年份（1988 年）的 18.8%。这种情形一方面反映了改革开放头几年因农村家庭承包制改革和非国有企业快速兴起，经济货币化适时吸收了快速增长的货币供给，以及城市改革启动后的多元经济成长、商品市场繁荣、要素市场发育，促进了经济货币化的逐步深化；另一方面，也表明在城市改革初期，市场重建相对复杂、商品交易及物流不畅、总供给与总需求及其结构失衡，以及体制转轨摩擦如"价格闯关"对货币流通速度和通货膨胀率的影响等。

经济改革和经济货币化发展推动了金融体制变革。改革开放前，人民银行"政融、管办不分"，既是负责金融管理的国家机关，又是从事存贷款、结算业务的金融组织。改革开放后，金融运行日益复杂化、专业化，

---

① 易纲.中国的货币化进程.北京：商务印书馆，2003：53、56、65.其中 M_0 指流通中的现金，在我国是指银行体系之外流通着的现金；M_2 是指银行体系以外流通的现金与商业银行体系各种存款的总和，是较为广义的货币供应量。

货币政策和金融调控监管等中央银行职能越来越重要。人民银行陆续经历了与财政部分设、与国家专业银行分离的体制变革过程，计划体制下人民银行包揽一切金融业务的"大一统"金融体制逐步解体。1984 年 1 月起，中国人民银行专门行使中央银行职能，负责金融宏观管理，此前承担的工商信贷和储蓄业务由新设立的中国工商银行专业经营。此后，国务院发布行政法规，正式赋予中国人民银行中央银行地位，明确其货币政策、货币发行及金融监管等中央银行职能，人民银行职能和管理方式也进行了相应的改革或调整。[①]

（二）市场化改革与经济货币化途径

经济货币化是中国市场化改革的重大特征。虽然其前期经历过亚洲金融风暴[②]的猛烈冲击并为之做出国际担当、付出重大代价，但与市场化改革相关联的我国经济货币化、金融深化及其体制创新之频密度与深刻性仍举世罕见。

改革开放以来，中国货币供应量开始攀升。平均每年新增货币，1981—1983 年为 400 多亿元，1984—1989 年为 1 500 多亿元，1990—1992 年为 5 000 多亿元。1992 年经济市场化改革正式启动之后，货币供应量也随之快速提升。其中 1993 年比 1992 年新增 9 400 多亿元，环比增速为 38.8%，广义货币供应量达到 34 879.3 亿元。1992—2007 年间，我国 GDP 总量由 27 195 亿元增长到 270 232 亿元，增长了 9.94 倍，M_2 年末数由 25 402.2 亿元增长到 403 442.2 亿元，增长了 15.88 倍；M_2 与

---

① 参见《中华人民共和国银行管理暂行条例》（1986 年 1 月 7 日）。

② 亚洲金融风暴是指 1997—1998 年发生于亚洲新兴市场国家和地区并迅速蔓延开来的一场金融危机。1997 年 7 月 2 日，泰铢贬值，亚洲金融风暴由此爆发，并席卷马来西亚、新加坡、日本、韩国、中国等地，打破了亚洲持续多年的经济高速发展态势。亚洲一些经济大国经济萧条，还有一些国家政局发生动荡。这场持续到 1998 年底的金融危机反映了世界各国的金融体系存在严重缺陷，包括许多曾经被人们认为是经过历史发展选择的比较成熟的金融体制和经济运行方式。

GDP 的比率也由 0.943 5 增加到 1.517 8，提高了 37.84%。同期，GDP 平均增长率为 10.69%，通货膨胀率平均为 5.29%。[①]

1992—2007 年间，在 M_2 增速比 GDP 快五倍左右的货币环境中，GDP 增速仍比通货膨胀率快过一倍，其间货币流通速度只下降一半左右。由于我国一直致力于防止货币本身导致经济失调，因而通常以货币供应量为中间目标，保持货币流通速度基本稳定，每年的变化率都控制在 10% 以内，货币流通速度放慢的影响由此淡化。[②] 制度变革所推动的经济货币化和金融深化，反过来又作为制度变革函数，与经济改革和发展相互激励。自 20 世纪 90 年代初社会主义市场经济改革目标确立之后至 2007 年美国"次贷危机"[③] 进而全球金融风暴之前，这种现象表现得尤为典型。尽管不排除各领域间存在改革失衡、失序、失速等因素，但也并未发生许多转轨制国家频频出现的通货膨胀乃至恶性通胀，经济货币化、市场化和金融深化途径耐人寻味。

首先是这一时期商品价格改革基本完成，将过去人为地扭曲及压低的产品计划价格，转变为体现真实生产成本和市场供求关系并由市场机制决定的商品价格。截止到 2006 年底，市场调节价在社会商品零售总额中占 95.3%，在农产品收购总额中占 97.1%，在生产资料销售总额中占 92.1%；

---

① 根据国家统计局历年数据及测算而来。

② 货币流通速度是一个较为复杂的问题，既涉及狭义货币流通速度，又涉及广义货币流通速度。改革开放以来，我国的货币流通速度，无论是狭义货币还是广义货币，总体上都呈现稳定的下降趋势。其中 1990—2010 年间，广义货币流通速度由 1.22 次下降到 0.55 次，下降幅度为 54%。其原因也是多方面的，包括但不限于：经济增长速度的影响，经济货币化程度加深、利率管制及其对货币需求的拉动、经济周期性波动变化、居民传统储蓄偏好，以及地区间经济市场化与货币化程度的差异等。不过，随着金融深化和金融工具创新的大量出现，金融机构可以通过电子交易系统，加快货币的区域转换和时间转换，流动资产的生息空间扩大，货币持有的机会成本增加，尽快将货币从贮藏手段转化为支付手段便成为人们的选择倾向，进而加快货币交易，因此也有加快货币流通速度的因素存在。

③ 美国次贷危机（subprime crisis）也称次级房贷危机、次债危机。它是指一场发生在美国，因次级抵押贷款机构破产、投资基金被迫关闭、股市剧烈震荡引起的金融风暴。它致使全球主要金融市场出现流动性不足危机。2006 年春季，美国次贷危机逐步显现，2007 年 8 月开始席卷美国、欧盟和日本等世界主要金融市场。

政府指导价和政府定价的相应比重分别只占 4.7%、2.9% 和 7.9%。商品价格改革或经济货币化使相当一部分商品价格上涨数倍甚至更多倍数，需要并且也吸收了更多流动性。而治理性渐进改制，又使这种改革通常体现为较长时间的"温和通胀"。

其次是城市用土地使用制度的市场化改革推动了经济货币化和金融深化，挤出和消化了快速增长的流动性。我国征地制度及其征地价格，固然在土地一级市场或许并不需要过多的流动性以实现市场交易，但随着城市用地制度改革，土地资源的稀缺性质决定了土地二级市场上价格攀升是不可避免的，尤其是城市政府对土地财政的持久依赖，使得计划体制下不是商品、没有价格的土地资源持续性地商品化、货币化，不可避免地挤出、吸收或占用越来越多的流动性。

第三是资本市场的发育成长所推动的企业资产资本化、证券化，自然需要或占用更多的流动性。1992 年，中国资本市场刚刚起步，总市值几乎可以忽略不计。但到 2007 年，在经过 2005 年以来的股权分置改革、消化了国有股减持因素之后，经历了一次牛市膨胀及其泡沫破裂过程。当年 10 月股市指数最高达到 6 124 点，市值达 35.54 万亿元。即使股市泡沫破裂，到年底上市公司总市值仍达 32.71 万亿元。而当年 GDP 为 27.02 万亿元，股市市值占 GDP 的比例达到 121.06%。近乎从零起步、快速攀升至数十万亿元的交易所市场市值及其流通交易，也占用或消化了大量的社会流动性。

第四是国有企业改革尤其是中小国有企业迅速推向市场，既增强了我国制造业生产能力和市场活力与竞争力，也推动或吸收了社会流动性。部分大中型国有企业为做大做强、建立现代企业制度，通过债转股或资产管理公司剥离不良金融资产等直接消减银行信贷资产，还通过股权多元化吸收非国有资本、消化社会流动性。更重要的是，为数众多、分布广泛的中小型国有企业经由"抓大放小"改制，于 20 世纪 90 年代中后期疾风暴雨般转变为非国有、非公有制企业，将改革开放以来积累起来的数额巨大的民间货币资本迅速转化为民营产业资本，既锻造了充满生机与活力的微观市场主体和企业经营机制，增强了经济发展尤其是制造业发展的动力与活力，也极大地吸收了过剩的流动性，优化了社会资本构成。

第五是住房制度改革及其后的房地产业发展，持续地消化吸收了日益增长的货币投放或社会流动性。经济发展和城镇人口快速增加，传统的住房供给制度难以为继。为拓宽住房建设资金来源，同样于20世纪90年代中后期，几乎一夜间将新中国成立以来几十年间投资建设起来的公有住房改制为私有住房，同时也将城镇居民几十年甚至几代人积累的储蓄资产转化为个人住房资产，坊间微词是"住房改革、口袋掏空"。城镇住房制度改革，既转化了城镇居民储蓄资产，推动个人住房信贷增加，也刺激了房地产业发展及其信用创造直至信贷依赖，成为刺激和消化货币投放或社会流动性的持久性机制。并且，住房制度改革还与国有企业改革等相关改革一起，共同遏制了90年代前中期急剧上升的通货膨胀，实现了经济"软着陆"。或由于诸多方面过多地吸收流动性，作为内因的相关改革与亚洲金融风暴等外部因素一起，推动中国经济由急剧攀升的通货膨胀迅速转变为持续数年的通货紧缩，当然也为宏观需求管理政策留下了有所作为的空间。

第六是金融改革与经济改革不同步形成的体制摩擦，导致国民经济运行和金融自身运转需要较多的货币以致货币供应快速增加。长期的利率管制和低利率政策，推动着凡是可以获得银行贷款的企业或单位，尽可能地争取较大数量、较长期限的低成本融资，进而持续推高货币需求。国有企业融资的"体制性便利"和"预算软约束"，使得一部分企业推高杠杆，不仅降低了资金使用效率，而且较长时间甚至长期循环占用银行信贷资金，迟滞了货币流通速度，其他资金利用速率较低的公共单位也有类似情形。融资困难的中小企业尤其是非公有制企业不得不求助于民间信贷，形成体制外信用创造及其相应的储蓄增加。由体制摩擦尤其是部分经济主体的资金利用效率低下所促成的货币流通速度放缓，意味着保持国民经济运行及稳定发展，客观上需要并且占用较多的货币供应量。

此外，经济的开放性与全球化，国际相对价格水平、贸易和投资活动以及国际收支盈余也影响着国内的社会流动性。改革开放后国家间尤其是中国与发达国家间的市场开始逐步对接，长期以计划价格形式人为压低的商品、服务及要素价格，逐步在国际贸易和投资过程中得到矫正，形成持续的输入型通货膨胀，助推国内价格改革，也派生了相应的货币需求或消化了一定数量的货币供给。由要素价格相对低廉所形成的比较优势，提升了我国商品的国际竞争力，使我国在较长时期保持了经常账户的大量盈余，加之吸引外资的鼓励政策，资本账户盈余也一直居高不下。而当初的强制结售汇制度，使经常账户和资本账户的双盈余直接转化成为基础货币投放，形成外汇占款，成为基础货币供应的重要渠道直至主要渠道，甚或引致通货膨胀，就连货币当局也曾忧虑由此而丧失货币政策的内生性或自主性而采取相应的对冲措施。当然这从一个侧面反映了对外开放对我国经济市场化和金融深化的巨大推动作用。

二、金融发展与金融体系创新

或许我们无从以功能函数及其建模形式将这一时期经济市场化、货币化、金融深化的相互关系和因素贡献精准地反映出来，但在1992—2007年间，中国经济的市场化变革创造了鲜活生动而又错综复杂的金融发展及制度创新的历史活剧。

（一）金融改革起步与机构体系建设

改革开放伊始，人民银行一统格局逐步打破，各类金融机构发展起来。1979 年起，陆续恢复或分设中国农业银行、中国银行、中国人民建设银行①和中国工商银行，形成国家专业银行体系，实行业务交叉经营和相互竞争，即所谓"工行下乡、农行进城、中行上岸、建行进厂"。多家股份制银行及保险公司、证券公司、期货公司等非银行金融机构也相继成立。1994 年起，政策性金融与商业性金融分离，成立了国家开发银行、中国进出口银行和农业发展银行三家政策性银行。国家专业银行逐步转制为商业银行，形成以商业银行为主体、多种金融机构分工协作的金融机构体系。到 2007 年末，包括政策性银行、商业银行、邮政储蓄银行、农村合作银行、城乡信用社、信托投资公司、企业集团财务公司、金融租赁公司、货币经纪公司、汽车金融公司、金融资产管理公司以及外资金融机构在内，全国共有银行业和非银行业金融法人机构 8 877 家；各类证券投资公司 106 家，证券投资咨询机构 101 家，境外证券经营机构 68 家；保险公司 110 家，保险集团（控股）公司 8 家，再保险公司 6 家，保险资产管理公司 10 家；各类基金公司 59 家，期货经纪公司 117 家。

国家专业银行的商业化改革，是金融机构体系的基础性制度建设。社会主义市场经济发展建制，迫切需要国家专业银行解决历史包袱，成长为现代金融业市场主体。2003 年 9 月，通过国家注资、处置不良资产、设立股份公司、引进战略投资者、择机上市等步骤，按照"一行一策"原则，对已经初步转轨的国有商业银行实施股份制改革，建立规范的公司治理结构，向产权清晰、资本充足、运营安全、服务与效益良好并具有国际竞争力的现代商业银行转变。适应国家注资，成立中央汇金投资有限责任公司，代表国家对试点银行行使出资人职能。设立独立的资产管理公司，

---

① 中国人民建设银行成立于 1954 年 10 月 1 日，1996 年 3 月 26 日更名为中国建设银行。

按市场化模式剥离、处置不良资产。按照现代股份制商业银行标准开展公司治理和内控指引，进行股份制、公司制改造。坚持国家绝对控股和竞争择优原则，引进战略投资者，发挥其在完善公司治理和业务技术合作方面的优势。灵活选择发行 H 股和 A 股推动公开上市，对内部治理、监督管理及财税政策等进行适应性调整。中央汇金投资有限责任公司分别向中国银行、中国建设银行、交通银行和中国工商银行注入资本金，四家银行相继完成股份制改造并公开上市。

四大国有商业银行改制完成，其自身在公司治理结构、资本充足率、资产质量及盈利能力、经营管理水平、市场竞争实力等方面得到改善[1]，也推动着其他类型的商业银行按照现代金融企业模式深化改革。其中光大银行获得中央汇金投资有限公司 200 亿美元的等值人民币资本金注入，推动银行重组改制；国家开发银行也获得等额注资，促使该政策性银行按照自主经营、自担风险要求全面推行商业化运作，并为中国进出口银行、中国农业发展银行的功能定位、运营机制和改革模式提供了示范。其他新成立的银行类及非银行类金融机构，一律按商业机构定位和市场机制运行。农村信用社按照市场化原则建立法人治理结构，转换经营机制，处理历史包袱，变革产权制度、组织模式和管理体制。[2] 我国金融体系的微观基础发生了根本性转变，市场起决定作用的金融机构体系初步建立起来。

（二）金融市场体系发育与成长

经济货币化、金融深化和金融机构体系建设，推动着金融市场体系

---

① 经过股份制、市场化改革，国有商业银行摆脱了困扰多时的"技术性破产"困境，经营状况逐步改善。截至 2007 年末，工商银行、中国银行、建设银行和交通银行的资本充足率分别达到 13.09%、13.34%、12.58% 和 14.44%；净利润分别为 827.24 亿元、678.05 亿元、691.42 亿元和 202.74 亿元；不良贷款率分别下降至 2.47%、3.12%、2.60% 和 2.05%。

② 2003 年 6 月在浙江等 8 个省（直辖市）先行试点农村信用社改革，次年 8 月扩大试点，2006 年底在全国范围推开，同时在吉林等 6 个省（自治区）启动设立村镇银行、贷款公司和农村基金互助社试点，2007 年 10 月扩大到全国 31 个省份。

的发育、规范和创新发展，多层次多功能的金融市场体系逐步建立和成长起来。

1985 年起，人民银行开始改变其对各金融机构实施的统揽信贷资金、按计划指标投放的行政性直接管理做法，与专业银行的信贷资金分开，在全国实行"统一计划，划分资金，实贷实存，相互融通"，既为专业银行向商业性金融企业转型，也为货币市场发育和自身启用间接调控工具破题铺路、创造条件。1986 年起，我国银行间拆借市场启动。后经过十余年发展，形成全国统一的同业拆借市场。至 2007 年 7 月人民银行发布实施《同业拆借管理办法》时，全国银行间同业拆借市场成员已达 700 余家，覆盖 16 类金融机构，市场交易规模近 11 万亿元。

银行间债券市场始建于 1996 年，十余年间一枝独秀。债券发行由 1997 年的 0.2 万亿元增长到 2007 年的 3.9 万亿元，占债券市场发行总量的 95.77%，年均增速达 37.95%。其他债券虽然发行额不大，但品种创新迅速。除发行政策性金融债券外，陆续推出一般性金融债券、商业银行次级债券、商业银行混合资本债券等金融机构债券工具；恢复或推出了短期融资券、中期票据等非金融企业债务融资工具；开展了信贷资产证券化试点，推出了债券远期交易、利率互换交易等金融市场风险管理工具。做市商制度、货币经纪制度、债券结算代理制度、信息披露和评级制度等市场基础性制度相继建立。交易所市场的债券品种和交易规模增长，交易方式和市场规则逐步健全。机构投资者数量增加，到 2007 年底已达 7 095 家。国际债券融资也有所发展。

贵金属市场从无到有，黄金业步入市场化轨道。2001 年 4 月，中国人民银行宣布取消黄金统购统配的计划管理体制，黄金开始入市交易。2002 年 10 月，上海黄金交易所开业，场内场外推出众多黄金产品，为投资者和黄金生产与使用企业提供了投资渠道、产销市场和避险工具。2007 年 6 月，上海黄金交易所引入外资银行在华经营机构会员，推动黄金市场对外开放。

适应开放型经济发展需要，开始改革计划经济时期的外汇管制制度。1979 年实行外汇留成办法。次年中国银行开办外汇调节业务，调剂外汇额度，形成人民币官方汇率之外的市场汇率，外汇市场开始萌芽。1994年起，取消外汇收支指令性计划和外汇留成与上缴，实施银行结售汇制度，人民币官方汇率与市场汇率并轨，人民币经常项目实现有条件可兑换。成立中国（上海）外汇交易中心，培育银行间外汇市场，推进人民币汇率形成机制改革。2015 年 7 月起，允许符合条件的非银行金融机构和非金融性企业入市，引入美元做市商制度，初步形成以外汇零售与银行间批发市场相结合，竞价与询价交易方式相补充，覆盖即期、远期和掉期等类型交易工具的外汇市场体系，实行以市场供求为基础、参考一篮子货币进行调节、有管理的浮动汇率制度。

多年来，我国资本市场近乎复制了一部新中国经济史，经历了由计划到市场，并仍处在尚未完成的转轨过程之中。基础性市场曾经历过由"放乱"到"管死"、交易所市场优先发展而市场结构倒置、中小企业板和创业板不死不活等曲折发展之路，实体经济证券化和中小企业融资艰难年深日久。进入 21 世纪，资本市场改革有所起色。上市公司股权分置改革基本完成，资本市场交易品种和市场类型也日渐丰富。新的市场板块陆续推出，国有保险公司治理改革完成，保险业市场发展起来。多层次资本市场体系初具雏形。

（三）金融调控体系框架初成

经济市场化改革和金融深化变革，推动着以间接调控为主的现代金融体系建设，对维护国民经济总量平衡、促进经济持续稳定发展发挥着重要作用。

货币政策目标逐步明确。计划体制下本无货币政策目标之说，直到

20世纪90年代初期，我国才逐步形成"稳定货币、发展经济"的双重货币政策目标并得到政策和法律上的确认。[①] 货币政策目标引入之初，我国将信贷总规模和现金发行量作为货币政策的中介目标。自1994年起，人民银行逐步缩小信贷规模控制范围，引入公开市场操作。1996年起，人民银行正式将货币供应量作为中介目标，开始公布 M_0（流通中的现金）、M_1（狭义货币）和 M_2（广义货币）三个层次的货币供应量指标。

货币政策调控由直接数量型向间接数量型转变。改革开放初期，人民银行对各金融机构实行带有行政干预性质的信贷总量与信贷结构管理。1998年起，人民银行取消了对国有商业银行的贷款规模控制和指令性贷款计划管理，货币政策中介目标开始转向货币供应量。基础货币数量根据年末货币供应量和经济运行趋势确定，货币政策调控由直接数量向间接数量转变。为应对外汇体制改革后银行结售汇制度造成的外汇占款进而基础货币供应大量增加，人民银行通过回收对国有商业银行的再贷款进行对冲操作，调控基础货币供应。因经济、金融改革需要，中央银行再贷款也用于增加农村信用社流动性、对金融机构提供专项政策性扶持，以及处置城市信用社等高风险金融机构改革风险。

利率市场化改革破题启动。我国利率政策最初主要是盯住物价上涨幅度进行相应的调整，以稳定银行存款、调节企业资金需求和抑制通货膨胀。1993年以后，利率市场化改革方向与次序确定，即先放开货币市场利率和债券市场利率，再逐步推进存贷款利率的市场化。银行间同业拆借市场利率和债券市场利率先行放开。1995年后，人民银行通过适度扩大金融机构存贷款利率浮动幅度和下放利率浮动权等形式，改革利率管理体制。按照"先外币、后本币，先贷款、后存款，先长期大额、后短期小额"的顺序，逐步推进本外币存贷款利率市场化改革。2004年10月29

---

① 参见《中华人民共和国银行管理暂行条例》（1986年1月7日）、《国务院关于金融体制改革的决定》（1993年12月25日）、《中华人民共和国中国人民银行法》（1995年3月18日通过，2003年12月27日修正）。

日，人民银行决定放开除城乡信用社以外的所有金融机构的人民币贷款
利率上限，规定人民币贷款利率下限为基准利率的90%，推动金融机构
提升定价能力、覆盖风险溢价；对金融机构人民币存款利率实行"放开下
限、管住上限"，促进金融机构加强主动负债管理。2007年1月4日，上
海银行间同业拆放利率（Shibor）[①]正式运行，中国货币市场基准利率形成
机制从此起步。此外，人民银行还推出了优化准备金存款利率结构、建立
再贷款（再贴现）浮息制度和调整邮政储蓄转存款利率等项改革。

创新数量型政策工具。为保证支付安全和调节货币供应，1984年人
民银行即已建立存款准备金制度，并通过适时调高存款准备金率应对80
年代中后期的经济过热和物价快速上涨。针对当时国有商业银行普遍存在
备付金过低、支付拮据现象，人民银行于1989年规定国有商业银行在存
款准备金之外保持5%～7%的备付金。到1998年3月，适应中央银行
调控管理、健全支付清算功能和金融机构自主经营需要，人民银行将准备
金和备付金账户按法人合并为统一的"准备金存款"账户，并相应调整准
备金率；超额准备金数量及分布由金融机构自行确定。2002年以后，为
对冲外汇占款造成的流动性过量投放，人民银行除收回部分再贷款进行调
节外，开始通过提高存款准备金率对冲银行体系的过剩流动性。2004年4
月26日起，人民银行根据资本充足率和资产质量等指标创设差别存款准
备金制度，传导货币政策取向和金融监管目标，促进金融机构健全机制、
合规经营。人民银行还对农村金融机构实行相对较低的存款准备金率，支
持农业农村发展。

建立公开市场调节机制。1995年末，人民银行开始规范再贴现业务

---

① 上海银行间同业拆放利率（Shanghai Interbank Offered Rate，Shibor），是由信用等级
较高的银行组成报价团自主报出的人民币同业拆出利率计算确定的算术平均利率（单利、无担
保、批发性利率）。中国人民银行 Shibor 工作小组依据《上海银行间同业拆放利率（Shibor）实
施准则》确定和调整报价银行团成员，监督和管理 Shibor 运行、规范报价行、指定发布人行为。
全国银行间同业拆借中心授权 Shibor 报价计算和信息发布。自 2007 年 1 月 4 日正式运行以来，
Shibor 促进了货币市场的快速发展。当年银行间市场交易总量达 71.3 万亿元。

操作，将再贴现纳入货币政策工具体系，并于 1998 年推出贴现利率及其生成机制改革和延展再贴现最长期限等项政策。同年 5 月，人民银行恢复了此前曾一度开办的国债公开市场业务，拓宽其交易工具范围。2003 年 4月起，人民银行将发行央行票据作为调控基础货币的新的政策工具。在保持央行票据市场化发行基础上，人民银行还针对部分贷款增长过快、流动性相对宽裕的金融机构定向发行央行票据，以收回部分流动性并予以调控示警，抑制信贷过快扩张。此外，适应经济发展态势和国家产业政策，适时调整货币政策，创立政策引导、窗口指导和宏观政策协调机制等。中央银行进行数量型调控的货币政策工具和公开市场业务日渐丰富。

（四）金融监管体系创立与发展

随着金融深化和金融机构、市场及调控体系建立与发展，健全金融监管体制，推动金融创新开放，成为优化金融服务、维护金融体系稳定的重要环节。

确立中央银行地位与管理体制。在计划性金融体系中，人民银行既是负责金融管理的国家机关，又是从事存贷款、结算等金融业务的经济组织。自 1984 年 1 月人民银行专门行使中央银行职能起，其后的政策法规逐步明确其中央银行职能和法定地位，赋予其制定和执行货币政策、防范和化解金融风险、维护金融稳定以及反洗钱和管理征信业等职能。[①] 中央银行组织体系实行垂直管理，强化其货币政策和金融监管职能的独立性。自 1998 年起，人民银行不再按行政区域设立分支机构，改行跨行政区域设立分支机构的管理体制。[②]2005 年 8 月，设立中国人民银行上海总部，

---

① 参见《中华人民共和国银行管理暂行条例》(1986 年 1 月 27 日)、《国务院关于金融体制改革的决定》(1993 年 12 月 25 日)、《中华人民共和国中国人民银行法》(1995 年 3 月 18 日通过，2003 年 12 月 27 日修正)。

② 总行下设 9 个分行、2 个营业部、326 个支行和 1 827 个县（市、旗）支行。9 个分行分别为天津分行、沈阳分行、上海分行、南京分行、济南分行、武汉分行、广州分行、成都分行、西安分行。

在总行领导和授权下开展央行相关金融业务，中央银行的决策与运行更加贴近金融市场。

分设银行、证券、保险业监管机构。我国金融业监管最初由人民银行负责。随着金融深化和市场发展，金融体系实行银行业、证券业、信托业、保险业分业经营、分业管理。1992 年 10 月，国务院证券委员会和中国证券监督管理委员会成立，与中国人民银行共同监管证券业。1997 年 11 月，人民银行将其监管的证券经营机构移交给中国证监会统一监管。次年 11 月，人民银行的保险业监管职能移交给新设立的中国保险业监督管理委员会。2003 年后，人民银行的银行业监管职能移交给新设立的中国银行业监督管理委员会。至此，中国金融业"一行三会"监管体制正式形成。

建立金融业监管协调机制。进入 21 世纪后，国内金融业综合经营趋势明显。健全监管职能、防范金融风险，建立跨行业、跨市场并适应国际金融监管合作需要的金融监管协调机制势在必行。"一行三会"开始建立多种形式的金融监管协调机制。2004 年 6 月，银监会、证监会、保监会建立监管联席会议机制，签署《金融监管分工合作备忘录》。2008 年 1 月，银监会和保监会签署《关于加强银保深层次合作和跨境监管合作谅解备忘录》。同年 7 月，国务院赋予人民银行与金融监管部门统筹协调，会同金融监管部门制定金融控股公司监管规则和交叉型金融业务标准、规范等项职责，强化央行的金融监管协调职能。

三、全球金融危机后的国内金融变局

缘起于 2007 年美国次贷危机的全球金融风暴，破坏力大、持久力强，各国经济深受其害，我国经济也受到巨大冲击。国内需求管理和金融政策进行应对性调整，流动性投放及杠杆攀升，金融业态与盈利机制发生新的变化，互联网金融迅速发展并产生深刻的体制性效应。

（一）金融政策调整与经济趋势性变化

2008 年上半年，国家宏观层面还在实施紧缩政策，抑制经济过热。金融危机来临之后，外贸出口急剧萎缩，就业压力骤然升高，人民币升值压力加大，经济增速从 2008 年一季度的 10.6% 一路下滑至 2009 年一季度的 6.1%。长期以来较多地参照西方尤其是美国模式进行的金融改革，在金融危机后警钟响起，陷入质疑与彷徨境地。

面对金融危机的冲击，中国政府迅速出台了一揽子经济刺激计划。除投资、财税刺激政策①，十大产业振兴计划②，以及促进城乡居民消费，鼓励对外贸易发展和完善社会保障体系等项政策外，还及时将适度从紧的货币政策调整为相对宽松的货币政策。一是调减公开市场对冲力度。从 2008 年 7 月起，相继停发三年期中央银行票据，减少一年期和三个月期的中央银行票据发行频率，引导其利率适当下行，改善流动性供应。二是下调基准利率和准备金率，增加货币供给。2008 年 9—11 月，连续四次下调基准利率、三次下调存款准备金率，扩大货币供给，拉动投资和消费。三是实行居民住房贷款优惠政策。2008 年 10 月 27 日起对居民首套住房贷款实施 7 折优惠，鼓励内需并稳定国家财政收入。四是放宽社会信贷限制。取消对商业银行的信贷计划约束，鼓励金融机构对灾区重建、

---

① 应对金融危机也推动了财税相关领域的政策调整和体制改革。2008 年实施的税费减免措施包括实施企业所得税新税法、提高个人所得税工薪所得扣除费用标准、降低住房交易环节税收负担、多次调高部分产品出口退税率、取消和降低部分产品出口关税、下调证券交易印花税税率并改为单边征收等。在此基础上，2009 年又全面实施增值税转型改革、取消和停征 100 项行政事业性收费等。

② 十大产业振兴规划，是指为应对国际金融危机对中国实体经济的影响，根据国务院部署，由国家发展改革委与工业和信息化部，会同国务院有关部门编制的钢铁、汽车、船舶、石化、纺织、轻工、有色金属、装备制造业、电子信息以及物流十个重点产业的调整和振兴规划，旨在应对国际金融危机冲击，达成保增长、扩内需、调结构的政策目标。

"三农"发展和中小企业贷款。五是开展国际金融合作。开启中日韩等国之间的货币互换，共同减轻和防范国际金融危机的冲击。

积极的财政政策、宽松的货币政策及产业与社会政策的综合运用，使经济急速下滑的趋势得到抑制，经济运行筑底回升。但也从这一时期开始，中国经济由改革开放以来的持续高速增长进入中高速增长或新常态发展阶段。我国 GDP 平均增长率由 1992—2007 年的 10.69%，下降为 2008—2017 年的 8.27%，近几年则进一步下降到 7% 以下。金融形态、金融结构、金融治理乃至国民经济与社会发展都发生了深刻变化。

（二）流动性快速投放与杠杆分布特点

为应对全球金融危机，各国政府纷纷在私人部门去杠杆、缓解风险压力，在政府部门加杠杆（如"量化宽松"政策）[①]、对冲经济下滑。我国因体制和结构性因素，货币供应量快速推高，部门间杠杆严重失衡，实体经济部门主要是国有企业杠杆去化艰难甚至长期陷于杠杆依赖的泥沼之中。

为缓解金融危机对国内经济的冲击，我国政府除推出财政刺激计划外，也实行了扩张性的货币政策，广义货币供应量快速增加。2008—2017 年间，GDP 增长了 1.33 倍；M_2 由 30.89 万亿元增长到 167.68 万亿元，增长了 4.43 倍；金融相关度（M_2/GDP）由 0.97 提高到 2.25。准货币供应量和金融相关度的增速均达到 GDP 增速的两倍以上，推动了企业、政府和居民部门杠杆率的明显提高。即使近年来杠杆去化取得了一定进展，但全社会总体杠杆率（总债务除以 GDP）仍然一路攀升，2017 年接近 250%。从国际比较看，这一数字略高于全球平均 246% 的债务杠杆率，略低于发达国家平均 279% 的杠杆率。从国别比较看，中国的债务杠杆率与美国接

[①] 量化宽松（quantitative easing，QE）主要是指中央银行在实行零利率或近似零利率政策后，通过购买国债等中长期债券，增加基础货币供给，向市场注入大量流动性以刺激经济复苏的干预方式。

近，但低于日本、希腊、西班牙等深受债务问题困扰的国家。①

在非金融部门，政府部门和家庭部门杠杆率较低，非金融企业杠杆率较高。2016年底，我国中央政府与地方政府的杠杆率分别为16%和30%，地方政府的杠杆率约为中央政府杠杆率的两倍。到2017年6月底，我国政府部门的杠杆率上升为45.7%，但与发达国家总体水平（108.6%）还有较大差别。家庭部门的杠杆率为46.8%，在全球范围内属于较低水平。其中农村家庭部门杠杆率低，城市家庭部门、中青年家庭杠杆率高，并依一、二、三、四线城市递减；东部省份家庭部门杠杆率较高，中西部省份家庭部门杠杆率相对较低。我国非金融企业的杠杆率较高，达163.4%，是同期美国（73.3%）的两倍多、英国（81.8%）的近两倍。非金融企业中，国有企业杠杆率较高，民营企业杠杆率较低；大中型国有企业、非上市大中型企业、房地产企业以及低效率企业杠杆率较高，高效率企业、高科技企业和中小企业杠杆率较低；上游资源型企业杠杆率上升，下游制造类企业杠杆率相对稳定。

国有企业杠杆依赖严重是非金融企业杠杆因素的特征性现象。尽管近些年来去杠杆、减负债是国有企业改革的重要任务，但到2017年末，中央企业平均资产负债率仍达66.3%。②国有企业杠杆率居高不下、过度依赖，主要是体制性原因。

首先是国有企业预算软约束容易造成债务累积。企业经营决策易受需求管理政策左右，尤其是在经济下行压力大、稳定增长成为政策重心时，大批高杠杆新项目上马；国有企业对资金成本变化不敏感，举借债务时，除考虑成本因素外，还考虑维持就业、落实产业政策等；一些高杠杆

---

① 国内数据根据历年统计数据测算而来；国际数据来源于国际清算银行（BIS）的统计数据。
② 国资委数据显示，2017年末中央企业平均资产负债率为66.3%，规模以上工业企业资产负债率为55.5%。从财政部公布的数据看，截至2018年一季度末，国有企业资产总额为1 640 767.8亿元，同比增长9.6%；负债总额为1 065 725亿元，同比增长8.7%；按此计算最新的国有企业负债率为65%，仍处于高位。

投资项目经营效率较低，债务偿还速度较慢乃至借新还旧或出现债务违约；部分长期依赖杠杆维持运营的"僵尸企业"难以出清，高杠杆难以去化。

其次是投资准入障碍和经营体制僵化，使处于产业链上中游行业，资本密集程度较高的铁路、电网、电信等网络类企业，矿藏勘探、开采企业以及钢铁、水泥、煤炭、化工等国有大中型企业，前期投资负债率高，生产经营流动性需求大，社会资本又难以参与，只能依赖高杠杆负债经营。此外，社会各类型债务融资中，金融机构等债权人更为青睐有政府间接甚或直接信用兜底的国有企业。相对于民营企业、中小企业，国有企业具有过度融资的体制便利。

最后，国有企业的职能特性使部分企业难以规避政府投融资干预，在地方政府的城投公司中表现得尤为突出。迫于经济建设和财政支出压力，地方政府普遍通过组建城投公司，规避相关法律对其直接举债的限制，扩大基础设施建设和公共服务领域投融资规模。即使在产能过剩、盈利低迷、企业加杠杆意愿弱化的市场环境下，为稳定经济增长或缓解就业压力，各地方政府仍然在加大投资、扩张信贷，甚至输血"僵尸企业"。国有企业盈利恶化进而杠杆率持续攀升、居高不下、难以去化，便成为必然现象。

（三）金融业态与盈利机制变化

全球金融风暴后，金融业发展出现了新的态势。金融资产增速加快，杠杆资金来源变化，资管产品迅速扩张，混业经营迂回发展，通道业务等制度套利行为畅行，金融监管面临复杂局面。

金融业总资产的典型现象是其增长率远远超过 GDP 增速，非银行金融机构增长更快。在银行业中，风险偏好较高的中小型商业银行总资产在银行业总资产中的占比快速提高，大型商业银行总资产占比则明显降低。

在杠杆推升中，非银行金融机构的杠杆率比银行业更高；中小型商业银行杠杆率比大型商业银行更高。

金融资产及其结构变动，使非金融部门的杠杆资金来源相应地发生了较大变化。银行信贷资金占比下降，非银行金融机构信贷资金占比提高且杠杆提高速度整体高于银行业。非银行金融机构流入非金融部门的信贷资金部分经由多层嵌套、迂回借道甚或违规流入"两高一剩"行业①以及房地产领域；中小型商业银行同业存单扩表明显，资产量、杠杆率快速推升，明显高于大型商业银行。这种金融结构和信贷资金来源的变化，使金融部门和非金融部门都卷入杠杆升速快、透明度低、风险性大的市场漩涡。这也表明，杠杆去化必须采取有针对性和结构性的措施。

利率市场化改革固然摊薄了商业银行等金融机构的利息收入，但与加杠杆伴随着的信用创造，增大了金融机构的资产规模以及相应的资产收入，金融机构受益于也乐此不疲于杠杆追加，并将杠杆渗透到实业、股权投资、证券市场以及房地产投资等各个领域。一些投资工具也被改造成杠杆产品，其中最典型的是各类金融机构的资产管理产品。2017 年中，银行理财、基金公司、证券公司、保险公司、信托公司、期货公司以及私募基金七大资产管理板块管理的资产规模合计已近 120 万亿元，其中有交叉统计因素，但资产管理产品规模快速增长、业务体量扶摇而上则是不争的事实。其中银行理财资产管理规模占比最高，估计将近 30%。

本来，随着收入增长和财富积累，居民投资理财意识和需求会逐步增强。但因金融改革失速，社会投资渠道极其有限，居民财富管理向资管产品集中，资产管理行业迅速兴起有其内在原因和深厚基础。利息收入走薄和"资产荒"出现，银行等金融机构也有扩张资产管理业务的内生需要和

---

① "两高"行业指高污染、高能耗的资源性行业；"一剩"行业即产能过剩行业，主要包括钢铁、造纸、电解铝、平板玻璃、风电和光伏制造业等产业（光伏发电不同于制造业，不属于"两高一剩"，是国家鼓励的清洁能源行业）。

体制便利。信贷银行或通过吸收居民存款、主动"脱媒"[①] 从事理财业务，实现制度套利；或通过"非标准化债权"资产[②] 和通道业务发展，扩大资产管理产品规模获得市场盈利，并规避央行对银行业的信贷管控以及金融监管的分业经营规则。

银行理财资产管理的通道业务、理财业务和委托投资业务，偏离了资产管理产品的本质，更多地带有融资杠杆功能以及规避监管特征。受资产负债监管指标约束和资金投向的政策限制，银行通过银信、银证、银基和银保之间的通道合作业务，以理财产品形式吸储，继而认购信托公司、证券公司等发行的包括受限融资对象在内的资产管理类金融产品，既突破了货币和产业政策的限制，也规避了分业经营监管。银行开展委托投资业务，通常是在受托行开设同业存款账户，存入同业资金，签订同业存款协议和委托投资协议，并另签委托行投资指令，受托行按指令投资于委托行指定的金融资产，包括直接投资信托计划和定向资产管理计划等，也可以投资于间接金融资产，如信托收益权、存单收益权、票据资产等，变相从事金融综合经营。

银行理财业务普遍背离"受人之托，代客理财，卖者有责，买者自负"的资产管理本质，导致预期收益型产品占主导地位，而真正符合资产管理本质、不需要银行信用兜底的净值型产品反而占比极低。[③] 借助于基金、券商、信托等机构或影子银行等通道，商业银行实现信贷腾挪出表和监管套利，体现的是杠杆功能而不是投资理财性质；许多发行理财产品的银行尤其是规模较小的银行，限于产品设计能力，往往将大量理财资金

---

① "脱媒"（disintermediation）一般是指交易跳过所有中间人而直接在供需双方间进行。金融领域中，"脱媒"是指"金融非中介化"，存款人可以从投资基金和证券投资中寻求更高回报的机会，而公司借款人可以向机构投资者出售债券获得低成本的资金，银行的金融中介作用被削弱。

② "非标准化债权"资产是指未在银行间市场及证券交易所市场交易的债权性资产，包括但不限于信贷资产、信托贷款、委托债权、承兑汇票、信用证、应收账款、各类受（收）益权、带回购条款的股权性融资等。

③ 如 2016 年全年共有 59 家银行发行了 829 只净值型理财产品，市场占比仅为 0.58%。

全权委托给投资能力较强的券商、基金机构等，几成形式上的资产管理产品，实质上是不受货币及产业政策制约的信贷资金融通。

金融业态发展使货币政策操作和金融市场监管变得极为复杂，其业务技术难度和制度复杂程度骤然上升，以致后来不得不从终端末梢打破资管产品"刚性兑付"，涉险进行强制性切割、让投资者承担风险，以倒逼金融机构强化风险约束。

（四）互联网金融发展及其体制性挑战

随着信息网络技术的发展，20 世纪 90 年代中期起，银行、证券、保险等实体金融机构陆续通过互联网开展网上银行、移动支付、网上证券、网上保险等线上业务，推动传统金融业务的网络化服务。进入 21 世纪以来，新一代互联网技术推动互联网、电子商务与金融业三业融合，派生了一种新的金融形式——互联网金融。[①] 以中国人民银行 2011 年开始发放第三方支付牌照为标志，第三方支付机构进入快速发展的轨道并带来网络支付、结算便利以及电子货币的发展。2013 年起，各类依托互联网的 P2P（点对点）网贷平台、众筹融资平台、网络保险公司等，纷纷浮出水面。一些银行、电商以互联网为依托对传统业务模式进行技术改造，加速建设线上平台。互联网金融横空出世，是世界金融危机后我国金融业发展的特征性现象。

2013 年 6 月，阿里巴巴集团公司推出余额宝，是互联网金融产品跳跃式发展的标志性事件。到 2014 年 3 月末，其资金规模超过 5 400 亿元，用户达到 8 000 万以上。作为一个货币基金产品，余额宝入主天弘基金，使籍籍无名、无足轻重的天弘基金，近乎在一夜之间成长为全国首屈一指

---

① 互联网金融尚无精准公认的定义、明确的业务边界和系统的监管规则，但通常是指金融业通过或依托互联网技术和工具进行资金融通和支付及相关信息服务等业务行为。金融业利用互联网平台所提供的新的获取信息方式、多样化的风险管理工具与风险分散工具，衍生出支付结算、渠道业务、网络贷款和虚拟货币等金融服务模式，各类服务模式的信息化深度和发展阶段有所不同。

的基金公司。2014 年末，天弘基金总规模达到 5 898 亿元，在全球范围内也位居前列，其发展速度举世罕见。此后，互联网金融开始向全方位金融服务方向发展。移动支付、云计算、社交网络、搜索引擎等新兴信息网络技术与传统金融深度结合，催生出形态各异、可为客户提供服务全面、无缝对接、快捷高效的互联网金融模式，诸如第三方支付平台、P2P 网贷、P2B 网贷（个人向小型企业提供贷款）、众筹融资、搜索比价[①]、虚拟货币[②]和交易互联网金融机构等。

互联网金融的发展，改变了我国金融生态环境。我国国有金融体制改革迟缓，金融抑制和垄断严重已成痼疾，中小金融机构尤其是民间金融机构长期得不到发展。互联网金融运用信息网络技术实现从无到有、跳跃式发展，对传统金融及其体制形态形成了前所未有的挑战，变革图存是其别无二途的路径选择。

互联网金融利用其融资渠道、资金配置、数据信息、交易成本、系统技术等模式和技术创新优势，以新技术从体制外突破了国有大中型银行对金融业的垄断。较之于传统银行机构，互联网金融以虚拟网点服务替代银行物理网点功能，既可以极大地突破传统准入限制和经营垄断，也可以极大地节约实体网点建设、金融业务运营及日常管理成本，其中业务运营成本不到传统银行的 1/10；运用大数据、云计算等进行信息、数据集散处理，及时分析掌握客户交易信息和消费习惯，预测客户需求及偏好，提供传统银行通常难以做到的精准金融服务与适时风险规避；对于传统银行不愿意或难以提供、做起来不经济、信用风险相对较高的分散、细小、零

---

① 搜索比价是指通过金融产品搜索引擎的方式，在一个金融平台把有投资理财需求的个人和有资金需求的中小银行和小贷机构进行对接，使后者可以通过互联网渠道批量获得客户。

② 虚拟货币是指非真实的货币。知名的虚拟货币如百度公司的百度币，腾讯公司的 Q 币、Q 点，盛大公司的点券，新浪推出的微币（用于微游戏、新浪读书等），侠义元宝（用于侠义道游戏），纹银（用于碧雪情天游戏）等。2013 年以来，流行的数字货币有比特币、莱特币、无限币、夸克币、泽塔币、烧烤币、便士币（外网）、隐形金条、红币、质数币，以及新近推出的 Libra 等。目前全世界发行有上百种数字货币。

碎的金融服务，互联网金融可以通过网络平台或移动终端，将金融"长尾市场"的普惠服务做到"无微不至"。互联网金融还可以依托全天候覆盖的虚拟网络，突破传统银行的时空局限，使客户无论业务多少或身份尊卑，都能享受全天候、全方位、无差别的金融服务。互联网金融创新，也倒逼着传统银行发挥自身的客户群体、网点资源和专业人才优势，借鉴利用互联网金融的理念和模式，拓展发展空间，改善金融服务，优化资源配置。

长期以来，由于金融抑制和利率管制，我国银行存贷款利差较大，掩盖了银行业运营成本高、经济效益低、服务质量差等一系列矛盾。金融资本缺乏市场决定价格机制，不仅扭曲了自身运营管理和资产价格信号，而且误导投资指向、降低融资效率、造成资源错配。微观利益格局与宏观体制障碍，使利率市场化进程迟滞以致成为金融改革难点。互联网金融通过网络平台聚合公众资金，在传统投融资渠道和银行官方利率之外，为中小投资者增添了相对简单可及的投融资平台、选择空间和资金收益，优化了社会资金配置效率。这种金融创新与中小投资者的青睐，也分流了传统银行的信贷资金来源，直接冲击银行固定利率及政府利率管制，倒逼商业银行和货币监管当局顺应市场规律，推进利率市场化改革。[①]

我国金融市场曾经银行业一家独大。改革开放以来，在经济货币化和金融市场重建中，证券、保险等业逐步兴起并实行分业监管。进入 21 世纪后，我国才开始在个别地区进行金融业综合经营试点。但在试点之外，很多银行和一些非银行金融企业以各种变通形式若明若暗地从事混业或综合经营业务。个别互联网金融企业如蚂蚁金融服务集团，几乎发展成为无所不包的金融服务企业，其业务范围涵盖银行、证券、保险、基金、消费金融等各领域，还涉及人工智能、企业服务、汽车出行、餐饮、媒体、影

---

① 如余额宝等货币基金通过互联网吸纳资金，然后通过自己依托的基金公司的投资收益，或以协议存款形式将资金存入银行，使小额资金获得超过当时 6% 的基准年化利率。互联网金融作为银行业的"搅局者"出现，客观上有利于传统金融体系推进利率市场化改革。

视等非金融领域，逐步将金融混业经营直接推向前台并逐步走向海外。[①]

互联网金融及其综合经营发展，以技术创新推动金融业态和模式创新，由"创新容忍"或"监管例外"发展到直接挑战传统金融模式与监管体制，创立了多元金融市场及其竞争机制，推动了金融业态丰富多样和创新深化，为金融业生态环境变革和监管规制行为不断注入全新的理念与活力，对我国经济货币化与金融市场化产生了不可忽视的作用。

互联网金融以技术创新激活了金融市场和金融产品创新，突破了传统金融体制和利益格局，打破了多年的"金融抑制有余、改革创新不足"的徘徊局面和技术手段陈旧、运营成本高昂、服务质量低下、动力活力不足的落后状况，使经济货币化、金融市场化因技术进步而获得了新的动力源泉，进而助推我国金融改革创新、结构升级和发展优化。

互联网金融以市场决定利率、灵活便捷透明的长尾普惠服务，突破了具有绝对垄断地位及存贷利差便利的国有商业银行或大中型银行主要服务于国有企业和大型企业、最大限度获得息差收入的规模化放贷偏好、盈利模式以及体制歧视，缓解了中小微企业、民营企业乃至居民家庭融资难、融资贵的长期困局。

互联网金融拓展了社会资本的投资渠道和盈利空间，提高了投资便利、公平程度和资源配置效率。较之于以往投资无门、利息微薄的强制性储蓄，普通居民家庭有了新的投资选择和更好的收益机会，投资门槛也大大降低。民间小额闲散资金资本化，既使小额投资者实现收益最大化，也提高了资金流动性和投资效率，并部分地切断传统金融体系通过垄断资金

---

① 2014年10月，浙江阿里巴巴集团以旗下的支付宝为主体正式成立蚂蚁金融服务集团（简称"蚂蚁金服"）。蚂蚁金服依托移动互联、大数据、云计算，通过"互联网推进器计划"助力金融机构与合作伙伴加速迈向"互联网+"，为小微企业和个人消费者提供普惠金融服务。蚂蚁金服旗下逐步发展有支付宝、余额宝、招财宝、蚂蚁聚宝、网商银行、蚂蚁花呗、芝麻信用、蚂蚁金融云、蚂蚁达客等金融服务板块，其业务已渗透到世界多个国家。蚂蚁金服也得到金融当局和监管机构认可。2016年3月25日，由中国人民银行牵头，会同银监会、证监会、保监会等有关部门在上海正式挂牌组建中国互联网金融协会，蚂蚁金服集团入列首届副会长单位。

来源、管制存贷利差所形成的资本原始积累链条。

互联网金融撬开了民间资本金融参与的大门，推动金融领域多元准入、开放竞争。改革开放以来，我国民营经济快速发展。但在金融领域，国有银行的垄断格局和先占优势依然如故。互联网金融通过网络布局及终端覆盖，将资金来源和配置服务，直接全方位渗透到所有服务节点直至长尾末梢，形成新型金融载体及其差别化优势，倒逼金融市场扩大准入、多元竞争，发挥各类金融机构的服务特色和比较优势。

互联网金融企业以网络技术优势，发挥电子商务、第三方支付、P2P平台、社交网络等大数据集成优势，改变了传统金融服务理念和服务模式，提高了金融服务的便利性和可得性，降低了自身及用户成本，提高了服务质量和效率，推动包括传统金融机构在内的整个金融体系优化服务内容和环境，倒逼货币当局和监管机构适应互联网金融创新，不断完善金融产业政策、宏观调控模式、市场监管体制和社会征信体系。

互联网金融推动的金融科技创新以及制度创新，迅速改变了国内金融市场格局和竞争生态环境，提升了金融产业整体实力，加快了金融业的市场化、科技化、现代化、国际化进程。在规模、技术及模式等方面，我国互联网金融用不太长的时间跻身于国际第一方阵，使我国金融业有可能借助于互联网金融技术创新继而模式体制创新，实现弯道超车、步入世界前列，改变长期以来的金融业落后面貌。

毋庸讳言，以现代信息网络技术为依托的互联网金融，其新产品、新业态和新模式，已经远远超越了传统金融的业态体制和规制边界。前所未有的金融创新也潜藏着前所未有的金融风险。互联网金融尤其是在其创新之初，市场风险肯定不少于以下诸多方面。

技术性风险。互联网金融以网络技术平台为基础，依靠电脑、移动终端以及信息网络开展交易，其核心交易数据存储于 IT 系统。硬件设备、软件品质、数据传输、操作规程、流程兼容、信息保全、病毒感染、黑客攻击等，都可能存在或造成安全隐患，威胁互联网金融机构运营和客户资金与信息安全，其损失往往是难以弥补的。

流动性风险。互联网金融的一项关键优势是能最大限度地提供流动性便利。但与传统金融业一样，互联网金融机构也会因流动性短缺或信用链断裂而存在无法适时提供足够的资金或履行到期债务的相关风险。在第三方支付和P2P平台等已有业态中，流动性风险尤为集中。前者会因沉淀资金投资不当或备付金不足引发流动性短缺，后者则可能由于理财资金和债权资金的期限或结构错配，导致间歇式流动性紧张、出现大规模挤兑而遭灭顶之灾。

信用性风险。互联网金融尽管技术、产品、业态、模式发生了重大变化，但本质上仍然还是一种以信用为基础的金融活动。其部分金融业务会因为线上线下数据失真、客户信用审核不严、交易双方信息不对称、客户契约信守意愿与能力不足、社会征信体系缺陷等，造成交易协议不能如期如实履行，与传统金融一样产生违约风险。而部分企业片面强调产品收益而弱化风险与限制条件、金融机构资金流动异常并缺乏预警与追偿机制、顾客因资金投向参与局限及信息不完整等，则会加剧信用违约时双方的经济纠纷与冲突，甚至出现网络欺诈等违法犯罪行为。

业态性风险。与传统金融不同，互联网金融一经发展，便从产品、业态和模式等方面突破了分业经营限制，混业或综合经营业务迅速增加。一些互联网金融企业自注册之日起，就近乎全能金融机构。金融综合经营在推动业务多样性、提升竞争力时，也放大了利益冲突和道德风险，带来了跨行业、跨市场、跨区域的风险传递，包括一些机构跨界扩张，追求多牌照、全牌照，控股不同类型的金融机构，在其控股集团内部进行循环注资、虚假注资、关联交易、利益输送甚或抽逃资本；从事影子银行业务跨界套利，如交叉投资、放大杠杆、同业套利、脱实向虚等。此外，互联网金融的模式优势，还使长期准入滞后的民间中小实体金融机构生不逢时、竞争艰难、发展困难。互联网金融的业态风险，大大增加了企业风险密度、市场复杂程度和金融当局的监管难度。

合规性风险。互联网金融风险外溢性强，经济社会影响大。作为新的金融业态，发展初期处于准入无门槛、行业无规则、监管无制度的"三无"状态。其任何金融业务，都有可能违反既有的法律法规而派生合规性风险。适应互联网金融的发展，监管部门虽然陆续出台了一些规章办法，明确了合规经营的基本准则，但相对于积极、活跃的互联网金融创新，规制滞后是必然的，需要互联网金融业界与金融监管当局共同处理好改革创新与合规经营之间的关系，发展与规制同步、协调，适时规避合规性风险。

监管性风险。互联网金融所依托的信息技术环境和日新月异的金融创新产品、业态与模式变化，监管机构传统的分业监管体制及其协调机制往往难以适应，以致对众多具有跨行业、跨领域、交叉性特征的互联网金融业务领域，出现监管缺位或不力现象。面对互联网金融机构的外部网络"无微不至""无远弗届"和内部系统程序性链接与虚拟化操作，时空限制技术性消失，交易对象信息化模糊，监管机构难以依据传统规则、工具、方法以及习惯与能力，及时准确地对互联网金融机构不断破旧立新并得到客户和市场青睐的产品、业态、模式等进行适时规制和有效监管。事后的补救性规范措施，往往又因服务模式流行、应用基础广泛甚至利益格局形成而增加了执行难度，带来了更高的监管标准与强度。

四、金融供给侧改革与结构性特点

世界金融危机后我国的金融深化与创新特点，表明金融改革不仅要继续革除计划体制的传统弊端，深入推进经济货币化和金融市场化，而且要适应金融创新和市场变化，进行结构性改革，使金融领域的供给与需求、增长与结构、创新与规制协调对应，优化升级。

（一）金融机构治理改革和多元发展

国有银行改革加快。2004—2010 年间，中国银行、中国建设银行、中国工商银行、中国农业银行先后完成股份制改革并在内地和香港上市。交通银行等股份制商业银行健全治理机制。2015 年国务院批复国家开发银行、中国进出口银行和中国农业发展银行三大政策性银行改革总体方案，推进其业务范围、资本补充、治理结构、内部管理、外部监管等领域改革。

金融机构准入管制放宽，民间资本按照同等条件进入银行业。[①]2014 年 3 月，银监会公布首批民营银行试点名单。截至 2016 年底，共有 17 家民营银行获准设立，16 家城市商业银行公开上市；民间资本入股信托公司 35 家、企业集团财务公司 39 家、金融租赁公司 35 家、汽车金融公司 6 家、消费金融公司 14 家、金融资产管理公司 1 家；农村中小金融机构股权中，民间资本占比已达 3/4 以上。

证券保险业准入放宽、发展提速。中国证监会出台政策，支持民营资本、专业人员等各类符合条件的市场主体出资设立证券经营机构，支持国有证券经营机构开展混合所有制改革，支持社会保险基金、企业年金等长期资金委托专业机构投资运营或设立专业证券经营机构，支持证券经营机构与其他金融机构相互控股参股、探索综合经营。[②]2017 年底，证券公司数量比 2012 年增加 17 家，达到 131 家。保险业发展促进政策陆续出台，推动保险业优化准入退出机制，加快综合性、专业性、区域性、集团化保险机构和自保、相互、互联网等新型保险业态发展。[③]截至 2016 年底，

---

① 中国银监会《关于鼓励和引导民间资本进入银行业的实施意见》（2012 年 5 月 26 日）。

② 中国证监会《关于进一步推进证券经营机构创新发展的意见》（2014 年 5 月 13 日）。

③ 《国务院关于加快发展现代保险服务业的若干意见》（2014 年 8 月 10 日）；中国保监会《保险公司收购合并管理办法》（2014 年 3 月 21 日）、《相互保险组织监管试行办法》（2015 年 1 月 23 日）。

保险公司数量比 2012 年增加了 39 家，达到 203 家。

农村中小金融机构因改革而得以发展。在推进农村信用社产权制度改革中，按照"成熟一家、组建一家"原则组建农村商业银行。扩大村镇银行覆盖范围，引导村镇银行布局中西部地区、产粮大县和中小微企业聚集地区。截至 2016 年底，全国共组建农村商业银行 1 222 家、村镇银行1 519 家。

（二）金融市场深化与结构性趋势

利率市场化改革取得实质性进展。自 1993 年启动利率市场化改革起，我国逐步开放了银行间同业拆借利率、银行间债券回购利率、贴现与转贴现利率、外币存贷款利率等货币市场、债券市场以及外币信贷市场的利率，但直接服务实体经济的本币信贷市场利率市场化改革相对迟缓。直到 2013 年 7 月 20 日，才全面放开金融机构贷款利率管制，2015 年 10 月24 日起，对商业银行和农村合作金融机构等不再设置存款利率浮动上限。相应推出酝酿多年的存款保险制度，防范利率市场化风险，保护存款人合法权益。[①]

健全人民币汇率市场形成机制。自 2005 年人民币汇率形成机制由实质上盯住美元转变为参考一篮子货币后，人民币兑美元汇率开始步入缓慢上涨通道。全球金融危机后，人民币一度短暂重新盯住美元，2010 年下半年重启汇率一篮子货币调节制度，增强人民币汇率弹性。2014 年以来，人民币贬值压力骤增，国家外汇储备缩水。央行调整人民币兑美元汇率中间价报价机制，由做市商参考上日银行间外汇市场收盘汇率提供中间价报价，形成"收盘汇率＋一篮子货币汇率变化"的人民币汇率中间价形成机制，即国际货币市场起决定作用的人民币汇率形成机制。[②]2017 年

---

① 《存款保险条例》（2015 年 2 月 17 日）。
② 中国人民银行《关于完善人民币兑美元汇率中间价报价的声明》（2015 年 8 月 11 日）。

5月，在"收盘汇率＋一篮子货币汇率变化"机制基础上，引入逆周期调节因子，减缓市场情绪的顺周期波动和外汇市场上的"羊群效应"。

多层次资本市场体系逐步成型。主板市场强化了上市公司分红引导、股权激励、保险资金入市创业板、严格信息披露、加快IPO审核效率、重大违法强制退市等制度改革。"新三板"挂牌准入制度、做市商制度、转H股制度等陆续推出，并为已在境外上市的红筹企业或尚未在境外上市的创新企业开辟境内上市通道。[①] 设立独立于现有主板市场的"科创板"，激励科技创新及其成果产业化。适应区域性中小微企业股权、债券转让和融资服务需要，省级或副省级地方政府依规批准设立一批区域性股权交易市场（"四板"市场），市场监管办法也随之出台。[②] 期货与衍生品市场启动了丰富保税交割试点期货品种、放宽证券公司参与股指期货和国债期货限制、推进境内外证券期货市场机构股权合作等项改革。

金融深化催生要素市场繁荣。依托要素交易场所的市场融资功能、价格发现功能和资源配置功能，以权益、商品等为标的物，推动了市场主体平等参与、交易机会透明有序的要素交易平台建设，加速了物流、资金流、信息流、人才流、商流的聚集交易和流动配置。深圳、武汉、成都、重庆等地先后建立碳交易、金融资产、知识产权、科技创新、大宗商品、贵金属等新型要素交易市场。2011年以来，北京、天津、上海、重庆、广东、湖北、深圳等7个省市先后开展碳交易试点，全国碳排放交易体系建设正式起步。[③]

风险投资、私募基金和并购交易进入市场规范发展阶段。公开募集与非公开募集基金的法律界限明确，创业创新政策推进，风险投资和私募

---

① 参见《国务院关于全国中小企业股份转让系统有关问题的决定》（2013年12月13日）；国务院办公厅转发证监会《关于开展创新企业境内发行股票或存托凭证试点若干意见》（2018年3月22日）。

② 国务院办公厅《关于规范发展区域性股权市场的通知》（2017年1月20日）；中国证监会《区域性股权市场监督管理试行办法》（2017年5月3日发布，7月1日起施行）。

③ 从2013年开始交易，到2017年11月，已有7家交易平台，累计配额成交量超过2亿吨二氧化碳当量，成交额超过46亿元。相关办法见国家发展改革委《全国碳排放权交易市场建设方案（电力行业）》（2017年12月18日）。

基金获得更多的发展机遇。① 随着经济增长动力从要素增长驱动转变为要素效率驱动，较之于传统的成长型投资，并购型投资价值凸显。新一轮国有企业、国有资本和混合所有制改革，以及相关监管政策陆续出台，降低企业并购条件，规范企业再融资行为，提升资本市场的效率与活力，也在一定程度上推动了并购市场的活跃与繁荣。② 全球金融危机后，因景气需要、政策利好和体制便利，政府引导基金也进入激励与规范相互推动的井喷发展期，一跃成为我国股权投资市场的主导力量。③

债券发行交易制度改革，健全了债券市场机制，丰富了企业直接融资工具，各类债券市场发展迅速。④ 银行间债券市场分层分类管理⑤ 体系逐步落地，超短融门槛下调，企业债发行机制完善，先后推出绿色金融债、资产支持票据、永续票据、双创债务融资工具等债券品种。2015 年启动公司债券管理制度改革，取消公司债券公开发行保荐制和发审委制度，大幅简化发行审核流程，扩大发行范围至所有公司制法人，增加绿色公司债、熊猫公司债、可续期公司债、创新创业公司债等债券品种。

① 截至 2017 年底，中国已有超过 1.3 万家股权投资机构，资金管理规模超过 8.7 万亿元，股权投资机构登记从业人员超过 20 万人。有关法规也相继推出，如《证券投资基金法（修订）》（2012 年 12 月 28 日）；中国证监会《私募投资基金监督管理办法》（2014 年 8 月 21 日）。

② 我国并购交易规模从 2008 年的 2 000 亿元激增至 2016 年的 1.84 万亿元，八年间交易规模增长 8 倍多。相关管理办法见中国银监会《商业银行并购贷款风险管理指引》（2015 年 2 月 10 日）；证监会、财政部、国资委、银监会《关于鼓励上市公司兼并重组、现金分红及回购股份的通知》（2015 年 8 月 31 日），《上市公司重大资产重组管理办法》（2014 年 10 月 23 日发布，2016 年 9 月 8 日修订）。

③ 截至 2017 年底，政府引导基金达到 1 501 只，目标规模 9.58 万亿元，已到位资金 3.48 万亿元。相关规制办法陆续出台，如国务院办公厅转发发展改革委等部门《关于创业投资引导基金规范设立与运作的指导意见》（2008 年 10 月 18 日）；财政部《政府性基金管理暂行办法》（2010 年 9 月 10 日）、《政府投资基金暂行管理办法》（2015 年 11 月 12 日）、《关于财政资金注资政府投资基金支持产业发展的指导意见》（2015 年 12 月 25 日）。

④ 2014 年 11 月，财政部首次发布中国关键期限国债收益率曲线。截至 2017 年 12 月底，债券市场托管余额为 74.0 万亿元，其中银行间债券市场托管余额为 65.4 万亿元。

⑤ 分层分类管理是指按主体分层、产品分类原则推动银行间债市注册制改革。根据主体资质、信息披露成熟程度、合规性等指标，将债券发行人分为第一类企业、第二类企业进行管理。其中第一类企业可以将超短期融资券、短期融资券、中期票据、永续票据等常规产品进行多券种打包"统一注册"，在注册有效期内，对每种产品的发行规模、发行期限根据企业当时的融资需求灵活确定。

金融市场技术服务体系渐臻完备。支付、结算和清算体系形成。2015年4月，人民银行完成第二代支付系统全国上线；同年10月，人民币跨境支付系统（CIPS）投产上线，业务通达78个国家和地区，基本覆盖全球开展人民币业务的国家和地区。2014年6月，中央银行会计核算数据集中系统（ACS）完成全国上线，初步实现会计核算业务和数据处理的全国集中管理。2015年11月，境外央行债券交易券款对付（DVP）结算正式实施，银行间市场人民币债券交易全部实现DVP结算。建立银行卡清算服务市场化机制，境内银行卡清算市场实行准入管理。[1] 2016年8月，银行间市场清算所股份有限公司推出人民币外汇期权中央对手清算业务。

加快建设金融征信市场和社会信用体系。2013年1月起，我国征信业管理办法相继出台，确立了征信经营活动的制度规范和监管依据。[2] 人民银行加快推动证券公司、保险公司、小额贷款公司和融资性担保公司等非银行金融机构接入国家金融信用信息基础数据库。截至2017年5月底，累计3 000家机构接入数据库，收录了9.26亿自然人、2 371万户企业和其他组织的相关信息。小微企业和农户信用信息也陆续入库。此外，金融业综合统计体系和金融消费权益保护制度也开始启动建设。

（三）互联网金融立规建制与规范发展

以互联网金融为代表的新金融以其技术、业态、模式等优势，获得了跳跃式发展，但也存在着各种潜在风险。以问题为导向，市场规制和调控监管由早期的简约宽松逐步过渡到健全政策法规、引导金融创新规范发展阶段。

建立第三方支付制度规范。得益于互联网快速发展和巨大的人口与市场规模，中国第三方支付交易市场迅速成长为全球领跑者。[3] 人民银行先

---

[1] 《国务院关于实施银行卡清算机构准入管理的决定》（2015年4月9日）。

[2] 2013年1月21日，国务院发布《征信业管理条例》；2013年11月15日，人民银行出台《征信机构管理办法》。

[3] 2016年全国非银行支付机构网络支付业务1 639.02亿笔，交易总规模为99.3万亿元。其中，第三方支付机构移动支付交易规模达58.8万亿元，支付宝和微信合计约占92%的市场份额。

后出台管理办法和整治方案，对支付机构开展支付业务实施准入管理，将不合法规的第三方支付机构清除出场。①2017年3月和4月，非银行支付机构网络支付清算平台（网联）启动试运行，第三方支付备付金集中存管规定正式实施。次年6月起，终止第三方支付直连模式，所有网络支付必须经由网联平台，接受网联监督。

规范P2P网络借贷风险管理。P2P网络借贷提供了融资便利②，但技术、运营、信用等金融风险也相对集中。为规范市场秩序、鼓励金融创新，金融监管当局先后确立包括网络借贷在内的互联网金融主要业态的市场规范和监管职责，形成互联网金融发展的顶层制度设计；对风险集中的校园贷、首付贷、金交所、现金贷等进行专项整治。

明确众筹融资性质和管理办法。自2011年7月首家网络众筹平台"点名时间"上线运行，众筹融资发展迅速，成为我国募集资金和销售产品的新型金融模式。股权众筹融资最初界定为私募性质，参考私募基金管理方式，实行事后备案制。后来将"私募股权众筹"修改为"互联网非公开股权融资"，引导市场厘清概念、规范发展。众筹融资的回报方式已从最初的物权众筹、股权众筹拓展到权益众筹、公益众筹等多个领域。③

建立大数据征信和金融科技促进机制。互联网金融企业的大数据运用，倒逼大数据应用共享、征信发展、风险管控和体制变革，推动数据开放共享、金融业态创新以及大数据在征信业的应用、发展和监管制度建

---

① 参见中国人民银行《非金融机构支付服务管理办法》（2010年6月14日）；中国人民银行等14部门《非银行支付机构风险专项整治工作实施方案》（2016年4月13日）。

② 2007年8月，国内首家P2P网贷平台"拍拍贷"上线。到2017年底，全国正常运营的P2P网贷平台共有1 751家，当年累计成交额达2.8万亿元。

③ 截至2017年底，全国共有正常运营众筹平台294家。其中，权益型平台90家，股权型平台89家，物权型平台62家，综合型平台41家，公益型平台12家。2017年全年实际融资额约为260亿元。对众筹融资规制监管首见中国证券业协会《私募股权众筹融资管理办法（试行）》（2014年12月18日），后来又发布《场外证券业务备案管理办法》（2015年7月29日）。

设。[①]进入21世纪后，以大数据、云计算、区块链、人工智能等技术应用为主要特征的金融科技（FinTech）席卷全球。2016年我国金融科技企业融资总额首次跃居世界第一，国内一批独角兽金融科技企业站在全球金融科技发展前沿。2017年5月，中国人民银行成立金融科技委员会，专责金融科技发展规划、政策指引、科技研究，强化监管科技（RegTech）应用，研究制定金融科技标准以及创新管理机制等。

（四）金融业扩大开放与制度建设

虽然面临国际金融危机冲击和国内经济增长波动，我国仍然坚定不移地推进金融开放。重点试水资本市场和人民币资本项目开放，推动人民币国际化进程，倡导参与国际金融开放合作，构建金融业对外开放新格局、新体制。

试水资本市场和人民币资本项目开放。放宽单家合格境外机构投资者（QFII）投资额度上限，简化额度审批管理，便利资金汇出入；准许取得相关部门批准或许可开展境外证券投资的境内机构开展境外证券投资。增设人民币合格境外机构投资者（RQFII）境内证券投资制度、人民币合格境内机构投资者（RQDII）境外证券投资制度。[②]2013年起，在深圳、上海、青岛等地开展合格境内投资企业（QDIE）、合格境内有限合伙人（QDLP）试点。[③]其中QDIE在深圳市南方资本及招商财富等企业试点，

---

① 2015年6月24日，国务院办公厅印发《关于运用大数据加强对市场主体服务和监管的若干意见》；2015年8月31日，国务院印发《促进大数据发展行动纲要》。

② 参见国家外汇管理局《合格境外机构投资者境内证券投资外汇管理规定》（2009年9月29日公布，后经2012年12月7日、2016年2月4日、2018年6月13日多次公告修改，放宽相关限制）；《合格境内机构投资者境外证券投资外汇管理规定》（2013年8月21日）。

③ QDIE即合格境内投资企业（Qualified Domestic Investment Enterprise）。我国目前尚未出台全国性法律法规对其内涵明确定义。市场一般将其理解为：在人民币资本项目完全开放之前，符合条件的投资管理机构经国家金融监管部门批准，面向境内投资者募集资金，对境外投资标的进行投资。QDLP即合格境内有限合伙人（Qualified Domestic Limited Partner），允许注册于海外并且投资于海外市场的对冲基金，向境内的投资者募集人民币资金，并将所募集的人民币资金投资于海外市场。

投资范围包括境外一级和二级市场、私募产品及非上市公司股权等，比合格境内机构投资者（QDII）更加广泛；QDLP在上海和青岛进行试点，主要投资于海外证券资产、对冲基金和房地产信托投资（REITS）基金等，包括QDII和QDIE的所有领域。证监会、人民银行也随之正式开闸人民币合格境内机构投资者业务。[①] 中国证监会与境外证券期货监管机构、国际证监会组织（IOSCO）以及其他国际组织交流合作逐步增强并参与有关专业监管协调。

开启内地与香港间资本市场互联互通。"沪港通""深港通"分别于2014年11月和2016年12月正式开通。内地与香港资本市场互联互通、双向开放，推动了内地资本市场对接成熟资本市场制度，引导内地上市企业估值水平回归理性，增加了境内投资者和境外人民币资金投资渠道。[②] 2017年7月，"债券通"的"北向通"上线试运行，增加了人民币资本开放项目，简化了境外投资者交易成本，有利于境外投资者持仓中国债券。[③] 2018年4月，联想控股成为首家入选H股全流通试点公司，H股全流通试点自此落地，打通了H股企业的融资渠道和资本运作空间，使无法变现的内资股取得市场化定价，解决了内资外资股东不一致问题。[④]

---

① 参见中国证监会《人民币合格境外机构投资者境内证券投资试点办法》（2013年3月1日）；中国人民银行《关于人民币合格境内机构投资者境外证券投资有关事项的通知》（2014年11月18日）。

② 沪港通、深港通包括沪/深股通和港股通两部分。沪/深股通是指投资者委托香港经纪商，经由香港联合交易所设立的证券交易服务公司，向上海证券交易所/深圳证券交易所进行申报，买卖规定范围内的沪深两市股票；港股通是指投资者委托内地证券公司，经由上海证券交易所/深圳证券交易所设立的证券交易服务公司，向香港联合交易所进行申报，买卖规定范围内的香港联合交易所上市的股票。沪港通、深港通设有每日额度限制，以防范大规模资金净流出或净流入风险。

③ 北向通是指香港及其他国家与地区的境外投资，经由香港与内地之间在交易、托管、结算等方面互联互通机制安排，投资于内地银行间债券市场。北向通允许海外投资者通过境外电子交易平台发布交易指令，与境内外汇交易中心进行配对交易。

④ H股全流通是指在香港上市的内地企业将尚未公开交易的国有股及法人股等内资股，转为外资股并在港股市场公开交易。

深化内地与港澳金融合作。2013 年 8 月，内地与港澳签订《关于建立更紧密经贸关系的安排》（CEPA）补充协议十，允许符合条件的港资、澳资金融机构，分别在上海、广东、深圳各设立一家两地合资全牌照证券公司，港资、澳资持股比例最高可达 51%。[①]2016 年 7 月，恒生前海基金有限公司获得证监会核准成立，成为首家 CEPA 框架下港资控股公募基金公司。2017 年，内地先后与香港、澳门签署《CEPA 投资协议》与《CEPA 经济技术合作协议》，全面涵盖投资准入、投资促进和投资保护等内容，为港澳内地经贸交流与合作提供了更加系统性的制度保障；粤港澳大湾区合作启动，金融服务互联互通进入新阶段。

推进跨境债券发行和资金池建设。跨境债券发行和资金池建设，有利于境内外资金融通和人民币国际化。继戴姆勒公司、国际金融公司和亚洲开发银行先后在我国发行人民币债券后，2015 年 9 月，香港上海汇丰银行有限公司和中国银行（香港）有限公司分别获准在境内银行间债券市场发行 10 亿元和 100 亿元人民币债券（熊猫债），开启了境外金融机构在岸人民币债券发行。2016 年 8 月，世界银行首期特别提款权（SDR）计价债券"木兰债"在中国银行间债券市场发行，发行规模为 5 亿 SDR，期限 3 年，以人民币结算。[②]跨境人民币资金池业务从试点到推行，降低了参与企业的门槛，便利其经营融资需要。[③]

金融业双向开放深化发展。继 2007 年取消经常项目外汇账户限额管

---

① 截至 2017 年 11 月，在 CEPA 框架下获准成立的合资多牌照证券公司已有两批四家，分别为第一批的申港证券与华菁证券、第二批的东亚前海证券与汇丰证券。

② 我国已发行的跨境债券主要包括点心债、木兰债和熊猫债。其中点心债是指香港离岸人民币债券，以人民币定价和结算的离岸债券；木兰债是指国内发行的 SDR 计价债券；熊猫债券是指国际多边金融机构在中国发行的以人民币计价的债券。2016 年债券市场共发行点心债 3 200 亿元；2017 年债券市场共有 25 家主体累计发行熊猫债 35 期，发行总额 719 亿元。

③ 跨境资金池是企业集团根据自身经营和管理需要，在境内外非金融成员企业之间开展的跨境人民币资金余缺调剂和归集业务，属于企业集团内部的经营性融资活动。2014 年 2 月，我国开放首批跨境人民币资金池业务试点。2015 年 9 月，中国人民银行发布《关于进一步便利跨国企业集团开展跨境双向人民币资金池业务的通知》予以推行。

理后，2009 年 4 月起，分别在上海、广州、深圳、珠海、东莞等城市开展跨境贸易人民币结算试点，两年间试点范围扩大到全国。放宽外资金融机构准入门槛和经营人民币业务资格条件；推进银行、证券、保险等金融领域对外开放，明确金融业开放的路线图、时间表。①2018 年启动新一轮金融开放，包括取消银行和金融资产管理公司的外资持股比例限制，允许外国银行同时设立分行和子行；证券公司、基金管理公司、期货公司、人身险公司的外资持股比例上限放宽至 51%，三年后不再设限；不再要求合资证券公司境内股东至少有 1 家证券公司；将内地与香港两地股票市场互联互通每日额度扩大四倍；允许符合条件的外国投资者来华经营保险代理业务和保险公估业务；开放外资保险经纪公司经营范围，与中资机构一致。中资金融机构国际化经营发展提速，海外分支机构数量和覆盖面都有扩大。② 金融技术标准国际化也获得新的突破。③

　　人民币国际化取得标志性进展。中国货币金融体系改革渐获国际社会和国际投资者认可。2015 年 11 月，上海证券交易所、德意志交易所集团、中国金融期货交易所共同出资成立中欧国际交易所；国际货币基金组织批准人民币自 2016 年 10 月 1 日起加入特别提款权。2016 年起，中国正式加入国际货币基金组织协调证券投资调查（Coordinated Portfolio Investment Survey，CPIS）、国际清算银行的国际银行统计（International

---

①　参见《国务院关于扩大对外开放积极利用外资若干措施的通知》（2017 年 1 月 12 日）、《国务院关于促进外资增长若干措施的通知》（2017 年 8 月 8 日）。截至 2017 年 11 月底，我国共有外资银行业金融机构 210 家，含外资法人银行 39 家、外资新型农村金融机构 17 家、外资非银行金融机构 31 家，以及外国银行分行 123 家，另有 100 多家银行业法人机构含有外资成分。

②　截至 2016 年底，22 家中资银行共开设 1 353 家海外分支机构，覆盖全球 63 个国家和地区；9 家中资银行业金融机构在 26 个"一带一路"相关国家设立 62 家一级机构。截至 2019 年上半年，瑞士银行对瑞银证券的持股比例提升至 51%，实现绝对控股；安联（中国）保险获准筹建，成为我国首家外资保险控股公司；美国标普公司获准进入我国信用评级市场；美国运通公司在我国境内发起设立合资公司，筹备银行卡清算机构的申请已经审查通过。

③　2015 年中国银联中标成为亚洲支付联盟（APN）跨境芯片卡标准的唯一提供商，并在 2016 年 10 月与新加坡、泰国、韩国、马来西亚、印度尼西亚、菲律宾等六国会员机构现场签署芯片卡标准授权协议。

Banking Statistics，IBS）及特别提款权。2017 年 10 月，中国 A 股正式纳入 MSCI（明晟）指数全球新兴市场指数体系，国内资本市场与全球资本市场逐步接轨。

参与和倡导国际金融合作。参与设立金砖银行及其应急储备金。2014 年 7 月，金砖国家（BRICS）① 发表《福塔莱萨宣言》宣布成立金砖国家新开发银行（New Development Bank，NDB），初始资本为 1 000 亿美元，5 个创始成员平均出资，总部设在中国上海，致力于加强多边借贷机制建设和提升基础设施融资水平；金砖国家还设立 1 000 亿美元应急储备金，中国出资 410 亿美元，旨在通过货币互换提供流动性，应对短期收支失衡压力。2014 年 11 月，中国宣布出资 400 亿美元成立丝路基金，为"一带一路"② 沿线国家的基础设施建设、资源开放、产业合作等有关项目提供融资支持。倡议设立亚洲基础设施投资银行（Asian Infrastructure Investment Bank，AIIB），支持亚洲区域基础设施互联互通和经济一体化发展。2015 年 12 月，亚投行成立，中国为最大出资人。截至 2017 年底，亚投行已由 57 个创始成员扩围至 84 个成员。

（五）优化金融调控和强化金融监管

全球金融危机给世界各国的货币政策管理和金融监管体系以深刻教训，完善货币政策及其工具、优化监管体制与效能引起了国际社会广泛重视。我国金融业也从微观审慎到宏观审慎，从单柱引导到双柱调控，从分业监管到功能与行为监管，逐步优化货币政策、工具和金融监管体制与效能。

---

① 金砖国家（BRICS），因其成员国巴西（Brazil）、俄罗斯（Russia）、印度（India）、中国（China）和南非（South Africa）的英文首字母组词与英语单词 Brick（砖）发音类似，故被称为"金砖国家"。

② "一带一路"（the Belt and Road，B&R）是"丝绸之路经济带"和"21 世纪海上丝绸之路"的简称。2013 年 9 月和 10 月，中国国家主席习近平分别提出建设"新丝绸之路经济带"和"21 世纪海上丝绸之路"的合作倡议，旨在借用古代丝绸之路的历史符号，依靠中国与有关国家既有的双多边机制和行之有效的区域合作平台，积极发展与沿线国家的经济合作伙伴关系，共同打造政治互信、经济融合、文化包容的利益共同体、命运共同体和责任共同体。

完善货币政策及其调节工具。随着经济发展进入新常态，景气压力逐步上升，我国货币政策通过创新政策工具和调控方式，提高货币政策前瞻性、灵活性和有效性，支持经济景气和薄弱环节发展。实施定向降准政策，引导商业银行将信贷增量投向"三农"领域和中小微企业，优化信贷结构，形成正向激励机制。创新流动性工具，丰富逆回购期限品种，调整再贷款分类，建立公开市场每日操作机制。引入 SLO、MLF、TLF、SLF、PSL 等流动性调节工具①，熨平临时性、季节性因素扰动，保障货币市场稳定和总量政策实施。开通央行网站、微信、微博等公众沟通渠道，按月公布流动性工具的操作数量和利率信息，提高货币政策透明度，适时引导市场预期，增强货币政策工具的有效性。

构建宏观审慎政策框架。适应金融资产多元化趋势，构建宏观审慎评估（Macro Prudential Assessment，MPA）体系，发挥逆周期调节作用。从2016年起，中国人民银行将差别准备金动态调整和合意贷款管理机制调整为金融机构宏观审慎评估体系，从盯住狭义信贷转为广义信贷管理，把债券、股权及其他投资等纳入其中。以资本充足率为核心，综合评估资本和杠杆、资产负债、流动性、定价行为、资产质量、外债风险、信贷政策执行等指标，多维度引导金融机构行为，防范系统性金融风险。统一中外资企业、银行、非银行金融机构管理，实行市场主体的借债空间与其资本实力、偿债能力挂钩。跨境人民币流动纳入 MPA 体系，实施本外币一体化、全口径跨境融资宏观审慎管理政策，使跨境融资水平与宏观经济热度、整体偿债能力和国际收支状况相适应，控制杠杆率和货币错配风险。以引入

---

① SLO（Short-term Liquidity Operations），即公开市场短期流动性调节工具，本质上是超短期的逆回购，2014年1月央行引入该工具；MLF（Medium-term Lending Facility），即中期借贷便利，央行于2014年9月创设；TLF（Temporary Lending Facility）是临时流动性便利；SLF（Standing Lending Facility），即常备借贷便利，是全球大多数中央银行都设立的货币政策工具，但名称有异；PSL（Pledged Supplementary Lending）即抵押补充贷款，作为一种新的储备政策工具，PSL 在数量层面是基础货币投放的新渠道，在价格层面是通过商业银行在央行的抵押融资利率引导市场中期利率。

远期售汇风险准备金、提高个别银行人民币购售平盘交易手续费率等方式，对外汇流动性进行逆周期动态调节。对境外金融机构境内存款执行正常存款准备金率，建立跨境人民币资金流动逆周期调节长效机制，引导境外金融机构加强人民币流动性管理，促进境外金融机构稳健经营。

防范化解重大风险隐患。规范证券期货投资者适当性管理，维护投资者合法权益。[1] 强化政策性银行专项监管政策和责任，防控其道德风险。[2] 地方债务纳入政府预算管理，实行总额限制和分地区逐级下达；按照政府性债务的风险性质、影响范围和危害程度等，划分 I ~ IV 级风险事件级别，相应启动分级响应、应急处置和责任追究机制。[3] 按照鼓励、限制、禁止三种类型引导和规范企业境外投资行为，加强对外投资的真实性、合规性审查，既推动投资便利化，又遏制非理性的对外投资。[4] 保障金融开放安全和防范跨国金融风险，强化反洗钱、反恐怖融资、反逃税监管。[5]

金融监管由机构监管转向功能、行为监管为主。商业银行强化资本充足率和信用、市场、操作风险管理；证券公司优化评价指标体系和风险管理能力；保险业加强偿付能力监管并通过强制卖股、严禁代持、小股东直通保监会等规定，约束保险公司大股东权利；资产管理从打破刚性兑付、消除多层嵌套和通道、提高信息披露及透明度、强化资本和准备金计提等方面入手，统一同类资产管理产品的监管标准，引导社会资金流向实体

---

[1] 中国证监会《证券期货投资者适当性管理办法》(2017 年 2 月 21 日发布，2017 年 7 月 1 日起施行)。

[2] 中国银监会《中国进出口银行监督管理办法》(2017 年 11 月 8 日)、《中国农业发展银行监督管理办法》(2017 年 11 月 9 日)、《国家开发银行监督管理办法》(2017 年 11 月 10 日)。

[3] 财政部《关于对地方政府债务实行限额管理的实施意见》(2015 年 12 月 21 日)；国务院办公厅《地方政府性债务风险应急处置预案》(2016 年 10 月 27 日)。地方政府债务得到相应控制，2014—2017 年底分别为 15.4 万亿元、16.0 万亿元、15.3 万亿元和 16.5 万亿元，控制在全国人大批准的 18.8 万亿元的债务限额之内。

[4] 国务院办公厅转发国家发展改革委等部门《关于进一步引导和规范境外投资方向的指导意见》《民营企业境外投资经营行为规范》(2017 年 8 月 4 日)。

[5] 国务院办公厅《关于完善反洗钱、反恐怖融资、反逃税监管体制机制的意见》(2017 年 8 月 29 日)。

经济。①

健全金融监管机构与协调机制。适应金融综合经营发展、风险结构日益复杂和国际金融风险增加，2013 年 8 月，由人民银行牵头，建立金融监管协调部际联席会议制度，协调金融监管政策、措施和行动。2017年 7 月，设立国务院金融稳定发展委员会，统筹协调金融改革、发展和监管，强化监管统一权威和协调穿透能力，防止因体制短板或漏洞导致监管套利。2018 年 4 月，按照国务院机构改革方案成立银保监会，统一监管银行业和保险业。中国金融监管从"一行三会"体制转变为"一委一行两会"体制。

（六）金融发展动向与体制创新指向

经过数十年的经济货币化与金融市场化发展，我国金融机构、市场、调控、监管体系以及国际合作机制基本建立起来。近年来，金融业呈现出服务实体经济发展、建立绿色金融体系和深化普惠服务等特征性现象，但也面临诸多方面的挑战。

强化金融服务实体经济。推动银行业金融机构开展投贷联动业务试点，以金融创新助推科创企业成长。②首批试点银行涵盖政策性银行、国有大型商业银行、股份制商业银行、民营银行、外资银行、城商行等 10家银行。试点银行以"信贷投放"与本集团设立的具有投资功能的子公司的"股权投资"相结合，通过相关制度安排，由投资收益抵补信贷风险，实现科创企业信贷风险和收益的匹配，为其提供持续资金支持。着力疏通

---

① 参见中国银监会《商业银行资本管理办法（试行）》（2012 年 6 月 7 日）；中国证监会《证券公司分类监管规定》（2017 年 7 月 6 日修订）；中国保监会《中国第二代偿付能力监管制度体系整体框架》（2013 年 5 月 3 日）、《保险公司章程指引》（2017 年 4 月 24 日）；中国人民银行、银保监会、证监会、外汇管理局《关于规范金融机构资产管理业务的指导意见》（2018 年 4 月 27 日）。

② 银监会、科技部、人民银行《关于支持银行业金融机构加大创新力度 开展科创企业投贷联动试点的指导意见》（2016 年 4 月 15 日）。首批投贷联动试点地区包括北京中关村、武汉东湖、上海张江、天津滨海、陕西西安等四个国家自主创新示范区。

货币信贷传导机制，满足投资、消费、进出口有效融资需求，强化小微企业、"三农"、民营企业等领域金融服务，开发适应实体经济需要的金融产品，实现个性化金融服务和金融资源精准投入。[①]

实施绿色金融发展战略。2015 年 9 月，我国首提绿色金融发展战略。此后，又陆续提出建立绿色信贷制度、培育绿色债券市场、构建绿色金融体系等全面发展绿色金融的目标、方法和路径。[②]我国倡导的建立绿色金融银行体系和债券市场及机构投资者绿色化等主张，写入 2016 年 G20 领导人峰会杭州宣言。2017 年 6 月，国务院决定在浙江、江西、广东、贵州、新疆等五省区建设各有侧重、各具特色的绿色金融改革创新试验区。

坚持普惠金融发展方向。2005 年联合国提出普惠金融概念，其核心理念是引导金融资源向农民、中小微企业、城镇低收入者等弱势群体倾斜，延伸金融活动的深度和广度。我国陆续出台政策意见，鼓励开发性、政策性银行投放农业基础设施建设贷款，推动大中型商业银行聚焦"三农"、小微企业、创业创新群体和脱贫攻坚等领域。[③]发展民营银行、村镇银行、小额贷款公司、融资担保公司等小微金融服务机构。实行差别化存款准备金率政策、支农支小再贷款和再贴现激励政策等，引导金融机构及社会资金支持小微企业和"三农"发展。在多个省份建立普惠金融改革试验区或推动"两权"抵押贷款试点，探索普惠金融新模式、新体制。

① 中国银保监会《关于进一步做好信贷工作提升服务实体经济质效的通知》（2018 年 8 月 18 日）。

② 参见《生态文明体制改革总体方案》（2015 年 9 月 11 日中共中央政治局审议通过）；人民银行等七部门《关于构建绿色金融体系的指导意见》（2016 年 8 月 31 日）；中国银监会《节能减排授信工作指导意见》（2007 年 11 月 23 日）、《绿色信贷指引》（2012 年 2 月 24 日）、《绿色信贷实施情况关键评价指标》（2014 年 6 月 27 日）；中国银监会、国家发展改革委《能效信贷指引》（2015 年 1 月 13 日）。我国绿色债券发行规模从 2015 年的几近空白跃升到 2016 年的 2 400 亿元，占全球总量近 40%；截至 2017 年 2 月，我国 21 家银行业机构绿色信贷余额 7.5 万亿元，占全部信贷余额的 9%。

③ 2015 年 12 月 31 日，国务院印发《推进普惠金融发展规划（2016-2020 年）》；中国人民银行等部门《关于金融助推脱贫攻坚的实施意见》（2016 年 3 月 16 日）、《关于加强金融精准扶贫信息对接共享工作的指导意见》（2016 年 5 月 25 日）、《大中型商业银行设立普惠金融事业部实施方案》（2017 年 5 月 23 日）。

运用互联网金融的网络平台、服务业态，发展以市场为导向的小微借贷、"草根"理财等新型长尾普惠金融服务模式。

设立改革试验区推进金融深化。鉴于金融改革创新内容复杂、风险多变，国家设立金融综合改革试验区，进行分门别类、各有侧重的改革试验。2012年以来，国务院先后批准在浙江温州、福建泉州、广东珠三角地区、云南和广西沿边地区、山东青岛等地设立国家级金融综合改革试验区。其中，温州试验区主要推进民间借贷阳光化，广东珠三角地区重点统筹城乡金融改革发展，福建泉州试验区着力推动金融服务实体经济和小微企业，云南广西沿边地区从信用贷款、支付体系、信用体系、跨境结算等方面推进沿边金融合作与创新，青岛试验区则聚焦于财富管理体制创新。其他如普惠金融、绿色金融等金融改革试验也在多个省份展开。此外，在遍布我国东、中、西部的12个自由贸易区改革试验中，率先开展自由贸易账户体系、资金跨境流动管理基础性制度、合格境内投资者境外投资试点等一批金融改革试验和相关风险压力测试。

近些年来，我国在金融机构发展、金融市场建设、金融对外开放、金融调控监管等领域取得了重大进展。利率汇率市场决定机制基本形成，主板、创业板、新三板、科创板和区域性股权市场等金字塔式多层次资本市场结构搭建成型，金融双向开放和跨境资本流动通道拓宽，市场风险缓释可控，监管体制适应金融深化调整强化。金融市场化与国际化创新了发展理念，优化了治理模式，展现了绿色金融、普惠金融的发展前景，金融体制趋向成型和稳固。

但是，由于传统痼疾、体制制约和发展瓶颈，金融领域也存在诸多挑战。一是货币供应量增速过快，尽管经济杠杆率偏高、结构失衡，但金融业占用资产更多，脱实向虚倾向明显。二是直接融资与间接融资比例失衡，间接融资比重长期偏高导致杠杆率过高、期限错配、信用违约以致金融风险上升。三是利率汇率市场化虽然进展明显，但利率传导、调控机制不畅，监管部门的窗口指导性利率干预过频，刚性兑付和隐性担保广泛存在，大量借贷主体对利率价格信号缺乏理性反应；外汇交易产品和风险偏好主体单调，外汇交易、价格发现中市场机制受限，资金套利套汇空间和监管压力过大。四是微观信用风险和宏观杠杆风险突出，部分国有企业债台高筑，"僵尸企业"难以出清，商业银行不良资产增多，影子银行风生水起，监管套利和空转套利盛行，金融部门杠杆攀升，债券市场违约频繁，理财产品风险集中。五是金融创新活力超越市场监管能力，创新活跃、越界与监管迟钝、失据相互交错，乱象丛生。有别于传统金融的金融业态、模式创新及其多维风险，严重冲击现行监管体制，市场规制能力追赶不及金融创新速度，求助于传统规则及其工具，既抑制金融深化，又不足以应对市场上频繁发生的信息分割、风险交叉、经营违规以及违法犯罪行为。六是资本项目逐步开放和人民币国际化，跨境资金流动频增量升，套利套汇行为因境内外金融体制与利率汇率政策差异而花样翻新，既有可能冲击国内金融市场、影响在岸汇率稳定，又会加剧离岸市场人民币汇率波动和央行熨平汇率波动的难度。[①] 此外，利率汇率等金融产品价格的市场化，滞后于大型国有银行以引进战略投资者方式吸收外国资本（即金融资本市场化）的进程，由此带来的资产股价、资本溢价、资产收益损失教训深刻，资本账户开放和人民币国际化过程中，优化金融改革开放的次序和节奏也十分重要。

金融深化的体制制约也是金融改革的目标指向。适应网络金融发展新特点，放宽民间金融机构主体参与、网点布局、远程业务等领域的限制，推进新型金融机构体系建设；完善货币市场体系、货币供应管理及其政策操作工具，强化信贷主体尤其是国有企业的预算约束，化解其资金价格不敏感痼疾；优化社会融资和资本市场结构，强化服务实体经济功能，以信

---

① 例如，2015 年以来跨境进入香港的万余亿元人民币资金不仅没有担当起人民币国际化角色，反而更多地被贷款企业兑换成美元和港元，成为离岸市场上与中国央行进行汇率博弈的重要筹码。

息披露为核心推动股票发行和再融资市场化改革，健全市场预警和退出机制；接轨国际金融市场规则，完善人民币汇率形成机制，加快人民币离岸市场建设，压缩资金跨境套利套汇空间；支持金融技术、业态、模式创新和信息网络平台建设，健全对外贸易、投资综合金融服务体系；遵循金融开放次序与规律，推动金融业双向开放，提升我国金融国际化水平和全球竞争能力；适应金融创新开放、功能深化及行为细化，强化金融监管能力和社会信用体系建设，规范各级各类监管机构权责行为，压缩、消除监管套利空间，建立信息共享机制及风险预警与处置快速反应机制。

第八章

经济开放与开放型体制建设

新中国成立以来，在相当长一个时期，国际上受到西方世界的封锁围堵，国内计划体制与国际商务规则存在隔膜，在国际社会中处于半封闭状态。尽管做过打开国门的努力，但真正融于国际社会，则是改革开放的历史成就。数十年来，从沿海到沿江沿边、从东部到中西部、从局部试点到全国范围，我国深化国内改革推动对外开放，扩大对外开放倒逼国内改革，顺应经济全球化潮流，开放国内贸易投资市场，承接国际产业转移，参与全球经济合作，建设开放型经济体系，经济实力、综合国力、经济开放度和国际影响力都步入世界前列。

一、区域性开放试点推动开放型经济成长

改革开放之初，人们在思想认识上存在诸多条条框框，在实践中有体制束缚，也缺乏对外开放的经验。先在部分地区和一些领域试验破题、积累经验，进而推动开放型经济发展，既是历史过程也符合逻辑规律。

（一）设立经济特区与渐进式开放试验

适应改革开放引进外资的需要，1979 年 7 月，全国人大五届二次会议通过《中华人民共和国中外合资企业法》，开启依法利用外资进程。1980 年 5 月，国务院决定扩大广东、福建两省经济管理权限，实行涉外经济特殊政策，设立深圳、珠海、汕头、厦门经济特区，赋予其发展外贸、引进外资及先进技术的机动权，发挥毗邻港澳台优势，利用国际市场机遇加快发展经济。

广东、福建两省四个经济特区的设立及实践探索，为我国区域性对外开放积累了经验，提供了对外开放的先导性示范案例。20 世纪 80 年代中后期到 90 年代初，我国对外开放范围由经济特区逐步扩大到沿海、沿江、

沿边地区，呈现出由东部沿海向中西部内地推进延伸的趋势。

借鉴经济特区实践经验，1984 年 3 月，党中央、国务院决定开放大连等 14 个沿海港口城市，创设经济开发区，赋予其实行税收优惠、扩大对外经济自主权等试点政策。1985 年 2 月起，国家分步开放长三角、珠三角、闽南厦漳泉三角地区及辽东半岛和胶东半岛。1988 年 4 月，设立海南经济特区。1990 年 4 月，开发开放上海浦东新区，建设上海国际经济、金融、贸易中心，带动长三角和整个长江流域开放发展。1991 年，开放满洲里、丹东、绥芬河、珲春 4 个北部边境口岸城市，并相继批准上海外高桥等沿海重要港口设立保税区。[①] 这一时期沿海经济特区和经济开发区的设立以及各类开发开放试验，使我国抓住了周边国家和地区劳动密集型产业大幅度调整转移的机遇，依托劳动力资源丰富的比较优势，发展所谓"大进大出""两头在外"的劳动密集型、外向型经济，对接国际商务规则，参与全球市场分工，推动国内就业增长、经济发展和体制转轨。

20 世纪 90 年代，我国对外开放开始融入建立社会主义市场经济体制和开放型经济体系新阶段。1992 年，以上海浦东为龙头，开放了重庆、武汉、九江等 6 个沿江港口和三峡库区；随后几年又陆续开放了 13 个沿边城市和 11 个内陆省会城市，以及一大批内陆县市。伴随着西部大开发，对外开放开始扩大至广大西部地区。包括经济特区（点）、沿海沿江开放城市（线）、沿海经济开发区（带）和内陆地区（面）在内的我国全面对外开放格局基本形成。我国再一次抓住了发达国家资本密集型制造业和高新技术产业中的劳动密集型环节向外转移的机遇，扩大外资准入和利用规

①　保税区亦称保税仓库区，是一国海关设置的或经海关批准注册、受海关监督和管理的可以较长时间存储商品的区域。中国保税区是经国务院批准设立、海关实施特殊监管的经济区域。自 1990 年国务院批准设立第一个保税区，共设有上海外高桥、天津港、深圳福田、深圳沙头角、深圳盐田港、大连、广州、张家港、海口、厦门象屿、福州、宁波、青岛、汕头、珠海、合肥等 16 个保税区，后来又在内陆多地陆续增设。保税区最初的功能定位是仓储、转口和加工贸易。2001 年中国加入 WTO 时，按照 WTO 市场准入原则，承诺 3 年内逐步放开工业品贸易权，分阶段取消各类商品的市场配额和其他数量限制，最大限度地对其他成员开放服务业，保税区所享有的优惠政策逐渐弱化，开始逐步向国际通行的自由贸易区转型。

模，参与全球产业链分工，发展和提升国内劳动密集型产业，启动商业零售、银行、保险、证券、电信等领域开放试点，推动对外贸易升级和扩大对外开放，为我国更大范围、更深层次地参与经济全球化积累了经验，奠定了理念、要素及体制基础。

经过长达 15 年的艰巨谈判历程，2001 年 12 月 11 日，我国成为世界贸易组织成员，国内对外开放进入新阶段。有限范围、部分领域、一些地区的开放转变为全方位、多层次、宽领域的开放；以开放试验为特征的政策性开放转变为法律框架下的制度性开放；单方面为主的自我开放市场转变为我国与世贸组织成员间的双向市场开放；被动接受国际经贸规则的开放转变为参与制定国际经贸规则的开放；依赖双边磋商机制协调经贸关系的开放转变为可以多双边机制相互结合与促进的开放。

按照加入世界贸易组织的相关承诺，我国大幅降低关税总水平、减少非关税措施，提升贸易自由化、便利化水平。制定、修订、废止 3 000 余件法律、行政法规和部门规章，加上地方性法规政策，总数超过两万件；开放金融、电信、交通、建筑、分销、旅游、法律等众多服务领域；推动知识产权保护和投资环境改善；取消实行了 50 余年的外贸权审批制，改行对外贸易经营者登记备案制度。[①] 加入世贸组织和实行涉外经济体制改革后，我国外贸体制与国际多边经贸规则加速接轨，与更多国家和地区发展更广领域、更深层次的经贸合作，并开展相应的服务、保障和监管体系建设。

（二）全面深化改革与全方位经济开放

进入全面深化改革阶段，加快自由贸易区建设、形成全方位开放新格局、统一内外资法律法规、构建开放型经济新体制，成为新时期发展更高层次的开放型经济的主要任务。

---

① 参见全国人大十届八次会议 2004 年 4 月 6 日修订通过的《中华人民共和国对外贸易法》。

党和国家出台了一系列政策意见，推动外贸外资和对外管理可持续发展体制建设，打造开放安全的开放型经济体系，营造稳定、公平、透明、可预期的开放型营商环境。① 重点优化对外开放区域布局，形成陆海内外联动、东西双向互济的开放格局；开展自由贸易区试验和自由贸易港建设，赋予其更多的涉外经济改革自主权②；实行贸易投资自由化、便利化政策，培育贸易投资与产能合作新业态、新模式，全面实行准入前国民待遇加负面清单管理制度③；提出"一带一路"倡议，拓展国际经济合作新空间等。

从区域性开放的局部试点和经济特区试验走向自由贸易区（港）建设，标志着我国在改革开放深入发展、综合国力与国际竞争力显著提高的背景下，进入全面建设开放型经济体系的新阶段。国家适时出台政策意见并会同地方制定和发布自由贸易试验区建设总体方案，聚焦于金融开放创新、贸易投资便利化和市场规制方式转变等领域。④

金融领域重点试验资金跨境流动、资本市场对外开放、自由贸易账户以及证券、保险和银行等金融行业的开放。包括扩大人民币跨境使用、推进区内利率市场化、外汇管理改革和自贸区内证券业开放等。上海自贸区开展自

---

① 参见《中共中央国务院关于构建开放型经济新体制的若干意见》（2015 年 5 月 5 日）；中央十九大报告《决胜全面建成小康社会 夺取新时代中国特色社会主义伟大胜利》（2017 年 10 月 18 日）等。

② 自由贸易区指在一国的部分领土内，就进口税及其他税种而言，任何货物运入被视同在关境以外，免于实施惯常的海关监管制度。自由贸易区的核心是强调"境内关外"的经济自由性。自由贸易港具有与之大致类似的性质。在我国，自由贸易区、自由贸易港被赋予了开放型经济体系建设的诸多试验任务。

③ 准入前国民待遇的实质是在外资进入阶段给予外国投资者及其投资国民待遇，即引资国对外资进入给予其不低于内资的待遇。这一待遇不是绝对的，允许有例外。世界各国较为普遍地采用负面清单方式，将其核心关注的行业和领域列入其中，保留特定形式的进入限制。未列入负面清单之中的行业和领域，则不对外资实行限制政策。准入前国民待遇加负面清单模式已逐步演变为国际惯常做法。

④ 参见国务院办公厅《自由贸易试验区外商投资国家安全审查试行办法》（2015 年 4 月 8 日）、《自由贸易试验区外商投资准入特别管理措施（负面清单）》（2015 年 4 月 8 日，适时修订）；商务部《自由贸易试验区外商投资备案管理办法（试行）》（2015 年 4 月 8 日）、《关于支持自由贸易试验区进一步创新发展的意见》（2017 年 12 月 17 日）及各自由贸易试验区（港）总体方案等。

由贸易账户（FT 账户）体系试验，银行等金融机构为自贸区内分账核算单元的客户开立规则统一的本外币账户，打通自贸区与离岸市场之间的通道，为区内企业涉足海外市场所需的贸易结算和跨境投融资汇兑提供便利条件。[①]开展对离岸业务经营授权、区内银行业金融机构和高管准入简化、金融业务风险监测等试验，探索银行业监管新模式。上海自贸区的金融业试验办法在全国其他地区得到不同程度、不同范围的复制推广。

推动贸易便利化改革试验。一是创新海关审单作业模式。改变"人工、实时、逐票"审单模式，以企业信用为前提，对低风险单证实施计算机自动验放，对部分重点纸质单证进行人工审核，报关单自动验放比率超过 70%。二是简化通关流程，缩短通关时间。一线入境货物"先进区后报关"，企业入境货物由港区到区内仓库时间平均从 2～3 天缩短至半天，物流成本平均降低 10% 左右；实行异地网上报检，从申报到收到通关单据 10 分钟内即可完成，较以前节约了 3 小时 / 批。三是采用"先放行后征税""集中汇总纳税"[②]"保税展示交易"[③] 等措施，降低通关物流成本，并于 2015 年起逐渐在全国海关特殊监管区域及以外地区复制推广。四是推进海关监管创新。通关申报环节改"一票一报"的传统逐票方式为批次进出、集中申报的"多票一报"方式，允许企业货物分批次进出，在规定期

---

① 在自由贸易账户（FT 账户）框架内，企业本外币资金按统一规则管理。境内企业基本拥有了一个可以和境外资金自由汇兑的账户，境外企业则可以按准入前国民待遇原则获得相关金融服务。通过该项制度，企业境内外资金可以实现双向自动归集，提高资金使用效率或降低融资成本，避免了企业国内资金账户与境外资金账户各自独立、无法实现境内外资金的统一调配和管理等问题。

② 海关传统征税方式为"逐票审核、征税放行"模式。改革后将传统的海关主导型税收征管模式转变为企业主动型征管模式。在有效担保前提下，实行先放行后征税、集中汇总纳税模式，企业在规定的纳税周期（通常为一个月）内，对已放行货物向海关自主集中缴付税款，海关推进税收征缴电子化，由实时性审核转为集约化后续审核和税收稽核，实现高效率、低成本通关。据测算，应税货物通关时间节省约 70%。

③ 保税展示交易指"保税进，行邮出"，在通关时无须缴纳进口税，只在出保税区时缴纳和直邮代购一样的行邮税即可；《海关总署关于跨境电子商务服务试点网购保税进口模式有关问题的通知》规定，一定限值之内的个人物品办理通关手续，只需缴纳行邮税。保税展示交易可节约物流成本 90% 以上，减少关税成本近 80%，唯一增加的成本是几乎可忽略不计的在区内的仓储费用。

限内集中办理海关报关手续，大幅减少企业申报次数和通关成本。报备环节推行"一次备案、多次使用"，区内企业账册经一次备案后，不再需要向海关重复备案，就可以开展多项需要海关核准开展的业务，较好地满足了区内企业保税加工、保税物流、保税服务贸易（如检测维修、研发设计、保税展示交易、期货保税交割、融资租赁）等多元化业务需求。贯彻"守法便利"理念，实行自主报税、海关重点稽核，将海关审核把关为主转变为企业自主申报为主，将海关事前监管为主转变为事前、事中、事后监管联动，提高了企业申报水平、质量和通关效率。

实现负面清单大幅瘦身，放宽外商投资准入范围。自由贸易试验区外商投资准入特别管理措施（负面清单）通常逐年修订、瘦身扩围。如2017年版与2015年版相比，减少了10个条目、27项措施。减少的条目包括轨道交通设备制造、医药制造、道路运输、保险业务、会计审计、其他商务服务等。四大自贸试验区当年实际吸收外资879.6亿元，同比增长81.3%。2017版自由贸易区负面清单大幅放宽外资准入领域并推广至全国。其中制造业除极少数敏感领域外，其他领域的外资股比、业务范围等已陆续放开；金融、教育、文化、医疗等领域成为开放重点。以准入前国民待遇加负面清单为标志的公平透明的外商投资管理制度成型。此外，上海自贸区还推行商品住宅用地外的建设用地用途兼容、弹性便利与混合使用，根据商业经营类、工业物流类、研发总部类等土地主要用途不同，分别采取招标拍卖挂牌、项目挂牌出让或协议划拨等差异化供地方式，简化土地使用流程，提高土地开发强度，为综合分区、物流分区、服务分区创造了用地制度基础。

推进商事登记制度改革，转变市场规制方式。一是提高企业开办的便利度。在广州自由贸易试验区，企业可在一天内领到营业执照，三天内完成开通银行基本户和印章备案，可比肩全球效率最高的国家和地区；开通商事服务"香港通"，港人及海外投资者可以在香港注册南沙企业，这项服务将拓展至更多国家和地区。二是实施国际化评估标准体系。参考国际第三方评估指标体系的理念和方法，特别是世界自由贸易区组织 2016 年 5 月在迪拜提出的"未来自贸区计划"所包含的卓越性实践、创新创业、可持续性三大支柱性指标，上海自贸试验区于 2018 年 3 月率先在国内发布自贸区卓越指数指标体系，从营商便利、经济贡献、创新创业和可持续性等四个维度，形成了具有国际可比性、可计量、引领性强的自贸试验区绩效评估指标体系，重点关注投资贸易自由度、规则开放透明度、监管公平高效性、营商环境便利化等核心要素，为我国自贸试验区确立了国际化的评估标准、推进路径和发展目标。三是完善商事法律服务体系。广州自贸区组建了南沙国际仲裁中心、广州国际航运仲裁院等一批专业仲裁机构，在全国率先实现自主选择三大法系仲裁。[1]

此外，自由贸易区还有一批刚刚起步或有待启动的前瞻性试点政策。如证券业开放政策规定，在自贸区内就业并符合条件的境外个人可按规定在区内证券期货经营机构开立非居民个人境内投资专户，开展境内、境外证券期货投资；符合条件的区内金融机构和企业可按规定开展境外证券期货投资，并可率先试验人民币资本项目可兑换，合格境内个人投资者境外投资，扩大人民币跨境使用等。[2] 自由贸易区试验也提出了对接国际标准、完善法规体系、创新监管模式等改革创新和制度建设新要求。

多双边经贸关系深化与区域经济合作发展，使我国全方位融入世界经济体系，参与经济全球化的能力大幅提升。20 世纪 90 年代以来，我国积极参与亚太经合组织、上海合作组织和亚欧会议等区域性合作，已同亚

---

[1] 三大法系是指欧洲大陆法系、英美法系和中华法系。

[2] 参见中国人民银行会同商务部、银监会、证监会、保监会、外汇局和上海市人民政府联合印发的《进一步推进中国（上海）自由贸易试验区金融开放创新试点 加快上海国际金融中心建设方案》（2015 年 10 月 29 日）。其中金融改革试验项目回应了业界期待多年的多项热点、难点政策。

洲、拉美、大洋洲、欧洲等 24 个国家和地区签署 16 个自由贸易区协定，关税覆盖的商品范围超过 90%。我国还在继续推进多个自贸协定谈判，其中 2012 年启动的《区域全面经济伙伴关系协定》(RCEP) 谈判，将涵盖全球一半以上人口和 30% 左右的经济和贸易规模。2017 年，我国与自贸区伙伴（不含台港澳）的贸易额占货物贸易总额的 25.8%。加入世界贸易组织后，除切实履行相关谈判承诺外，我国坚定支持多边贸易体制，反对单边主义和保护主义，推进贸易投资便利化自由化。近些年来，我国坚定不移地奉行互利共赢的开放战略，通过二十国集团、金砖国家等机制，建设性参与全球经济治理。

二、对外贸易体制转轨与开放发展

计划经济时期，我国外贸管理权集中于中央，国家外贸公司垄断对外贸易。外贸体制改革经历了下放进出口贸易管理权、实行政企分开和企业承包经营责任制，以及建立现代外贸企业制度和开放对外贸易等阶段，逐步建立起适应社会主义市场经济和国际市场竞争要求的对外贸易体制。

（一）对外贸易垄断经营破局

改革开放初期，我国对外贸易额不到世界贸易总额的百分之一，不仅落后于发达经济体，而且不及许多发展中国家和地区。为改变外贸落后和外汇紧缺状况，国家开始推进外贸体制改革。

打破国家外贸公司独家垄断经营格局。改革开放之初，开始试行出口商品分级管理，允许省、市、自治区成立外贸专业公司，从事进出口贸易相关业务；增设口岸和调整口岸分工，允许外贸口岸直接对外洽谈业务，签约成交、交货接货；扩大生产企业办外贸权限，发展出口商品生产，参与国际贸易活动；适应对外贸易业务发展，实行贸易和非贸易外汇留成；允许部分地区出国开办企业、试办出口特区，鼓励各地方、各部门根据自身条件和特点，因地制宜地开展相关涉外生产和贸易活动。[①]

推进外贸企业经营管理体制改革。随着进出口贸易管制政策放宽，1979 年起，国家先是在广东、福建两省试点建立外贸公司，随后扩大至北京、天津、上海三市，赋予这些外贸公司以及国家外贸总公司的口岸分公司成交签约、独立经营等外贸自主权。20 世纪 80 年代中期，国家外贸公司开始实行政企分开，以出口计划、成本和盈亏总额为主，推进承包经营责任制。政府外贸管理体制也进行了相应的机构和职能调整，并成立进出口商会，承担业务咨询、信息交流服务和部分协调管理职能。[②]

恢复重建进出口许可证管理制度。在国际社会，许多国家自 20 世纪早年开始，即利用发放许可证等手段调节进出口贸易，因其手段灵活、有效，备受各国政府重视而广泛采用。20 世纪 50 年代中期以前，我国对进出口商品全面实行许可证管理。随着计划体制的建立，国家设立了少数几家外贸专业公司垄断经营对外贸易，取消了许可证制度。顺应改革开放和对外贸易多元发展及规制的需要，1980 年 6 月起，国家重新建立进出口许可证制度。

（二）市场深化助推外贸体制改革

20 世纪 90 年代起，我国外贸体制改革开始进入适应社会主义市场经济发展建制和加入世界贸易组织要求的新阶段。人民币汇率并轨和对外贸易法的发布实施也为之提供了相应的制度条件。

---

① 参见国务院《关于大力发展对外贸易增加外汇收入若干问题的规定的通知》（1979 年 8 月 13 日）；《开展对外加工装配和中小型补偿贸易办法》（1979 年 9 月 3 日）。

② 在此期间，政府外贸管理机构几经变易。1979 年 3 月，国务院成立进出口领导小组，同年 8 月设立国家进出口管理委员会；1980 年成立海关总署；1982 年，国家进出口管理委员会、对外贸易部、对外经济联络部、外国投资管理委员会合并，设立对外经济贸易部；1987 年 3 月，国务院成立关税税则委员会。

全面开放进出口贸易经营权。1992 年 6 月起，国家赋予生产企业进出口经营权；次年又赋予科研院所科技产品进出口权，开展商业企业、物资企业进出口权试点。1994 年和 1996 年，国务院分别决定对少数实行数量限制的进出口商品管理按照效益、公正、公开原则实行配额有偿招标，对全国加工贸易进口实施银行保证金台账制度，维护加工贸易经营及监管秩序。1998 年 8 月起，赋予私营生产企业和科研院所自营进出口权。根据加入世界贸易组织的需要，从 2000 年起，开始对几乎涵盖我国进出口管理体制所有方面的各项对外经济贸易法规，进行适应 WTO 规则的立、改、废调整；对外贸经营资格管理进行重大改革，统一各种所有制企业进出口经营资格和条件。我国正式成为 WTO 成员后，通过引入资质、信用、环保、劳动安全标准等制度创新，规范敏感产品进出口管理；放开外贸经营权，同步进行信用体系建设，维护外贸经营秩序；从鼓励出口转向产业政策调节，促进进出口基本平衡发展。以市场为基础、与国际商务规则相衔接、全面开放的外贸管理体制初步建立起来。

随着对外贸易由垄断经营转变为多元发展，管理体制从审批制逐步过渡到备案制。1978 年底，全国只有国家垄断经营的十几家外贸专业总公司及其百余家分支机构。经过审批权限下放、外贸企业改革、多元经营开放等，到 1999 年底，全国内资外贸企业总数达到 29 400 余家。传统的外贸审批制随 2004 年 7 月《对外贸易法》和《对外贸易经营者备案登记办法》的修订与颁行过渡到备案登记制，提前履行相关"入世"承诺，我国进出口贸易管理法规体系基本成型。

加入世界贸易组织和对外贸易法制化建设，推动了进出口管理的规范化和自由化。我国对进出口商品按照禁止类、限制类和自由类分别实行许可证、国营贸易、自动进口等分类管理方式。多次大幅度削减实行出口配额许可证管理的商品种类。其中 1998—2007 年，十年间许可证管理商品由 114 种、占全国出口总额 28%，下调为 40 余种、占比仅 4%。大宗

商品出口管理与 WTO 规则接轨。进口关税总水平从改革开放初期的 50%
左右降至 10% 以下，相当于世界平均水平的 1/4 左右。履行"入世"相
关承诺，2005 年起基本取消了进口配额和许可证等非关税措施。零关税
特惠措施已经覆盖到与我国建交的所有最不发达国家。中国市场已经成为
世界上自由化和开放程度较高的市场之一。

2008 年受全球金融风暴影响及国内生产成本上升，我国进出口贸易
增速放缓、形势严峻。党和国家密集出台货物贸易和服务贸易体制改革政
策，推动对外贸易结构优化和新型贸易业态发展。[①] 一是完善对外货物贸
易税收金融制度和产业政策。降低相关产品关税水平，暂免出口商品法定
检验费用；优化出口退税流程，建立出口退税分担机制；建成 13 个跨境
电子商务综合试验区，推动加工贸易梯度转移、优化升级；改善出口保险
服务，提高出口信用短期险渗透率；改革货物贸易外汇管理制度，简化贸
易收付汇手续和业务办理流程；促进贸易政策与产业政策衔接协调，创新
进出口并重开放模式和贸易摩擦应对机制。二是改革服务贸易税收服务和
管理制度。适时推进营业税改增值税，对服务出口实行免税或零税率；调
整服务贸易专项资金政策；改进服务贸易口岸通关管理制度；加强服务贸
易区域合作，健全与 WTO 规则接轨的服务贸易法律体系；修订相关统计
制度，建立符合国际规范的服务贸易统计体系。三是创立新型贸易业态发
展体制。推动跨境电商、海外仓储、市场采购模式、综合服务企业等新型
外贸业态发展；建设以服务企业为核心的采购、生产、服务一体化电子信
息平台，促进跨境电商物流服务、产业集群和对外合作发展；开展支付机

---

① 如《国务院办公厅关于促进进出口稳增长、调结构的若干意见》（2013 年 7 月 26 日）；
《国务院办公厅关于支持外贸稳定增长的若干意见》（2014 年 5 月 4 日）；《国务院办公厅关于加强
进口的若干意见》（2014 年 10 月 23 日）；《国务院关于改进口岸工作支持外贸发展的若干意见》
（2015 年 4 月 1 日）；《中共中央 国务院关于构建开放型经济新体制的若干意见》（2015 年 5 月 5
日）；国务院印发《落实"三互"推进大通关建设改革方案》（2014 年 12 月 26 日）；《国务院关于
促进加工贸易创新发展的若干意见》（2016 年 1 月 4 日）；《国务院关于促进外贸回稳向好的若干
意见》（2016 年 5 月 5 日）；《中国国际进口博览会总体方案》（中央深改组 2017 年 6 月 26 日审议
通过）。

构跨境外汇支付业务试点，健全跨境电子支付结算管理体系；兴办内外贸结合、经营模式与国际接轨的商品交易市场和大型国际展会，构建新型内外贸一体化体系；革新监管理念与方式，完善跨境电商检验检疫政策和进出口税收制度。

（三）贸易便利化服务体系建设

外贸体制改革和对外贸易发展，推动了口岸通关等基础性服务体系改革创新，有力地支持了贸易便利化和开放型经济发展。

口岸是供人员、货物、物品和交通工具直接出入境的港口、机场、车站、跨境通道等场所。1978年底，我国仅有对外开放口岸51个。其中水运（海运、河运）开放口岸限于部分沿海（江）地区，铁路、公路开放口岸限于少数沿边地区，航空开放口岸限于区域中心城市。改革开放后，对外经济贸易活跃、增长，沿海港口口岸压力骤增，压船压港成为"通病"，亟须增开水运、陆路、航空等货物贸易口岸以适应对外贸易及经济合作需要。20世纪80年代，适应经济特区设立和"三来一补"贸易发展需要，国家陆续增开了一批水运口岸和直接往来港澳地区的货物启运装卸点；增开了一些陆路、边境口岸，支持沿边地区边境贸易、易货贸易和跨境旅游业发展。随着改革开放由沿海、沿边地区向内地推进，又相继开放了一批航空、水运、陆路口岸。90年代以后，开放型经济发展推动着口岸数量增多，布局渐趋合理。到21世纪初，基本形成全方位、多层次、立体化口岸开放格局。

口岸通关涉及海关、边防、商品检验、卫生检疫、动植物检疫、船舶检验、港务监督以及外贸管理、港口装卸、交通运输和服务保障等多个部门的协调配合。这些部门适用的法律法规和管理制度各有特点，业务交叉、重复查验、多头管理、各自为政、效率低下一度普遍存在。国务院适时调整口岸领导机构和管理范围，由过去单纯的港口口岸管理扩大到水运、陆路、航空口岸综合管理；制定口岸管理规则，以法规形式规定港口口岸工作对象、内容、方针、任务，明确检查、监督、检验、业务经营、财务外汇管理、国际海员工作等管理机构职责，以及口岸通关协调、矛盾争议仲裁原则等；实行口岸开放分类管理，对其类别划分、开放与关闭、报批与验收程序、检查检疫机构设立以及建设资金来源、临时进入非开放区域审批权限等做出规定。对地方口岸管理的职责范围、协调仲裁原则及权力予以明确规范，沿海有关地方政府也相继建立健全口岸管理机构。①

口岸通关监管涉及边防、海关、港务监督、卫生检疫、动植物检疫、商品检验、食品检验、船舶检验等多家机构。历史上这些机构分别隶属中央、地方和军队建制，缺乏独立统一的管理体系。1980 年 2 月起，恢复成立国家海关总署，设立进出口商品检验总局、动植物检疫总所，将全国海关建制收归中央管理，实行统一垂直领导体制。②1984—1988 年间，交通部设立港务监督局专责水上安全监管、实行垂直管理；承担边防检查、边境管理的武警部队划归公安部边防局管理；卫生部组建统一的国家口岸卫生检疫机构，负责全国口岸食品卫生监督检验。1995 年起，水运口岸港务监督、边防、海关、检验检疫等相关机构职责更加明确，船舶进出港口查验手续简化、通关效率提高。③1998 年后，组建由海关总署管理的国家出入境检验检疫局，将原分散在卫生部、农业部和进出口商品检疫检验局的相关职能一并移交给新组建的出入境检验检疫局，实现卫生检疫、动植物检疫、商品检验"三检合一"，并在全国设立 35 个直属机构，实行垂直管理。改革水上安全监督管理体制，将交通部所属港务监督局和船舶检验局职能整合组建海事局，履行国家水上安全监督、船舶及海上设施检

---

① 参见《国务院关于加强港口口岸组织领导的通知》（1978 年 11 月 25 日）；《港口口岸工作暂行条例》（1980 年 8 月 27 日）；《国务院关于进一步加强口岸工作领导的通知》（1984 年 1 月 21 日）；《国务院关于口岸开放的若干规定》（1985 年 9 月 18 日）。

② 参见《国务院关于改革海关管理体制的决定》（1980 年 2 月 9 日）。

③ 参见国务院《国际航行船舶进出中华人民共和国口岸检查办法》（1995 年 3 月 21 日）。

验、航海保障管理、水上搜救以及污染防范和水上安全生产管理等职责，对所有负责沿海、内河港口及相关水域对外开放的海事监管机构实施垂直管理。

适应加入世界贸易组织后的贸易原则公平统一和对外贸易快速增长的需要，2001 年起，我国启动口岸大通关改革和电子口岸建设。①

国家将出入境检验检疫局与质量技术监督局合并，组建国家质量监督检验检疫总局，便利出入境检验检疫和质量技术统一监管；各部门、地方政府特别是重点口岸所在地政府相继建立联络协调机制，出台本地区大通关建设实施意见和具体措施；交通部在山东港口至韩国仁川航线上推进携车旅行和汽车货物运输试点；铁路部门对国家战略性物资进出境采取便捷管理措施，缩短车辆在口岸换装和在站停留时间；商务部在大湄公河次区域合作框架下推进与越南、老挝、缅甸等国家双边口岸一站式通关模式试点；民航部门加快中西部地区航空口岸基础设施建设，在主要航空口岸旅检通道试行边检、海关、检验检疫申报"三单合一"改革；海关总署与质检总局签署关检合作备忘录，建立、启动关检合作机制。2006 年 9 月，长三角区域各省市建立区域快速通关协作机制，通关改革范围扩展到长江流域、沿海地区以及中西部地区。2007 年 4 月，海关总署、质检总局及上海市分别与中部六省签订口岸合作框架协议。同年 7 月，东北三省和内蒙古自治区签署四省区大通关合作框架协议，北方部分省级口岸管理部门签署北方地区大通关建设协作备忘录，推动中央与地方以及地方之间跨区域、跨部门口岸大通关战略合作。

在大通关建设中，口岸相关部门借鉴国际先进口岸管理经验，创新

---

① 参见《国务院办公厅关于进一步提高口岸工作效率的通知》（2001 年 10 月 9 日）。大通关是指口岸各服务机构和管理部门通过高效服务与有效监管相结合，实现口岸物流、单证流、资金流、信息流等高效顺畅顺转，提高口岸通关效率。电子口岸是中国电子口岸执法系统的简称。该系统运用现代信息技术，借助国家电信公网，将各类进出口业务电子底账数据集中存放到公共数据中心，企业可以在网上办理各种进出口业务，国家职能管理部门可以跨部门、跨行业进行联网数据核查。

通关作业流程和口岸管理模式。海关、检验检疫部门改变传统的口岸集中办理货物通关方式，推行"提前报验、提前报关、实货放行"和"属地申报、口岸验放"通关模式以及相关的中介代理服务和港航部门改革。全国口岸边防、海关、检验检疫、海事机构及通关相关单位推出 24 小时预约服务。边检部门推动出入境证件联网鉴别系统建设，实现多用户通过音频、视频异地同步显示证件图像功能，在部分海关建设旅客出入境自动检测通道，提高口岸边检效率、通行便利性和防控能力。创新口岸通关监管模式，在重点口岸配置大型检验技术装备，健全海关物流监控系统，推行无纸通关、便捷通关、预约通关等通关便利措施，在珠三角、长三角、环渤海、海峡西岸等区域推动跨区域通关改革。

依托科技进步建设电子口岸，提高通关效率和执法透明度。建设中国电子口岸，实现国务院各有关部门在大通关流程相关数据的共享和联网核查；建设地方电子口岸，推动地方各有关部门、单位和企业将大通关核心流程及相关物流商务服务程序逐步整合到统一的信息平台，推进全国"统一认证、统一标准、统一品牌"的电子口岸建设。其中 1998—2001 年间，建成了国务院相关部门之间互联互通、信息共享和联网核查为主的口岸电子执法系统；2002—2005 年间，在电子口岸平台上完成了各地区、各相关部门全面联网为主的大通关统一信息平台建设。2005 年 8 月起，边检、海关、检验检疫部门在拱北海关客车通关使用"一站式"电子验放系统，首次实现统一平台、统一确认、统一放行，较传统人工验放效率提高 10 倍左右。检验检疫部门推进"三电工程"①建设及口岸与内地直通式电子报检，提高电子报检、电子签证比例。海事部门基本建成装备先进、内外联通、适应海事管理要求的数字海事平台。国家明确规范电子口岸建设的内容和目标，推动电子口岸建设朝简化进出口手续及单证、提高通关服务

---

① "三电工程"在检验检疫中原指电子报检、产地证电子签证和电子转单。适应口岸大通关发展，相关业务管理系统增加了电子通关功能。现行"三电工程"是指出入境货物检验检疫电子申报、电子转单和电子通关。

与监管效率、降低口岸通关成本、整合优化口岸管理资源的国际"单一窗口"管理模式发展。[①] 此外，相关法律法规也渐成体系，口岸管理步入专业化、法治化轨道。[②]

（四）贸易结构优化与竞争地位变化

外贸体制改革和贸易便利化服务体系建设，使我国对外贸易市场主体更加活跃，贸易伙伴更趋多元，开放型经济迅速成长，我国一跃成为全球性贸易大国。

货物进出口贸易增速加快、位次跃居前列。1978—2017 年，按人民币计价，我国进出口贸易总额从 355 亿元提高到 27.8 万亿元，增长 782 倍，年均增速 18.6%。其中，出口总额从 168 亿元提高到 15.3 万亿元，增长 913 倍，年均增速 19.1%；进口总额从 187 亿元提高到 12.5 万亿元，增长 665 倍，年均增速 18.1%。改革开放初期，我国货物进出口贸易占全球市场的比重仅为 0.8%，列第 29 位。外贸体制改革特别是加入世界贸易组织后对外贸易快速发展，我国货物贸易规模相继超越英国、法国、德国和日本，2009 年起连续 9 年保持货物贸易第一大出口国和第二大进口国地位。2013 年，我国超越美国成为全球货物贸易第一大国，并连续三年保持这一地位。2017 年，我国进出口贸易占全球份额为 11.5%，重回第一贸易大国位次。

贸易类型和贸易品结构优化。改革开放初期，我国加工贸易发展较快，占进出口总值的比重由 1981 年的 6% 逐步增长到 1998 年的 53.4%。

---

① 参见《国务院办公厅关于加强电子口岸建设的通知》（2006 年 5 月 15 日）。

② 如《国境卫生检疫法》（1986 年 12 月 2 日通过，后经 2007 年 12 月 29 日、2009 年 8 月 27 日、2018 年 4 月 27 日三次修订）、《进出境动植物检疫法》（1986 年 12 月 2 日通过，后经 2007 年 12 月 29 日、2009 年 8 月 27 日、2018 年 4 月 27 日三次修订）、《海关法》（1987 年 1 月 22 日通过，后经 2000 年 7 月 8 日、2013 年 6 月 29 日、2013 年 12 月 28 日、2016 年 11 月 7 日四次修订）、《出境入境边防检查条例》（1995 年 7 月 20 日）《出境入境管理法》（2012 年 6 月 30 日）、《进出口商品检验法》（1989 年 2 月 21 日通过，后经 2002 年 4 月 28 日、2013 年 6 月 29 日、2018 年 4 月 27 日、2018 年 12 月 29 日四次修订）等。

此后，随着货物贸易结构调整和转型升级，加工贸易占比开始缓慢下降，2017年下降至29%。一般贸易比重从2010年起超过50%，2017年上升至56.3%。1978年我国初级产品出口占53.5%，工业制成品出口占46.5%；1986年起，工业制成品出口比重开始超过初级产品，达到63.6%；20世纪80年代实现出口商品由初级产品为主向工业制成品为主的转变，90年代实现由轻纺产品为主向机电产品为主转变。进入21世纪以来，以电子和信息技术为代表的高新技术产品出口比重不断提高。2001年起，工业制成品所占比重超过90%；至2017年，工业制成品和初级产品出口比重分别为94.8%和5.2%。1985—2017年，我国机电产品出口从16.8亿美元增加到1.3万亿美元，年均增速达23.1%，占全球市场的份额升至17%以上，连续9年保持机电产品全球第一大出口国地位；高新技术产品出口比重也从2%左右提高到28.8%。

贸易市场日趋多元。1978—2017年，我国对外贸易的国家和地区已由40多个发展到231个，其中欧盟、美国、东盟、日本等为主要贸易伙伴。自2004年起，欧盟和美国已连续14年位列我国第一和第二大贸易伙伴，2017年中欧、中美贸易额占进出口总额的比重分别为15%和14.2%。我国与新兴市场和发展中国家的贸易持续较快增长。2011年起，东盟超越日本成为我国第三大贸易伙伴，在我国出口市场中的比重从2000年的7%提高到2017年的12.5%。2013—2017年，我国与"一带一路"沿线国家货物进出口总值33.2万亿元，年均增长4%，高于同期我国货物进出口年均增速1.4个百分点，成为货物贸易发展的一个新的增长点。

服务贸易创新发展，成为对外贸易增长的新引擎。外贸体制改革促成了服务贸易发展和制度建设。近年来随着服务业特别是生产性服务业水平的提高，我国在专业服务领域的国际竞争力增强，服务进出口贸易平稳较快增长，呈现出行业结构优化和高质量发展特征。服务进出口规模持续扩大。1982—2017年，我国服务进出口总额从46.9亿美元增长到6 957亿美元，增长 147 倍，年均增长 15.4%。其中，服务出口增长 84.4 倍，年均增长 13.5%；服务进口增长 230 倍，年均增长 16.8%。2013—2017 年，我国服务贸易累计进出口 3.2 万亿美元，年均增长 7.6%。其中出口 1.1 万亿美元，进口 2.1 万亿美元，年均增长分别为 2.5% 和 10.7%。

服务贸易结构优化升级。改革开放初期，我国服务进出口以旅行、运输和建筑等传统服务为主。1982 年，三大传统服务占比超过 70%，其中出口占比 78.3%，进口占比 64.9%。随着我国服务业改革开放和快速发展，以技术、品牌、质量和服务为核心的新兴服务优势显现，金融保险服务、电信计算机和信息服务、知识产权使用费、个人文化和娱乐服务等发展迅速。1982—2017 年，我国新兴服务进出口总额增长 213 倍，年均增长 16.6%，高于服务进出口总额年均增速 1.2 个百分点，其中出口年均增长 15.9%，进口年均增长 16.3%。2017 年，新兴服务进出口总额 2 161 亿美元，同比增长 9.3%，高于服务进出口总额增速 4.2 个百分点；占比达 31.1%，其中出口占比 47.6%。新兴服务中，电信计算机和信息服务、知识产权使用费及个人文化和娱乐服务同比分别增长 20.1%、32.6% 和 21.8%，成为新的经济增长点。

服务贸易国际地位提升。据世界贸易组织统计，1982—2017 年，我国服务出口世界排名由第 28 位上升至第 5 位，进口由第 40 位上升至第 2 位。2005—2017 年，我国服务进出口占世界的比重由 3.2% 上升至 6.6%，其中出口占比由 3.2% 上升至 4.3%，进口占比由 3.2% 上升至 9.1%。自 2014 年起，我国已连续四年保持服务进出口全球第二大国地位。

三、投资领域开放及体制变革

伴随涉外经济体制改革和开放型经济体系建设，我国开始深度参与经济全球化过程。利用国际国内两种资源、两个市场优化经济发展已成趋势。

（一）适应发展需要吸收境外融资

计划经济时代，我国曾以"既无内债又无外债"而自诩倨傲，资金供给渠道狭窄。改革开放初期，迫于现代化建设需要，1978 年 6 月，国务院首次做出统借统还国外贷款、引进技术和设备的决定。次年 1 月，首批借用国际商业贷款项目正式签约，开启了我国境外融资的序幕。

20 世纪 80 年代中期之前，我国借用贷款规模总体较小，最高年份也只有 35 亿美元左右，集中用于能源、交通、原材料工业投资，高等教育也占有一定比重。其间，我国恢复在世界银行和国际货币基金组织的合法席位后，1981 年 3 月第一笔 2 亿美元世界银行贷款正式签约，全部用于教育部直属 28 所重点大学教学设备配置和人员培训。通过对外发债借用国际商业贷款也开始起步。1982 年中国国际信托投资公司在日本发行 100 亿日元武士债券，首创新中国成立后通过发行债券在国际资本市场筹措资金。此后，福建国际信托投资公司、中国银行也先后在日本市场上发债筹资。80 年代中后期，借用国外贷款达 542 亿美元，仍然主要用于能源、交通、通信和原材料等工业领域。1986 年我国正式成为亚洲开发银行成员后，亚洲开发银行逐步成为我国借用国际金融组织贷款的重要资金来源之一。

20 世纪 90 年代起，我国借用国外贷款进入平稳发展期。1991—2000 年间，共借用外债 1 363 亿美元，主要用于农业、水利、能源、交通、通信等重点支柱产业建设和国有企业及老工业基地改造，并进行国内企业发行境外可转换债券试点。2000 年后，借用国外贷款更注重支持地区经济协调发展以及鼓励和引导非公有制经济发展，注重与国债、扶贫等专项资金结合使用，重点投向交通基础设施、城市市政设施、生态环境保护以及社会发展和扶贫项目。其中 80% 的优惠贷款投向中西部地区和东北等老工业基地。

通过国外贷款融资弥补国内建设资金不足特别是外汇不足，引进先进技术、装备、人才及管理方式，部分缓解了经济社会相关领域的瓶颈制约。但外债安全管理一直是发展中国家的难点问题。因管理不当而诱发债务危机甚至全面经济危机，是许多国家曾经有过的深刻教训。我国立足自身国情，借鉴国际经验，在国际融资方面，建立起了集计划管理、项目管理、统计监测及风险管理于一体的外债管理体系。

外债规模全口径计划管理与项目资金全流程管理。1983 年起，我国实行外债统一计划、分级管理。针对一些地方和部门出现的多头举债、影响外债安全的苗头，国家规定按审定建设项目对外借款，严格控制借用国际商业贷款总规模；对借用中长期国外贷款按指令性、指导性分类实行全口径计划管理，控制外债余额过快增长，保障对外信誉和外债利用效率；制定和规范国外贷款备选项目规划、项目资金申请报告、项目实施管理等各环节、全流程管理办法。①

统计监测参照、接轨国际标准。我国外债规模最初按窗口部门分别统计。1987 年起，国家外汇管理局统一规范外债资金流出入管理，建立外债范围、登记方法、账户管理、信息反馈、偿还审核等具体管理制度，及时、准确、完整地统计全国外债信息，控制对外借债规模。②2001 年起，国家外汇管理局按照新的国际标准，对我国外债统计口径和期限结构进行调整；2008 年起，企业货物贸易项下的外债登记办法接轨国际标准，较为完善的外债统计监测体系建立起来。

---

① 参见《国务院关于加强借用国际商业贷款管理的通知》（1989 年 1 月 12 日）、《国务院关于进一步加强借用国际商业贷款宏观管理的通知》（1995 年 9 月 27 日）；《国家计委关于借用国外贷款实行全口径计划管理的通知》（1996 年 4 月 22 日）；国家发展改革委《国际金融组织和外国政府贷款投资项目管理暂行办法》（2005 年 2 月 28 日）。

② 国家外汇管理局《外债统计监测暂行规定》（1987 年 8 月 27 日）、《外债登记实施细则》（1989 年 11 月 10 日）、《外债统计监测实施细则》（1997 年 9 月 24 日）。

健全外债风险管控政策体系。我国外债大部分由企业承借，企业外债安全是国家外债安全的基础。国家对国有企业外债风险管理的内容、要求及政策做出专门规定。外债综合管理类基础性法规和指导文件相继出台，对外债类型划分、举借外债及担保管理、外债资金使用、偿还与风险管控、地方和部门的外债风险责任等做出了相应的管理规定。[①]

由于我国长期对借用外债实施严格管理并建立健全了相关制度规范，外债结构基本合理，风险适度可控。20世纪八九十年代，在我国外贸规模较小、出口创汇能力较弱的背景下，较好地解决了借用国外贷款支持经济建设与外债偿还压力较大之间的矛盾，外债安全经受住了亚洲金融危机的考验。后来的美国次贷危机及世界金融危机，也未对我国外债安全构成重大威胁或撼动我国外债风险管理体制。无论是外债偿还率（中长期还本付息和短期付息与外汇收入之比）、债务率（外债余额与外汇收入之比）还是负债率（外债余额与国内生产总值之比），均远低于国际安全警戒线标准，外债期限结构基本合理，风险可控、总体安全。

（二）改革投资体制吸收境外投资

改革开放伊始，综合考虑国内外环境和发展需要，国家决定利用外商投资发展开放型经济。

20世纪80年代，我国以渐进式区域开放和行业开放为先导，积极引进外商投资。国家先后颁布多项相关法令，保护外商合法权益；通过制定优惠政策特别是实施减免外资企业所得税、免征关税、出口退税等激励政策，鼓励和引导外商尤其是出口导向型企业直接投资。最初在深圳等四个经济特区给予外资企业的特殊优惠政策，逐步扩大到其他沿海开放城市。

---

① 2002年7月8日，国家计委、中国人民银行、国家外汇管理局印发《国有和国有控股企业外债风险管理及结构调整意见》；2003年1月8日，国家计委、财政部、国家外汇管理局发布《外债管理暂行办法》；2004年7月14日，国家发展改革委发布《关于加强中长期外债风险管理的通知》。

国家制定外商投资指导目录，鼓励和引导外资投向基础产业和高新技术产业。提出"技术换市场"战略，将招商引资政策与引进国外先进技术、振兴国内相关产业相结合，通过市场准入政策引导外商直接投资，提升国内企业技术管理水平和市场竞争能力。[①] 但政策效果并不尽如人意。外商投资年度规模较小，一般不超过 50 亿美元，并且主要是香港、台湾地区的中小投资者以合资、"两头在外"形式投资的加工贸易、轻工制造业。借用国外贷款仍然是利用外资的主要方式。

外商直接投资的快速增长期，发生在我国建立社会主义市场经济体制、加入世界贸易组织以及投资体制相应进行重大改革之后。日渐成熟的市场经济体制、富有潜力的国内市场和逐步改善的投资环境，日益替代改革开放初期单纯的比较成本优势和税收优惠政策而成为外商直接投资迅速增长的主要因素。

1992—2000 年间，我国依托新型社会主义市场经济体制，抓住全球制造业结构调整和产业转移机遇，大量吸收制造业外商直接投资，并使之超过借用国外贷款而成为我国利用外资的主要形式。1992 年起，我国对外开放范围扩大到沿长江、沿陇海线和兰新线、沿边境地区及各大省会城市，逐步实现了对外商直接投资的全方位开放。凭借地理位置、基础设施、生产网络等区域优势，东部沿海地区成为外商直接投资的空间聚集、产业集群和人才集中地区。1993 年我国外商直接投资首次跃居发展中国家首位。企业也开始利用境外资本市场吸收外商投资。1996 年后，我国每年吸收境外资金 400 亿美元以上。新设立的外商独资企业超过中外合资企业，逐步形成以制造业为主的投资结构。

加入世界贸易组织推动了我国投资体制和涉外经济体制改革，外商直接投资进入全面高速发展阶段。按照加入世界贸易组织的相关承诺，我国迅速立、改、废与之不相适应的法律规章，推进外商投资体制改革。包括

---

① 参见《国务院关于鼓励外商投资的规定》(1986 年 10 月 11 日)。

修订《中外合资企业法》等三个关于外商直接投资的基本法律，清理相关法规文件 2 300 多件，废止 830 余件，修订 325 件；修订外商投资方向规定和产业指导目录，公布相关区域鼓励投资类产业目录；开放外商投资领域，由制造业为主逐步扩大至制造业、服务业并重，包括银行、保险、证券、电信服务、分销等在内的百余个服务业部门；改革国内投资体制，建立准入规范、程序简化、决策透明的外商投资管理体制；统一内外资企业所得税率，改变外商投资企业享有的超国民待遇，形成中国境内所有企业公平竞争的营商环境。[①] 截至 2008 年底，我国累计利用外商投资达 10 200 亿美元，其中外商直接投资 8 800 亿美元。

全面深化改革推动了我国投资领域的"竞争中性"和"规制中性"制度创新，我国开始探索实行"准入前国民待遇加负面清单"的外商投资管理模式。[②] 精简外商投资审批核准和产业目录，外商投资项目管理由全面核准向普遍备案和有限核准转变，目前 96% 以上的外商投资项目实行属地备案。大幅精简企业投资流程和限制性规定，取消对外商投资（含台、港、澳投资）公司的首次出资比例、货币出资比例和出资期限的限制或规定，凡不涉及国家规定实施准入特别管理措施的境外投资企业，其设立和变更由审批制改为备案管理。外商投资产业指导目录经过历年修订，大幅度开放服务业、制造业、采矿业等领域，限制性措施显著减少，并以历年修减瘦身的负面清单全面落实外商投资准入前国民待遇加负面清单管理

---

① 参见《指导外商投资方向规定》（2002 年 2 月 11 日），《外商投资产业指导目录》（1995 年 6 月 20 日首次发布，1997 年 12 月 31 日首次修订，此后经 2002 年 3 月 4 日等多次修订），《中西部地区外商投资优势产业目录》（2004 年 7 月 23 国家发展改革委，商务部修订颁布，后经历年多次修订），《外商投资项目核准暂行管理办法》（国家发展改革委 2004 年 10 月 9 日发布，2014 年 5 月 17 日修订为《外商投资项目核准和备案管理办法》），《国际金融组织和外国政府贷款投资项目暂行管理办法》（2005 年 2 月 28 日），《企业所得税法》（2007 年 3 月 16 日十届全国人大五次会议通过，2017 年 2 月 24 日修订）。

② 参见《外商投资项目核准和备案管理办法》（国家发展改革委 2014 年 5 月 17 日发布），《中共中央国务院关于构建开放型经济新体制的若干意见》（2015 年 5 月 5 日），《国务院关于扩大对外开放积极利用外资若干措施的通知》（2017 年 1 月 12 日），《国务院关于促进外资增长若干措施的通知》（2017 年 8 月 8 日）。

制度。

重点扩大服务业外资准入范围。放宽银行类金融机构、证券公司、证券投资基金管理公司、期货公司、保险机构、保险中介机构的外资准入限制,包括放宽外资金融机构设立限制,扩大其在华业务范围;放宽银行、证券、保险等行业外资股比限制;允许外商投资企业依照法规在公开市场上市、在新三板市场挂牌以及发行企业债券、公司债券、可转换债券和运用非金融企业债务融资工具进行融资等。放开育幼养老、会计审计、建筑设计、评级服务、商贸物流、电子商务等领域外资准入限制以及汽车行业外资股本限制;推进电信、互联网、文化、教育、医疗、交通运输等领域有序开放;减少交通、电信、矿业等基础产业对外资的限制;外商投资企业在我国境内生产的产品与国内企业同等、公平地参与政府采购招投标。

保护外资合法权益,提升外商投资及其监管的规范性和透明度。加强知识产权对外合作机制建设,推动相关国际组织在我国设立知识产权仲裁和调解分中心,保护外商投资企业的知识产权;建立外商投资准入管理、安全审查、诚信档案、信息报告及公示平台等项制度,健全信息共享、协同监管、公众参与的统一性、全程化监管体系;清理、废除、禁止妨碍统一市场和公平竞争的各种政策规定和优惠措施,防止市场垄断、不正当竞争和地方保护主义行为。此外,按照统一内外资法律法规原则,修订或制定新的外资基础性法律,以内外资一致适用的法律法规规范和引导境外投资者的投资行为和企业的组织形式及经营活动。

外商投资体制改革,推动了我国外资利用规模的扩大,结构、布局也更加合理,投资吸引力日渐增强。截至 2017 年底,我国实有注册的外商投资企业近 54 万家,累计使用外商直接投资超过 2 万亿美元。2017 年外商投资企业进出口额 12.4 万亿元,占我国货物进出口总额的 44.8%;缴纳税收 2.9 万亿元,占全国税收收入的 18.7%。外商投资由第二产业规模增加、比重上升转变为第二、第三产业规模增加、第三产业比重上升。近年来外资更多地流向服务业和高技术产业的势头不减，外资企业与国内企业一起共同推动了我国产业结构转型升级。[①] 外商投资区域逐步由少数经济特区扩大到沿海、沿江、沿边地区进而向内陆推进，覆盖到全国所有省、区、市，中西部地区开始成为外商投资的热土。外商投资管理理念、模式和体制的重大变革，大大改善了外资营商环境，使我国成为全球最具吸引力的投资目的地之一。自 1993 年起，我国利用外资规模已稳居发展中国家首位，继而成为全球第二大外资流入国。另据世界银行发布的 2020 年全球营商环境报告，我国营商环境在全球的排名大幅上升，2019 年较 2013 年跃升 65 位为第 31 位。

（三）参与投资合作及全球资源配置

改革开放以来，我国对外投资和经济合作经历了由停滞到增长、由区域到全球的发展过程，相应地推动了中国与世界各国间的经济深度融合与互利共赢发展。

新中国成立后，对外投资和经济合作主要是向部分发展中国家提供力所能及的经济技术援助，帮助建设一些农业、工业和基础设施项目。改革开放后，开始对外承包国际工程业务，带动我国设备材料出口及劳动、技术和服务的输出，开展对外投资和经济合作。但总体而言，20 世纪 80 年代，我国对外投资规模较小，投资主体主要是中央部委级大公司和少数省市所属公司，投资目的地为少数欧美国家和港澳地区，投资领域主要是工程承包、加工装配、交通运输、资源开发、渔业合作、咨询服务等，投资方式多为设立海外代表处或兴办合资企业。20 世纪 90 年代，我国对外投资规模有所扩大，投资主体扩展到各类生产企业，投资领域延伸到工业制

---

① 据国家统计局相关数据，2013—2017 年，服务业累计使用外商直接投资 4 174 亿美元，年均增长 9.6%。2017 年，利用外资总额中高技术产业的比重为 27.4%，较 2012 年提高 13.6 个百分点，年均增长 18.4%。

造、资源开发、农业合作等领域，投资地域拓展到亚太地区和部分非洲和拉美国家。

在政策层面，改革开放初国务院即允许出国办企业，此后授权或转发涉外经济管理部门出台的相关法律法规或指导性政策，推进对外投资发展。[①]21世纪初我国加入世界贸易组织后，一直沿用的审批、限制为主的管理方式开始向鼓励和规范对外投资政策转变。国家提出"走出去"战略，推动对外投资主体多元化，拓宽投资领域和地域，鼓励境外加工贸易发展，加强能源资源合作，开展大规模海外并购，扩大对外承包工程和劳务输出与合作。中共十八大后，提出建立全面开放型经济体系，国家从战略布局、服务体系、协调机制、激励政策、监管体制各方面，全方位推动经济开放和对外投资合作，形成面向全球的贸易、投资、生产、服务网络，培育对外投资合作和国际竞争的新优势。

放宽对外投资准入标准和投资自主权，赋予企业和个人投资主体地位，准许企业和个人以投资合作、承揽工程和劳务合作方式"走出去"，对外进行绿地、并购、证券、联合投资。重点推进"一带一路"投资建设，与沿线国家建立以企业为主体、以项目为基础、各类基金引导、企业和机构参与的多元化投融资模式；设立开发性金融机构，为沿线国家提供基础设施建设融资服务；同有关国家和地区协调商签投资协定，加快同周边国家和区域的基础设施互联互通建设；沿"一带一路"设立境外经贸合作区，推动国际产能合作；建立我国向沿线国家对外直接投资政策库、统计数据库等公共服务平台。2014年起，将境外投资项目和投资企业由核准制改为备案为主、核准为辅；相应地取消境外直接投资项下外汇登记核准并简化部分直接投资外汇业务办理手续；简化境外投资、并购和对外工程承包管理程序，提高对外投资合作的便利化程度。

---

① 参见外经贸部《关于在国外开设合营企业的暂行规定》(1981年3月11日)，《关于在国外开设非贸易性合资企业的审批程序和管理办法的暂行规定》(1985年1月1日)；国务院办公厅转发外经贸部等部门《关于鼓励企业开展境外带料加工装配业务的意见》(1999年2月14日)。

适应对外直接投资提速发展，建立健全"走出去"监管制度。修订、完善境外投资监管办法，实施依法监管、全方位监管、全过程监管和项目负面清单监管；突出规划引领、聚焦主业、资产安全和风险防控；按照鼓励、限制、禁止三种类别，对境外投资实行分类监管。① 此外，还先后建立对外直接投资统计、中俄森林资源开发利用、境外中资企业商会建设、境外投资综合绩效评价和联检、境外矿产资源开发备案、境外并购事前报告、境外中资企业（机构）报到登记、境外经贸合作区招标及考核等一系列管理制度。

对外投资政策的出台和逐步健全，推动了我国对外直接投资从无到有，由少数国有企业尝试性走出国门、开办代表处或设立企业，到加快"走出去"直至跻身资本输出大国行列。据联合国贸发会议统计，1982—2000 年间，我国累计对外直接投资 278 亿美元，年均投资额仅 14.6 亿美元。进入 21 世纪后，对外直接投资进入快速发展期。2002—2017 年，我国累计对外直接投资 1.11 万亿美元，年均增长 29.1%。其中 2017 年对外直接投资额 1 246 亿美元，是 2002 年的 46 倍；当年末，我国对外直接投资累计 1.48 万亿美元，境外企业资产总额超过 5 万亿美元，成为全球第三大对外投资国。

对外投资方式、结构逐步优化。我国对外直接投资由早期单一的绿地投资逐步向兼并、收购、参股等多种方式扩展，企业跨国并购日趋活跃；由主要集中在采矿业、制造业，发展到覆盖全部国民经济行业门类；从资源获取型投资向技术引领和构建全球价值链投资转型。2015—2017 年，我国装备制造业对外投资 351 亿美元，占制造业对外投资的 51.6%，展示了中国高铁、中国核电等亮丽的国家名片。第三产业投资已占对外直接投资存量的七成以上，主要是租赁和商务金融，信息传输、软件和信息技

---

① 参见国务院国资委《中央企业境外投资监督管理办法》（2017 年 1 月 7 日）；国务院办公厅转发国家发展改革委等部门《关于进一步引导和规范境外投资方向的指导意见》（2017 年 8 月 4 日）。

术，交通运输、仓储物流等生产性服务业，企业逐步建立起面向全球的贸易、金融、生产、服务和创新网络。

对外投资伙伴日渐多元，分布广泛。截至 2016 年底，我国对外直接投资分布在全球 190 个国家（地区），占全球国家（地区）总数的比重由 2003 年末的 60% 提升到 81%。其中，对亚洲投资 9 094 亿美元，占 67%；对拉丁美洲 2 072 亿美元，占 15.3%；对欧洲 872 亿美元，占 6.4%；对北美洲 755 亿美元，占 5.6%；对非洲 399 亿美元，占 2.9%，对大洋洲 382 亿美元，占 2.8%。近年来，我国与"一带一路"沿线国家投资合作成果斐然。2015—2017 年，直接投资累计超过 486 亿美元，占同期对外投资累计额的比重超过 10%。其中 2017 年，我国企业对"一带一路"沿线 59 个国家的非金融类直接投资达到 143.6 亿美元，较上年增长 3.5 个百分点，主要集中在新加坡、马来西亚等东南亚和南亚地区；新签对外承包工程合同额 3 630 亿美元，占同期新签合同额的 50.5%，完成营业额 2 308 亿美元，占同期完成营业额的 47.9%。

对外投资合作的规模、结构和布局也发生了重大变化。2002—2017 年，我国对外承包工程累计签订合同额 1.98 万亿美元，完成营业额 1.34 万亿美元，年均增速超过 20%。截至 2016 年末，我国已与 36 个国家合作建立了 77 个境外经贸合作区，其中 56 个在建项目位于"一带一路"沿线国家境内。在传统基础设施建设、资源密集型领域、劳动密集型行业、优势产能富余产业以及高端装备制造业等各方面，与相关国家开展广泛的国际产能合作，推动当地资源开发和制造业发展，缓解国内资源瓶颈及劳动力成本上升压力，规避贸易壁垒，实现互利双赢。在非洲地区，我国创建了产业园区、港口运营和铁路建设三位一体的"走出去"模式，既带动我国成熟产能、技术和标准输出，实现产业的国际转移，也为国内产业转型升级腾挪了空间。在"一带一路"沿线国家积极部署重大项目、承包重大工程，促进当地经济社会发展和就业、民生改善，如"中巴经济走廊"

中能源、交通、电力等领域重大项目推进落地，埃塞俄比亚首个国家工业园正式运营，吉布提多哈雷多功能港口项目顺利完工等。此外，着力推进国际交通互联互通。截至 2017 年底，中欧班列开行近 7 000 列，运行线路 57 条，通达欧洲 12 个国家 34 个城市；国外航空公司新开 18 条"一带一路"沿线国家航线。

四、开放战略调整及其发展趋势

经过 40 余年的改革开放，我国开放型经济体系已经形成，全面参与并影响着经济全球化进程。国内经济发展阶段、对外贸易投资结构、国际经济竞合关系、大国博弈政治格局，都发生了深刻变化，开放型经济发展面临诸多挑战及战略选择。

（一）对外贸易发展中的结构性矛盾

改革开放之初，我国无论是经济发展还是科技研发，都还处在较低水平，对外贸易多以初级产品、加工贸易品为主。20 世纪 80 年代承接了劳动密集型产业转移，加工贸易迅速发展，但生产工艺和技术水准仍然较低，大量存在"一流原料、二流加工、三流包装、四流价格"问题，参与国际竞争主要依靠劳动力成本及其他生产要素成本的比较优势。20 世纪 90 年代直至 21 世纪以来，我国大规模接受国际制造业产业转移成为世界工厂之后，在国际分工链条特别是价值链上仍然处在中低端水平，对外贸易存在诸多结构性矛盾。

一是与经济社会发展阶段相适应，我国出口商品较长时间主要是加工贸易类劳动密集型产品，生产能力集中于下游产业，中间投入品本地化比例不高。在加工贸易品的研发、设计、制造、仓储、运输、销售、服务等价值链环节中，我国企业承担的往往是对零件或原辅材料的初级加工和组装等劳动密集型环节，生产链与价值链短，发展后劲不足，商品附加值和贸易增值率极低。20世纪90年代，国际制造业开始向国内大规模转移，我国制造能力大幅提高，制成品比重增加，技术含量也有所提升，但这种利益分配的不平衡状态并未根本改观。在与关键核心技术相关的价值链上仍然处于不利地位。先进制造品和高科技产品所占比重小，对外贸易仍然徘徊于全球价值链的中低端位置。受国内生产技术水平、国际分工的次序节点、生产链与价值链环节等因素制约，对外贸易的数量型增长与质量性、附加值提升之间存在巨大落差。

二是受国内改革进程、对外开放领域、产业转移次序以及参与国际分工能力等因素限制，我国对外贸易和国际市场拓展方式相对单一，范围和领域受限。货物贸易较长时间一枝独秀，服务贸易尤其是现代服务业比重较低，缺乏国际竞争力。货物贸易与服务贸易之间、对外贸易与对外投资之间缺乏时序对应、同步发展和相互促进机制。对外贸易的结构性矛盾，不仅使得我国出口商品和服务附加值低，也难以绕开东道国的各种贸易壁垒。以货物出口为主的对外贸易方式，还容易导致国内企业间的恶性竞争、外贸出口增量不增值，并极易遭到进口国的倾销指控，或此起彼伏的反倾销调查甚至极不公平的配额限制管理。

三是外贸政策与市场规制宽严失据，国内企业管制类贸易限制与境外企业引资型"超国民待遇"并存，境内外企业发展条件与市场竞争不公。生产企业进出口自营权较长时间限定在少数国有大中型企业和科研机构，并且也有诸多限制；私营企业参与的门槛过高，数量极其有限。其他只能通过国有外贸公司代理的生产企业，不能直接进入国际市场，事实上造成人为设障的非关税壁垒，以及市场主体地位不公、代理公司垄断寻租、供求信号反应不灵、贸易弹性人为抑制和出口竞争能力薄弱等负面结果。我国进口管制更加严厉，进口贸易市场化、自由化程度更低。关税消减主要侧重于资本品或技术设备进口以及调节国际收支，其他进口限制较多或关税偏高，近年来才略有改观。非关税壁垒虽在不断消减，但一些已经取消配额和许可证管理的进口商品仍然存在着不同名目的数量限制，一些投资品进口则需要政府部门事先立项批准或做"政策性指导"，进口程序管理过于繁复和严格。其中许多产品进口实行国营垄断，主要是为了保护竞争能力薄弱的国有企业，但也丧失了部分国际竞争力和贸易红利。另对外商投资企业，除了有与直接投资有关、当初也属必需的优惠政策外，在贸易领域也有过于宽松和优惠的政策设定。如当初为吸引外商来华进行"三来一补"①生产经营以及满足普惠制协议中的给惠国诉求，我国制定了规则宽松、门槛较低的"原产地"识别标准②，促进了"三来一补"快速发展以及就业增加，但也存在以下弊端：因使用进口品过多等，影响了国内资源开发利用并增加了外汇支出；降低了出口贸易品的加工深度、国产化率和关键技术开发力度；外商企业的"三来一补"业务挤占了我国本来就十分有限的"自动配额"③，对一般贸易形成较大冲击；较高比重的加工贸易虚增了我国国际收支顺差，容易引起贸易摩擦和争端等。

四是受国际经济关系和贸易投资秩序影响，我国贸易规模迅速扩大与国际贸易条件约束之间的矛盾呈加剧趋势。加入世界贸易组织之前，我国对外贸易受到发达国家的贸易优势或贸易规则的挤压。"入世"之后，对外贸易条件虽有较大改善，但许多西方发达国家仍不承认我国的市场经

---

① 三来一补即来料加工、来样加工、来图加工和补偿贸易，是我国在改革开放初期创立的一种企业贸易形式，最早出现于 1978 年，由国内企业法人与外商签署合作合同，从事加工贸易相关业务。

② 原产地标准是原产地规则中的核心部分。指的是出口货物具备原产资格所应有的条件。我国目前判定出口产品原产地的规则是：该产品在中国生产或获取；在中国经过主要及最后的制造、加工工序，使其外形、性质、形态或用途发生实质性改变；或在中国增值达 25% 以上。这是一个较为宽松、门槛较低的原产地规则标准。

③ 自动配额又称被动配额，是指出口国家或地区在进口国家的要求或压力下，"自动"规定某一时期（一般为 3 年）内某些商品对该国出口的限制额。在限定的配额内自行控制出口，超过限额即不准出口。其实质是出口国家或地区不得不实行的被动配额。

济地位，比重较大的传统货物贸易容易受到反倾销调查和其他贸易壁垒及保护主义的不利影响。其中技术性贸易壁垒影响日增。① 我国有六成以上的出口企业不同程度地遭遇了国外技术性贸易壁垒，涉及货物金额超过1/4，并且技术性贸易壁垒从货物流通领域延伸到生产加工及金融、信息等服务业领域，成为我国外贸企业面临的第一大非关税壁垒。技术性贸易壁垒的滥用，造成了包括我国在内的发展中国家与发达国家之间的贸易条件和地位的不平等。我国以货物贸易为主的对外贸易结构及对外贸易的快速增长，也加剧了我国与其他发展中国家之间的贸易摩擦，对中国商品提起反倾销诉讼的发展中国家越来越多并呈扩大趋势，从最初的原材料、简单加工品扩展到现在的高科技产品，几乎涵盖我国大部分出口商品，涉及的金额和反倾销税率也越来越高。2018 年爆发的中美贸易战，则是我国与发达国家间贸易摩擦的典型案例。因对外贸易的结构性特点，贸易摩擦给我国造成的商品出口损失和市场挤压程度相对要严重一些。

此外，国内受经济地理因素（包括口岸设置、开放顺序与通关范围）之便以及"一部分地区先富起来"的非均衡开放战略的影响，涉外经济开放及优惠政策最初主要先行先试于东南沿海地区，对外贸易当初乃至今天过于集中在沿海率先开放地区。经过数十年积累，沿海地区形成了开放政策洼地、对外贸易和经济发展高地，沿海与内地之间以及涉外贸易部门与非涉外贸易部门之间存在着明显不同的市场竞争条件。内陆省份虽然也在努力发展对外贸易，近些年甚至颇有建树，贸易条件也有改善，但其开放型经济体系、对外贸易量及其占经济总量的比重与沿海地区不可同日而语。地区间开放型经济政策及发展水平不均，使各地区在经济竞争能力以及通过对外开放倒逼国内体制改革的压力等方面存在重大差别，集中体现为内陆国有经济比重过大、垄断行业先占独大、竞争性领域开放受限、民

---

① 技术性贸易壁垒，是指一国或区域组织以维护其基本安全、保障人类及动植物的生命健康安全、保护环境、防止欺诈行为、保证产品质量等为由而采取的一些强制性或自愿性的技术性措施，时常被一些发达国家凭借其经济及技术优势而滥用于国际贸易领域。

营经济发展不足等，各地区、产业和社会阶层从开放型经济发展中受益不均、分化加剧。

（二）对外投资发展潜力与挑战

自从我国走出改革开放初期的资本短缺困境后，对外直接投资进入发展期，投资绩效指数①也逐年提升，我国目前已经成为对外直接投资最多的发展中国家和全球主要资本输出国。

三次产业投资中，农业投资规模扩大；制造业投资增长加快，其中采矿业比重下降，先进制造业加速上升；服务业跃居主导地位，金融业和信息服务业国际化步伐加快，房地产业、物流业也有一定优势。对外投资产业集中度较高，在租赁和商务服务业、金融业、采矿业、批发和零售业、制造业等领域中尤为明显。地域上，以亚洲国家和发展中经济体为主，"一带一路"沿线国家投资增长较快，欧洲、北美洲和拉丁美洲也成为重要的投资目的地，形成辐射全球的区域布局。投资方式仍以绿地投资为主，跨境并购开始成为我国企业参与国际分工、获取战略资源的重要方式。投资主体日渐多元化，基本形成国有企业与民营企业"双轮驱动"格局，我国对外投资的巨大潜力已经显现出来。

但是，因国内体制因素制约和国际关系变动，对外直接投资也面临着一系列结构矛盾和外部挑战。

国有企业投资约束不力，民营企业受歧视性待遇依然明显。部分国有企业对海外投资风险预估不足，投资方向和战略布局出现重大失误，导致投资失败，利益受损。少数国有企业领导人因海外资产和投资行为的约束和监管不足、亏损追责不力和资产审计不严等，往往将海外投资项目作为政绩工程或滋生权力寻租行为。部分驻外企业管理人员利用信息不对称、

---

① 对外直接投资绩效指数用来衡量一国或地区的对外投资水平，反映一国对外直接投资的所有权优势和区位优势，其数值是指一国对外投资流量占全球对外投资流量的份额与该国国内生产总值占世界生产总值的份额的比率。

企业监管困难，以贪污受贿、非法交易、注册私人公司等方式，隐匿、侵占、转移、挪用国有资产等，给对外投资带来额外风险。民营企业虽然风险约束较强，投资效益较好，但仍然面临诸多政策歧视和体制约束。在海外投资和并购活动中，融资难、购汇难、资质歧视等，依旧是民营企业面临的主要政策性障碍。

对外投资便利化水平、综合服务能力和政策法律保障程度较低。海外投资项目审批制虽已改为备案制，但备案程序仍很复杂，走完全部手续平均约需三个月时间，程序烦琐、时滞过长往往贻误商机，事后管理也比较薄弱；海外企业回国返程投资视同外资企业，增加了政策协调成本；个人境外投资试点虽已启动，但在用汇、备案、服务等方面没有相应的支持政策；出境签证手续繁杂等造成企业内部人员往来不便，境外员工入境培训签证困难，随着"一带一路"沿线国家设立生产基地，东道国员工的企业培训压力尤大；海外投资信息系统不完善，企业自身分别对东道国的投资环境、市场状况、文化习俗、法制规范、投资政策等方面的信息进行搜集，缺乏及时性、准确性，难度大、成本高、可靠性差；各类专业服务机构建设薄弱，难以适时为企业投资和并购活动提供国际化、专业化的金融、信息、法律、财务、技术、咨询等相关服务；国家对海外企业享受投资国税收服务等正当权益保障不够；宏观政策（如汇率波动等）增加了不确定因素，影响企业经营和投资决策；对外投资法律建设滞后，管理政策多由部门规章文件构成，涉外规制行权效力受限；驻外使领馆对海外投资支持力度不够，一些企业与东道国政府沟通困难，谈判受挫、项目拖延搁置等时有发生。

国际经济政治格局增加了对外投资的不确定性和风险因素。以英国脱欧和美国频频挑起贸易战为标志，贸易投资保护主义愈演愈烈，各大贸易投资伙伴国政权更迭、规制变动和政策调整等，给我国企业带来较多的对外直接投资风险。我国企业重点投资的"一带一路"沿线发展中国家，近期也面临东道国政局不稳、汇率波幅较大、重大突发事件频发，市场秩序和法制环境不容乐观。投资欧美发达国家则时常面临以产业、环境、国家安全等为名义的各种保护主义门槛。特朗普政府的"美国优先"加剧了全球投资规则的不确定性，中美贸易战更是将我国推向风口浪尖，对外贸易投资风险骤增。此外，全球经济复苏的不稳定以及国际金融局势震荡也构成我国企业对外直接投资的重要风险，对外投资和经济开放处在重大战略选择关头。

（三）深化经济开放及其战略选择

经过数十年的改革开放，我国经济体量、产业结构和国际竞争能力已经发生重大变化。主动调整投资贸易政策和对外开放战略，积极倡导贸易自由化、投资便利化、经济全球化，根据发达市场与发展中市场的不同特点，有选择地确定投资贸易和对外开放重点，有助于提升我国对外投资贸易水平，实现内外部经济互利平衡和可持续发展。

第一，准确判断要素供给、比较优势和国际经济政治格局变化趋势，调整开放型经济发展政策。

进入 21 世纪尤其是发生国际金融危机以后，经济全球化和贸易保护主义都在发展。主要经济体更加关注科技创新和产业结构调整，一些国家提出并实施"再工业化"和"制造业回归"，我国既面临发达国家在中高端产品市场优势地位的压力，又面临与发展中国家在传统优势产品市场的激烈竞争，国际社会也对我国承担更多国际责任寄予较高期望；国内资源环境约束日益强化，依靠廉价生产要素和环境成本代价大规模承接国际产业转移、发展中低端传统制造业的优势逐步削弱，城镇就业人口中受过高等教育的新生代比重大幅增加，社会对保护生态、优化生活质量环境的意识明显提升，传统对外贸易发展方式日渐式微、难以为继，亟须适应要素供给变化，深化对外经济体制改革，发展既具有比较优势又兼顾转型升级并具备国际竞争能力的对外贸易及外向型经济。

从较长时期看，尽管一些发达经济体的贸易投资保护主义抬头，但以生产要素优化配置为诉求的经济全球化趋势和国际社会的广泛期待没有改变；尽管个别大国到处挥舞贸易制裁大棒，但以国际产业链分工和科技进步为纽带的国际经济合作与协作的主旋律没有改变；尽管我国与发达经济体和发展中经济体都存在贸易竞争，但我国既是出口大国也是进口大国，我国给国际社会带来巨大商机的长期利好和互利共赢机遇没有改变；尽管我国以廉价劳动力、资源环境为依托的传统贸易优势有所削弱，但熟练劳动力队伍迅速成长、基础设施日趋完备、产业配套条件逐步成熟、贸易投资日渐便利化、体制机制不断完善所催生的开放型经济新优势和大趋势没有改变；尽管我国对外经济贸易关系发展中会遇到来自各方面的挑战尤其是某些以邻为壑的贸易大国的遏制，但经济增长的长期态势、国内市场的巨大潜力、不断成熟的市场体制、相对稳定的社会秩序、国际经济贸易挑战应对能力的提升趋势没有改变。

适应国际市场结构和国内要素条件变化，适时改变资本短缺、外汇稀缺阶段偏重于招商引资、出口创汇的开放方式及政策，实施资源和资本全球优化配置新战略。实行国内各地区各产业各经济成分间、国际各经济体之间平等开放、合规准入、公平竞争的内外部经济发展政策，促进资源、资本全球范围内的合理流动与优化配置，推动进出口贸易平衡和对外投资发展，争取更为有利的贸易投资条件和更为丰厚的对外经济收益。加大境内外自由贸易区建设和自由贸易港等对外开放高地建设，以更加积极的心态和行动深化对外开放，参与国际经济秩序重构，为全球贸易与投资繁荣发展创造互利条件，提供中国机遇。

第二，积极推动对外贸易投资转型升级，发展高质量开放型经济，创造国际竞争合作新优势。

改革开放之初，我国主要依靠低成本比较优势和招商引资优惠政策等推动外向型经济发展，但发展不平衡不充分的矛盾也很突出，亟须转型升级和高质量发展。贸易投资转型升级的政策定位是：依靠产业升级和科技创新形成核心竞争力，而非继续依赖传统产业的低成本比较优势；依靠提升全球产业链及价值链地位，而非加工贸易及中低端制造业生产能力；依靠公平竞争和法治化、国际化营商环境，而非单纯的外向型经济优惠政策；依靠贸易条件改善与全球资源配置能力提升，推动进出口贸易、国际收支平衡，实现资源在全球范围内优化配置，而非一味追求贸易顺差和招商引资增长；依靠科技创新、知识产权保护和技术密集型贸易品增加，提升内在创新激励与国际竞争力，而非简单模仿、低端复制传统产品；依靠中高端服务业开放发展，而非制造品或低端服务贸易主打独秀；依靠内外部经济均衡发展与全方位开放，而非局部性、非均衡开放。在国际上旗帜鲜明地推动全球贸易投资便利化、自由化，反对少数发达经济体的投资贸易保护主义、单边主义甚至霸凌主义政策。

推进贸易投资转型升级和内外部经济平衡发展。优化引进外资的结构、质量和效益，加强高技术制造业、高端服务业、绿色环保产业的外资引进，推动国内相关产业深化改革和加快发展；适应居民收入水平提高后对中高端进口品日益增长的需求，适当增加进口、促进国际贸易和收支平衡；改善出口贸易的品种与国别结构，促进对外出口多元化发展，改变对低端贸易品和对少数发达经济体的过度依赖、受制于人的不利局面；优化对外投资的战略布局、地区分布与结构效益，推动国际投资与合作发展由规模扩张型向结构平衡型、质量效益型转变，避免对外投资合作及经济外交中的各种非理性行为；主动加强知识产权保护，改善劳工就业条件，提高生态环境标准，创造市场竞争和政府规制中立的营商环境，推动全球贸易和投资自由化、便利化发展。

第三，善于化"危"为"机"，平衡对外开放战略，创造互利共赢的开放型经济新机遇。

经济社会的快速发展，使我国逐步步入世界舞台的中央。中等收入经济体向高收入经济体转轨的许多国内国际矛盾，开始或多或少、或早或迟甚或同时显现出来。国内存在如所谓"中等收入陷阱"[①]；国际上少数国家力图利用国内矛盾制造"塔西佗陷阱"[②]；主要大国间贸易摩擦加剧、新型"冷战"露头，有可能陷入"修昔底德陷阱"[③]。面对激烈复杂的国际经济政治斗争，庙算成败关乎国运兴衰。[④]需要善于化"危"为"机"，主动对国家发展和对外开放战略做必要的甚至重大的调整，包括确立内需主导发展模式、地区平衡发展战略、全面开放尤其是向西向南开放重点等。

数十年来，我国对外开放尽管面对全球，但向东开放始终是重要方向，对其依赖程度也较高。面临新的国际经济政治形势尤其是美国对华战略调整，必须坚定不移地实施内需立国战略，立足国内市场实现可持续发展。在内外部经济关系上，除继续推进向东开放、深化中日韩经济合作、与美之间力争"斗而不破"外，重点加强西部开发和向西向南开放，积极推进与之有关的亚洲和非洲国家或地区经济组织的经济贸易关系以及与欧洲和中南美洲的投资贸易合作。充分利用我国海运能力和高铁等物质基础，推进带有向西向南开放性质的"一带一路"倡议，开辟新的陆海商

---

① 世界银行《东亚经济发展报告（2006）》提出了"中等收入陷阱"（middle income trap）的概念，基本含义是指：鲜有中等收入的经济体能成功地跻身高收入国家，这些国家往往会陷入经济增长的停滞期，既无法在工资方面与低收入国家竞争，又无法在尖端技术研制方面与富裕国家竞争。

② "塔西佗陷阱"这一概念源自古罗马历史学家塔西佗所著《塔西佗历史》。他在评价一位罗马皇帝时称："一旦皇帝成了人们憎恨的对象，他做的好事和坏事都同样会引起人们对他的厌恶。"后来被人们引申为一种社会现象，当某政府部门或某一组织失去公信力时，无论说真话还是假话，做好事还是坏事，都会被认为是说假话、做坏事。

③ "修昔底德陷阱"源自古希腊将军兼历史学家修昔底德，这位历史学家认为，当一个崛起的大国与既有的统治霸主竞争时，双方面临的危险正如公元前 5 世纪希腊人和 19 世纪末德国人面临的情况一样。这种挑战多以战争告终。修昔底德陷阱并非修昔底德的本意。曾担任过美国国防部长特别顾问的哈佛大学教授、当代美国人格雷厄姆·艾利森，特意把两千多年前修昔底德的相关表述煞费苦心、广征博引地引申发挥成所谓"修昔底德陷阱"，给 21 世纪的中美关系定性。

④ 古人称："夫未战而庙算胜者，得算多也；未战而庙算不胜者，得算少也。多算胜，少算不胜，而况于无算乎！"（《孙子兵法·始计篇》）

路，打通关键战略通道。把国内开发开放、军民融合发展与向西向南开放和全球经济战略结合起来，加快调整国内产业布局，重点推动与陆路商贸通道和新出海口相关联的路网、线网、管网、河流库渠、海陆空交通枢纽等重大基础设施建设以及经贸外交服务体系建设，拓展外部发展空间，释放国内经济增长潜力，为我国也为国际社会创造互利共赢、和平发展的红利。

继续发挥国际比较优势，深化各领域开放合作。在贸易领域，对发达经济体，重点引导和扶持发展技术贸易和服务贸易，带动国内技术进步和产业升级；对发展中国家，积极发展商品货物贸易，建立产业链关系。在投资领域，多以企业并购、专利品牌购买、营销网络建设等形式向发达经济体投资，推动我国企业进入高端制造业和现代服务业；以劳动密集型产业和适用技术向发展中国家进行实体投资，带动其劳动就业和经济发展，实现互利共赢。在金融领域，推动资本账户开放和人民币国际化进程，将超出国际贸易平衡需要、过去通常以购买收益微薄的外国国债等形式持有的外汇储备，适当地转化为国际投资资本，既缩小我国海外引资与投资的收益轧差，壮大海外资本实力，也为国际社会提供建设资金，带动国内商品、劳务和服务出口，实现对外金融开放和投资贸易的相互助力和平衡发展。

第四，以规则、规制、管理、标准等制度型开放为重点，接轨、适应、推动创新国际商务规则和经济秩序，以对外全方位开放助推国内全面深化改革。

按照产权中性、竞争中性和规制中性原则，完善公平竞争审查和公正监管制度，加快建立统一开放、竞争有序的国内市场体系和法规制度，以充分的活力、卓越的能力和开放的心态，主动开放国内贸易市场，全面实施负面清单管理制度，允许更多领域外商独资经营。加快推动国内金融、科技、商事、法律、教育、医疗、文化、体育、康养等服务业对外开放和国内服务业体制适应性改革。

对标世界银行全球营商环境评价指标体系等国际标准，加快推动规制变化和制度优化，打造国际化、法治化、市场化、便利化的一流营商环境。坚定维护经济全球化和贸易投资自由化、便利化，积极参与世界贸易组织改革，推动平等协商解决贸易争端。完善立法、健全司法，全面加强知识产权保护和外商在华合法权益保护。参照国际通行商务规则调整国内贸易投资体制、税制及税率水平、自贸区政策和海关监管体制，构建既符合国情又适应国际惯例的环境保护、劳工条件、引资政策、技术门槛、本土化程度、争端协调机制等国际贸易投资标准及风险防御体系。完善涉外经贸法律和规则体系，健全外商投资反垄断审查、国家安全审查、国家技术安全清单管理、不可靠实体清单等制度。

第九章

市场监管与公共服务体制变革

市场经济的广义公共服务包括经济领域的生产性服务、生活性服务和社会领域的基本公共服务与非基本公共服务。计划经济时代，公共服务通常由国家举办国有企业或事业机构经营和管理。随着社会主义市场经济发展建制，公共服务和市场监管体制发生了重要变革。但总体而言仍差强人意、留白甚多，改革开放难题密布。

一、市场监管变革与服务体系建设

服务市场交易，维护市场秩序，保障经营者和消费者合法权益，是市场经济所必需的基本公共服务。社会主义市场经济的发育发展过程，也是市场监管和服务体系的变革与转型历程。

（一）市场管理与服务职能演变

随着经济转轨和市场建制，政府的市场管理与服务职能经历了由主要维护公有制经济成分、服务于单一经营体制向管理各种经济成分、服务多种经营方式转变；由管理城乡集市等初级市场向管理并服务于不同层次、不同类型的多种市场转变；由主要负责国营、集体企业注册登记向负责国有、集体、个体私营、外商投资企业等各类市场主体的公共管理事务转变；由服务计划体制、对市场主体发育进行监督限制、行政管制向服务市场经济主体、创造依法合规、公平竞争市场环境的新型商事制度转变。

与改革开放初期市场经济因素薄弱相联系，当时的市场管理部门，主要负责全民、集体企业的购销和加工订货合同管理，管理集市贸易、维护正当交易，打击"投机倒把"活动，负责工商企业注册登记和商标管理等。1983—1988年，伴随着市场取向改革和国家引导、扶持个体私营经济发展政策，工商管理部门陆续增加个体私营经济行政管理和市场监管执法职能。①

社会主义市场经济体制的建立，推动着市场管理重点转向市场准入、交易秩序、竞争行为管理和消费者权益保护、商品质量监管、商标专用权及知识产权保护等。1993 年 9 月，我国颁行《反不正当竞争法》，首次以法律形式调整规范市场竞争行为。1995 年 7 月起，市场工商管理部门与其所办市场脱钩，实现政企、管办分开，重点整顿市场秩序，推进公平交易执法。2003 年 8 月，市场监管部门启动"金信工程"，利用信息网络技术推行企业信用分类监管、个体工商户分层分类监管和公平透明交易执法，内资企业网上名称核准、年检、登记和外资企业网上年检，商标注册网上申请、公告、查询等，提高市场服务便利程度和执法效能。市场监管法规的逐步健全，市场交易秩序进入依法规范治理阶段。②

适应加入世界贸易组织尤其是全面深化改革的新形势，市场准入及其管理服务开放性、便利化程度提高。外商投资企业注册登记与审批管理程序日趋简便化、规范化，其登记授权扩大至所有省、自治区、直辖市和计划单列市、沿海开放地区及外资企业超过百家的省辖市，直至推行准入前国民待遇加负面清单管理制度。推动商事制度改革创新，陆续推出"三证合一""多证合一"等工商登记前置审批事项改革③，工商登记由"先证后照"改为"先照后证"，前置审批事项精简 80% 以上；注册资本由实缴制改为认缴登记制；企业"三证合一、一照一码"进而"五证合一""多证合一"，个体工商户"两证合一"，简化市场主体住所（经营场所）登记手续，推行电子营业

① 工商行政管理总局《经济联合组织登记管理暂行办法》（1986 年 3 月 31 日施行）；国务院：《城乡个体工商户管理暂行条例》（1987 年 9 月 1 日起施行）、《私营企业暂行条例》（1988 年 7 月 1 日起施行）。1991 年 4 月发布实施的《工商行政管理所条例》以法规形式予以确认。

② 如国务院发布《禁止传销条例》（2005 年 11 月 1 日起施行）；《直销管理条例》（2005 年 12 月 1 日起施行）等。

③ 参见《国务院办公厅关于加快推进"三证合一"登记制度改革的意见》（2015 年 6 月 23 日）；《国务院办公厅关于加快推进"多证合一"改革的指导意见》（2017 年 5 月 5 日）；《国务院关于进一步削减工商登记前置审批事项的决定》（2017 年 5 月 7 日）。

执照和全程电子化登记管理等，营造便捷准入、公平竞争的市场环境，降低企业准入门槛和生产经营成本，促成了企业信用信息系统建设。

（二）建立和维护公平竞争市场秩序

建立公平竞争的市场秩序，是社会主义市场经济发展的内在要求。按照简政放权、依法监管、公正透明、社会共治的市场监管改革原则，国家推动形成权责明确、公平公正、透明高效、法治保障的市场监管格局。建立公平竞争审查制度，规范政府市场监管行为，防止出台排除、限制竞争的政策措施，清理废除妨碍全国统一市场和公平竞争的规定。[①] 国家有关部门发布实施细则，推动公平竞争审查制度落地实施。[②] 其他一系列平等保护产权、维护公平竞争市场秩序的政策法规也相继发布实施。

市场经济发展推动了公共资源交易日渐频繁。但在市场初建期，交易平台分散重复建设，功能模糊交叉，服务费用过高，交易规范和监管缺失或错位。国家出台政策整合公共资源和国有产权出让、工程建设项目招投标和政府采购等各类公共资源交易平台，推动全国范围内规则统一透明、竞争开放有序、服务监管规范高效、市场交易全程电子化运行的公共资源交易平台体系，逐步覆盖至各类公共资源交易，利用信息网络推进全流程透明化监督管理。[③]

标准管理和质量认证，是加强产品与服务市场管理、提高市场认知度、信用度，促进高质量发展的基础性制度。2015—2018 年间，针对标准管理和质量认证中的薄弱环节，国家密集提出深化标准化工作改革方案和全面加强质量管理的意见，推动标准化协同管理、提高标准国际化水

---

① 参见《国务院关于促进市场公平竞争维护市场正常秩序的若干意见》（2014 年 6 月 4 日）；《国务院关于在市场体系建设中建立公平竞争审查制度的意见》（2016 年 6 月 1 日）。

② 参见国家发展改革委、财政部、商务部、工商总局、国务院法制办《公平竞争审查制度实施细则（暂行）》（2017 年 10 月 23 日）。

③ 2015 年 8 月 10 日，国务院办公厅印发《整合建立统一的公共资源交易平台工作方案》；2016 年 6 月 24 日，国家发展改革委等 14 个部委局联合发布《公共资源交易平台管理暂行办法》。

平，加快质量认证制度改革创新，推广质量管理先进标准和方法，促进质量认证国际合作互认等。①

社会信用体系是市场经济的基础性公共服务，也是市场体制走向成熟的重要标志之一。2015 年起，有关部门开始进行创建社会信用体系示范试点，各省、区、市地方信用网站也实时与全国信用信息共享平台和"信用中国"网站共享信息，进行政务事务的事中、事后监管及信用联合奖惩。社会组织信用信息管理和失信惩戒办法陆续出台。依据社会组织未依法履行义务或存在违法违规行为的有关信用信息，建立社会组织活动异常名录和严重违法失信名单制度，对守信良好和失信违规的社会组织依法分别采取相应的激励或惩戒措施；对失信被执行人及其法定代表人、主要负责人、实际控制人、影响债务履行的直接责任人，采取限制不动产交易等惩戒措施；对公共资源交易领域存在严重失信行为的企业及负有责任的法定代表人、自然人股东、评标评审专家及其他相关人员实施联合惩戒；强化科研活动全流程诚信管理，推进科研诚信制度化、信息化建设，完善科研诚信管理和失信联合惩戒制度。②

（三）政府简政放权优化营商环境

改革开放以来，我国先后集中进行了八次较大规模的政府机构改革和

---

① 参见《国务院关于印发深化标准化工作改革方案的通知》(2015 年 3 月 11 日)；《国务院办公厅关于贯彻实施〈深化标准化工作改革方案〉行动计划（2015—2016 年）的通知》(2015 年 8 月 30 日)；《国务院办公厅关于印发贯彻实施〈深化标准化工作改革方案〉重点任务分工的通知（2017—2018 年）》(2017 年 3 月 21 日)；《国务院关于加强质量认证体系建设促进全面质量管理的意见》(2018 年 1 月 26 日)。

② 2015 年 8 月和 2016 年 4 月，国家发展改革委和中国人民银行将沈阳等 11 个城市、北京市海淀区等 32 个城区分别列入创建社会信用体系示范试点。2018 年 1 月 24 日，民政部发布《社会组织信用信息管理办法》；2018 年 3 月 1 日，国家发展改革委、最高人民法院、国土资源部共同发布《关于对失信被执行人实施限制不动产交易惩戒措施的通知》；2018 年 3 月 21 日，国家发展改革委等 24 个部门签署《关于对公共资源交易领域严重失信主体开展联合惩戒的备忘录》；2018 年 5 月 30 日，中办、国办发布《关于进一步加强科研诚信建设的若干意见》。

职能调整①，政府经济管理职能发生了根本性变化，为建立社会主义市场经济体制和促进国民经济与社会发展提供了体制保障。

首先是实行政企、政资分开，落实企业经营自主权和国有资产监督管理，推动政府各部门特别是经济管理部门由直接管理转向间接管理，由专业部门管理转向全行业管理，由微观管理转向宏观管理，由集中管制为主转向监管服务为主。

其次是适应市场化改革，按照精简、统一、效能原则，大规模合并、裁减原有的适应计划体制设立的专业管理部门和综合部门内设专业机构，适当加强决策咨询、经济调节、市场监督、公共服务和社会管理部门，完善规划引导、综合协调、专业服务和综合监管等职能。

最后是逐步理顺政府、市场、企业三者关系，循序渐进地放松经济管制，推动市场配置资源，创造各类经济主体平等发展、便利安全的营商环境，建立政府调控市场、市场引导企业的经济运行模式，健全市场决定资源配置基础上的以间接手段为主的宏观调控体系和风险监管制度。

中共十八大以后，简政放权、放管结合、优化服务即"放管服改革"成为转变政府职能、改善营商环境的重要标志。

减少行政审批和资质资格审定事项。简化优化公共服务流程，梳理和公开公共服务事项目录，去除各类无谓的证明和烦琐的手续，推进网上办理、网上咨询和部门间信息共享与业务协同等。②2013—2017年，国务院取消非行政许可审批；分9批取消下放行政审批事项618项，占原有1 700多项的近40%；取消中央指定地方实施的行政审批269项；中央层

① 分别为1982年、1988年、1993年、1998年、2003年、2008年、2013年和2018年。其中，2018年包括党中央机构、全国人大机构、全国政协机构改革以及行政执法体制改革、跨军地改革、群团组织改革、地方机构改革等（见2018年3月中共中央印发的《深化党和国家机构改革方案》）。

② 参见《国务院办公厅关于简化优化公共服务流程 方便基层群众办事创业的通知》（2015年11月27日）。

面核准的投资项目数量减少 90%；95% 以上的外商投资项目、98% 以上的境外投资项目改为网上备案管理。清理规范国务院部门行政审批中介服务事项 323 项，74% 的中介服务不再作为审批要件。近两年又陆续取消和下放一批行政审批事项。^① 国务院专项清理、分 7 批取消 433 项职业资格许可和认定事项，占总数的 70% 以上；建立和实施国家职业资格目录清单，除准入类职业资格外，一律不与就业、创业挂钩。^②

推进减税降费、减轻企业负担。重点清理行政事业性收费、政府基金，查处利用行政权力垄断经营、强制收费、强制服务行为。中央和省级政府取消、停征和减免收费 1 100 多项，其中中央设立的涉企行政事业性收费项目减少 69%、政府性基金减少 30%，每年减轻企业负担 1 500 亿元。统一规范、全面建立涉企经营服务、进出口环节、行政审批前置服务收费三项目录清单制度，通过政府网站和公共媒体公开发布，接受社会监督。近两年，国家又陆续出台相关政策，实行普惠性、结构性减税和降低企业缴费负担政策。^③

创新监管模式、优化营商环境。推行清单管理方式，国务院先后启动权力清单、负面清单、责任清单三张清单编制，公布各部门行政审批事项汇总清单并试行权责清单，公布省、市、县三级政府部门权责清单，推动

---

① 有关文件如《国务院关于第六批取消和调整行政审批项目的决定》(2012 年 9 月 23 日)；《国务院关于取消和下放一批行政审批项目等事项的决定》(2013 年 5 月 15 日)；《国务院关于取消和调整一批行政审批项目等事项的决定》(2014 年 10 月 23 日)；《国务院关于取消非行政许可审批事项的决定》(2015 年 5 月 10 日)；《行政许可标准化指引（2016 年版)》；《国务院关于取消一批行政许可事项的决定》(2017 年 9 月 22 日)；《国务院关于取消一批行政许可等事项的决定》(2018 年 7 月 28 日)；《国务院关于取消和下放一批行政许可事项的决定》(2019 年 2 月 27 日)。

② 相关文件如《国务院关于取消一批职业资格许可和认定事项的决定》(2016 年 12 月 1 日)。

③ 如《国务院关于清理规范税收等优惠政策的通知》(2014 年 11 月 27 日)；《国家发展改革委办公厅关于全面实行收费目录清单制度的通知》(2016 年 6 月 6 日)；国务院印发《降低实体经济企业成本工作方案》(2016 年 8 月 8 日)；财政部、税务总局《关于实施小微企业普惠性税收减免政策的通知》(2019 年 1 月 17 日)；《国家税务总局关于实施小型微利企业普惠性所得税减免政策有关问题的公告》(2019 年 1 月 18 日)。此外，调减增值税、企业社会保险缴费和其他涉企收费相关政策也相继出台。

以法律法规为准绳，划清政府权力运行的边界。[①] 中央和省级政府还公布了涉企行政事业性收费、政府性基金目录等清单。建设"互联网＋政务服务"体系，实行政务信息系统互联、公共数据共享和政务公开制度，推进事中事后监管和线上线下一体化监管，形成中央各部门、中央与地方之间以及各地方之间信息资源互联互通共享的市场监管信息平台与统一监管合力。[②]各地方政府从"一窗受理、一站服务"发展到"互联网＋公共管理""互联网＋公共服务""互联网＋公共政策""互联网＋市场监管"等服务模式，实体服务大厅与网上办事大厅融合互通，形成"一网通办"的政务、商务服务环境；依托国家政务服务平台，建设"互联网＋监管"系统，及时归集共享各类相关数据，及早发现防范苗头性和跨行业跨区域类风险。

推进城市管理和执法体制改革。针对长期存在的城市外来务工经商人员与户籍人口在公共服务方面的差别待遇及社会矛盾，国家推进城镇常住人口基本公共服务便利化和全覆盖，促进全体城镇居民安居乐业，保障公民合法权益和社会公平正义。适应城镇化发展和城市规模扩大，提出城市执法和管理改革政策，推动市、县政府城市管理机构综合设置和城市管理法律法规与标准体系建设。[③]

二、公共服务类型与改革目标取向

建立社会主义市场经济体制，不仅要从经济上突破计划体制、实现经济

① 中办、国办印发《关于推行地方各级政府工作部门权力清单制度的指导意见》（2015年3月24日）;《国务院关于实行市场准入负面清单制度的意见》（2015年10月2日）;《国务院办公厅关于印发国务院部门权力和责任清单编制试点方案的通知》（2015年12月28日）;《自由贸易试验区外商投资准入特别管理措施（负面清单）（2017年版）》（2017年6月5日）等。

② 参见中共中央办公厅、国务院办公厅《关于全面推进政务公开工作的意见》（2016年2月17日）；国务院印发《政务信息资源共享管理暂行办法》（2016年9月5日）;《国务院关于加快推进"互联网＋政务服务"工作的指导意见》（2016年9月25日）。此外，"互联网＋监管"系统和国家政务服务平台于2019年9月同步上线运行。

③ 参见《居住证暂行条例》（国务院2015年11月26日发布）;《中共中央、国务院关于深入推进城市执法体制改革　改进城市管理工作的指导意见》（2015年12月24日）。

基础的根本性变革，而且还需要彻底改造与计划经济一体共生的公共服务体系，重建服务于社会主义市场经济的生产生活、民生社会的公共服务体制。

（一）公共服务类型与提供方式

公共服务有多种分类，如有广义与狭义、基本与非基本之分。大体而言，广义的公共服务是国家通过公权力介入或公共资源投入，为国民提供的社会性服务。既包括经济类公共服务，如从事生产、生活和经济发展所需要的水源、能源、交通、通信、气象、科技、咨询以及政策性金融等各类基础性服务；也包括社会性公共服务，如为满足与公民的生存、发展等需求直接相关的教育科技、医疗卫生、文化体育、社会福利、环境保护等领域。当然，还包括与规则、公平、安全等有关的更为宽泛的制度规则、公共安全、军队国防等国家安全服务体系建设。

基本公共服务是一国政府根据本国经济社会发展阶段和水平，为全体国民提供的维持生存权、发展权的最基本的社会条件或狭义的公共服务。它的本质属性是体现必需性、公共性、普惠性和公平性，维护社会公平正义。与经济社会发展水平相适应，我国现阶段基本公共服务大致包括基本民生性服务，如就业服务、社会保险、救助保障等，公共事业性服务，如公共教育、公共卫生、公共文化、科学技术等，公益基础性服务，如公共设施、生态环境保护等，公共安全性服务，如社会治安、生产安全、消费安全、国防安全等。[①] 基本公共服务是政府责无旁贷的职能和责任，但可以最大限度地利用市场机制，如购买服务、委托代建代营等，降低建设运营成本，改善服务质量和效益，提高服务的及时性与便利度。

非基本公共服务是指超出基本公共服务范围且带有社会公共需求性质的产品和服务。非基本公共服务中包含准基本公共服务成分，通常是保障

---

① 《"十三五"国家基本公共服务清单》包括公共教育、劳动就业创业、社会保险、医疗卫生、社会服务、住房保障、公共文化体育、残疾人服务等八个领域的 81 个项目。

或提升社会整体福利水平所必需、可以引入市场机制提供或运营，但由于产品及服务特性或定价机制特殊等原因，盈利空间较小甚或难以盈利，需要政府公共支出或优惠政策支持的公共服务。如义务教育外的学前教育、高中教育、特殊教育、高等教育、职业教育等，基本医疗卫生服务之外的康复保健、特殊护理、心理咨询等，文化体育领域的通俗文化、影视制作、文艺演出、休闲娱乐、竞技赛事、大众健身等，社会福利领域的老幼托管、老年人护理、残疾人照料以及公共安全领域的公司安保、社区安保等项服务。对于经营性非基本公共服务，政府可以不直接经办、提供，而是通过开放市场和监管服务，鼓励和引导社会力量举办和经营，满足社会多样化、多层次需求。

（二）公共服务的特点及变革难点

我国的公共服务体制，历史上是计划体制的组成部分，曾以其特定的制度模式和供给方式，适应于计划体制，服务于城乡居民。其制度特点鲜明且影响深刻、久远，改革进程漫长曲折且复杂、艰难。

1.公共服务体制的基本特点

计划体制的公共服务其实是一种家务或家政服务，具有其他经济社会形态不曾有的特点及运行方式。

一是政府对社会公共事业实行大包大揽、行政垄断，自行设立各种门类的事业单位，涵盖教育、科技、文化、卫生、体育、福利、慈善等各个领域，政事管办不分、经营与管制一体。在微观层面也力图涵盖生产生活服务的各个领域和阶段。

二是居民公共服务实行以单位为主体自我保障，城市企事业单位兼具生产、业务活动和公共服务供给双重功能，向职工提供诸如公费医疗、住房分配、退休养老、子女义务教育及其他单位福利，一些特殊行业还包括公检法司等公共安全机构，微观经营职能与社会服务职能交叉一体，企业或单位办社会是普遍的公共服务供给模式。农村集体经济组织则为社员实施小学教育、合作医疗、"五保"供养等极为有限的集体福利制度。

三是单位内部的平均主义和单位之间、地区之间或社会范围内的苦乐不均现象普遍存在，既不利于微观组织内部效率原则的贯彻，其实际生产力长期低于潜在生产力，经济社会发展迟滞，也在很大程度上背离了带有再分配性质的公共服务的公平正义诉求，引致诸多社会矛盾和问题。

四是城镇单位实行货币支付和实物供给相结合的公共服务或福利提供方式，与身份、位阶等有关的实物性福利如住房分配，相对于货币支出的其他福利，其权重不可同日而语，模糊了初次分配与再分配的边界并扭曲了其形成机制，加剧了单位之间的公共服务差距，强化了员工对单位的依附程度以及流动性瓶颈。

五是城镇国有经济与农村集体经济二元结构、户籍制度的强制性分隔以及政府对农村公共投入的相对较少，城乡居民的公共服务差距远远大于其体现在初次分配中的经济收入差距，以及城市人口的增加必须付出相应的隐性成本，这也是迄今都难以走出困境的城乡间劳动力流动尤其是农村居民城镇化的重大体制性障碍。

2. 公共服务体制改革的突出难点

经过数十年的改革开放，公共服务体制改革和社会公共服务发展，仍然明显滞后于经济改革，发展速度不能满足人民大众对公共服务日益增长的迫切需求，也不适应社会主义市场经济的成长要求。其体制性原因是多方面，影响也是极其深刻的。

一是公共服务改革的决策机制与实施方式具有特殊性质。公共事业体制改革，不可能像农村家庭承包，城市国有、集体企业改革和民营经济成长那样，可由基层群众在草根底层通过治理完善型的产权结构析解、深化或分散自发、隐晦曲折地发生及扩散，而必须以调整政府与社会的关系、破除行政性垄断为前提。从一开始起，就需要由决策层的制度自觉产生改革意愿，自上而下地调整政府与社会、政府与市场的关系，放松行政管制，推动事业单位改革。否则，"下动上不动、越动越被动"，并且已为一些地区基层事业单位或政府机构改革的各类试点蹉跎反复、进退失据或以失败告终所佐证。

二是工业化原始积累、要素市场分割等利益输送机制和经济发展不平衡规律因素对社会公共服务差距及均衡性制度建设难度的推动与放大。为实现经济赶超和工业化发展，政府曾经利用价格杠杆获取农业剩余积累、通过征地制度长期垄断一级市场取得土地增值收益、放任非完全成本保持廉价劳动力供给以及经济地理因素、要素禀赋差异和经济发展不平衡规律的作用，造成城乡、地区及其内部各经济组织间的公共服务发展条件、能力、程度的巨大差异，并且与制度构造相关联而难以撼动、积重难返，加剧了公共服务体制改革和制度创新的复杂程度和重建难度，至今还在深刻地影响着我国公共服务均衡配置的路径与速度。

三是经济发展速度偏好导致公共服务供给不足以及均衡配置公共服务或补偿改革成本的意愿及能力不足。受经济发展阶段、结构和水平影响，衣食温饱有其优先发展需要，经济增长在较长时期内既是社会的迫切需求也是政府政策的首选目标，公共服务发展滞后和一定阶段的供给不足有其客观性质。相对于公共服务的综合性、长期性效益，迫于经济发展压力和政府捉襟见肘的财力，政府将有限的资源较多地投向经济建设领域，可以获得立竿见影的经济收益和政绩效应。而改革公共服务体制、改善公共服务尤其是均等化建设的任何努力，都会因成本补偿或公共投入的增加而挤占经济建设投资和其他可用财力，有悖急功近利的政绩目标，导致政府在公共服务领域投资基础设施、补偿改革成本、改进服务质量、推动均等化建设的意愿和能力不足。

四是公共服务领域中政府与社会、政府与市场的责任边界、服务性质与资源配置、担当能力间的错位失衡及体制非对称影响。计划体制下政府与单位间公共服务责任相互交叉、边界不清，市场发育中将公共服务视作包袱、负担相互推诿责任，服务意愿与能力不足司空见惯；因计划体制影响，政府对基本公共服务和非基本公共服务不加区分地大包大揽并实行严格的准入限制，形成一般经济领域的投资拥挤性过剩与公共服务事业的要素管制性短缺长期严重的矛盾性并存、结构性失衡和体制性对立；政府公办事业机构对有利可图其实是非基本公共服务的公益事业趋之若鹜，对纯社会公益性的普遍服务类基本公共服务尽力回避、推卸责任，长期的一体化结构使二者交叉混合、边界难辨。如此繁难复杂的体制改革与创新绝非局部性试验可以轻易成功的。

五是公共服务差距扩大与利益格局强化固化的体制性因素影响和服务供给、利益分配及要素禀赋等优势方对既得利益的强大的维护能力。一个国家一定时期内公共服务差距较大并非罕见，但通常是经过相应的制度建设和利益调整促进基本公共服务向均等化方向发展。我国因计划体制及其转轨方式影响，不同社会群体在资源获取、市场先占、垄断因素、产业特质、业态优势、政策便利以及要素禀赋等方面的差别性，以及市场经济自身的优胜劣汰机制，使经济活动、公共服务、社会管理等领域的初次分配差距扩大已经成为痼疾，而在体制分割、城乡分隔、地区包干、单位本位等基础上塑造的公共服务或再分配体制，往往是在强化固化而不是弱化融化初次分配的既有差距。社会基层民众与强势利益群体之间，在要素占用优势、既得利益丰度、舆论引导技能、诉求表达渠道、参政议政机会、决策影响程度等方面的差距或有霄壤之别。面对公共服务均等化改革，后者的利益维护意愿强烈和能力强大以及由此而来的公共服务体制改革艰难滞后和路途曲折不会出乎意外。

六是治理性改革的路径依赖特征、利益兼顾性质、妥协博弈机制与和谐稳定诉求的持续性制约。治理性改革的特性决定了它需要悉心维护体制性质和价值信念，尽可能照顾既得利益和维护社会稳定以求得改革认同。与经济领域具有营利性质、从一开始就可以由农民家庭或工人群众基于切身利益、自发分散地启动改革不同，公共服务领域的要素属性、公益性质、体制构造与管制特征，使得基本公共服务即使短缺不足、非基本公共服务可以引入市场机制，但仍然离不开自上而下的改革决策及路径，也不可能简单地放松管制，任由个人或单位自主走向市场、提供非基本公共服务而盈利致富。一时间拿手术刀的不如拿剃头刀的、造原子弹的不如卖茶叶蛋的成为坊间微词也是改革初期公共服务领域分配状况的某种折射。任何改革的起步，必须优先补偿因经济领域宏观面的改革而派生的公共服务微观面的成本，这自然有待于经济发展和政府财力的增长，但"分灶吃饭"的财政改革却在一定时期内削弱了政府尤其是中央政府的改革成本补偿能力，公共服务改革延后推迟成为必然。后来政府迫于财力、允许"自谋生路"式的放松管制，公共服务领域便因业务行政垄断、需求广泛稳定、服务供不应求、专业价值凸显、议价能力提升以及信息不对称等因素，得以迅速地从政府和市场两侧取得双重改革红利。继续深化改革必须对此既得利益给予足够的照顾，不可以简单地复制经济领域中的企业优胜劣汰、员工下岗分流的改革方式，只能以结构优化、人尽其才的方式渐进式地推进改革。这不仅仅是利益维护意愿及能力的强大，更重要的是公共服务领域集中了全社会的专业人才和精英力量，直接关乎科学技术进步、文化教育发展、人民生命健康、国际竞争实力等国家和民族的重大战略利益和长远发展潜力。治理性改革的妥协博弈与稳妥诉求，赢得了改革支持也拉长了改革进程。

（三）基本公共服务均等化目标

一国政府为其国民提供与经济社会发展水平相适应、能够体现公平正义原则的大致均等的基本公共产品和服务，是制度正义的法理性要求和价值性意义。尽管在许多发展中经济体和转轨国家中基本公共服务不平衡、不公平近乎普遍现象，但我国政府一方面逐步提高基本公共服务投入和供给效率，另一方面加快公共服务改革与创新，将基本公共服务均等化确立为公共服务改革的体制性目标，政府自身也开始由曾经的计划管制型、经济建设型政府向公共服务型政府转变。

启动基本公共服务体系规划建设。调整中央财政和各级政府支出结构，稳定增加政府的财政投入，推动公共服务事业加快发展。[①] 制定基本公共服务领域中央与地方共同财政事权和支出责任划分方案，明确财政事权范围和国家基础标准，规范支出责任分担方式，调整完善转移支付制度；推进省以下支出责任划分改革，推动建立权责清晰、财力协调、标准合理的基本公共服务保障机制和制度体系。[②] 基本公共服务及专业领域的政策法规陆续出台，初步覆盖义务教育、劳动就业、社会保障、文化服务等基本公共服务各个领域。一些具体领域中基本公共服务的财政事权和支出责任划分方案也有出台。[③]

建立健全基本公共服务标准体系。以标准化促进基本公共服务均等化、普惠化、便捷化，是我国基本公共服务均等化建设的决心宣示和重大政策，也是社会主义市场经济体制走向成熟的重要标志。其重点建设任务一是完善各级各类基本公共服务标准，构建涵盖国家、行业、地方和基层服务机构四个层面的基本公共服务标准体系。二是明确国家基本公共服务质量要求，提出幼有所育、学有所教、劳有所得、病有所医、老有所养、住有所居、弱有所扶以及优军服务保障、文体服务保障等九个层面的保障

---

① 如《国家基本公共服务体系"十二五"规划》（国务院 2012 年 7 月 11 日印发）、《"十三五"推进基本公共服务均等化规划》（国务院 2017 年 1 月 23 日印发）。2007—2016 年十年间，国家投入到教育、社保、卫生、文化体育的财政经费分别增长了 3.9 倍、4.0 倍、6.6 倍、3.5 倍。

② 参见《基本公共服务领域中央与地方共同财政事权和支出责任划分改革方案》（国务院办公厅 2018 年 1 月 27 日印发，2019 年 1 月 1 日起实施）。

③ 如《医疗卫生领域中央与地方财政事权和支出责任划分改革方案》（国务院办公厅 2018 年 7 月 19 日印发，2019 年 1 月 1 日起实施）。改革方案按公共卫生、医疗保障、计划生育、能力建设四个方面分别划分中央财政和地方财政的事权范围和支出责任。

质量要求。三是合理划分基本公共服务支出责任，明确政府在基本公共服务中的兜底职能和中央与地方支出责任划分以及共同事权保障的国家基础标准。四是创新基本公共服务标准实施机制，推动标准水平动态有序调整，促进标准信息公开共享，开展标准实施监测预警，加强实施结果反馈利用，推进政府购买公共服务，鼓励开展创新试点示范等。[①]

三、公共事业体制与服务方式变革

公共服务体制改革，既需要突破由传统计划经济所塑造的体制架构、服务方式和利益格局，重建政府与社会的关系及社会治理结构，又需要兼顾公共服务体系中各专业领域特性，分门别类地推动体制改革和制度创新，构建适应社会主义市场经济的公共服务体制，推动社会公共事业稳定健康发展。这场改革，注定是一项内容纷繁、结构复杂、路径盘陀的系统性工程。

（一）政事关系调整与事业单位改革

我国素有国家强于社会的传统，[②] 计划体制更是将这种体制特性推向了极端。社会公共事业全部由国家包揽，政出一门、利出一家、政事不分、管办一体，是计划经济时期公共服务的典型体制特征。推进公共服务改革，必须重点调整政府与社会的关系，改革传统公共事业体制，开放公共服务领域，在全社会范围内激活公共事业发展的潜力、活力、动力，提高公共服务的质量、效率和服务能力。

---

① 参见《关于建立健全基本公共服务标准体系的指导意见》（中央全面深化改革委员会2018 年 7 月 6 日通过，中办、国办 2018 年 12 月 12 日发布）。

② 卡尔·A. 魏特夫（Karl August Wittfogel）认为，类似于中国这样的"治水国家是一个真正的管理者的国家"。"国家比社会强有力。"卡尔·A. 魏特夫. 东方专制主义. 北京：中国社会科学出版社，1989：42.

1. 推进政事分开、管办分离改革

以工商管理部门 1995 年 7 月起为整顿市场秩序、公平交易执法、推进其与所办市场脱钩为标志，政府部门由试验到扩散、由职能到机构，逐步推进政事、管办分开改革，并随之延伸到科技、教育、文化、卫生、体育等各事业领域。

政事、管办分开，重点是调整政府部门与事业单位的职能分工，推动政府公共监管职能与事业经办营运职能间的分离；调整政府行政监管权与事业法人财产权的关系，包括政府与市场的关系，实现政府公共管理职能与公共事业出资人职能间的分离即政资分开；调整政府与社会关系，推动政府管理机构与事业经办机构人财物独立和管办机构的分设，其中也包括机构不分设、内部相对独立的过渡模式。循此路径进行改革试验，各地各部门提供了丰富鲜活的案例或模式。如出版领域"局社分设"、广电领域"局台分设"、市政园林环卫"管养分离"以及为数众多的区域性改革模式等。①

政事分开和管办分离改革，在管的层面，政府强化法规制定、行业规划、标准规范、分类指导、开放发展、考核监管等职责，包括出资举办公共事业、行使所有者职能。在办的层面，通过落实法人自主权、健全法人治理结构，激发事业单位从业创业的积极性与创造力，为社会提供优质高效的公共服务。

2. 实行事业单位分类改革

公共服务和社会事业中，有政府职能的延伸部分即公益性服务或基本公共服务，也有市场主体和其他社会成员可以参与提供的特定类、发展性公共服务即非基本公共服务。经过长时间的改革试验和经验积累，以政事、管办分开为基础，分类推进事业单位改革，发挥政府主导、社会参与

① 如北京市海淀区于 2005 年 7 月 18 日正式成立公共服务委员会，负责统一管理公共服务类事业单位。该项改革既是公共事业领域"政事分开、管办分离"的改革试验，也具有为政府机构"大部制"改革试水探路的作用，因而被称为我国行政管理体制改革的"海淀模式"。

和市场作用，实现公共服务提供主体和方式多元化，成为可能也是现实的选择。[①]

规范划分事业单位类别。按照社会功能将现有事业单位划分为承担行政职能、从事生产经营活动和从事公益服务三个类别。承担行政职能的，逐步将其行政职能划归行政机构或转为行政机构；从事生产经营活动的，逐步将其转为企业，此后不再设立承担行政职能和从事生产经营活动的事业单位；从事公益服务的，继续保留其事业单位序列，强化其公益属性。其中承担基本公益服务、不能或不宜由市场配置资源的义务教育、基础性科研、公共文化、公共卫生及基层基本医疗服务等，划入公益一类；可部分由市场配置资源、承担高等教育、非营利医疗等公益服务，划入公益二类。

推进行政职能类事业单位改革。部分承担行政职能的事业单位，将属于政府的职能划归相关行政机构；职能调整后，重新划定职责、类别，工作任务不足的予以撤销或并入其他事业单位。完全承担行政职能的事业单位，调整为相关行政机关的内设机构，确需单独设置的，按照精简效能原则设置行政机构。

推进生产经营类事业单位转企改制。通过资产清查、财务审计、资产评估，核实债权债务，界定和核实资产，由同级财政部门依法核定国家资本金。转制单位注销事业法人，核销事业编制，进行国有资产产权登记和工商登记，其国有资产管理由履行国有资产出资人职责的机构负责。依法与在职职工签订劳动合同，建立或接续社会保险关系。按照现代企业制度深化内部改革，转变经营管理机制。改制过渡期内对转制单位给予适当的税收、社保等优惠或衔接政策。

推进公益服务类事业单位改革。实行政事分开，行政主管部门减少对事业单位的微观直接管理，强化制定政策法规、行业规划、标准规范和监

---

① 参见《中共中央国务院关于分类推进事业单位改革的指导意见》（2011年3月23日）。

督指导等职责。面向社会提供公益服务的事业单位，逐步取消行政级别，落实事业单位法人自主权，健全决策、执行和监督机制，探索建立理事会、董事会、管委会等多种形式的法人治理结构和管办分离的有效实现形式。对不同类型的事业单位实行不同的机构编制及投入标准，控制总量、优化结构，建立监督管理和动态调整机制。配套进行劳动人事、收入分配、社会保险、绩效监管等项制度改革。

3. 推动公共服务提供方式改革

公共服务由计划体制下的国家包揽统管到社会多元化提供，经历了一个较长的时期，至今还在起步阶段。

20世纪80年代，公共服务领域基本上沿袭计划经济时代政府主导和分级承担模式，以教育和医疗卫生为重点恢复和整顿社会事业，只是在少部分领域允许个人和社会组织参与特定公共服务的供给。适应社会主义市场经济发展建制，自90年代起，公共服务领域开始引入市场机制，吸纳社会力量参与。基本公共服务责任逐渐下移，实行地方负责、分级管理模式。分税制建立后，中央和地方基本公共服务责任实行分担机制，利用市场机制和社会力量参与，以缓解当时较为紧张的教育、医疗服务供给和集中出现的国有企业下岗失业工人的就业服务和社会保障问题。进入21世纪后，重点强化政府提供基本公共服务的责任和保障能力，推进城乡公共资源均衡配置和基本公共服务均等化、标准化建设，引导市场和社会共同参与公共服务供给。

公共服务体制和事业单位分类改革，推动着公共服务提供方式的制度建设。一是推广政府购买基本公共服务。适合采取市场化方式提供、社会力量能够承担的基本公共服务或事务性管理服务，通过引入竞争机制，以采购、合同、委托等方式向社会购买。教育、就业、社保、医疗卫生、住房保障、文化体育及残疾人服务等基本公共服务领域，政府向社会购买服务的力度逐步加大。各级政府购买服务制度普遍建立起来。二是鼓励社会组织和个人参与提供非基本公共服务。适合社会力量承担的非基本公共服务，通过委托、承包、采购等方式交给社会力量承担。民间科研机构、民办各级各类教育、社会文化娱乐产业、民办医院及医师个人执业、大众体育设施及健身服务、各类中介服务机构也快速发展，渐成体系。三是完善社会力量兴办公益事业相关政策。按照公开、公平、公正原则，建立健全政府向社会力量购买服务机制。凡社会能办好的，尽可能交给社会力量承担。在设立条件、资质认定、职业资格、职称评定和市场准入、财税政策、购买服务等方面，民办机构与公办事业单位平等对待，支持社会力量兴办公益事业，推动公共服务提供主体和提供方式逐步多样化，形成政府主导、社会参与、公办民办并举的公共服务供给模式。①

（二）公共服务专业特性与改革路径

公共服务领域广泛、门类众多，各项专业服务又有其自身的特点与规律，改革进展不一、成效参差不齐、社会观感差异甚大是常见现象。解析主要公共服务领域的专业特性及其对改革路径的影响，对于深化相关领域的改革有借鉴意义。

1.科技体制改革与科技成果产业化

科学技术研究类公共服务及其体制改革的成败，既关系到经济发展效率和人民生活质量，也关系到国家发展的长远潜力、综合实力和国际竞争能力。数十年来，顺应社会主义市场经济要求和科学技术进步规律，我国科技领域走出了一条具有自身特点的改革与发展之路。

新中国成立后的科技事业在艰难中起步并以举国体制取得显著成就。但计划体制也使科技与经济相脱节，科研机构条块分割、设置重叠以及有悖于科技劳动特点的"大锅饭"分配体制，严重地束缚了科技人员的创造

---

① 参见《中共中央关于全面深化改革若干重大问题的决定》（2013 年 11 月 12 日）；《国务院办公厅关于政府向社会力量购买服务的指导意见》（2013 年 9 月 26 日）；财政部、民政部、国家工商总局《政府购买服务管理办法（暂行）》（2014 年 12 月 15 日）。

性和科学技术事业的发展。

科技体制改革最初是针对长期以来受极左思潮影响轻视脑力劳动和知识分子的倾向，解放思想、拨乱反正，推动科技界及全社会树立"科学技术是第一生产力""知识分子是工人阶级的一部分"等理念。按照1978年召开的全国科学大会要求，以推进中国科学院研究所实行党委领导下的所长分工负责制改革为标志，拉开了科技体制改革的序幕。20世纪80年代中期起，按照科学技术研究的特点，改革拨款制度，实行科研经费的分类管理；开拓技术市场，促进科技成果商品化；调整科技组织结构，鼓励研究、教育、设计机构与生产单位联合，强化企业的技术吸收和开发能力；改革农业科技体制，使之有利于农村经济结构调整；扩大研究机构自主权，改革科技人员管理制度；改善政府宏观科技管理，合理部署科研纵深配置；确立科技开放发展的长期基本国策。科技体制改革和发展促进政策陆续出台，一些地区开始创设高技术开发区。[①] 服务于技术市场开放发展的《专利法》《技术合同法》及实施条例等也相继颁布实施。

为适应社会主义市场经济发展要求，科技领域深化体制改革和进行结构调整。按照"稳住一头、放开一片"的政策取向，推进基础研究和应用科技体制改革。国家对科研院所实施分类定位，稳定支持基础研究、高技术研究和关系国家经济社会发展及国防事业的重大研究开发，优化基础研究机构的结构与布局。放开各类直接为经济建设和社会发展服务的研究开发机构，鼓励科研机构进入企业或转为新型法人实体，以市场为导向推动

---

① 参见《中共中央关于改革科学技术体制的决定》（中发〔1985〕6号）；《国务院关于进一步推进科技体制改革的若干决定》（1987年1月20日）；《国务院关于深化科技体制改革若干问题的决定》（1988年5月3日）。1985年，中国科学院与深圳市联合创办我国首个高新技术开发区——深圳科技工业园。一些国家专项基金和重大科技攻关计划诞生，如1986年设立的国家自然科学基金和"863计划""星火计划""火炬计划"，1988年的国家重点新产品计划以及90年代初的"攀登计划"、国家工程技术研究中心计划、国家工程研究中心计划等。

研究开发及其成果商品化、产业化，培育和增强企业的研究开发能力。①

进入新世纪后，国家以增强自主创新能力、建设创新型国家为目标，深化科技体制改革，推进国家创新体系建设。一是出台建设纲要、发布实施意见、设立专项资金等，以跨部门、跨行业、跨地区的科技基础资源的整合与共享为重点，推进国家科技基础条件平台建设。② 二是确立建设创新型国家的目标和路径，推动以企业为主体、市场为导向、产学研相结合的技术创新体系建设，选择一批企业开展创新型企业试点。③ 三是加速技术开发类科研机构转企改制，到 2008 年，国家产业部门所属 280 余家、地方政府所属 1 000 余家应用开发类科研院所先后完成企业化改制，分别转为科技型企业，并入企业集团或转为科技中介机构，进行转制科研机构产权制度改革，建立与规范产权激励和约束机制。四是调整科研结构与布局、强化基础科技研究和科研基础设施及基地建设，设立了一批国家重点实验室、国家工程实验室及部分省市重点实验室，启动了一批大的科学工程，建立了一批国家工程中心、企业技术中心、科技条件平台等。五是推动高新技术产业发展及开发区建设，民营科技企业兴起，企业技术创新主体地位增强，科技人才队伍成长壮大，支持科技创新、保护知识产权、促进技术进出口的法规政策逐步完善，国际科技合作取得了新的进展。

全面深化改革也推动着科技体制改革创新。一是加强基础科学研究

---

① 如《中华人民共和国科学进步法》(1993 年 7 月 2 日通过)；《中共中央国务院关于加速科学技术进步的决定》(1995 年 5 月 6 日)；《中华人民共和国促进科技成果转化法》(1996 年 5 月 15 日)；《国务院关于"九五"期间深化科学技术体制改革的决定》(1996 年 9 月 15 日)；国务院办公厅转发科技部等部门《关于促进科技成果转化若干规定》(1999 年 3 月 30 日)、《关于建立风险投资机制若干意见》(1999 年 12 月 30 日)等。1992 年起，国务院决定将国家经贸委管理的 10 个国家局所属 242 个科研院所转制成科技型企业或科技中介服务机构，包括将其并入一些已有企业。

② 参见国务院办公厅转发科技部、财政部、国家发展和改革委员会、教育部《2004—2010 年国家科技基础条件平台建设纲要》(2004 年 7 月 3 日)；科技部、财政部、国家发展和改革委员会、教育部《"十一五"国家科技基础条件平台建设实施意见》(2005 年 7 月 18 日)。

③ 2005 年 12 月 7 日，国务院发布《国家中长期科学和技术发展规划纲要（2006—2020年）》；2006 年 1 月 26 日，《中共中央国务院关于实施科技规划纲要增强自主创新能力的决定》发布；2007 年 2 月 7 日，国务院发布《实施〈国家中长期科学和技术发展规划纲要（2006—2020 年）〉的若干配套政策》；2006 年 1 月 17 日，科技部发布《关于国家科技计划管理改革的若干意见》。

和支持高科技发展。优化基础研究发展机制和环境，完善基础研究的体系与区域布局，加强基础研究创新基地和国家实验室建设，壮大基础研究人才队伍，深化基础研究国际合作。① 二是健全知识产权保护机制。知识产权保护制度、司法保护体系、认证管理办法和行政保护政策渐趋完善②，我国发明专利申请量和商标注册量已居世界首位。三是建立科技成果转化和技术转移新机制。鼓励研究开发机构、高等院校通过转让、许可或作价投资等方式，向企业或其他组织转移科技成果、激励科技人员创新创业；推动形成以企业技术创新需求为导向、以市场化交易平台为载体、以专业化服务机构为支撑的科技成果转移转化格局；优化国家技术转移体系基础架构，拓宽技术转移通道，完善政策保障环境等。③ 四是实施金融支持科技发展政策，鼓励和指导银行业金融机构开展投贷联动业务试点，提高科技创新企业金融服务水平，发挥银行业金融机构在实施创新驱动发展战略、推进创业、创新中的作用。④ 五是支持地方科技发展。设立地方科技发展专项资金，发布北京、上海科技创新中心建设方案，赋予其科技创新中心建设任务和重大科技体制改革试点任务。⑤ 六是实行以增加知识价

---

① 参见《国务院关于全面加强基础科学研究的若干意见》（2018 年 1 月 19 日）。2012-2017 年，中央、国务院及有关部门先后发布《国务院关于印发国家重大科技基础设施建设中长期规划（2012—2030 年）的通知》《深化科技体制改革实施方案》《国务院关于加快科技服务业发展的若干意见》《中共中央国务院关于深化体制机制改革加快实施创新驱动发展战略的若干意见》《国务院关于印发"十三五"国家科技创新规划的通知》等。

② 如《国务院办公厅关于印发知识产权综合管理改革试点总体方案的通知》（2016 年 12 月 30 日）；最高法院《中国知识产权司法保护纲要》（2017 年 4 月 24 日）；《中共中央办公厅国务院办公厅关于加强知识产权审判领域改革创新若干问题的意见》（2018 年 2 月 27 日）；国家认监委、国家知识产权局《知识产权认证管理办法》（2018 年 2 月 11 日）。

③ 2016 年 2 月 26 日，国务院印发《实施〈中华人民共和国促进科技成果转化法〉若干规定》；2016 年 4 月 21 日，国务院办公厅印发《促进科技成果转移转化行动方案》；2017 年 9 月 15 日，国务院发布《国家技术转移体系建设方案》。

④ 2016 年 4 月 15 日，中国银监会、科技部、中国人民银行联合发布《关于支持银行业金融机构加大创新力度 开展科创企业投贷联动试点的指导意见》。

⑤ 2016 年 4 月 12 日和 9 月 11 日，国务院分别印发上海加快建设科技创新中心方案、北京加强全国科技创新中心建设总体方案，提出了两市科技创新中心建设和重点改革试点任务；2016 年 5 月 16 日，财政部、科技部发布《中央引导地方科技发展专项资金管理办法》，该专项资金是中央财政通过专项转移支付安排，专门用于支持地方科技体制改革和科研基础条件与能力建设。

值为导向的分配政策。发挥财政科研项目资金在科技研究和知识价值分配中的激励作用；扩大科研机构、高等院校收入分配自主权，实行体现自身特点的内部分配激励机制；改革科研项目评审、人才培养评价、科研机构评估方式和科技奖励制度，激励科技人员提高研究能力、焕发创新热情。[①]七是持续改善创业创新环境，激发科技研发及其成果应用潜力；打造产学研用紧密结合、产业链与创新链深度融合的众创空间，推动科研院所及高校围绕优势专业领域建设众创空间；改革国防科技工业、促进军民融合深度发展；引导、激励国有企业和民营企业技术改造与创新；运用资本市场、金融工具、信息技术等推动实体经济创新发展。

数十年来，科技体制改革创新，从强化基础科学研究和促进科技成果市场化、产业化应用两端发力，符合科学技术自身发展规律和社会主义市场经济规律，体现了科技资源配置、科技成果开发利用中的市场决定作用和政府引导作用，经济增长中的科技贡献率稳步提高，自主创新能力和科技大国地位逐步形成，提供了国民经济、社会发展和人民生活所必需的科技基本公共服务，也为提高全要素生产力和创造全体人民美好生活奠定了长远基础。

我国经济发展正处在转变增长动力、优化经济结构的关键时期，迫切需要科学技术提供更强大的动能支撑和先进、优质服务。但与发达国家相比，我国科学技术领域还有很大差距，科技事业发展也存在诸多体制性瓶颈。政府主导型科技体制仍未根本改观，基础科学研究过度依赖政府投入，研究机构自身也存在人员参差不齐、创新激励与绩效欠佳问题；投融资渠

---

① 参见中共中央办公厅、国务院办公厅印发《关于实行以增加知识价值为导向分配政策的若干意见》，2016年11月起实施；2017年5月31日，国务院办公厅印发《关于深化科技奖励制度改革方案》；2018年2月26日，中办国办发布《关于分类推进人才评价机制改革的指导意见》；2018年3月22日，中办国办发布《关于提高技术工人待遇的意见》；2018年5月3日，国务院印发《关于推行终身职业技能培训制度的意见》；2018年7月3日，中办国办发布《关于深化项目评审、人才评价、机构评估改革的意见》；2018年7月18日，国务院发布《关于优化科研管理提升科研绩效若干措施的通知》。

道较少，社会资本的科技投资参与度低，政府推动的某些科创投资模式如"投贷联动"等虽然有即期效应，但仍难以避免潜在性风险；企业的科技创新主体地位未真正确立，重要领域占优势的国有企业的科技创新动力、压力和能力不足；科研选项与社会需要脱节现象仍然存在，科技成果产业化、市场化时滞长、效率低，科技成果的样品、展品或礼品现象大量存在；研发人员的数量与科技素质尚有提升空间，知识产权价值和科技劳动价值有待实现；科技资源过于集中在科研院所、大专院校和部分国有企业，其他企业和生产一线技术开发人员极度缺乏；技术引进消化吸收能力薄弱，许多高精尖技术和高技术产品长期反复进口，依赖国外、受制于人。

面对经济社会发展的紧迫需要和国际挑战，必须顺应科技发展规律和社会主义市场经济规律，深化科技体制改革，创造科技红利和创新发展动能。第一，对基础科学研究、共性科技平台及公益性科技服务体系等社会基本公共服务，需要政府集中优势资源，聚焦核心研究领域，给予必要的研发投入和财税金融等政策支持；对可经营、有收益的辅助设施建设和运营管理，应充分利用社会资本或通过购买服务予以提供。第二，生产生活应用类科研开发应充分发挥企业的主体作用和市场的决定作用，拓宽投资渠道，创新投资模式，推动社会参与，发展民营科技，实现科技研发与生产性应用、社会效益与经济收益、科技创新与体制创新、短期技术进步与长期科技发展潜力的有机统一。第三，深入推进竞争、规制和产权中性改革，提高各类企业研发创新的活力、动力、压力和能力。第四，建立健全科研与生产紧密融合机制，从学科结构、科研立项、资金配置、人员配备、地区分布等方面，充实各类企业和生产一线，满足其经济技术发展的紧迫需要。第五，充分认识科技人才尤其是高端人才的稀缺性质及其劳动价值，破除科研机构内部分配的平均主义倾向，给予创新劳动价值以足够的实现以及知识产权的充分保护。第六，发挥科技要素配置的比较优势，深化国际科技合作，集中优质资源突破核心和关键技术瓶颈。

2. 教育体制改革及其特点

教育是国家的基础性公共服务领域，也曾经是"文化大革命"极左政策的重灾区。教育领域的拨乱反正率先启动。其标志性事件是，1977年8月邓小平主持召开科学与教育工作座谈会，决定恢复高考制度。当年冬季全国有570万考生走进关闭了十年之久的高等学校招生考场。同年12月，我国首批访问学者和科学家赴美学习。教育改革开放的历史进程由此起步。

20世纪80年代，国家恢复教学秩序和健全教育体系，先后决定普及小学教育，改中小学10年学制为12年学制，恢复重建教育督导制度。高等院校设立学位制度，完善高等教育层次结构，创建广播电视大学和高等教育自学考试制度，恢复教师职称制度，健全出国留学生派遣制度。调整教育结构和管理体制，基础教育实行地方负责、分级管理，分步骤实行义务教育；调整中等教育结构，发展职业技术教育；改革高校招生计划和毕业生分配制度，扩大高等学校办学自主权等。

从无到有、由非均衡到均衡逐步实施义务教育。新中国成立之初，我国文盲半文盲比例高、数量大，国家采取扫盲、识字、推进各级各类教育发展政策，教育普及程度逐步提高。从1980年提出普及小学义务教育到1986年《义务教育法》颁布实施，我国分步建立九年制义务教育制度。全国分为三类地区由各省、市、自治区根据经济、文化基础和其他条件进行规划，分期分批逐步实现小学教育以及后来的九年制义务教育，实行因地制宜、分类指导的非均衡发展政策，包括集中力量办好一批重点学校，鼓励经济文化发达地区教育率先发展等。[①]2006年以后，随着《义务教育法》修订实施，我国义务教育类基本公共服务开始向均衡、公平方向发展。中

---

① 参见1980年12月3日《中共中央国务院关于普及小学教育若干问题的决定》；1982年12月4日，五届全国人大五次会议通过的《中华人民共和国宪法》；1985年5月27日公布的《中共中央关于教育体制改革的决定》；1986年4月12日六届全国人大四次会议通过的《中华人民共和国义务教育法》（1986年7月1日起施行）和《中国教育改革和发展纲要》（1993年2月13日）等。

央政府和地方政府共同承担义务教育责任，按比例分担农村义务教育经费，省级政府统筹落实、县级政府综合管理，中央政府重点支持西部地区和中部部分困难地区；建立义务教育经费保障机制，将城乡义务教育经费全面纳入财政预算，规范义务教育专项转移支付，支持和引导地方各级政府增加对义务教育的投入；建立义务教育公共服务标准，包括教职工编制标准、工资标准、学校建设标准、学生人均公用经费标准等，保证教职工工资和学生人均公用经费逐步增长。[①]2018 年《义务教育法》再经修订，突出实施素质教育和均衡义务教育理念，规定不准把学校分为重点校和非重点校、不准办重点班和非重点班，体现义务教育的普惠性、均等性和公平性。

改革管理体制、发展各级各类教育。90 年代以来，以提高国民素质和创新能力为重点，推进教育改革，强化素质教育。[②]基础教育领域，实行国务院领导，省级政府统筹规划实施，县级政府管理为主的管理体制；中小学实行校长负责制，重点推进教育课程改革，培养学生的创造性思维和学习能力。职业教育领域，实行分级管理、地方为主、政府统筹、社会参与的管理体制；以就业为导向，适应市场和社会需要，推进校企、工学结合，提高学生的实践能力、职业技能和就业能力。高等教育领域，建立中央政府和省级政府两级管理、以省级政府为主的管理体制；通过共建、调整、合作、合并等措施，组建了一批学科综合、人才汇聚的综合性大学；扩大学校在招生、专业学科设置、人事任免、职称评定、经费使用、收入分配和国际交流等方面的自主权，形成面向社会、依法自主办学体制。成人教育领域，基本形成从初级扫盲到大学后继续教育的终身教育体系；利用现代信息技术网络开发远程教育系统；统筹建立县乡村三级农民

---

① 2006 年 6 月 29 日，第十届全国人民代表大会常务委员会第二十二次会议修订通过《中华人民共和国义务教育法》，自 2006 年 9 月 1 日起施行。义务教育保障机制首先在西部地区农村实施，2007 年推进到全国农村地区。从 2008 年秋季学期开始全部免除城市义务教育阶段公办学校学生学杂费，全国城乡全面实行免费义务教育制度。

② 参见《中国教育改革和发展纲要》（1993 年 3 月 13 日）；《国务院关于〈中国教育改革和发展纲要〉的实施意见》（1994 年 7 月 3 日）；《中共中央、国务院关于深化教育改革全面推进素质教育的决定》（1999 年 6 月 13 日）。

职业培训和终身教育网络，推进学习型企业和社区建设；建立高等教育自学考试制度。民办教育领域，坚持鼓励扶持与规范管理并重发展民办教育事业，建立健全相关法律规章，维护和保障民办教育举办者的合法权益和办学自主权，规范培训教育机构和集团化办学行为。

推进中外合作交流，促进教育开放发展。自 1978 年起，中国政府先后与美国、英国、埃及、加拿大、荷兰、意大利、日本、德国、法国、比利时、澳大利亚等国政府达成交换留学生协议，开始大量派遣留学生出国并接收外国留学生来华；与联合国教科文组织在教育、科学、文化三大领域开展合作；与世界银行、联合国儿童基金会等多边组织进行教育交流合作。一系列推动教育对外开放的法规政策陆续出台，公派、自费留学走上良性循环、依法发展轨道。[①] 中德职业教育合作取得了重要进展，为中国培养了一批职教领域研究人员和高素质技术工人。加入世界贸易组织后，中国政府陆续制定和修订了与教育对外开放相关的政策法规文件，改善教育对外开放的制度环境，推进双边多边教育交流与合作机制建设，在出国留学、来华留学、中外合作办学、境外办学、汉语推广等领域取得新进展。[②] 全面深化改革为教育对外开放提出新政策、注入新动力[③]，双向留学

[①] 1986 年 5 月，中共中央、国务院发布《关于改进和加强出国留学人员工作若干问题的通知》；1986 年 12 月，国务院批转国家教育委员会《关于出国留学人员工作的若干暂行规定》；1987 年 1 月，国家教委印发五个关于公派留学的管理细则；1993 年 7 月，国家教委印发《关于自费出国留学有关问题的通知》，放宽自费出国留学政策；同年 11 月，中共十四届三中全会通过的《中共中央关于完善社会主义市场经济体制若干问题的决定》明确"支持留学、鼓励回国、来去自由"的出国留学工作方针；1996 年，国家留学基金管理委员会成立，全面试行"个人申请、专家评审、平等竞争、择优录取、签约派出、违约赔偿"的国家公费出国留学选拔办法。

[②] 2003 年 2 月 19 日，国务院常务会议通过《中外合作办学条例》，自 2003 年 9 月 1 日起施行；2004 年 3 月 3 日，国务院印发《2003—2007 年教育振兴行动计划》，提出加强全方位、高层次教育国际合作与交流，确立了五年内教育对外开放的策略和举措。2010 年 5 月 5 日，国务院常务会议审议通过《国家中长期教育改革和发展规划纲要（2010—2020 年）》，提出以开放促改革、促发展，引进优质教育资源，提高中国教育国际化和现代化水平。

[③] 2016 年 4 月 13 日，中办、国办印发《关于做好新时期教育对外开放工作的若干意见》，提出大力提升教育对外开放治理水平，积极参与全球教育治理。2016 年 7 月 13 日，教育部印发《推进共建"一带一路"教育行动》，倡议各国聚力共建"一带一路"教育共同体，表达中国愿在力所能及范围内承担更多责任义务、为区域教育大发展做出更大贡献的意愿与措施。

与人才引进规模迅速增长。截至 2017 年底，留学回国人员总数达 313.2 万人，我国已成为全球最大的留学生派出国和第二大留学生目的地国。中外合作办学机构和项目近 2 600 个，已举办 100 多个本科以上境外办学机构和项目；海外优秀人才来华从教的数量和质量有了提升，实施中的海外名师项目和学校特色项目已惠及 160 余所非教育部直属高校；与 188 个国家和地区建立教育合作交流关系，与 46 个重要国际组织开展教育交流，与 48 个国家和地区签署学历学位互认协议。

健全教育公平促进机制和政策法规体系。由于受到经济发展阶段、要素禀赋差异和政策偏好影响等，我国各级各类教育的发展和享有条件在地区和居民之间存在着较大差别。为促进教育均衡发展和机会均等，教育改革和法规建设持续推进。为了实施教育优先发展战略，教育法规定各级政府教育财政支出增长要高于财政经常性收入增长，国家财政教育经费支出占 GDP 的比例要达到 4% 的法定目标，并自 2012 年起得以实现。建立义务教育均衡性、标准化保障制度，非义务教育阶段成本分担机制和经费保障措施，义务教育由各级政府按比例纳入公共预算、实行均衡配置和标准化管理，非义务阶段教育除实行学生缴费上学制度外，还运用财税、金融政策，鼓励社会、个人和企业投资、捐资办学，建立政府投入为主、多渠道筹措教育经费新机制。建立教育援助制度和困难家庭学生资助体系，义务教育阶段实行"两免一补"政策，保障全体儿童、少年接受义务教育的权利①；非义务教育阶段，建立健全普通本科高校、高等和中等职业学校国家奖学金、助学金制度，建立国家助学贷款绿色通道制度等，保障经济困难家庭学生接受高等教育和职业教育的机会。以公办学校和流入地为主，实行与当地学生同等对待政策，保证农民工子女就地、就近入学，保

---

① 中国政府对农村义务教育阶段贫困家庭学生就学实施的一项资助政策。主要是"免学杂费、免书本费、逐步补助寄宿生生活费"。其中中央财政负责提供免费教科书，地方财政负责免学杂费和补助寄宿生生活费。这项政策从 2001 年开始实施，至 2007 年，全国农村义务教育阶段困难家庭学生全部享受"两免一补"政策。

障农民工子女平等接受义务教育的权利。推进教育公共资源均衡配置政策，建立公共教育资源向农村、中西部地区、贫困地区、边疆地区和民族地区倾斜机制，矫正历史形成的城乡、地区间的非均衡教育政策及发展差距。以促进教育公平和均衡发展为目标，健全教育政策法规体系及实施机制，逐步形成以 8 部教育法律为基础，包括 16 部教育法规和一批部门规章、地方教育法规规章在内的比较完备的教育法规体系。[①]

教育改革开放是中国经济市场化改革的先行者、受益者，也是助力者和推动者。我国教育事业的全面发展，得益于社会主义市场经济发展建制；而各级各类教育所培育的劳动者和专门人才，则助推产业进化、结构优化和经济市场化深入发展，教育深化改革还以继续释放改革红利，完善社会公共服务，助推经济和社会全面可持续发展。

义务教育的迅速普及，提供了适应市场经济初始发展所需要的农民工红利。新中国成立以来，我国教育事业尤其是小学教育取得了重要进展，新一代国民基本摆脱了历史上的文盲半文盲状态。到 1978 年，中小学教育阶段，小学学龄儿童净入学率已达 94%，初高中阶段毛入学率分别为66.4% 和 33.6%；到 2017 年，小学学龄儿童净入学率、初高中阶段毛入学率分别提升到 99.9%，103.5% 和 88.3%。伴随着经济市场化改革，受过初等教育的劳动者以农民工红利的形式，迅速进入农村非农产业或城市工商业领域，为改革开放初期和社会主义市场经济初建期的劳动密集型产业、中低端制造业的发展或原始工业化提供了廉价而又丰裕并掌握一定技能的劳动力。

高等教育由大众化向普及化阶段发展，为经济转型升级和发展动能转换提供了及时而又急需的工程师红利乃至创业创新者红利。自 2012 年

---

① 其重要者如以《中华人民共和国教育法》《中华人民共和国义务教育法》《中华人民共和国高等教育法》《中华人民共和国职业教育法》《中华人民共和国民办教育促进法》《中华人民共和国教师法》《残疾人教育条例》《教师资格条例》《幼儿园管理条例》《中华人民共和国学位条例》《中外合作办学条例》等为代表的教育法规体系及其实施政策。

刘易斯拐点出现后，我国劳动适龄人口数量下降，劳动密集型行业转型升级压力上升。所幸的是，我国高等教育自 1999 年起招生规模扩大，迅速发展起来。到 2018 年，全国共有普通高校 2 663 所，在校学生总数 3 833 万人，高等教育毛入学率为 48.1%，全国高校毕业生人数达到 820 万人。2019 年起，高职院校扩招 100 万人，高等教育毛入学率将超过 50%。我国高等教育经由精英化、大众化和普及化阶段的循序渐进发展[①]，递次以熟练劳动力培育和工程师红利成就制造业大国，弥补劳动力数量下降并适应经济转型升级需要。近些年来力推的"双创"即创业、创新，既是经济转型和动能转换的需要，也是新生代劳动者的结构变化、专业素质及就业取向使然。

各级各类教育发展、质量提升与结构优化，为经济发展、社会进步和制度建设不断创造人文素质红利。社会主义市场经济的发育与成长，既需要生产建设者和专业技术人才等农民工红利、工程师红利，也需要现代商业伦理和企业家精神的培育，还需要与文化发展、社会进步和制度建设相关的人文素质的提高或人的全面发展。我国从初等、中等教育到高等教育的普及化，以及各级各类教育的兴起与素质教育的推进，虽然不能在短期内实现长远目标，但对全体国民的科技人文知识的普及、创业创新能力的养成、价值理性精神的锻造、人类文化成果的吸收等，无疑是久久为功的物质与精神的积淀升华过程。[②] 这不仅是经济社会发展的现实条件，也是国家和民族可持续发展的韧性和伟力所在。

毋庸讳言，与经济增长、科技进步和人文发展要求相比，我国教育

①　美国教育社会学家马丁·特罗（Martin Trow）认为，以高等教育毛入学率为指标，可以将高等教育发展历程分为精英、大众和普及三个阶段。高等教育毛入学率在 15% 以下时属于精英教育阶段，15%～50% 为高等教育大众化阶段，50% 以上为高等教育普及化阶段。

②　改革开放以来，我国居民受教育程度显著提高，目前劳动年龄人口平均受教育年限 10.5 年，新增劳动力中接受过高等教育的比例超过 45%，平均受教育年限达到 13.5 年，高于世界平均水平。其中高等教育累计为国家培养和输送了 1 亿名左右的高素质专门人才，职业学校累计培养和输送了 2 亿多名技术技能人才。改革开放以来，我国高校年毕业生人数从 16.5 万增长到 820 万，40 年间增加了近 50 倍。

还存在诸多体制瓶颈，相应的改革创新也存在着新的教育红利。一是对基础教育的基本公共服务性质认识不足，界面过窄，学前教育纳入过晚，覆盖面不够，中等职业教育、高中阶段教育是否纳入基础义务教育仍有分歧。二是政府对非基础义务教育管制仍然过多，包揽面大，导致力不从心，社会力量参与受限、发展不足。三是早期非均衡发展政策遗患久远，基础义务教育阶段的各类重点学校等，造成了众多家庭不堪重负、社会广为诟病的择校压力与教育不公等制度性成本。四是在城乡、地区之间各级各类教育差距的适当调节与公平促进方面，政府与市场的作用都有待充分发挥。五是教育资源供给不足和配置失衡，应试教育长期难以改观，学生的素质教育、智力开发和创新激励成效有限，形成所谓高分低能现象。六是教育行政化痼疾难除，专业学科设置不当，课程内容陈旧，教师队伍知识老化，竞争流动困难等，影响各级各类教育质量。此外，教育开放与国际合作限制过多、窗口狭小，国际人才红利利用水平既大幅低于发达国家，也明显低于发展中国家的平均水平[1]，极不适应开放型经济发展和制度建设要求，以及继货物流动、资本流动之后的人才流动的第三次全球化浪潮。教育改革开放任务仍然繁重复杂，但其改革红利和发展潜力也极其丰厚。

3. 文化体制改革与文化产业发展

适应经济市场化变革，文化体制改革也不断深化。从政事管办体制到市场监督管理，从文化产权结构到分类经办模式，从公共文化服务到大众文化产业，从国内文化发展到对外开放交流，文化领域的微观治理机制和宏观管理体制发生了深刻变化。公共文化事业和社会文化产业的发展活力、竞争能力和综合实力显著提高，与社会主义市场经济相适应的基本公共文化服务体系和大众文化产业发展体制逐步建立起来。

---

[1] 据测算，目前发达国家的国际人口比例平均为10%，发展中国家平均为1.6%，我国国际人口比例只有0.06%，国际人才红利利用不足，其中教育开放与国际合作受限是其重要原因。

模仿经济改革模式启动艺术表演体制改革。20 世纪 80 年代初，一些文艺院团在内部运营机制上借鉴经济领域的改革模式，在行政隶属关系、所有制性质、基本福利待遇等不变的前提下，进行承包责任制尝试，扩大创作经营和分配自主权，承担部分经营风险责任。国家文化管理部门积极支持、推广改革试验，实行双轨制管理。对少数代表国家和民族艺术水准、具有实验性或特殊历史价值的艺术形式及少数民族地区的艺术表演团体，以全民所有制形式由政府文化主管部门主办；对大多数艺术表演团体实行多种所有制形式、由社会主办。引入文化市场机制，解体一部分不能继续生存的艺术表演团体；推进艺术表演院团布局结构调整，改革演职员聘用分配方式；全民所有制艺术表演院团实行聘任合同制或演出合同制以及以此为基础的劳动报酬制度；出台文化改革支持政策，培育艺术表演市场竞争环境。①

推进出版发行体制改革。80 年代，出版体制改革主要是推进政事分开、事业单位企业化管理，扩大出版单位自主权、推行社长负责制，改革分配制度、推行多种形式的责任制，优化专业选题、调整出版结构，增辟多渠道出版能力、建立高素质出版队伍，以及健全出版市场监管和加强宏观管理等。在发行领域，打破历史上的发行垄断局面，试行以新华书店为主体、多种经济成分、多条流通渠道、多种购销形式、减少流通环节的所谓"一主三多一少"发行体制，进而推进放开承包、搞活国营书店，放开批发渠道、搞活图书市场，放开购销形式和发行折扣、搞活购销机制，推行横向联合、发展各种出版发行企业群体和企业集团的所谓"三放一联"改革。90 年代后，出版发行单位深化经营机制转换、探索建立现代企业

---

① 参见中办、国办转发文化部《关于艺术表演团体的改革意见》(1985 年 4 月 23 日)；国务院批转文化部《关于加快和深化艺术表演团体体制改革意见》(1988 年 9 月 6 日)；《文化部关于进一步加快和深化艺术表演团体体制改革的通知》(1993 年 9 月 23 日)；《文化部关于继续做好艺术表演团体体制改革工作的意见》(1994 年 2 月 28 日)；《文化部关于进一步加快和深化文化部直属艺术表演团体体制改革的意见》(1994 年 3 月 24 日)；《文化部关于继续深化艺术表演团体体制改革的意见》(1997 年 4 月 3 日)等。

制度，行业体制由事业单位管理转向产业市场管理，政府规制由直接行政管制为主向宏观管理和依法监管转变。

推动广播电视电影业变革。1983 年起，开始建立中央、省、有条件的地（市）和县四级办广播电视、混合覆盖体制，提倡广开财源、多种经营，以补充国家财政拨款不足。90 年代，城乡有线电视、网络电视和卫星电视加快发展，到世纪之交基本实现"村村通"。调整广播电视机构，组建广播电视集团、总台和网络公司，探索集约化发展体制。1985—1998 年间，将电影业彻底推向市场。电影制片厂实行企业化管理，自主经营、自负盈亏；国产影片由制片厂自办发行，打破了中影公司独家垄断影片发行体制；进口影片参与国内电影市场竞争；制片业突破单一国有体制，向社会资本开放；建立影视互济基金，电影制片厂划由广电部门管理。此后，出版发行和电影制片、发行、放映等领域降低准入门槛，形成投资主体多元化格局；转换经营管理机制，推进企业化经营和集团化建设；实施精品战略，治散治滥、调整产业结构；整顿流通和传输网络，培育和规范影视市场。文化领域对外开放扩大了中外文化交流，宏观管理体制和法规制度建设取得了积极进展。

进入 21 世纪后，文化体制改革全面展开。[①] 一是按照政事分开、政企分开、政资分开、政府与市场中介组织分开原则，调整文化行政管理部门与所属文化企事业单位和市场中介组织的关系，推动职能分开、机构分设和财务分离改革。二是确定政府重点扶持和保留事业性质的政治类、公益类文化单位范围[②]，推进责任激励、经营管理、质量效率、公

---

① 2005 年底，中共中央、国务院发布《关于深化文化体制改革的若干意见》；2011 年 10 月 18 日，中共十七届六中全会审议通过《中共中央关于深化文化体制改革、推动社会主义文化大发展大繁荣若干重大问题的决定》；2012 年 2 月和 2017 年 5 月，中共中央办公厅、国务院办公厅分别印发《国家"十二五"时期文化改革发展规划纲要》《国家"十三五"时期文化发展改革规划纲要》。

② 主要包括图书馆、博物馆、科技馆、美术馆、文化馆（站）、群众艺术馆等文化服务单位，党报党刊、电台电视台、通讯社、重点新闻网站和时政类报刊，重点科研机构、人民出版社、少数民族语言及盲文出版、体现民族特色与国家水平的文艺院团等。

平服务等项改革。三是重点推进经营性文化单位转企改制，完善法人治理结构，建立现代企业制度。[①] 四是探索文化产业公有制实现形式和国有资本进退有序、合理流动机制，建立公有制为主体、多种所有制共同发展的文化产业格局。[②] 五是通过市场机制和政策引导，以资本为纽带，实行联合、重组，培育发展一批新型文化企业和企业集团，采用数字、网络等高新技术，改造传统文化创作、生产和传输方式，调整、优化文化产业结构。六是推进文化领域要素市场和服务体系建设，完善资本、产权、人才、信息、技术等文化要素市场，书籍报刊、电子音像、演出娱乐、影视剧作等文化产品市场以及经纪、代理等中介服务市场。七是规范社会资本和外资进入文化领域的资质、产品、资金、人员、技术等市场准入政策，鼓励和引导各类资本参与文化产业发展。八是推动文化领域对外开放，促进文化产品和服务出口，利用国内国际两种文化资源与市场，提升我国文化产业的发展活力和国际竞争力。[③]

此外，适应文化事业和产业发展趋势，提出建设文化强国目标，推动文化领域围绕一个核心目标，抓住两个关键环节，加快构建五个体系。[④] 促进传统媒体与新兴媒体、传统出版和新兴出版融合发展，推动国有文化企业把社会效益放在首位，实现社会效益和经济效益相统一，巩固公共文化服务的基本性、均等性、便利性并沿综合化、标准化、效能化方向发

---

① 2014 年 4 月 2 日和 2018 年 12 月 18 日，国务院办公厅印发执行期限分别为 2014 年 1 月 1 日至 2018 年 12 月 31 日和 2019 年 1 月 1 日至 2023 年 12 月 31 日的《文化体制改革中经营性文化事业单位转制为企业的规定》和《进一步支持文化企业发展的规定》。

② 《国务院关于非公有资本进入文化产业的若干决定》（2005 年 4 月 13 日）。

③ 参见《国务院关于加快发展对外文化贸易的意见》（2014 年 3 月 3 日）。

④ 参见 2014 年 2 月 28 日中央全面深化改革领导小组第二次会议审议通过的《深化文化体制改革实施方案》。"一个核心目标"即培育和弘扬社会主义核心价值观、建设社会主义文化强国；"两个关键环节"即完善文化管理体制、深化国有文化单位改革；"五个体系"即构建现代公共文化服务体系、现代文化市场体系、优秀传统文化传承体系、对外文化传播和对外话语体系、文化政策法规体系。

展。① 智库建设突出思想文化类高端智库建设，文化法治建设也随之提速。

文化体制改革解放和发展了文化生产力，促进了文化事业和文化产业的繁荣与发展。

基本公共文化服务领域，投资规模持续扩大，文化事业不断进步。1979—2017 年间，文化事业费年均增长 14.4%。2017 年底，全国共有群众文化机构 44 521 个，博物馆 4 721 个，公共图书馆 3 166 个，分别比1978 年增长 5.5 倍、12.5 倍和 1.6 倍，并全部免费开放；全国广播和电视综合人口覆盖率达 98.7% 和 99.1%，分别比 1985 年提高 30.4 个和 30.7 个百分点；全国图书出版 51.2 万种，图书总印数 92.4 亿册（张），期刊出版10 130 种，期刊总印数 24.92 亿册，文化事业费 855.8 亿元，分别比 1978年增长 33.2 倍、1.4 倍、9.9 倍、2.3 倍和 192 倍。

大众文化产业领域，市场准入逐步放宽，投资主体和经营模式日趋多元，文化与科技融合发展，传统企业转型升级。进入 21 世纪后，新型文化业态迅猛崛起，文化产业稳步向国民经济支柱产业迈进。2006—2017年，文化产业固定资产投资年均增长 24.4%，占全社会固定资产投资的比重为 6.1%，比 2005 年提高 2.8 个百分点。其中 2017 年投资额为 38 280亿元，比 2005 年增长 12.7 倍，实现增加值 35 462 亿元，比 2004 年增长9.3 倍。文化与互联网、旅游、体育等行业跨界融合发展已成为趋势和特点。文化产品和服务的生产、传播、消费的数字化、网络化进程加快，基于互联网和移动互联网的数字内容、动漫游戏、视频直播等新型业态，成为文化产业发展的新动能和增长点。文化产业发展动力强劲，骨干企业数量增加，规模化、集约化、专业化水平提升。文化产品进出口稳步增长，

---

① 2014 年 2 月 26 日，国务院印发《关于推进文化创意和设计服务与相关产业融合发展的若干意见》；2014 年 8 月 18 日，中央全面深化改革领导小组第四次会议审议通过《关于推动传统媒体和新兴媒体融合发展的指导意见》；2015 年 3 月 31 日，国家新闻出版广电总局、财政部印发《关于推动传统出版和新兴出版融合发展的指导意见》；2015 年 9 月 14 日，中共中央办公厅、国务院办公厅发布《关于推动国有文化企业把社会效益放在首位实现社会效益和经济效益相统一的指导意见》。

近年来连续实现顺差。2017 年，我国文化产品进出口总额为 971 亿美元，比 2006 年增加 869 亿美元，增长 8.5 倍；文化产品贸易顺差为 793 亿美元，比 2006 年增加 702 亿美元，增长 7.7 倍。2007—2017 年，文化产品进出口总额和贸易顺差分别年均增长 22.7% 和 21.8%。

文化功能复杂多元，诸多因素增加了改革创新难度，影响了改革路径与效应。其间一系列重大关系的适当处理，是能否依据文化改革特性、促进文化边际创新以及建构与社会主义市场经济新政相适应的价值信念和意识形态的关键性乃至成败性因素。

一是处理好政治类文化和主导意识形态与时俱进、规制创新与文化内容创新创意、事业产业多样化发展的关系。在文化规制层面，既适应公共文化基本服务发展趋势，降低制度性社会交易成本，又保障文化产业创业创新的足够空间，激发全社会的文化创新动力、活力与竞争力，以丰富多彩的文化产品和服务满足社会大众的多元化文化需求，促进人的自由全面发展。

二是处理好传统文化传承弘扬与外来文化的学习、吸收、再创新的关系。就经济市场化、信息化与全球化发展来说，任何国家和民族都不可以封闭僵化、排外自守，能否在扬弃本民族传统文化糟粕、弘扬优秀文化传统基础上尽可能地吸收全人类先进文化成果，关乎经济、科技、社会发展水平及人文素质提高乃至国家和民族的命运与前途。摒弃陈腐不堪的"本用"意识和各种全盘化偏好，以世界先进文化水准定位我国文化体制改革创新的历史坐标，以全息化为基础吸收人类文明全部优秀成果。

三是处理好基本公共文化服务改革创新、均等化发展与社会文化产业市场开放、竞争发展的关系。转变基本公共文化服务供给方式，扩大购买服务，推进委托经营等，鼓励社会资本参与，充分利用市场机制发挥政府更好作用。公益文化单位完善法人治理结构，提高文化服务的质量、效益和需求适应能力。创造良好政策环境和平等竞争机会，推动社会文化产业开放准入、依法合规经营，在市场竞争中发展壮大。

四是处理好公益文化服务普惠共享与优质精品文化创新激励的关系。基本公共文化服务领域着力推进均等化、标准化建设，防止政府公共文化事业内部人控制和部分人专享。正视文化创新的特点与规律，把握政治倾向判别、舆论舆情引导、意识形态约束等方面的适度必要范围，逐步缓解思想文化领域积弊已久的媚俗化、经学化、窒息化现象，以及有大咖无大师、有名人无名家、有经学无子学的平庸化倾向。以思想解放、创新宽容、环境安全的制度安排和政策导向，激发文化创新动力、活力和创造力；以优质精品文化和大师名家辈出的文化创新力、影响力，奠定文化自信基础和文化强国地位。

五是处理好文化发展创新与政府规制及服务创新的关系。新的文化产品、服务及业态，既有文化的代际传承又有新生代与时俱进、兼容并包的边际文化创新。现代信息技术的发展，"互联网＋"渗透到文化产业的各个环节，文化内容的信息化与信息内容的产业化带来的结构性影响是空前的。文化事业和产业的创新方式、生产流程、成果形式、传播途径、服务业态、产业结构、商业模式、价值链条等都发生了深刻变化。一些互联网公司本身甚至已经成为门类齐全的文化企业，开始主导文化产业发展并购和资源整合。政府除履行健全要素市场、保护知识产权、规范市场秩序等传统职能外，适应"互联网＋"文化发展与市场模式创新的规制监管和市场服务创新必须因势利导，兴利除弊、适时适度。

（三）社会保障改革与制度建设

市场经济有其经济波动和社会风险。经过长期发展与演变，以社会保障制度编织社会安全网，是绝大多数市场经济国家通行的做法。广义的社会保障包括社会保险、社会救助、社会福利以及住房保障等众多领域。其中养老保险、医疗保险和住房保障尤为基础，是政府为社会成员提供的

"老有所养""病有所医"和"住有所居"的基本公共服务。我国在经济市场化改革中逐步建立起了养老保险、医疗保险和住房保障制度。

1. 养老保险改革试验与体制成型

新中国成立之初,我国曾建立现收现付式城镇企业职工养老保险制度。[①]"文化大革命"使劳动保险基金的征缴与使用遭到破坏,养老保险社会统筹调剂最终蜕变为企业内部事务,成为企业的社会责任。[②]因经济效益差异,企业间负担不一、员工退休待遇苦乐不均甚至难以为继。

随着经济市场化改革和多种所有制经济发展,以1984年企业退休费用社会统筹试验为起点,包括养老保险制度在内的社会保险制度经历了从国有企业改革的配套措施、社会主义市场经济的重要支柱到国家的一项重要社会经济制度的变革历程。

1984年起,适应国营企业多种形式的经营承包责任制试验,国家在全民和集体所有制企业开展退休费用社会统筹试点。市、县一级国营企业试行统一收缴保险费、发放养老金,电力、邮电、铁道、建筑、水利五个行业建立养老费用行业统筹制度。一些地区还试行了退休人员医疗费用、职工大病医疗费用社会统筹。1986年起,为适应国营企业劳动合同制改革,开始建立由企业和工人共同缴费的劳动合同制工人养老保险制度。[③]随后,国家提出逐步建立基本保险、企业补充保险和个人储蓄性保险相结合的多层次的养老保障制度,确定由市县起步、向省级过渡、最后实现全国统筹的养老保险制度。[④]机关事业单位养老保险、农村养老保险和企业

---

① 1951年2月26日,中央人民政府政务院发布《中华人民共和国劳动保险条例》。条例规定由国家从企业未分配利润中扣除职工工资总额的3%作为劳动保险基金,支付对象为国有大型企业和集体企业男性年满60岁、女性年满50岁的退休人员。退休金待遇与退休前工龄相对应。

② 参见财政部《关于国营企业财务工作中几项制度的改革意见(草案)》(1969年2月)。

③ 同年,国务院颁布《国营企业职工待业保险暂行规定》,1993年修订为《国营企业职工待业保险规定》。1999年1月,国务院发布《失业保险条例》,将原来只适用于国营企业的"待业保险制度"扩展到所有城镇企事业单位及其职工,将原来只有企业缴费改为用人单位和职工个人共同缴费,失业保险制度从此成型。

④ 参见《国务院关于企业职工养老保险制度改革的决定》(1991年6月26日)。

补充养老保险制度开始局部试点。

1993 年 11 月,《中共中央关于建立社会主义市场经济体制若干问题的决定》提出建立社会统筹与个人账户相结合的养老保险制度以及政事分开、统一管理的社会保障管理体制。1995 年 3 月,国务院发布统账结合两个实施办法,由各地结合实际选择试点。[①] 结果是各地统筹账户与个人账户费率各不相同,养老金发放也各有差异,几乎是一个地方一个办法。众多经验教训推动了养老保险制度统一进程。1997 年 7 月,《国务院关于建立统一的企业职工基本养老保险制度的决定》发布实施,统一了企业和个人缴费比例、个人账户规模、基本养老金计发办法和养老保险管理制度,建立起企业职工基本养老保险制度框架。

始建于国有企业的基本养老保险制度,面临着一系列制度完善任务。首先是体制内养老保险模式与水平的协调整合。1998 年起,将原来铁道部、交通部等 11 个行业部门实行的基本养老保险行业统筹业务移交地方管理,企业养老保险由条块分割改为属地管理,逐步统一制度模式、缴费比例和待遇水平,增强基金调节和支撑能力。[②] 其次是缓解体制转轨导致的社会统筹账户透支个人账户的空账风险。2001 年 7 月起,国家先在辽宁省后推广至东北三省,开展做实个人账户试点,建立基本养老保险待遇与缴费年限、缴费基数和退休年龄挂钩的激励约束机制。[③] 再次是由中央财政预算拨款、国有资本划转、基金投资收益和其他方式筹集资金建立全国社会保

---

① 参见《国务院关于深化企业职工养老保险制度改革的通知》(1995 年 3 月 17 日)。

② 参见《国务院关于实行企业职工基本养老保险省级统筹和行业统筹移交地方管理有关问题的通知》(1998 年 8 月 6 日);劳动保障部、财政部:《关于调整原行业统筹企业基本养老保险缴费比例的通知》(2003 年 3 月 20 日)等。

③ 参见 2000 年 12 月 25 日国务院印发《关于完善城镇社会保险体系的试点方案》。其中,将个人账户的缴费率由本人工资的 11% 降到 8%,全部记入个人账户;企业缴费全部记入统筹基金,而不再划入个人账户;社会统筹账户由企业按平均工资的 20% 缴纳。由此形成基本养老保险制度中的社会统筹账户与个人缴费的二元结合模式,并由《国务院关于完善企业职工基本养老保险制度的决定》(2005 年 12 月 3 日)予以确定下来。这一时期,企业补充保险更名为企业年金(2000 年),劳动和社会保障部发布《企业年金试点办法》,会同银监会、证监会和保监会发布《企业年金基金管理试行办法》(2004 年),建立企业年金市场化运营制度。

障基金，应对养老保险基金支付风险。最后是统一企业职工和机关事业单位职工基本养老保险制度。企业与机关事业单位退休人员间的养老金待遇差别曾广被诟病，在屡经试点且时隔近 20 年后，终于建立起各类企业和机关事业单位从业人员大体一致的基本养老保险制度。[①]

全体从业人员基本养老保险制度统一之后，我国养老保险制度趋向成型。基本养老保险实现了企业和单位保障向社会保险转型，建立起单位和个人分担保险机制；养老保险社会化、统一化，使劳动力自由流动和市场统一成为可能；社会保险经办管理服务体系的规范化、信息化、专业化建设，解脱了企业和单位的社会事务负担；"广覆盖、保基本"的保障形式，推动着多层次养老保险和服务体系建设；"老人老办法、新人新办法、中人采取过渡办法"，保证了新旧制度转轨和平稳运行，社会统筹与个人账户相结合的养老模式，一定程度上体现了兼顾效率与公平的制度设计理念。截至 2017 年底，全国企业职工基本养老保险参保人数 3.53 亿人，其中在职人员 2.58 亿人，离退休人员 9 454 万人；基金总收入 3.3 万亿元，总支出 2.9 万亿元，年末累计结余 4.1 万亿元。

基本养老保险从改革试验到制度成型，将治理性改革的既得利益照顾需要以及养老保险制度的自身缺陷与亟须完善之处充分显现出来，其中包括一些不时采用但也不无争议的过渡办法。

兼顾既得利益的差别待遇安排或有限覆盖范围留下诸多制度隐患。1986 年养老保险改革试验之初，按照国营企业固定工已有养老待遇水准设置保障标准，劳动合同制工与固定工退休人员间存在养老金待遇差别，到 1991 年才实行统一的养老保险制度；农垦系统直到 2003 年才通过增加中央财政补助，解决养老金拖欠和保证发放等方式纳入地方管理；基本养老保险金调节机制，不足以缓解因历史原因或宏观经济因素所造成的退休

---

① 参见《国务院关于印发事业单位工作人员养老保险制度改革试点方案的通知》（2008 年 3 月 14 日）；《国务院关于机关事业单位工作人员养老保险制度改革的决定》（2015 年 1 月 14 日）。

人员养老金水平过低或差别过大问题。农民工、非公有制经济组织和城镇灵活就业人员参保不足，因统筹地区间基金转移困难或部分截留以致削弱乃至丧失其养老保险功能。

统筹层次低、待遇差别大，限于省级统筹但也十分艰难。我国养老保险制度主要是在市县一级实施推广，包括单位和职工个人缴费比例、养老金发放标准、基金调剂与管理等，省级统筹是其目标或有名无实。因经济发展状况、劳工年龄结构等差异，市县之间养老负担和退休人员待遇水平各不相同，部分地区甚至入不敷出、难以为继。试行多年的省级统筹，至今仍然停留在博弈不定的省级调剂金制度建设阶段。各省之间养老保险格局也大体类似，基金结余集中在极少数省份。国家决定自 2018 年起建立养老保险基金中央调剂制度，力图保证基本养老保险制度的可持续发展。①

因转轨成本补偿不足，个人账户完全蜕化成养老基金征缴和计发办法并引发制度内在冲突。养老新制建立时，未对已退休人员的养老金支付和在职人员已工作年限的积累承诺做出成本补偿安排，依赖新制度滚动性支付，养老基金只能实行混账管理，允许统筹账户内借个人账户基金支付转轨成本，包括养老金调剂性支出。统账结合中的个人账户部分地甚至完全沦为空账。但对个人而言，个人账户又是实实在在的养老金权益，无论是空账还是混账都不能不认账，给个人账户乃至整个养老金未来支付留下隐患。在制度机理上，市县之间的省级调剂金和省份之间的中央调剂金，只能是统筹账户而不能是个人账户的调剂。混账管理提供了侵权便利，但也暴露了其内在体制性矛盾。

城乡基本养老保障差异过大，不足以满足农村老人基本生活。因经济发展差异和二元结构因素，城乡基本养老类公共服务差别极大。20 世纪 90 年代起，一些经济发达地区试行过"农保"或"镇保"办法，后来模

---

① 参见《国务院关于建立企业职工基本养老保险基金中央调剂制度的通知》（2018 年 5 月 30 日）。

仿城镇养老保险制度在全国试行"新农保"制度，实行基础养老金和个人账户养老金相结合的养老待遇计发办法。[①] 其中国家财政全额支付基础养老金，递年有所增长但数额有限；个人账户实行个人缴费、集体补助、政府补贴相结合的筹资办法，即在个人缴费外，地方财政和农村集体经济组织给予数量不高、数额不等的补助。农村老人年满 60 周岁后领取并不足以维持基本生活的养老金，他们的养老依然主要依靠子女或家庭负担。随着就业流动性增强，城市化发展和家庭保障机制逐渐弱化，相当数量的农村老人可能面临艰难的晚年生活。

基本养老保险制度固然隐患甚多，但也走出了四顾茫然的体制初创期，制度完善与持续发展前景可期。

建立基础养老金全国统筹制度，条件成熟时变费为税、覆盖到全体国民。推动基础养老金与个人账户养老金分离，统筹账户与个人账户由内在结合改为外在结合。其意义是多方面的：充分体现社会互济功能，平衡地区、人群间的养老金差异，贯彻再分配制度的公平原则和公民基本生存权的平等地位；务实保障退休人员基本生活，降低社会保险成本，激发在职人员的个人账户积累和参与补充保险的动力，保持市场主体的微观活力和竞争力；适应各种就业形式和参保需要，以及经济社会转型期劳动者在单位、地区、城乡间频繁流动及灵活就业需要；通过量出为入和税收征缴制度，保证基础养老金来源稳定和可持续发展；便于适当划分中央政府与地方政府基本公共服务权责边界，各自发挥其在基础养老金统筹和个人账户管理方面的相对优势或更好作用；在社会保障等市场经济基本公共服务领域，真正建立起中央政府的利益平衡制度和宏观调控能力，增强社会向心力与凝聚力，巩固国家的统一和民族的团结。

普遍实行由地方政府负责管理的个人账户制度。由于个人账户基金对应在参保者个人身上，随参保者个人转移，不具备社会互济功能，因而可

---

① 参见《国务院关于开展新型农村社会养老保险试点的指导意见》(2009 年 9 月 1 日)。

以在相对较小的地域或适当的范围内进行管理，由地方政府管理更为适当一些。个人账户积累资金委托金融机构进行投资运营，由地方政府和相关专业机构负责监管。考虑到转轨时期"老人"和"中人"的地区分布差异，中央财政对"老人"和"中人"比重较高、养老金发放负担较重的地区给予适当援助，并建立客观、统一、规范的阶段性中央财政援助制度。推动各级政府多渠道筹集资金，如国家基础养老金结余、全国社会保障基金收益、国有资产变现收入、国有土地出让金收益、垄断行业超额利润、特许资源使用收益、个人所得税专项转移、特种债券发行等，必要时可考虑开展阶段性、专项性"特别税"，逐步做实个人账户。随着时间的推移和转制成本支付完毕，养老保险基金援助制度也相应终止。

合理确定基础养老金替代率，逐步缩小地区、城乡间的基础养老金待遇水平。鉴于目前地区、城乡和社会群体间收入水平差异较大，基础养老金可以参照各省、自治区、直辖市城乡居民恩格尔系数[①]并适当追加其他必要生活支出确定，或按当地社会平均工资的一定比例发放，不低于城乡居民最低生活保障线，以满足退休人员的基本生活。从长远看，随着地区间经济发展和收入差距的逐步缩小，最终在全国范围内实行统一的基础养老金标准。中央财政建立社会保障专项预算，设专户管理基础养老金，在全国范围内统筹互济使用。中央财政建立基础养老金专项转移支付制度，重点用于援助基础养老金支付困难地区或平衡城乡居民的基础养老金水平。

2. 医药卫生改革与医疗保险制度建设

生命健康类公共服务，涵盖医疗卫生、药品产销和医疗保险诸多领域的事业、产业发展和制度建设，涉及专业技术因素、公益卫生服务、医药经济行为、医疗保险责任、社会健康伦理等众多错综复杂的理念转变、角

---

① 恩格尔系数指家庭食品支出总额占消费支出总额的比重。19 世纪德国统计学家恩格尔根据统计资料得出了一个消费结构变化规律：一个家庭收入越少，其总支出中食物支出所占比例就越大；随着家庭收入增加，其食物支出比例则会下降。目前我国城乡居民家庭的恩格尔系数约在 30% 左右。

色定位、结构调整、业态创新和制度变革，是改革难点，可谓世界性难题。我国医药卫生体制和医疗保险制度改革，走过了一段不无争议乃至非议至今仍在摸索探路的漫长历程。

与新中国同步建立和发展的我国卫生健康事业，服务于社会有其历史成就，但受计划体制制约，政府独家包揽、严格管制，医疗卫生体制僵化，平均主义分配方式盛行，医疗服务质量效益低下，公共卫生资源和医疗卫生服务长期供不应求。

改革开放初期，医药卫生领域推进简政放权、多渠道办医的发展政策。实行中央、地方和部门并举方针，发展全民所有制卫生机构；鼓励企事业单位医疗机构向社会开放，准许集体办医、个体行医、在职人员业余从医、村级卫生机构办医等，以增加医疗服务的供给。借鉴农村及国有企业的承包制改革，对卫生医疗机构实行放权、让利、搞活，鼓励自我创收发展；实行院、所、站长负责制，扩大单位用人自主权和服务收入分配权；实行定额包干制，由医疗卫生机构自主支配使用包干卫生经费。改革收费和价格管理制度，应用新仪器、新设备及新诊疗项目实行成本价格收费；条件好的医疗单位和病房可提高收费标准；允许疫苗注射和妇幼保健等公共卫生服务收取劳务费；允许卫生防疫和卫生监督检测服务收取劳务费和成本费等。

医疗卫生体制改革专业技术性强，卫生行政管理部门相对于其他政府公共政策部门，专业技术信息优势明显，足以左右医疗卫生体制改革取向。医疗机构相对于病患群体，则近乎永远具有信息强势、供给支配地位。在当初公共卫生资源短缺、医疗卫生服务供给不足、政府公共医疗卫生投入有限的情况下，卫生部门主导的医疗卫生改革可以归纳为"放权让利，扩大医院自主权；放开搞活，提高医院的效率和效益"。即在政事管办不分、诊疗医药一体、基本公共卫生服务与经营性医疗服务职责不清的公立医疗机构中，将公共医疗服务体制改革混同于经济体制改革，简单地模仿经济领域中的承包责任制改革，以放权让利鼓励搞活创收，并以国家政策予以确认和推广。①

这种改革固然有增加医疗卫生服务供给、调动医疗机构及人员积极性的作用，但也种下了重医疗轻防疫、重创收轻服务、重用药轻诊疗、重城市轻乡村以及医商不分、亦医亦商的祸根。更有甚者，一部分医疗人员变相推销药品，灰利交易屡禁不止；药品生产和流通体制变形，定向售药公关和药价虚高不下成为普遍现象；一些基层公共医疗机构因经营不善或政府财政困难、投资意愿不足而一卖了之②，农村合作医疗也随之解体，城乡基本医疗公共服务基础削弱、能力薄弱。循此路径的医疗卫生体制改革越改越乱、越改越繁、越改越难，坊间非议甚多，学界有如"医疗改革基本不成功"的判断。"看病难、看病贵"等痼疾难除，医疗卫生服务供给与需求、医生医院与患者之间的矛盾突出。

针对医药卫生体制改革乱象，党和国家重新定位卫生事业是实行一定福利政策的社会公益事业，重申政府对发展卫生事业负有重要责任，鼓励多种形式推动医疗卫生服务体制改革。③新旧世纪之交，在区域卫生规划、政府财政资金投入、医疗机构分类管理、医疗服务定价机制、公立医院内部治理、先进医疗技术引进、中外合资合作办医以及医疗卫生"三项改革"、农村合作医疗制度、医疗卫生相关法规建设等方面进行了诸多探索并取得一定进展。④但因医疗卫生改革路径锁定，体制痼疾难除，"看

---

① 参见《国务院批转卫生部关于卫生工作改革若干政策问题的报告的通知》（1985年4月25日）；国务院转发卫生部等部门《关于扩大医疗卫生服务有关问题的意见》（1989年1月15日）。

② 从1999年开始，一些地方开始拍卖公立医院、卫生院。如2000年3月宿迁公开拍卖卫生院，共有100多家公立医院被拍卖；海城等地也陆续将公立医院转让出卖。

③ 1997年1月15日，《中共中央国务院关于卫生改革和发展的决定》发布。为贯彻该决定，2000年2月21日，国务院办公厅转发国务院体改办、卫生部等8部门《关于城镇医药卫生体制改革的指导意见》，并陆续出台了13个配套政策。

④ 医疗卫生"三项改革"是指1998年开始推行的医疗保险制度改革、医疗卫生体制改革、药品生产流通体制改革；建立农村合作医疗制度见《中共中央国务院关于进一步加强农村卫生工作的决定》（2002年10月19日），国务院办公厅转发卫生部、财政部、农业部《关于建立新型农村合作医疗制度的意见》（2003年11月16日）。

病难、看病贵"、基本公共卫生服务基础脆弱依然如故，2003 年的非典疫情将其暴露无遗。

痛定思痛，反思政府责任与市场功能成为医疗卫生体制改革、事业发展及模式选择的推力与动力。2006 年起，国家启动新一轮医疗体制改革。[①]十多年来，国家提出建立包括公共卫生体系、医疗服务体系、医疗保障体系和药品供应体系的卫生医疗制度架构，在基本公共卫生投入、重大疾病防控应对、城市社区卫生服务、农村卫生服务体系建设、食品药品质量监管、中医药服务发展、公立医院治理改革、分级诊疗制度建设、药品招标采购制度、扩大医疗服务准入、社会医疗保险制度等方面，进行了多层面改革探索，取得了不同程度的进展[②]，但改革路途依然迷茫、遥远。

经济市场化改革和社会医疗需求变化，建立于计划经济时期的公费医疗和劳保医疗日益暴露其体制性缺陷。医疗费用由国家、企业包揽，缺乏制约机制，浪费严重；医疗经费缺乏合理的筹措机制和稳定来源，部分职工因企业经营困难或医药诊疗费用上涨而得不到基本医疗保障；医疗保障覆盖面窄、管理和服务社会化程度低，妨碍劳动力流动，增加了企业的社会负担等。

20 世纪 80 年代起，一些企业和地方自发地改革职工医疗保障制度，其主要做法是通过大病医疗统筹等方式控制医疗费用。卫生部等部门先后推出职工医疗和公费医疗管理办法改革，并在一些地方进行试点。1994年起，国务院批准在江苏省镇江市、江西省九江市进行社会统筹与个人账户相结合的医疗保险制度改革试点，即著名的"两江试点"。1996 年 5 月

---

① 2006 年 9 月，国务院成立由 16 个有关部委组成的医疗体制改革协调小组；2009 年 1 月，国务院常务会议通过《关于深化医药卫生体制改革的意见》和《2009—2011 年深化医药卫生体制改革实施方案》，新一轮医疗卫生体制改革及方案正式启动实施。

② 2000 年 12 月，卫生部印发《城市社区卫生服务机构设置原则》《城市社区卫生服务中心设置指导标准》，此后陆续出台了一系列配套政策；2006 年 8 月，国家启动《农村卫生服务体系建设与发展规划》，中央和地方总计投资 200 亿元以上，建立和改善农村县乡村三级医疗卫生服务体系；2015 年 5 月和 9 月，国务院办公厅分别印发《关于城市公立医院综合改革试点的指导意见》《关于推进分级诊疗制度建设的指导意见》等。

起，决定在全国范围内扩大试点。[1] 同一时期，职工生育保险和工伤保险制度也开始试行并逐步建立起来。[2]

"两江试点"的主要内容一是建立用人单位和职工共同缴纳医疗保险费用的筹资办法，个体劳动者按当地平均水平全部由个人缴纳。二是建立社会统筹和职工个人医疗基金账户，其中用人单位缴费不低于50%的部分记入个人医疗账户，其余部分进入社会统筹基金，集中调剂使用。三是建立医疗费用支出制约机制，职工就医先从个人账户支付费用，不足部分先由职工自付，按年度与医疗统筹基金结算，由其负担主要部分，个人负担比例随费用升高而降低。四是推动医疗单位改善医疗服务，职工可到若干定点医院就医，推动医疗竞争、规范服务，降低医疗费用。五是改革医疗服务方式和标准，推行医药分开核算，定期审定检查定点医疗机构和药品销售单位资质，制修订医疗诊治技术规范、收费标准、药品报销目录及检查、治疗费用控制标准等。六是改革医疗运营监管体制，实行政事、管办分开，以收定支、收支平衡征集医疗保险金，严控管理费用提取比例，建立由财政、审计等部门和工会、职工代表参加的医疗保险监督组织，定期检查医疗保险资金收支、运营管理、服务质量并向社会公布。

"两江试点"的经验教训表明，统账结合的医疗保险制度建设是一种高难度选项。首先，医疗需求特性决定了医疗保险的社会互济性要求较高，医疗保险基金中个人账户占比不宜过高。否则，年轻人医疗账户近乎纯积累，而老弱病残者较多的医疗支出以及原体制延续而来的各种医疗福利，主要依赖缺乏转制成本补偿渠道的统筹账户支出，其发展不具备可持续性，并且已为试点地区医疗费用增长过快、统筹账户入不敷出所证实。

---

① 相关试点方案见国家体改委、财政部、劳动部、卫生部：《关于职工医疗制度改革的试点意见》《关于职工医疗保障制度改革扩大试点的意见》（1996 年 5 月 5 日）。

② 如劳动部分别于 1994 年 12 月和 1996 年 8 月颁布《企业职工生育保险试行办法》（2019 年 3 月，生育保险和职工基本医疗保险合并）及《企业职工工伤保险试行办法》（该办法已被 2004 年 1 月起施行的《工伤保险条例》替代，后经修订的《工伤保险条例》于 2011 年 1 月起施行）。

其次，医疗保险费用支出规模，形式上是需求派生型而实质上是供给主导型，从需求侧控制医疗支出成本固然重要，但由于医疗专业特征和技术信息优势，医方与患者之间在诊疗、用药、费用等支出上几乎完全由医方主导。面对来自医患双方尤其是由医方所派生的外部性成本，医疗保险机构未必具有信息对称的成本管控和专业监管能力。试点实践也证明，保险机构对医方的监管能力和效力是有限的。再次，区分基本医疗服务与非基本医疗服务既是医疗普惠公平也是医疗保险持续性、安全性要求，面对医疗需求尤其是与之相关的保健、康养需求随着人们收入水平的提高而需求弹性极大、费用不断增长，必须优先保障基本医疗公共服务。试点中力图以医疗保险覆盖原有公费、劳保医疗体制的所有医疗福利承诺，既不符合权利义务对称原则，也是力不从心的。最后，健全完备的医疗保障制度需要长期、适时、适当调整医、患、药、保等诸多环节错综复杂的专业、利益关系，建构相关利益方的敬业守约精神和道德伦理操守。在政事管办边界不清、公立医院先占独大、诊疗医药利益一体、专业技术信息垄断、医疗服务单边主导、亦医亦商职能交叉、药品产销秩序混乱、医疗需求复杂多元、既得利益兼顾泛化、监管需要与能力极不对称的情形下，医疗保险制度建设乃至医疗卫生体制改革，注定是一项困难重重、争议不断、成败无常的艰巨任务。

"两江试点"及各地扩大试点，虽然不能取得现成的成功经验直接予以推广，但它为建立城镇职工基本医疗保险制度进行了于经验和教训都十分丰富的先期实践，提供了基本制度框架。[①] 其中有所调整的一是将用人单位缴费率控制在职工工资总额的 6% 左右，职工缴费率一般为本人工资收入的 2%。二是用人单位缴纳的费用划入个人账户的比例由试点时的不低于 50% 调整为 30% 左右，缩小个人账户规模。三是限定统筹基金和个人账户各自的支付范围，分别核算，不得互相挤占。四是充实对医疗机构

---

① 参见《国务院关于建立城镇职工基本医疗保险制度的决定》(1998 年 12 月 14 日)。

及其服务的监管内容，从基本医疗服务范围、标准、医药费用结算和基本药品目录及诊疗项目制定，到医疗服务设施标准及管理办法、医疗机构和药店定点管理、医药分开核算与管理制度、医疗机构和药店服务行为规范，以及提高医疗技术劳务价格、加强医务人员业务技术培训和职业道德教育等不一而足。

城镇职工基本医疗保险制度建立之后，扩大保险覆盖面和完善制度体系的努力一直没有停止。1999—2007年间，铁路系统职工、退役军人先后纳入基本医疗保险体系；城镇灵活就业人员、混合所有制企业和非公有制经济组织从业人员分别参加医疗保险；试点城镇居民基本医疗保险和城市医疗救助制度，建立新型农村合作医疗制度。2016年起，整合城镇居民基本医疗保险和新型农村合作医疗制度，建立统一的城乡居民基本医疗保险制度。[①]

广义的医疗卫生体制改革固然包括医疗卫生服务、社会医疗保险和药品生产流通等诸多方面，但矛盾焦点、改革难点主要集中在医疗卫生服务领域。计划体制下集政府行政垄断、业务技术垄断、服务行业垄断于一体的医疗卫生机构，经过数十年的改革和发展已经有了重大改观，但新旧体制矛盾依然相互交织、积弊难除。

政事管办分开虽然取得较大进展，但由于历史惯性和服务结构，卫生行政管理部门自觉不自觉地与公立医疗机构神形一体、互为依恃，在医疗

---

① 参见国务院办公厅、中央军委办公厅《中国人民解放军军人退役医疗保险暂行办法》（1999年12月16日）；劳动和社会保障部、铁道部《关于铁路系统职工参加基本医疗保险有关问题的通知》（1999年6月21日）；国务院办公厅转发卫生部、财政部和农业部《关于建立新型农村合作医疗制度的意见》（2003年1月16日）；劳动和社会保障部《关于城镇职工灵活就业人员参加医疗保险的指导意见》（2003年5月26日）；《关于推进混合所有制企业和非公有制经济组织从业人员参加医疗保险的意见》（2004年5月28日）；国务院办公厅转发民政部等部门《关于建立城市医疗救助制度试点工作的意见》（2005年3月14日）；卫生部等7部委局《关于加快推进新型农村合作医疗试点工作的通知》（2006年1月10日）；劳动和社会保障部《关于开展农民工参加医疗保险专项扩面行动的通知》（2006年5月16日）；《国务院关于开展城镇居民基本医疗保险试点的指导意见》（2007年7月10日）；《国务院关于整合城乡居民基本医疗保险制度的意见》（2016年1月3日）。

投入、服务准入、行医环境等重大医疗公共政策上，经常表现为公立医疗机构的代言维权者而不是社会医疗服务的公共管理者。尽管从政府到社会几乎众口一词地强调医疗卫生服务的公益性质，但只要基本公共服务与非基本公共服务边界不清、职能混合交叉，政府责任便无限放大，医疗领域永远会投入不足，而放任医商一体，亦医亦商、以商为上就不可避免，一旦监管缺失、松懈或监管部门被公立医院绑架，公益目标便是天地良心、作为有限，或以公益性质索求于政府，牟利于患者。

公立医疗机构先占独大、全能式结构和行政层级化配置，难以避免公共医疗资源配置结构失衡、畸轻畸重，对社会办医产生挤出效应，医疗资源供不应求、看病难难以缓解；卫生防疫机构多设常设、疫情偶发突发，"养人"成本大于"养事"需要、政府或经费不足，难以避免相关机构额外谋事寻租；医院内部医药、诊疗、检验一体①，设利、创收便利，或过度用药、多用贵药以致扭曲医药关系及药品产销机制，或通行内部过度检验、相互间重复检验，以致竞相购买"高大上贵"的医疗仪器设备，以提高检验精密度，主要是频密度，看病贵是其必然结果。

医疗卫生服务机构所具有的专业技术壁垒、信息优势地位和服务单边主导特征，使之无论是相对于政府监管部门还是面对广大患者，在医疗服务方式选择、诊疗用药适当性判断、医药设备需求采选、治疗护理康复效果评估以及医疗费用支出规模等全流程、各方面近乎具有无可争辩的话语权，政府部门往往不得不被动接受医疗机构提供的技术价格标准作为医疗服务监管标准和成本价格管控标准，患者及其家庭只能由支付能力决定服务需求。

医疗服务的非职业化监管导致其客观公正性、标准科学性、技术先进性、及时有效性得不到保障。政府监管部门及其工作人员或有医药专

---

① 近年来，以药补医现象得以改观。2011 年所有基层公立医疗机构取消了药品加成，2015 年县级公立医院全部取消药品加成。截至 2017 年 9 月底，全国所有公立医院取消药品加成。

业背景，但其相对狭窄、日渐陈旧的医药知识未必适应日新月异的医药科技进步；公立医疗机构与政府监管部门间若明若暗的"脐带"关系以及前者的技术信息优势，使监管部门对"自家人"监管不严或因信息不对称而监管不力；由政府监管部门搭建的"草台班子"式的各类专家委员会或许其成员足够专业并具有社会责任感，但因监管服务的临时性或非职业性，几乎不对监管结果负有任何责任，其部分成员不免游走于政府脸色、同仁情面或公关压力之间，其敬业精神、职业操守和责任担当多受社会质疑。

医疗卫生体制改革或许千头万绪，但政事管办彻底分开、医药行政管理部门真正转型为全社会医疗服务的公共管理者首当其要；其次是明确划分医疗卫生领域的基本公共服务与非基本公共服务的边界与责任，政府负责基本医疗服务并增加投入和有效供给，推行购买服务、聚焦"养事"质量和效益，康养、保健等非基本医疗服务开放由社会与市场参与供给；再次，深入推进公立医疗卫生机构疫情预防、诊疗服务、药品供给、病情检测、患者护理等分立式、分类型、专业化改革以及标准化服务和职业化监管，健全政府投入保障机制，彻底改变公立医疗机构医商不分、亦医亦商格局，真正贯彻非营利性公益原则；又次，适应经济发展和居民收入水平提高，对内对外开放社会办医和专业医师执业兼业，分流中高收入者高端医疗服务需求，减轻政府财政压力和公立医疗机构的服务压力；最后，推进医疗卫生服务分类监管指标体系、标准体系建设和职业化专家队伍建设，以及监管信用体系与失职、失信追责制度建设。

药品生产流通也是影响医疗卫生服务质量的重要因素。多年来，由于供给与需求特性尤其是监管不力，药品产销秩序混乱。生产领域品类低劣、技术落后、产能过剩，药品质量安全得不到保障；流通环节叠床架屋、药商充斥，租借证照、虚假交易、伪造记录、非法购销、商业贿赂、价格欺诈垄断以及伪造、虚开发票等违法违规行为盛行。但规范药品产销秩序并不存在技术性瓶颈，而且相关政策已陆续出台[①]，关键是监管当局的责任心和执行力。

社会医疗保险是医疗费用的主要供给方，为约束医疗支出或保证制度可持续性，从设定个人医疗费用支出比例到建立国家基本药物目录[②]，限定医疗服务用药和医疗保险报销范围，也算是殚精竭虑，其医疗服务和制度保全效应有待实践检验。另外，统账结合、兼顾效率与公平的医疗保险制度本身，有主观意念、一厢情愿之嫌。个人账户介入其中，不仅使制度设定与实施变得极其复杂，而且也削弱了以大数法则为基础的社会互济能力。在医患双方中，病患者未必是决定医疗支出规模的主导方。社会和个人共同的医疗保险责任以及对个人医疗需求的某种必要的约束，完全可以通过更简便易行的制度安排来实现。就保险目的而言，真正影响病患者基本生活的不是"头疼脑热"类的日常疾病及小额支出，而是重大疾病。至于少数困难人群支付困难，可以借力于医疗救助制度。嵌入基本医疗保险中几成鸡肋的个人账户，大大扩张了基本保险范围，削弱了社会共济能力，增加了保险制度的潜在压力，甚至妨碍建立全国统一的基本公共服务均等化的医疗保险制度。比较而言，后来制定实施的主要以防控重大疾病为目的的城乡居民基本医疗保险制度，虽然水平较低，"落后"一些，但其更符合医疗保险的特性与规律，更易于渐进式地推动基本医疗服务和基本医疗保障均等化、可持续发展，或许具有更强大的生命力。

3. 住房制度改革与房地产业发展

计划经济时期，我国城镇居民住房实行实物分配、低租金使用的福

---

① 参见《药品生产质量管理规范》（2010 年修订版已于 2011 年 3 月 1 日起施行）;《国务院办公厅关于进一步改革完善药品生产流通使用政策的若干意见》（2017 年 1 月 24 日）等。

② 国家基本药物目录是医疗机构配备使用药品的依据。包括两部分：基层医疗卫生机构配备使用部分和其他医疗机构配备使用部分。中国自 2009 年 9 月 21 日起施行国家基本药物目录。经修订的 2018 年版国家基本药物目录总品种由原来的 520 种增至 685 种，包括西药 417 种，中成药 268 种。

利住房制度。单一投资渠道难以满足城镇人口增加的住房需要，住房紧张长期大面积存在；低租金制度使简单的住房维护捉襟见肘，国家和企业背上了沉重的包袱；住房分配将职工和单位捆绑在一起，阻碍了劳动力合理流动和优化配置；公房分配的平均主义倾向和分配管理中的职务寻租现象并存，既影响效率也损害公平。传统住房制度的困窘局面，推动着人们突破传统理论、观念和体制的束缚，决策层也提出了住房商品化的改革取向。[1]

1982 年，有关部门曾在一些城市试行过政府、企业和个人各承担 1/3 成本的"三三制"补贴出售新建住房方案，但由于公房低租金制下租售比价不合理、居民缺乏买房动力而于 1985 年停止试点，转向租金制度改革，试行"提租补贴、租售结合、以租促售、配套改革"。公房按包含建筑造价、征地和拆迁补偿费等成本价出售，开始动摇根深蒂固的住房福利观念。1988 年下半年出现的严重通货膨胀，使提租补贴方案难以为继，一些地方曾以"甩包袱"方式廉价出售公房以取代租售并举改革，后经制止代之以分步骤提高公有住房租金至成本租金；职工购买规定住房面积内的公有住房实行标准价政策；提出将公房实物分配逐步转变为货币工资分配，由住户通过买房或租房取得住房所有权或使用权。[2]

20 世纪 90 年代起，住房制度改革提出商品化、社会化目标。住房建设投资由国家、单位包揽改为国家、单位、个人三者合理负担；住房维护由国家、单位维修、管理改为社会化、专业化运营；住房分配由实物福利方式改为货币工资分配为主的方式。相应建立以中低收入家庭为对象具有社会保障性质的经济适用住房供应体系和以高收入家庭为对象的

---

[1] 1978 年，全国城镇居民人均居住面积仅 6.7 平方米，缺房户占城市居民家庭的半数左右。1980 年 4 月，邓小平发表有关住房商品化改革的讲话，从此拉开了我国住房制度改革的历史大幕。

[2] 参见《国务院关于继续积极稳妥地进行城镇住房制度改革的通知》（1991 年 6 月 7 日）；《国务院办公厅转发国务院住房制度改革领导小组关于全面推进城镇住房制度改革意见的通知》（1991 年 11 月 23 日）。

商品房供应体系；建立由职工个人和单位共同按工资的一定比例缴存的住房公积金制度；建立政策性、商业性并存的住房金融信贷体系；建立规范化的房地产交易市场和房屋维修、管理市场。① 改革取向的确立推动住房制度改革进入快车道。1998 年中，全国城镇住房公积金归集总额近千亿元，城镇家庭自有住房比例超过 50%，剩余公房的租金价格大幅度提高。从当年年底起，全面停止实物分房，实行住房分配货币化。在多层次城镇住房供应体系中，新建的经济适用住房实行政府指导价，按保本微利价格出售；最低收入家庭由政府或单位提供廉租住房，以发放租赁补贴为主、实物配租和租金核减为辅；中低收入家庭购买经济适用房等普通商品住房，高收入家庭购买、租赁由市场决定价格的商品住房；坚持住房市场化改革方向，促进房地产市场持续健康发展。② 新的城镇住房制度基本成型。

　　城镇住房供地制度改革几近同步进行。2001 年起，国务院开始推行土地使用权公开、公平、公正招标、拍卖或挂牌出让制度。2002 年 7 月，国土资源部专门规定商业、旅游、娱乐和商品住宅等各类经营性用地，必须以招标、拍卖或挂牌出让方式取得国有土地使用权。2004 年 8 月 31 日后，全国范围内不再采用协议方式出让经营性土地使用权。③ 地方政府垄断土地一级市场、通过"招拍挂"方式出让经营性用地、用于商品住房开发、土地出让价格直接影响楼市价格变化的房地产市场运营机制由此形成。

　　由于比较效益差异和地方政府的经济人倾向，住房货币化改革未必尽如人意。住房补贴水平与群众住房需求尤其是与住房价格水平落差很大；

---

① 参见《国务院关于深化城镇住房制度改革的决定》（1994 年 7 月 18 日）。

② 参见《国务院关于进一步深化城镇住房制度改革加快住房建设的通知》（1998 年 7 月 3 日）；《国务院关于促进房地产市场持续健康发展的通知》（2003 年 8 月 12 日）。

③ 参见《国务院关于加强国有土地资产管理的通知》（2001 年 4 月 30 日）；国土资源部：《招标拍卖挂牌出让国有土地使用权规定》（2002 年 9 月 28 日）、《关于继续开展经营性土地使用权招标拍卖挂牌出让情况执法监察工作的通知》（2004 年 3 月 31 日）。

经济适用住房建设迟滞有限，不足以成为城镇居民基本住房供应的主渠道①；公有住房销售收入单位化，推动租售并举改革变成以售为主直至全部出售，企业、职工间苦乐不均，政府也由此丧失了为低收入家庭提供公租或廉租房的能力②；地方政府对土地财政进而房地产业的过度依赖及其分利机制，地价、房价飙升暴涨、普通群众住房困难几成普遍现象。2003年以来，中央政府出台了一系列房地产价格调控政策，地方政府也多有限购、限售、限贷、限价等不得要领的市场扭曲政策，但所谓"十年九调控"③也未能破除政府分利和房价飞涨机制。

迫于中低收入家庭住有所居的住房需求压力，近些年来，各级政府开始调整住房公共政策，启动公共租赁住房和经济适用住房建设，履行基本公共服务责任。一是适当提高居住用地在土地供应中的比例，增加中低价位普通商品住房和经济适用住房建设用地供应量。二是增加中低价位、中小套型普通商品住房供给，居住用地和住房价格上涨过快的地方，自2006年6月起，新审批、新开工的商品住房建设，套型建筑面积90平方米以下住房面积所占比重必须达到开发建设总面积的70%以上。三是遏制炒房投机行为，对购买住房不足5年转手交易的，按售房收入全额征收营业税。四是加快城镇廉租住房建设，扩大廉租住房覆盖面，城市政府的土地出让净收益按一定比例用于廉租住房建设。五是将经济适用住房严格控制在中小套型，严格审定销售价格，依法实行建设项目招投标，健全申请、审批和公示制度。六是政府重拾公租房建设、发展商租房市场和住房二级市场等，分类解决新就业职工基本住房需求和部分居民家庭改善性

---

① 据有关统计，1998—2003年全国经济适用住房累计竣工面积仅4.77亿平方米，只能大体上解决600多万户家庭的住房问题。

② 1996年8月，国务院办公厅转发住房制度改革领导小组《关于加强国有住房出售收入管理的意见》，同意将售房收入全部留归售房单位用于住房建设和住房改革。

③ 诸如2005年"国八条"、2006年"国六条"……2010年"新国十条""新国五条"、2011年"新国八条"、2013年新"国五条"，等等，不一而足。

住房需求。[①] 此外，通过加快集中成片棚户区改造、推进旧住宅区综合整治、多渠道改善农民工居住条件等方式，改善其他住房困难群体的居住条件。[②] 随着全面深化改革的推进，集体建设用地开始试点投资租赁住房建设，拓展住房供地来源，推动建立多主体供应、多渠道保障的租赁住房制度。[③]

经过数十年的改革与发展，我国住房制度和房地产行业发生了根本性变化。计划体制下制约居民居住条件改善、束缚房地产业发展的住房实物分配制度转变为保障性住房政府主导与商品性住房市场供应相结合的多渠道、多层次住房供应体系；我国住房供给与需求潜力得到空前释放，尽管城镇人口不断增加，但按常住人口和建筑面积计算，全国城镇居民人均居住面积由 1978 年的 6.7 平方米增加到 2018 年的 38 平方米左右；以住宅为主的房地产业成为经济社会发展的支柱产业，2018 年房地产业增加值占 GDP 的比重达到 6.5% 以上，住房相关经济占国民经济的 20% 左右，房地产投资占 GDP 的 13% 以上；住房建设改造和房地产业发展推动并支持了城市化进程，以及相应的市政公共设施及其他基础设施建设，提升了城市综合承载能力。

但是，住房保障制度和房地产业市场也是社会期许落差过大而广受

---

① 参见《国务院关于加快发展公共租赁住房的指导意见》（2010 年 6 月）、《公共租赁住房管理办法》（2012 年 5 月）。2014 年起公共租赁住房和廉租住房并轨运行，统称公共租赁住房。此外，2015 年 1 月，住房和城乡建设部发布《关于加快培育和发展住房租赁市场的指导意见》；2016 年 6 月，国务院办公厅发布《关于加快培育和发展住房租赁市场的若干意见》；2017 年 7 月，住房和城乡建设部等九部门联合印发《关于在人口净流入的大中城市加快发展住房租赁市场的通知》；2017 年 9 月，住房和城乡建设部发布《关于支持北京市、上海市开展共有产权住房试点的意见》。

② 参见《国务院关于解决城市低收入家庭住房困难的若干意见》（2007 年 8 月 7 日）；《国务院关于进一步做好城镇棚户区和城乡危房改造及配套基础设施建设有关工作的意见》（2015 年 6 月 25 日）。

③ 2017 年 8 月 21 日，国土资源部和住建部印发《利用集体建设用地建设租赁住房试点方案》，确定在北京、上海、沈阳、南京、杭州、合肥、厦门、郑州、武汉、广州、佛山、肇庆、成都等 13 个城市开展利用集体建设用地建设租赁住房试点。2019 年初，又增加福州、南昌、青岛、海口、贵阳等 5 个城市作为试点城市。

诟病的领域。一是住房商品化改革后市场理念泛化、政府保障性经济适用房建设投入不足，商品房建设"单轨独长""一枝独秀"，中低收入家庭住房困难；二是地方"土地财政"收入与房地产业发展"分利共荣"，形成相互依赖机制，共同推动地价与房价上涨；三是房地产业投资方抵押物坚实、利润相对丰厚，购买方住房短缺、刚性需求持续旺盛，共同推动融资放量、挤占资源以致产能过剩或杠杆泛滥；四是区别于普通商品由供求关系调节价格，政府的土地供给限制、"土地财政"依赖、土地价格高企以及房地产商的资源锁定、信息优势与营销主导等，都是从供给侧人为抬高住房价格的因素；五是房地产业较长时期的丰利性质和土地用途的特殊管控方式，往往诱发商业贿赂类公关需要和部分监管者设租、寻租等败德行为，以及政策选项中商品住宅业优势于保障性住房建设；六是房地产业的刚性需求性质、价格弹性幅度、产业关联效应以及与之相关的就业岗位创造和税费收入生成等因素，在一定时期形成部分地区甚至整个国家的经济增长依赖和政策锁定因素，爆棚发展欲罢不能，调控抑制举棋不定或于心不忍。相对于房地产业的重大体制性、结构性缺陷，坊间抱怨也是民生关切的住房管理事项，如已购公房上市交易、住房公积金及维修基金使用、房屋权证及转移迁移、物业管理及其制度建设等，尽管也需要尽快着手处理，但终究是治理层面的具体事项，也没有多少难度。

与普通消费品不同，住宅用房既具有商品性质和投资、财富效应，是经济增长和政府收入的重要来源，也具有社会公共品性质，是城乡居民的基本生活保障条件。面对我国住房供给中的重大体制性、结构性矛盾，政府要转变经济人角色和分利诉求，按照市场经济规律和政府公共责任，兼顾住房的经济特性和民生属性，发挥好市场决定作用和政府更好作用。第一，责无旁贷地将低收入家庭的住房保障纳入政府基本公共服务范围，增加公租房建设及其相关的土地供应和资金投入，保障低收入家庭住有所居的基本需求。第二，调整住房公共政策，多种渠道吸引投资，合理成本供应土地，加快经济适用房建设，以保本微利价格租售并举保障中等收入家庭的住房需求。第三，健全商租房市场发展政策，丰富住房供应种类、业态、结构，形成合理的价格形成机制和租售比价关系，满足多层次、多样化住房需求。第四，由市场决定高端房地产的用地价格、建设成本、销售价格，取消各地五花八门的既背离市场规律又对解决中低收入家庭住房需求成事不足、于事无补的各类限购、限售、限贷、限价政策。第五，透明土地供应、住房建设、税费管理和市场监管政策，从源头控制、程序规范、过程公开和结果监管等各个环节防范惩处商业贿赂、监管寻租等败德行为。第六，分类完善住房权属管理、转让交易、金融服务、物业管理等各项制度，形成从业主自主治理、市场运营机制到政府公共管理的住房服务体系。

第十章

市场经济基本矛盾与制度性变革趋势

市场经济是迄今人类社会制度认知水平和建制能力所及的虽不完美但却是最有效率的经济形态。中国社会历时 40 余年，以治理性改革之移山心力，终于建立起社会主义市场经济制度，经济发展的骄人成绩举世瞩目，但市场经济的内在缺陷和固有矛盾也明白无误地呈现在世人面前。全面深化改革从经济基础到上层建筑赋予人们完善社会主义市场经济制度的美好愿景，当然也是更为艰巨的改革创新任务。

一、市场经济基本矛盾及治理性调整

市场经济来到世间，思想家们在其创制条件、制度机理、价值含义等方面积累了充满远见卓识、建制智慧及道义评判的丰硕理论成果，人们几乎可以从中找到任何褒贬不一的工具。中国创造型社会主义市场经济制度能否发挥市场体制共性优势、规避其由来已久的历史局限，既检验着制度本身的结构功能和价值意义，也考验着创制者的智慧识见、担当能力乃至道义水准。

（一）市场经济基本矛盾及其含义

商品市场关系固然历史悠久，但市场经济形态最初是以资本主义制度面世的，社会主义市场经济发展建制仅仅是当代实践，并且主要是中国故事。资本主义市场经济的原始积累及野蛮发展阶段，曾被人们视为罪恶渊薮。有如马克思《资本论》中的名言，"资本来到世间，从头到脚，每个毛孔都滴着血和肮脏的东西"。机器大工业兴起和资本主义制度相对成熟之后，生产社会化与生产资料私人占有成为资本主义经济制度的基本矛盾并被等同于市场经济的基本矛盾，进而成为资本主义必然灭亡、商品货币和市场经济走向消亡的依据。及至社会主义市场经济的创制发展，中国社会的主要矛盾由"人民日益增长的物质文化需要同落后的社会生产之间的矛盾"转变为"人民日益增长的美好生活需要和不平衡不充分的发展之间的矛盾"。有人似乎满怀自信地认为，只要随着经济社会发展，这些矛盾会逐步缓解直至消失于无形。

其实，无论是资本主义制度的基本矛盾还是当前中国社会的主要矛盾，都不是市场经济的基本矛盾，而只是其基本矛盾在不同制度形态和相应发展阶段的具体体现或特殊形态。市场经济的基本矛盾是效率与公平的矛盾而不是其他任何矛盾形式。只要存在市场经济形态，其效率与公平的矛盾便不为人的意志所左右，也不以经济制度或经济发展阶段为转移。所谓"天行有常，不为尧存，不为桀亡。应之以治则吉，应之以乱则凶"①。

第一，市场经济的自然生长，是以经济主体的财产占有、行权赋能和交易方式等做出界定为基础的。在科斯的世界里，只要交易成本为零，财产权利的最初分配从效率角度看就是无关紧要的。即使交易费用存在，只要能够锁定外部性，产权界定及其行使也是有效率的，市场经济同样能够成长起来，这已为道格拉斯·诺斯等人所证实。②但是，无论是当初还是今天，生产条件的占有决定生产物的分配，财产占有及其"权利束"行使机会，从来就不是均衡分布的。经济学、法学重在关注产权效率及其法定权利，公平与否或属于社会政治范畴，但效率与公平的矛盾无疑是市场经济与生俱来的根性特征。

第二，市场经济因产权激励产生效率但并不是产权本身的效率，而是通过产权相关利益将人力资本包括管理才能、创新活力以及劳动技能等充

---

① 《荀子·天论》。

② 新制度经济学及其代表人物如罗纳德·H.科斯（Coase）、威廉姆森（Williamson）、斯蒂格勒（Stigler）、德姆塞茨（Demsetz）、道格拉斯·诺斯（Douglass C. North）和张五常等多有著述。另参见道格拉斯·诺斯，罗伯斯·托马斯.西方世界的兴起.厉以平，蔡磊，译.北京：华夏出版社，2017.

分激发出来，实现物质生产要素的优化配置以促成效率的提高和财富的创造。但人力资本的积累除部分地取决于人们的天资禀赋外，更多地取决于后天的与家庭境况、社会环境、制度文化甚至宗教习俗等诸多因素相关联的教育公平程度、技能训练机会、人文素质养成以及潜能开发环境等。人们因种族、民族、性别、职业、社会地位、财产状况、宗教信仰等原因，在与起点公平有关的出身、运气、努力和选择[①]等方面遭遇不平等机会、不公正待遇并非罕见，以致形成后来的知识鸿沟、技术权力、专业暴力等，并非自然地或短期内能够彻底改观。

第三，市场效率通常经由市场主体内在的逐利冲动和外部竞争压力推动技术进步、率先取得超额利润而获得，这也是市场体制优越于其他经济体制的内在依据所在，并且以其来到世间的不长时间，创造了人类社会的巨大财富。但是，竞争机制和技术进步创造的效率或成果以及产业进化和技术替代劳动的效率与公平的冲突，无论是对企业家还是普通劳工都是严峻的，人们对企业经营失败和就业机会丧失的恐惧与市场体制如影随形。有观点认为现代社会的"生产率对于人的需要和才能的自由发展是破坏性的"[②]。随着人工智能的开发利用，甚或产生绝大多数智人本身成为多余、或被淘汰的忧虑。阿尔法狗[③]对围棋大师技艺、心理与尊严的冲击，以及史学家对智人可能丧失对自身创造物的控制能力的警示是众所周知的。[④]在效率的压倒性优势面前，人类情何以堪？

第四，市场效率与产业升级、结构优化互为表里，产业结构升级和发展动能转换也是今天人们推动市场经济发展建制的重要指向与动因。但

---

① 詹姆斯·M.布坎南.自由、市场与国家——80年代的政治经济学.平新乔，莫扶民，译.上海：上海三联书店，1989：184-186.

② 赫伯特·马尔库塞.单向度的人——发达工业社会意识形态研究.刘继，译.上海：上海译文出版社，2014：1.

③ 即阿尔法围棋（AlphaGo），由谷歌（Google）旗下 DeepMind 公司创始人戴密斯·哈萨比斯（Demis Hassabis）领衔的团队开发。AlphaGo 是第一个击败人类职业围棋选手、战胜围棋世界冠军的人工智能机器人，其主要工作原理是深度学习。

④ 尤瓦尔·赫拉利.未来简史：从智人到智神.林俊宏，译.北京：中信出版集团，2017.

产业结构优化升级对传统产业和新型产业的社会效应是有区别的。新劳动力的生产力可能会产生新阶级冲突。[1] 伴随着新型产业的繁荣兴盛、效率提升及财富增长，传统产业或萎缩衰退、劳资双方都有可能丧失立身之本以及基本生存权利意义上的社会公平。正如"电灯泡的发明，对玻璃制造者和蜡烛制造者都是一个偶然事件，但市场把奖赏和惩罚强加到了他们头上"[2]。当今扑面而来的电子商务、互联网金融几网坐大甚至一网独霸，对传统商业门店或银行服务网点和中小银行的替代及其效率与公平的冲突，则是其当代版本。

第五，市场经济的全球化性格，决定了其经济效率的产生与增进除依赖国内全要素生产力和市场条件外，还与全球市场参与深度、竞争地位和国际商务金融规则公平程度密切相关。一国经济对外开放的意愿、节奏与次序，既影响效率也关乎公平。以比较优势参与国际竞争、赢得潜在市场无疑会助推自身技术进步和效率提高，受要素竞争能力、对外经济政策和地理经济因素等主客观条件影响，率先对外开放的地区和领域或能占得市场先机和效率优势，无疑会影响地区与领域间的起点与机会公平。并且，发达市场经济体相对于新兴市场经济体在科技水平、产业结构、竞争能力、规则标准以及国际经济金融操控等方面的优势，也会造成市场地位的不公平和一些国家的依附性发展。[3]

第六，市场经济的效率特性及其持续性，是以资源要素的自由优化配置为基础的，不惧同义反复的话，取决于市场的决定作用。市场自由几成自由派经济学家的金科玉律。但是，如若不带理论偏见和制度偏好，市场

---

① 彼得·F.德鲁克.后资本主义社会.傅振焜，译.北京：东方出版社，2009：59-69.

② 阿瑟·奥肯.平等与效率——重大的抉择.王奔洲，译.北京：华夏出版社，1987.

③ 依附发展理论最初由阿根廷学者劳尔·普雷维什（Raul Prebisch）在20世纪六七十年代提出并逐步传播和发展起来。该理论认为，广大发展中国家与发达国家之间是一种依附、被剥削与剥削的关系。在世界经济领域，先进的中心国家与较落后的边缘国家间存在着中心-外围层次。发达资本主义国家构成世界经济的中心，发展中国家处于世界经济的外围，受到发达国家的剥削与控制。

经济对社会公共品的需求程度，决不低于迄今为止的其他任何经济形态。作为资源自由配置与交换起点的产权界定及保护远非单个市场主体所能完成甚至有赖于宪法秩序；交易费用及外部性的处理需要共同行动；自由缔约与契约信守自始至终伴随着禁忌和戒律；对交换关系乃至制度本身的公平正义判断总是与意识形态相联系。① 即便是政府的财税、金融、产业、地区、开放等短期政策，对效率与公平的影响也不是均衡的。市场经济微观效率机制与社会公平目标的吻合重叠是偶然现象，二者的交错、博弈、冲突则是长期趋势。

效率与公平的矛盾是始终伴随着市场经济发育成长的基本矛盾，是经济市场化改革的内生性局限和持久性限制，不可能一劳永逸地破解了断。仅仅一场治理性改革和经济市场化过程不仅不能解决而且还会凸显市场经济内在的效率与公平的矛盾。因为即使在权利平等、起点一致、竞争公平、努力对称的条件下，人们之间因生理禀赋、认知能力、自然条件、社会环境等差异，或迟或早地会产生贡献差异以及相应的收入及财富差距。至于因要素分布、制度架构、代际因素等差别而导致的社会不平等则是千百年来的普遍故事。

但是，没有效率的公平必将是市场竞争的落败者，因而不是真正的公平也不是能持久的公平；没有公平的效率必定会因矛盾激化、冲突不断而丧失效率形成条件。况且，起点、条件、机会、过程公平本身就是效率创造因素。市场经济基本矛盾的有效解决办法，或许只能是尽可能地缓解其矛盾冲突以及在效率与公平之间找到某种动态性的边际点和均衡点。即所谓"社会有责任经常地在效率与平等之间进行交易"，"在一个有效率的经济体中增进平等"，即便"这些交易构成了困难的选择"②，人们也必须付出持

---

① 道格拉斯·诺斯.经济史中的结构与变迁，陈郁，罗华平，等，译.上海：上海三联书店，1991：225-234.

② 阿瑟·奥肯.平等与效率——重大的抉择.王奔洲，译.北京：华夏出版社，1987：80.

续不懈的努力，尽可能地避免"沙伊德尔式洗牌"。[①]

（二）效率与公平的治理性效应

中国经济的市场化改革，有其效率追求努力也有效率与公平的持续博弈以及相互关系的调整过程。改革路径和制度建设中的效率与公平的取舍选择、实现程度和均衡状况，体现着市场化改革的经济成长效应和价值正当意义。

计划体制曾经造就了平均主义的汪洋大海。以农村土地承包制改革起步的集体所有权与农户承包权分解及相对平等的权利界定，以起点公平的方式率先打破人民公社的集体劳作制度和带有结果性质的平均主义分配方式，使农业生产效率和农村全要素生产力迅速释放出来。土地产权"三权分置"改革，又在财产权利保护、农业规模经营、利益均衡机制等方面找到了某种效率与公平的结合点。始自农村的产权深化改革，迅速提高了生产效率，推动了城乡多种所有制经济发展。但是，民营经济的地位和作用、发展与前景，无论是理论或实践，还是社会各阶层包括民营资本自身，对产权平等保护和市场公平竞争都还存在诸多疑虑或制度"异己"成分的忧虑，并且不以民营经济在国民经济中的重要意义的增长而变化。

国有企业经过产权深化型治理改革建立现代企业制度，显著提升了其经济活力和市场竞争力。但无论是政策赋予还是客观存在的超市场地位，如资源垄断、市场先占、融资便利、破产例外、职能越界、规制宽待、溢

---

① 关于不平等及其后果，早期思想家如法国哲学家卢梭在《论人类不平等的起源和基础》一书中认为，生产的发展和私有制的产生使人类脱离了"自然状态"，产生了贫富不均的社会现象并会发生对立面转化以及螺旋式上升；私有制是社会不平等的根源，而每个人拥有少量私有财产又是社会平等的基础。当代美国历史学家沃尔特·沙伊德尔（Walter Scheidel）在《不平等社会》（The Great Leveler）一书中，回溯从石器时代到今天的经济史，从长远的时间维度追寻和解释经济不平等。他认为进入 21 世纪后，贫富差距在世界范围不断扩大，经济不平等问题更加突出，甚至已经影响全球稳定。他从早期文明危机论及 20 世纪的灾难性世界战争与革命，颠覆性地指出经济不平等从不会悄然消失，进而认为只有战争、革命、瘟疫和国家崩溃才是能够进行重新洗牌的"伟大的平等主义者"。

美评判等，不仅造成效率损失，而且从起点、机会、过程到结果都有违公平原则。近年来的混合所有制改革，其初衷原本是促进各种所有制经济取长补短、平等竞争和共同发展，但为国有经济注入的带有明显计划体制惯性、传统理论偏见和特定体制偏好的扩大影响力、控制力诉求，既不符合公平原则，也会影响经济效率和制度认同，并且已为市场反应所证实。资源类、网络类企业虽技术创新提速、体制改革也有进展，但因信息技术性质或规制监管不力，以资源先占、自然垄断或信息优势谋取市场和政策双重利好，生产、生活等基本公共品功能弱化，服务质量效益和普惠公平程度广受诟病。

商品和要素市场经过重建对推动计划体制市场化转轨具有制度建构性质。经过数十年的改革开放，我国商品要素市场虽然基本建立起来，但部分自然垄断类资源品和网络服务等，亟须健全兼顾效率与公平的必要成本加合理利润的价格规制体系 ①；资本市场的次序结构、供求关系、竞争秩序、监管模式等方面，失序失衡、缺位错位、陈规旧制充斥，扭曲资源配置、投资行为和财富效应；劳动力市场与服务体系分割，数以亿计的农民工长期游动于城乡之间；农村集体产权的软弱性质和计划经济的征地制度如故，土地要素利益长期向城市片面性输送固然形成某种效率优势，但也成为城乡要素市场规范统一的重大限制性瓶颈，以及城乡差距持续扩大、效率与公平严重失衡的重要原因。

市场化改革实现了资源配置方式和政府调节体制重大转变，市场起决定作用基础上的宏观经济管理体制建立起来。但"集中力量办大事"的政府公共投资从完善决策机制到提高普惠性、公平度还有巨大提升空间。央

---

① 英国经济学家詹姆斯·E.米德（James E. Meade）认为，"垄断力量和市场的不完全会引起价格和成本之间出现过分的差异。要解决这类问题，必须采取适当的措施，如价格管制、立法禁止限制性行为、给竞争性产品的进口赋予更大的自由等。在其他一些情况下，实行社会化以及集中的公共管理，可能是更好的办法。"詹姆斯·E.米德.效率、公平与产权.施仁，译.北京：北京经济学院出版社，1992：3.

地财政关系、分税模式以及均衡基本公共服务、促进地区平衡发展的公共财政及转移支付制度等，还有众多基础性建设任务。适应市场深化、兼顾效率公平的税种税率、税收结构以及促进经济发展、科技创新和调节居民收入及财产差距的税制体系建设留白甚多。金融领域面临由来已久的市场准入、开放发展、业态创新、技术进步以及金融服务的效率优质化、便利可及度、公平普惠性诉求与体制短板，至于既影响经济效率又关乎公平安全的金融风险识别监管能力及体制建设以及逆周期宏观审慎调节机制与管理框架构建更非一日之功。

公平市场环境的营造和基本公共服务的均等，是市场化改革中政府提高经济效率、维护社会公平的基本职能。但各种经济类型之间、自然垄断行业与一般竞争性领域之间的市场竞争条件差异痼疾已久，从价值理念到经济政策都是其体制成因。城乡、地区和社会阶层间过大的基本公共服务以及收入和财富差距，有超出发展水平或阶段因素之外的更重要的体制性和政策性因素。包括治理性、渐进式改革对既得利益的过分迁就与照顾，使得计划体制下的原有差别和部分行业领域自利性改革形成的差别得以固化或放大；管制放松式改革中具有资源先占条件、自然垄断性质、市场有利地位的单位及成员具有效率基础也有收入优势；关键重要领域、公共服务部门的资源配置条件和决策影响能力，形成其初次分配继而再分配中的双重优势乃至强势；市场化变革初期极为必要，并已取得巨大成效的先富后富等非均衡改革开放政策所造就的地区发展优势及其优惠政策追加能力的长期化、趋势化；初次分配中的过大差别使再分配政策无力调节或调节不力甚至逆向调节；为破除早期普遍存在的平均主义分配倾向而矫枉过正，社会保障等再分配政策按照"效率优先、兼顾公平"的理念与模式设定制度。诸如此类因素，造成形形色色的"双轨"体制、五花八门的优惠政策和明显过大的收入及财富差距等社会不公现象以及隐性效率损失。

（三）经济效率基础与公平取向改革

中国市场化改革的经济效率举世瞩目，其公平性程度则冷暖自知。毋庸讳言，由于市场经济天然需要平等发展条件又必然产生不平等结果的分化经济性质，效率与公平的矛盾，已经使部分社会成员对市场化改革的正当性产生了彷徨、犹豫甚至质疑，一波又一波带有不患寡而患不均底色的"红潮"的兴起，则是其某种情绪化的反映和侧面性注脚。市场化改革和社会公共政策有必要加快革除计划体制弊端，重点转向规制市场经济基本矛盾。在涉及社会主义市场经济发展建制的重大关系如政府与市场、国有与民营、中央与地方、城镇与乡村、沿海与内地、内需与开放、资本与劳动、精英与草根、发展与建制、民主与法治等一系列关系的处理上，既坚持起点、过程、机会、程序、工具层面的平等，又坚持结果、理念、道义和价值层面的平等，不断地在增强市场效率基础与追求社会公平目标间寻找动态性的结合点、平衡点，实现效率基础上的公平或公平基础上的效率，重新获得市场化改革的共识、动力和价值正当意义。当然，这也是中国改革开放的历史初衷。

营造统一开放、规范有序、公平竞争的市场环境。清理废除妨碍全国统一市场和公平竞争的规定和做法，防止出台排除、限制竞争的政策措施，集中治理地方保护、区域封锁、行业壁垒、企业垄断和违法给予优惠政策等减损市场主体利益和公平竞争的各类行为。对所有可以开放的生产和服务，明确准入规则、标准、方式等，向各类市场主体平等开放、公平竞争。对少数涉及弱质产业保护和公共安全责任必须由政府管控的行业或领域，全面实行负面清单管理。营造公平、公正、公开竞争的市场环境，优化利用全社会乃至全球优质资源，以市场竞争力、全要素生产力和综合国力为社会公平奠定效率基础。

创造公共资源平等使用的体制环境。国家掌握的土地、矿藏、水体、网络、频谱等生产要素资源和政府投资、财税金融、基础设施、公共服务、环境容量等社会公共资源，属于全体社会成员的公共资源。创造各种所有制经济平等使用生产要素和公共资源均衡配置的体制环境；加快资源网络垄断领域和社会公共服务部门改革，防止优质、稀缺资源被部分企业和社会组织垄断使用、低效浪费局面，提高公共资源配置和各类公共服务的质量与效益；政府公共投资集中于具有普惠共享性质的基础设施建设和公共服务领域。通过公共资源均衡配置，促进市场公平竞争机制和社会公平正义原则的确立以及全体社会成员的改革共识、体制认同和财富共享机制的形成。

确立全要素平等交换的市场制度体系。生产条件的占有和交换是生产物的创造和享有的前提，要素产权的平等交易是经济市场化的起始点也是持续性条件。我国土地、资本、劳动力市场以及技术、信息、管理市场建设中，还需要健全权利、交易、竞争平等原则以及供求关系均衡机制。其中最突出的矛盾是土地产权关系。地方政府以征地制度垄断一级市场，获得了用地便利、增值收益和发展效率，但也造成了城乡间土地市场分割、财产权利侵蚀及利益分配不公。对此规避市场化改革的计划体制遗产或堡垒，试验中的"征地制度改革"应当按照决策已久的城乡要素平等交换的政治决定，贯彻权利与交易平等也是社会公平原则，推进城乡统一的土地市场建设。统一开放的全要素市场建设，对城乡间要素自由流动、优化配置以及利益关系调整和社会公平正义都至关重要。

健全效率与公平均衡规制的公共政策体系。建立产权中性和竞争中性相统一的政府规制中性制度，以公共政策公平和规制平等制度奠定市场动力和效率基础。以规制中性原则处理国家、企业、个人和各种所有制经济的利益关系，规范企业社会责任和各利益主体的权责边界，建立普遍服务成本公平分担机制。深化各级政府职能转型和公平促进制度建设，确立政府公共投资的普惠共享原则与评价矫正机制，消除资本短缺时代对境外投资的各种超国民待遇优惠政策。改非均衡发展政策为普适性、公平性和均衡性政策，防止在优势领域和先富地区出现马太效应式优惠政策洼地，带有发展激励性质的先行先试政策，优先安排于经济欠发达地区。健全公共财政制度、转移支付制度和税收及征管制度，完善对社会弱势群体、贫困阶层和欠发达地区的体制性扶持政策。

建立市场公共品和收入分配公平促进机制。深化广义市场公共品领域改革和制度创新，包括自然资源类、基础设施类、网络频谱类、公用设备类基础性生产要素和生产性服务，以及财税金融、科技教育、文化体育、医疗卫生等公共服务类"社会共通资本"[①]，重点推动既能提高效率又能促进公平的市场公共品共享体制建设，防止部分经济社会组织及其成员对其垄断控制或不公平占用。强化各级政府尤其是中央政府平衡经济发展、促进社会公平的职责和能力。社会再分配坚持公平优先原则，加快消除基础教育、社会保障等基本公共服务领域的各种"双轨制"及其利益差距放大机制，以及政策性、体制性因素造成的群众负担和社会不公。健全居民收入和财产税制，适当调整劳动与资本的分配关系以及社会成员之间过大的收入和财产差距。加强对农村等欠发达地区的公共基础设施和基本公共服务的发展援助，推动城乡、地区间的协调发展和基本公共服务均等化制度建设。

建立全体社会成员平等保护的民主法治制度。按照社会平等原则调整各类经济成分的法律关系和地位，全面清理和调整对市场主体进行主辅尊卑或高低贵贱的身份识别性法律法规及政策。珍视治理改革的制度性成果，一以贯之地坚持改革开放以来创造的各种所有制经济平等发展的体制环境也是规律性选择，持续地提高我国的要素集聚力、体制认同性和国际竞争力，防止因理论认知偏差或某些不无私利的诉求而忽视对市场主体的平等保护，也不能因市场经济基本矛盾的存在而质疑市场建制甚至盲目转

---

① 宇泽弘文在《社会共通资本》一书中，对社会共通资本的概念和范围进行了阐述，并辟专章讨论教育、金融、医疗等社会共通资本。

向。推动与社会主义市场经济基础相适应的上层建筑各领域改革，适时启动基层民主治理改革进而循序渐进地推动民主法治建设，创新全体社会成员首先是基层群众和弱势群体的切身利益与直接关切的表达、实现和维护机制以及效率与公平均衡统一的促进机制。

二、效率公平博弈与市场建制边界

不管中国的市场化改革是否存在效率与公平的冲突或以所谓成熟的市场眼光来看还有多少缺陷，其历史性变革成就了中国数十年来的经济快速发展和社会进步则是有目共睹的。中国共产党和中国政府及国内外学术界都在进行理论解读或经验总结，寻求符合实际的实践路径、特色经验和逻辑规律。[①] 中国市场经济基本矛盾的不可避免及其国情成因，只能从中国改革开放的历史实践中去寻找，并有待全面深化改革的创新实践逐步予以缓解，没有例外的特色和先验的理论范式，也不取决于人们的主观期待或良好意愿。

（一）效率与公平失衡及其原因

中国的市场化改革一开始目标并不清晰。由于思想观念、理论形态和体制制约，最初的改革是由农民群众为其基本生存需要，先是偷偷摸摸、后经默许改变农作模式、提高生产效率起步的，至于公平尤其是社会公平目标则在其视野之外。在宏观政策层面，经济生活的主要矛盾是活力、动力不足，生产效率低下，提高效率、加快发展是硬道理，不得不有先富后富的顺序和路径，然后再实现共同富裕目标。

[①] 全面系统、有代表性的经验总结如纪念中国改革开放 30 周年大会上中共中央总书记胡锦涛讲话中的"十个结合"，纪念改革开放 40 周年大会上中共中央总书记习近平讲话中的"十个始终坚持""九个必须坚持"。

1. 从效率优先起步到公平取向改革

农村改革焕发、催生出的商品货币关系和价值规律作用，社会由质疑、犹豫到有计划的商品经济，再到建立社会主义市场经济体制，前后经历了十多年的摸索才最终确立改革目标。其中包括解放思想与真理标准重建、实事求是的改革试验和体制创新，也包括因平均主义破局、利益格局变化和价值观念冲突所带来的波动。如若没有改革探索期的效率优势带来的人民生活改善与更好前景期待所形成的制度自信，很难预期市场化改革经历社会动荡仍能得到足够的社会支持而取向不变，直至建立社会主义市场经济体制。

计划经济的生产模式和分配方式，曾经造成效益低下。形式上看似"公平"的集体劳作与平均主义，实质上以否定劳动贡献差异、牺牲经济效益为代价而不具备可持续性。最初以各种承包制在贡献与回报间建立起来的效率关联，曾经是破除平均主义、提高工作效率和企业效益的直接动力和有效激励。生产效率的提高带来个人经济收入和政府财政收入的增加，普通劳动者、经营管理者以及当地政府都能从中得到红利、形成改革共识和动力，效率标准深入人心，以致从初次分配渗透至再分配领域，"效率优先、兼顾公平"一度成为社会再分配政策理念且至今还深刻地影响着社会保障等制度的建设。

随着市场化改革的深入推进，财产权利、劳资关系、竞争机制、收入分配、财富效应、利益格局都发生了巨大变化，市场经济体制将人们带进了当初未曾预料到的世界。国有企业和集体企业改革，派生了多元产权形式以及其中部分并非完全符合公平交易原则取得的财产权利；劳动者之间的平等地位及其就业权利大面积地转化为劳资关系，并因资本相对稀缺而处于相对不利地位；市场优胜劣汰机制开始挑战部分竞争落败的企业及劳工的生产生活条件，并因体制转轨而相对集中地凸显出来；要素占有状况和稀缺性质差异形成了居民收入分配、财富积累和财产性收入的较大差距；城乡非公有制经济发展，私人财产权利发育成长，社会成员间生产要素和财富占有发生了较大分化；经济发展条件与公共政策差异，促成了大中城市和先富地区的竞争优势和财富集中，城乡、地区和居民之间利益关系发生了重大变局。这些因素推动我国的收入分配关系和社会财富占有由曾经的相对平均状态，较快地转变为差距较大、分化加速阶段。

面对市场经济体制建立后的效率与公平的矛盾和社会公平诉求，党和国家对市场化改革尤其是收入分配政策进行了相应的调整，推进效率与公平相向而行、协调兼顾的平等取向改革，确立了社会公平和共享发展目标。

改革开放初期，为打破平均主义分配方式，允许一部分人、一部分地区先富起来，以先富带后富、实现共同富裕，有侧重点、过程性地设定效率与公平的关系，并集中体现为再分配领域也贯彻"效率优先、兼顾公平"的社会保障原则。随着市场经济发展建制和收入分配差距拉大，效率与公平的矛盾凸显，社会公平诉求日渐普遍、强烈。市场化改革除继续坚持各种所有制经济平等发展、公平竞争和平等保护物权、产权外，在分配领域对"效率优先、兼顾公平"的原则进行了调整。中共十七大政治报告提出，"初次分配和再分配都要处理好效率和公平的关系，再分配更加注重公平"。要求"逐步提高居民收入在国民收入分配中的比重，提高劳动报酬在初次分配中的比重"。

效率与公平的关系及其政策调整，也在此后的重大改革决定中有所体现并进一步细化。中共十八届三中全会关于全面深化改革的决定，一方面强调国家保护各种所有制经济产权和合法利益，保证其依法平等使用生产要素、公开公平公正参与市场竞争、同等受到法律保护，建立平等保护各类产权和公平竞争审查制度，以保障效率基础；另一方面要求规范收入分配秩序，完善收入分配调控体制机制和政策体系，建立个人收入和财产信息系统，保护合法收入、调节过高收入、清理规范隐性收入、取缔非法收入、增加低收入者收入、扩大中等收入者比重，缩小城乡、区域、行业收入分配差距，促进社会公平。在体制改革和公共政策层面，调整个人所得税起征点，实行精准扶贫、限时脱贫政策等。市场化改革从效率优先逐步转向兼顾起点、机会、过程平等与取向、结果平等的广义社会公平目标。

2. 地方政府的效率优先及其原因

经济市场化改革，使中央政府和地方政府之间在经济发展、收入来源、公共服务和社会治理等方面的事权责任发生了重要变化。具有相对自主地位、负责一方治理的地方政府，效率优先成为其基本行为特征，并且不简单地随着相机抉择的短期宏观政策调整而轻易改变。地方政府效率优先的坚持，对加快经济发展、推动市场化改革、创造经济奇迹发挥了独特作用。但是，地方政府的效率追求和公平努力的非对称性变化及其体制原因，大大加剧了市场经济基本矛盾的凸显速度、激烈程度和调节难度。

经济市场化改革中，地方政府不遗余力追求 GDP 增速或效率最大化。招商引资招数迭出，如低价提供建设用地，竞相实施税费优惠，尽力配套基础设施，主动保障廉价劳工、变相保护地方市场等；利用征地权力尽力增加建设用地和土地增值收益，与房地产业形成某种共利机制，土地和金融资源过多流入房地产业，推高房地产价格甚至形成泡沫，扭曲财富效应；创设投融资平台公司，以土地及其他公共资源抵押融资或举债，造成政府债台高筑、金融资源配置不公以及潜在的地区性金融风险。类此"效率最大化"或追求 GDP 增速，在一定时期推动过市场化改革和当地经济繁荣发展，但所造成的公共资源错配及其对公众利益的侵蚀，明显有悖于社会公平目标。

与追求效率最大化或损及公平相伴随的是地方政府尽力规避外部性责任，努力实现公共服务成本最小化，向上级政府竞相要求优惠政策并努力持久、叠加，求得当地发展优势或转嫁政策成本；不惜以牺牲生态环境为代价追求经济增长或以邻为壑造成其他地区的环境危害，包括流域性污染；以地方保护政策或放松市场监管努力，损及市场公平竞争、生产与服务安全质量和消费者利益；规避政府公共服务责任，极端现象是卖掉公共医疗机构等；对本籍人口和外来劳工实行差别待遇，甚至部分截留流动就业人口的社会保障金等，以节约政府公共服务支出；减少政府管理和安全服务支出，部分地区生产生活秩序和社会治安矛盾突出。如此等等，不一而足。

地方政府在效率追求与公平努力间的失衡或"类公司化"行为，有其经济、社会、体制性的深层次原因。

第一，我国是一个发展中国家，改革开放初期，经济发展水平低，人民生活不富裕，发展是第一要务。改革开放的直接出发点，就是打破传统计划经济体制的平均主义分配方式，提高生产效率和人民生活水平，效率优先成为生产单位、地方政府以及全社会的共识，改革开放伊始就理性、冷静地兼顾效率与公平、进行产权关系及其分配方式的整体性调整，显然难度极大甚至是不可能的。只能实事求是地从局部破题、率先摆脱旧体制束缚，提高生产效率、推动经济发展，使一部分人、一部分地区先富起来，然后先富带后富、实现共同富裕。改革开放初期的非均衡政策以及分配关系的重大调整，虽然导致了效率与公平的某种失衡，但对推动改革开放和经济发展是现实的甚至是别无他路的选择。

第二，我国虽然是单一制国家，但市场化改革使地方政府从经济领域的地区发展规划、经济运行管理、财政收入支出到社会领域的公共服务保障、安全秩序维护等，负有主要责任，具有相对的独立性。发展有效率的经济或有效率地发展经济，是地方政府履行职能的基础要求，责无旁贷。这种利益机制和体制架构使地方政府具有追求经济效率、规避社会成本的经济人特征，也是其易于认同经济效率机制和市场化改革取向内因所在。地方政府在中国市场化改革中的特殊作用已为国内外众多研究所证实或已成共识，但其经验也有局限。主要是因为外部性和公平性等社会成本的内部化或合理分担，往往超出某一级地方政府和某一种政府单元的责任范围和负担能力。

第三，经济效率可以由个别或部分经济人推动即可促成，即便需要准入便利、优惠政策等政治游说，也必然会有其利益担当者及其内在激励，以及覆盖游说费用的成本收益分析，并且因为是做加法、做增量，对当事人乃至社会都可能产生"看得见、摸得着"的经济效益，包括管理者的政绩，当然也可能造成大量的商业贿赂与官员腐败现象；社会公平需要共同行动，而且会动奶酪、做减法，调整利益关系、消化社会成本，易于造成代言人缺失及难度与阻力的增大。面对效率与公平形成机制和成本收益的重大差别，地方政府趋利避害、避重就轻或先易后难，以及效率与公平的失衡也就不令人意外了。

第四，作为大国经济体，我国政府层级与单元较多。相对独立的政府单元之间，经济发展需要和彼此之间的竞争，生产效率和市场机制的形成相对容易，但事关社会公平的公共服务等则各自为政、互不相关；不同的政府层级之间，事权职能交叉、责任边界不清，事关发展经济、提高效率的优惠政策竞相争取，但求多多益善或执行有力，需要付出成本公平的社会公共事务，则往往相互回避推诿，彼此期待观望、延迟拖沓、久议不决甚至决而不行。宏观层面因财力所限或地方财力不均而作为有限，虽然能够通过扶贫政策推动全社会共同行动、守住公平正义底线，但对调节地区间过大的经济发展和公共服务差距则有心无力，时而出台"中央请客、地方买单"的公共政策。

第五，地方政府因政治担当性质、"政绩合法性"需要[①]以及任期压力与赋权机制，有促进公平的责任，但也会产生效率偏好的更大激励。地方政府负责一方经济发展，孜孜以求追求效率，同时，保障困难群体生活、维持社会和谐稳定也责任如山。在其辖区和责任范围内，有平衡公共

---

① 赵鼎新.民主的限制.北京：中信出版社，中信出版集团，2012：58-60.

服务、促进社会公平的经常性努力和担当作为。但主政官员由于任期压力及政绩需要，往往偏重于立竿见影的招商引资、投资建设、形象工程和经济增速等效率、政绩目标，对"前人栽树、后人乘凉"之类的事关公平的长期、长效努力，则因"时不我待"而暂缓乃至放弃。并且，由于公职权力赋予机制、政绩评价标准偏差和公众诉求的间接表达性质，往往使效率偏好易成优势，其调整与矫正则异常艰难，社会公平努力则往往有时滞或缺失。

3. 中央政府调控乏力及其体制因素

调整收入分配关系、缩小地区发展差距，是中央政府长期实施的宏观政策。中央政府从公共投资、财税金融、产业政策、城乡协调、地区发展、就业援助、社会保障、扶危济困各个领域进行着不懈的努力。只是相对于居民收入和财富差距及社会的公平正义诉求，宏观政策效力有限，成因也极其复杂。

第一，发展中经济的二元结构特性及计划经济的体制强化，地理经济因素的客观性质及改革开放的先后次序与政策效应，计划体制分割固化的国营经济与集体经济、工商业与农业之间及其内部的生产条件及分配政策的差异，治理性改革对既得利益的认可兼顾及各类"双轨制"的长期保留等，历史地造成了城乡、地区、行业、人群之间的收入分配差距，既影响效率也导致形形色色、错综复杂的社会不公现象。其中任何一个问题的解决，都需要强有力的社会公共政策推动经济发展、制度变革尤其是体现公平正义的收入分配政策。在主导改革开放的过程中，中央政府同时兼顾体制转轨、市场建制、经济成长、结构优化，达成经济市场化、国家工业化和社会公平化综合目标，显然不是朝功夕成的短期政策所能奏效的，需要付出长期艰巨的努力。

第二，市场建制使名义上全民所有的资源、资产逐步实行属地化管理，资源要素占有及其收入分布发生了重大变化。放权让利改革和政府职能转变，中央政府将更多要素配置权力和经济管理职能交由地方政府行使①；构成地方政府"第二财政"的土地增值收益，既形成其对中央政府的财政结构性优势，又因经济发展差距所产生土地级差收入落差而形成地区间的苦乐不均；资源要素规制缺位或约束不力，先占地区和企业长期转嫁自然资源、生态环境的粗放式开发成本，形成先发性成本优势；资源要素收入调节滞后和方式落后，从早期受计划体制影响的从量定额资源税到至今未做适当调节的地区间土地增值收入，央地及各地之间因资源要素占用差距而扩大了其要素收入、发展潜力和经济调节能力的差距。

第三，公共投资因体制锁定、非均衡配置及市场化改革深度差异，形成地区和行业间不同的竞争地位、体制条件以及发展动力、活力和潜力的差距。计划体制下政府投资较为集中、单一体制坚固地区，市场化改革相对艰难，经济发展和居民收入增长失速；因行政、自然垄断因素形成市场先占、独占地位的基础产业及公共部门凭借垄断条件或有利地位获取丰厚收入乃至超市场利益；有限的政府公共投资"集中力量办大事"的非均衡配置方式，不免产生产业布局畸轻畸重、公共服务厚此薄彼，引导甚至误导社会资源过分集中于部分地区或某些领域。类此情形都是导致地区及行业发展失衡、居民收入差距过大和社会收入分配与财富占有不公的重大影响因素。

第四，宏观经济运行和政府经济调节职能短板效应，在平衡经济发展、调控收入差距和缓解社会分化等方面能力受限甚至逆向调节。分税制改革虽然解困了"两个比重"下降，但基数返还与增量分成却有固化乃至拉大地区间财力差别的因素；金融资源过于集中、金融主体相对单一和金融资本的逐利本性，使社会流动性过多地由农村流向城市、由欠发达地区

①　科斯等人认为，中国共产党执政的持续性隐藏了中国政府自改革伊始便在经济中日渐式微。它最大的贡献是逐步从经济活动中撤出，这是中国市场化转型成功的根本原因（罗纳德·哈里·科斯，王宁. 变革中国：市场经济的中国之路. 徐尧，李哲民，译. 北京：中信出版社，2013：231.）。这种判断更符合中央政府职能转变的部分事实。

流向发达地区、由草根主体流向国有大中型企业；计划经济和低收入时期延续而来、以流转税或间接税为主的税收体系，不仅调节收入和财富差距不力，而且抬高了中低收入阶层的相对税收负担；地区间已经形成的经济发展和居民收入及财富差距，即便直接税比重逐步提高，欠发达地区的财政窘况甚或进一步加剧。

第五，重大经济改革政策和基本公共服务体系建设指向不明或举棋不定，传统产业、弱势群体和欠发达地区缺乏有效的制度性保障。城乡要素市场依然分割如故，征地补偿或有改善但仍回避市场建制，城乡间要素流动和资源优化配置受阻、农业农村发展后劲不足；经营性建设用地改革试验或拓宽农村要素收入但地区间差距会随之加剧；城镇相对泛化与农村极度短缺的基本公共服务，从劳工待遇、基本保障到社会政策，城乡之间存在着五花八门的"双轨"体制；地区平衡战略实施多年，但短期发展政策居多，制度性平衡机制建设还在摸索阶段，甚至改革开放初期地区间的非均衡发展政策都未曾得到有效矫正，区域率先战略很难确保不产生马太效应。

由客观历史因素、资源要素占有、公共投资效应、体制建构影响和改革维度深度等多重因素形成的城乡、地区、行业、人群以及各级政府间的巨大的初次分配差距，仅靠中央政府的公共政策或再分配调节手段显然是力不从心的。体制转轨和市场初建期，也有可能是效率与公平的矛盾集中爆发期，以及社会公共政策进退失据、顾此失彼期。

（二）市场失灵与治理难点

市场经济体制一经问世，便以其效率优势将传统经济形态的效率约束及其体制弊端暴露无遗，市场主体力图排除其所有障碍，将效率机制推向极致。但分散的市场主体配置要素的效率努力未必符合社会资源优化配置要求，时常会影响全要素生产力意义上的资源配置效率；广义的要素禀赋差异往往会带来从起点、条件到过程、结果等诸多不平等、非均衡矛盾。市场化转轨基本完成后，治理市场失灵和促进社会公平便成为政府规制的重点也是难点任务，治理失时、失当的政府失灵也随时可能发生。

市场失灵可以用垄断、外部性、非完全信息、公共品缺失等各种形式表现出来，但其简单直观形式是市场机制往往不足以促成供给与需求的均衡或难以矫正二者之间的失衡。从当初田园牧歌式的供给自动创造需求的萨伊定理①或古典供给主义，到生产相对过剩危机后的需求管理的理论与政策及其滞胀结果②，再到新供给主义的兴起③，自由市场经济在供给与需求的平衡与失衡、市场失灵与机制矫正的循环往复中前行。其每一次为追求效率而付出的公平代价，社会总是以经济周期或危机的沉重代价显现出来并进行强制性的调整。我国以治理改革推动市场经济发育与建制，近乎经历了一场从要素技术供给到制度模式供给、从微观运营机制到宏观管理制度的广义的"中国式供给革命"，创造了由长期短缺经济到全面小康社会的经济奇迹。其间供给与需求的失衡、总量与结构的矛盾、效率与公平的冲突、贫困与富裕的分化始终与之随行。只因长期坚持处理好改革、发展和稳定的关系以及调整效率与公平的关系，经济周期和社会波动相对平缓，但矛盾和问题仍在积累。近年来因景气压力，需求管理政策逐渐步入风险区间，景气压力下的供给侧结构性改革成为"十三五"乃至更长时期经济改革的主线和特征性现象。④

---

① 萨伊定律得名自法国经济学家让·巴蒂斯特·萨伊（Jean-Baptiste Say），但萨伊并非最早提出定律内容的人，真正提出的是英国经济学家、历史学家詹姆斯·穆勒（James Mill）。供给创造自己的需求是对萨伊定律最常见的表达形式。其隐含的假定是，在一个完全自由的市场经济中，社会再生产可以自动地处于充分就业的均衡状态，社会的总需求始终等于总供给。

② 所谓"滞胀"即停滞性通货膨胀，是凯恩斯主义需求管理理论的悖论现象。在经济学特别是宏观经济学中，特指经济停滞、失业及通货膨胀同时持续高涨的经济现象。

③ 新供给主义的内容十分繁杂。其基本主张是，放松供给约束，解除供给抑制，重启斯密增长，注重熊彼特创新，提升整个经济的潜在增长率；放弃传统产业政策，以新供给创造新需求恢复供给自动创造需求的理想经济运行机制；改善供给结构、提高供给效率，解决供求、物价等结构性顽疾；推动供给贡献和边际报酬相互对应，确保收入分配的效率与公平。

④ 孔泾源.景气压力下的供给侧结构性改革.战略与管理.2017（1）.

市场经济的基本矛盾，尤其是以市场失灵和社会不公等形式表现出来的对立与冲突，自市场经济诞生之日起便一直存在，并且已在先行市场经济体中充分表现出来。为缓解其矛盾与冲突，各个国家都进行过治理探索和建制努力，并积累了从政策实践到学术研究的丰富经验和理论成果。我国社会主义市场经济的发育与成长，效率与公平的内在矛盾也以各种形式显现出来。国家从市场主体培育、要素市场建设、竞争机制塑造、垄断领域规制、公共服务均等化努力到经济稳定政策、通胀通缩治理、社会保障体制、精准扶贫政策以及逆周期宏观审慎政策框架建设等，进行了广泛的治理努力并形成相应的制度体系。

但是，经济市场化改革的治理特征和渐进性质，拉长了从计划体制到市场建制的破旧立新进程，延宕了市场新制建立后缓解、处理其基本矛盾的时间，甚至顾此失彼，扭曲其解决方式和方向。一是计划体制转轨尚未完成，市场经济矛盾便已暴露，并有可能成为市场建制的否定性依据。二是市场经济矛盾印证了经典作家们早已提出的而且依然作为指导思想的"科学预见"，市场建制随时面临价值性、理论性疑虑甚或体制拒斥环境。三是体制转轨和市场建制时间的延长，即使市场经济矛盾已经充分暴露，但改革者还必须为市场建制辩护，寻找其正当意义而失去民心。四是由计划体制治理性改革的历史局限所产生的起点、条件的不平等和市场初建期无法可依阶段民间资本野蛮成长现象和社会不公结果，市场原罪及其追诉压力如影随形，不时地唤醒道义的愤怒。[①] 五是因要素稀缺性质、比较效率优势及调节机制滞后，市场经济成长初期收入分配过多向资本倾斜，以致社会财富差距过大，易于形成否定市场机制乃至市场经济本身的广泛

---

① 其实，资本主义市场经济初发期，中世纪被禁锢的人身自由和致富动力充分释放，市场体制的种种弊端、丑行也随之暴露无遗。传统基督教坚持以"仁慈"为核心的道德体系，对其予以猛烈抨击与谴责，直至怀疑市场经济之路；孟德维尔（Bernard Mandeville）则以《蜜蜂的寓言》曲意奉迎市场发展之势，推崇极端利己主义；亚当·斯密（Adam Smith）既肯定传承和发展传统美德的必要性和可行性，又肯定市场工商业发展的历史必然性和进步性，并先后著有《道德情操论》和《国富论》，以此奠定了近代经济学的基础。

的、情绪化的群众基础。六是市场建制期的先发强势群体的竞争比较优势、利益维护能力，与社会大众利益诉求的间接表达性质及政策影响能力的差异，效率与公平的矛盾往往难以及时调整甚至可能产生强化乃至恶化的结果。

市场经济基本矛盾是每一个市场经济体都必然面对的普遍现象。缓解其对立与冲突、求得效率与公平的均衡统一，正是社会主义市场经济的公平正义性质和本质特征。但是，我国治理性改革的体制约束和渐进式建制的转轨模式，使效率与公平关系的调整变得尤为艰难，甚至路径难辨。

一是历史上的平均主义分配方式容易被赋予社会公平色彩而引导人们向后看，从传统理论中寻找利器，错上加错地以旧体制的弊端否定新体制的缺陷进而否定市场经济本身。

二是尚未完成的体制转轨和市场建制以及治理性改革的局限性，短期内难以撼动由旧体制派生的起点及条件的不平等，与因此而产生的市场建制中的过程和结果的不平等交织在一起，易于被人们不加区别地一律视为市场体制弊端、进而责难市场建制本身，体制改革变得首尾难顾或顾此失彼。

三是治理性改革所拉长的市场建制过程或新旧体制交错并存以及利益分配不公格局，使得市场主体痛感营商环境的不平等和劳工大众痛恨收入分配的不平等相互叠加而普遍不满，前者向外看不排除"跑路"，后者向后看寄情于"唱红"。

四是中央政府因体制及财力所限、地方政府的"效率偏好"特征、各级政府对效率或发展追求的目标重合、公平正义类社会公共品的创制性质和既得利益调节难度，以及社会公平诉求的直接表达与实现机制的缺乏，不可避免地产生政府失灵，以致社会公平等基本公共服务长期供给不足乃至各级政府间彼此期待或相互推诿甚至指责。

五是效率与公平的矛盾是市场经济的共生性、规律性现象，不可能一蹴而就、一劳永逸地彻底解决，长期依赖政府的更好作用适时、适当地进行经济效率与社会公平间的动态式、均衡性政策供给和制度建设，持久性地调整与缓解二者的矛盾以求得相对均衡和协调局面。

此外，对市场经济基本矛盾的漠视或误判、造成贫富差距持续扩大，或者混淆发展不平衡与不充分的区别，以超出供给能力的不切实际的利益许诺拉高公共福利期待，或者以"阶级斗争理论"扭曲矛盾性质、挑起社会的对立冲突，都是在犯颠覆性错误的不负责任的政治冒险，有可能带来巨大的社会代价，甚至将数十年改革开放和社会主义市场经济发展建制的成果毁于一旦。调节市场经济基本矛盾，需要具有持之以恒的创制努力和韧性，从效率与公平两个维度进行循序渐进、相向而行的制度建设。

（三）市场化变革及其创制限界

从计划体制到市场经济，是一场前无古人的制度变革。类似的变革发生于其他国家，曾经有国体、政体的颠覆性事件甚至国家的分崩离析。但中国在幅员辽阔、民族众多、农业人口为主、经济基础薄弱、国内与国际矛盾相互交织的复杂环境中，用不太长的时间几乎同时完成了人类历史上罕见的体制转轨、经济起飞和国家工业化任务，创造了连其唱衰者也瞠乎其后的经济奇迹，有值得总结的经验。但其制度定型、公平安全和经济社会可持续发展，也需要全面深化改革做出历史答卷。

1. 制度性公共产品与市场化改革深度

较之体制转轨失序、失控国家，中国市场化改革的最大区别或最大的国情特色，是中国共产党通过坚持和改善党的领导，为市场化改革提供了从思想认识路线、体制变革取向、创制路径空间到推进实施机制、建制理论创新等既与时俱进也相对适度的制度性公共产品。

"解放思想""实践标准"是众所周知的中国改革开放的思想理论准

备。在今天看起来近乎常识，但在当时则有"离经叛道"之嫌。中国改革先驱的实事求是态度、解放思想勇气和天下担当精神，以实践标准为古往今来具有占支配地位意识形态传统的中国社会突破传统体制及其理论桎梏、走上改革开放之路提供了不可或缺的制度性公共品。

实践标准推动的思想解放，拓宽了人们对基层改革试验的容忍度，启动了改革开放的历史进程，但传统体制尤其是理论形态的改革创新远远落后于实践，教条、本本的影响和制约依然存在，且不时地挑战改革实践与其正当意义。从改革开放初期的要否商品货币关系、价值规律作用之争、计划与市场之争，到后来的公有与私有之争一直没有停息。即使在建立社会主义市场经济体制数十年后的今天，仍然有国有与民营之争，理论争论的梦魇如影随形，伴随着也制约着中国改革开放的整个历史进程。带有制度公共品性质的思想解放和理论创新的程度，决定着中国改革开放的速度、维度和深度。如同改革开放初期一样，全面深化改革急需与之相适应的思想解放和理论创新。①

我国市场化改革的最大特色和国情是中国共产党的领导，这既是历史选择又是现实过程，更有其特殊地位和作用。在市场化改革中，其领导核心作用以及政策和策略，具体地体现为解放思想所促成的实事求是精神对民众诉求的回应、对经济规律的遵循和对制度公共品的提供。

当农村社会出现突破人民公社制度的承包制变革时，是按传统体制及其价值理念将其扼杀于萌芽状态，还是因势利导、尊重农民的意愿，实践标准做出了效率优先的选择，从而拉开了中国改革开放的历史大幕。因党政领导层的默认或支持，效率优先的农村承包制改革迅速渗透到城市国有企业及其他领域，形成商品货币关系、价值规律作用的体制优势，经济改

---

① 随着国有经济与民营经济的混合发展和企业产权制度与治理结构日渐同构，国有企业和民营企业或许日益在其体制适应性领域成为社会主义市场经济的特定生产组织形式。对其必要意义的认可，或许会远远超出其经济性质划分的诉求。是否由某人在某个时点像邓小平当年处理计划与市场关系那样，处理国有企业和民营企业的地位、作用与关系，允许人们保有某种期待。

革的政治指向也及时调整为有计划的商品经济，开始冲击计划经济基础乃至计划体制本身。面对商品价值规律和经济多元化发展创造出的计划经济所难以比拟的效率优势和体制竞争力，中国共产党与时俱进、顺应规律，放弃计划体制及其理论形态的坚持，提出建立社会主义市场经济体制改革目标，以此成就了经济体制彻底转轨和经济发展的中国奇迹。当市场经济基本矛盾凸显、效率与公平出现重大失衡时，市场化改革逐步朝着效率与公平协调统一的方向转型。面对自始至终存在的党内外对市场体制的疑虑乃至否定，适时提出社会主义初级阶段理论以容纳市场经济体制，应对意识形态和政治原则上的质疑与挑战。正是这一系列制度公共品的提供，中国的市场化改革以及经济发展才得以顺应规律、成就伟业。

市场化改革既是经济体制的彻底转轨，也是利益关系的重大调整。一些国家在体制转轨期间经历的利益失衡、社会动荡或国家解体，表明超越局部利益关系、具备全局调控能力和保障社会稳定安全的政治条件或制度性公共品是稀缺资源且不可或缺。中国共产党正是通过实践标准实现自我解放，改革和完善党的领导，摆脱传统体制和理论束缚，坚定不移地推动市场化取向的改革开放；集中全党全社会智慧以及基层实践经验，确立市场化改革的目标取向、战略规划、重大制度、路径步骤、政策环境等；协调部门与地方改革政策及利益关系，防止局部性改革红利最大化扭曲改革方向，造成利益失衡以及发展失速；统筹集权与分权、地区与民族、国内与国际等各种因素，兼顾改革开放力度、经济发展速度和社会承受程度，循序渐进地推进国内改革和对外开放；确立国内改革取向以扩大对外开放，以扩大对外开放助推乃至倒逼国内改革，不断地为社会主义市场经济发展建制注入动力、活力和创造力；推动改革创新与依法治国的协调统一，适时将市场化改革的制度成果法制化，进而规范和加速改革进程；主动融入经济全球化过程并有效管控国内经济社会风险，保障国家经济政治安全，为改革开放营造有利的国际国内环境等。这些市场建制类制度性公共品，并非历史上或当今时代的所有转轨制国家或新兴市场经济体能够得到适时供给和足够保障的。

2. 市场化创制及治理性改革限制

制度性公共品是市场化改革的基础性条件，其公共品性质及提供方式也界定了改革的速度、力度、维度和深度。治理改革和市场建制所遇到的困局和限制，或许只能从改革模式本身追索原因，寻求同样是治理性、渐进式解决办法，任何暴虎冯河式的英雄壮举，只会产生缘木求鱼或南辕北辙式的历史悲剧，不可能有什么例外、意外或奇迹发生。

渐进式、治理性改革虽然成就了社会主义市场经济体制，但当指导思想的理论基础尚未发生从体制建构到价值正当意义的适应性、整体性重建，以及"正统"理论的经济性质标准和未来社会构想还时常评判、介入"现世"生活，对市场体制及其正当意义、理论创新的臧否、质疑和否定便不会停息；只要思想理论和意识形态尚未完成适应社会主义市场经济基础的扬弃升华而是掺杂着前市场经济和非市场经济因素的百花齐放状态，市场经济就只是初级阶段的权宜之计，以实事求是创建的实践标准，即便是执政党自身在自己的"正统"理论面前也会根基不稳，时时刻刻面临来自阵营内部的挑战；以正统、经典理论否定市场创制实践往往轻松自如、顺理成章、理直气壮，解放思想、实践标准对市场化改革既极端必要又时常边界不清或受限过多；相互冲突、互不兼容的思想理论与价值观念的混合掺杂，自然会产生理想的冲突，实际上更多是以理想包装的利益冲突，包括"王车移位"的考虑。思想观念的冲突与博弈，必然带来理论上的争论和政策上的摇摆，以及以"理论正确"标榜"政治正确"进而迟滞转轨进程，市场化建制努力及其价值正当意义经常饱受质疑乃至攻讦。

中国共产党集中全党全社会智慧和基层实践经验做出改革决策和重大制度选择，再通过局部试验、检验进而全面推广与建制成型，是中国市场化改革的政治优势也是实践规律。由于传统体制及理论形态的影响和体制改革的利益调整性质，这种实践过程往往迂回曲折。政治决策的做出，需要照顾方方面面的利益诉求，共识形成旷日持久，决策选项复杂两难，政策内容兼顾多面，难免在贯彻实施中留下各执一端、各争其利的空间；市场化改革千头万绪，生产与服务性质、技术经济因素差异较大，往往不得不依赖相关专业部门"牵头制定文件"或主导落地实施，政策参与相对便利的垄断业务领域和公共服务与管理部门不免以自利化改革加持甚至强化既得利益，造成部门间利益以及效率与公平的失衡；国家权力结构保证了中央决策的贯彻，但因经济社会发展的地区差距和利益诉求差异，以及为数众多的政府层级与单元的相对独立性，对提高经济效率和分担社会成本的宏观决策，其认同程度和改革努力自然会有所不同，趋利避害式的"上有政策、下有对策"之类的自利化改革时常甚至必然发生。

市场化改革建制终究取决于人的活动。政策游说是各国政治决策中的普遍现象，但以治理性改革推动体制转轨，其政策游说及其背后的利益机制更为复杂。对既得利益的维护完全可以借助于经典理论和政治正确，几乎不存在任何风险和成本就能轻易地将改革者或离经叛道者置于绝地；即便改革决策做出并进入执行层面，以类似方式同样可以屡试不爽地坚守利益存量或加注利益增量，形成"非驴非马"的过渡体制或双轨制；治理性改革的管制放松性质，处于重要政策研究制定关键岗位的相关人士，既是利益攸关方的公关对象也是攻击对象，一旦集中火力，公关、攻关成功，扭曲制度设定的负面影响将是长期性的；对政策制定的技术层面的隐性冲击以及个中甘苦，非亲历者难以体味，责任担当和原则坚持是有成本的。政策游说便利程度和利益维护能力的差别产生了巨大的建制效应，以致出现形形色色的变通体制和难以消除的差别待遇，社会公平原则脆弱不堪。

市场化改革既要有破旧的勇气也要有立新的智慧，制度知识储备、认知水准和判别能力，直接影响着创制效率甚至体制优劣。某些适合特定领域或一定时限的改革方式如承包经营责任制曾被泛化模仿、简单移植，广泛应用于市场条件变动不居或垄断现象普遍存在以及非营利性公共服务等并不适宜的行业或领域；一些国际经验丰富、利弊得失明确、理应统一建制的改革领域，却以不同模式交由基层试验以致五花八门，成为后期改革障碍，至今难以消除；产品市场化与资本市场化次序错位，导致学费高昂或体制变形；某些领域的市场规制与管理背离供求均衡等基本常识而盲目创新，致使市场乱象或困局至今未除甚至认知未及；先行先试地区的政策优势和制度知识积累，既促成改革激励、发展红利与人力资本积累的良性循环也造成拉大差距的马太效应等等。市场化改革与治理性创制中的人的活动及人的能力的差异，不可避免地产生经济人行为及其行为结果的泛在化，而公平努力以及与之相适应的制度供给则往往成为短板和稀缺因素。效率与公平均衡统一的社会主义市场经济制度的成长及成熟，注定还有漫长的治理性、渐进式改革之路。

3. 社会主义市场经济"定型"含义

数十年的改革开放，中国社会主义市场经济体制已经基本成型，从制度认知到改革实践积累了丰富经验。但是，人们对制度定型并非没有方向迷茫与彷徨。经由全面深化改革完成制度定型、形成制度自信，还有艰难曲折、错综复杂的理论创新和制度建设历程。

社会主义市场经济本质上是市场经济。这句看起来近乎废话的表达，在市场化改革实践中却争议不断或歧义丛生。或许当初提出建立市场体制时，确实有区别于资本主义市场经济、规避政治分歧和意识形态争议的考虑，但当体制转轨基本完成、市场基础建立起来之后，人们发现不仅难以从资源配置方式、供求关系平衡、公平竞争机制、经济周期调控、市场监管服务、产业结构优化、科学技术进步等经济技术规律层面找出二者的本质区别，而且即使在财产权利保护、经济成分比例、市场准入方式、经济地位作用、生产服务领域、公众福利安排等通常体现经济性质的政府规制领域，甚至包括依法合规的域外资本，也必须进行以平等为取向的管理与规制。至于极少数必须实行政府管制的特殊领域，也通常是遵循国际通行商务规则实行负面清单管理。任何违背市场规律和平等规制的做法或独创，只能是自乱阵脚、作茧自缚，造成规则秩序的紊乱、经济信心的丧失、资本与人才的流失和国际竞争的落败。在市场基础和决定作用意义上，社会主义市场经济不存在区别于其他市场经济的特殊属性。

效率与公平的均衡统一是市场经济的社会主义性质。如同其他类型的市场经济无法摆脱其基本矛盾一样，社会主义市场经济同样面临着效率与公平的矛盾。缓解二者的矛盾与冲突，协调、均衡其相互关系，建立有效率、可持续的经济和公平正义的社会，正是中国进行市场化改革、建立社会主义市场经济体制的出发点和目的所在。生产资料占有形式、经济活动组织类型、社会财富分配方式的价值正当意义，不应当由现成的理论教条、人们的主观偏好和未来的美好愿景来做判别，而应当由要素配置、财富创造、成果享有和社会治理所依据的起点、条件、过程、结果的公平程度和经济活动的效率激励与公平诉求的协调和均衡状态来衡量。财富生产效率和社会公平正义的均衡统一，是与社会主义市场经济同生共存、自始至终的矛盾运动，也是其本质要求和根本特性。绝不可以以市场经济冠有社会主义而生出奇思妙想。并且，简单地以原始市场经济模式的要素占有类型、生产组织形式等传统体制形态作为判别标准，像早期社会主义者否定资本主义制度同时也彻底否定市场经济体制那样，既是肤浅过时的，也被实践证明是极其有害的。以超越历史阶段的未来愿景来衡量、界定当今时代的经济行为和社会活动是不负责任的，也是违背其自身理论逻辑的。至于其他市场经济体也有类似于社会主义市场经济的效率与公平的均衡统一追求，或许正是同构压力下的体制趋同、人种族群认同为人类乃至构建人类命运共同体的内在机理和客观依据，也是我国社会主义市场经济的制度自信、道路自信和普遍意义所在。

社会主义市场经济需要"体制适应性"的上层建筑。伴随着社会主义市场经济体制的建立与发展，从党的领导、政府管理到社会治理，理论、体制和价值观念都发生了适应性变化。《中国共产党章程》开宗明义，"中国共产党是中国工人阶级的先锋队，同时是中国人民和中华民族的先锋队"；提出了社会主义初级阶段理论、路线及基本经济制度，适应和推动社会主义市场经济发展建制。这既是经济、政治、社会、文化等各个领域因势应变、与时俱进的改革开放成果，也是全面深化改革的历史出发点。但是，体制结构和意识形态等上层建筑领域中传统与现代、历史与未来的多重理论形态、制度构想和价值标准并存融合，内在着随时挑战这种成果和依据的足够力量，人们可以超越现实地向前、向后寻找其理论依据或标榜政治正确，徒增对社会主义市场经济的体制质疑，实际上也是利益的博弈，对调整效率与公平的关系、促进社会公平正义往往成事不足。已经成长起来的社会主义市场经济，比任何时候都需要适应性的上层建筑变革和意识形态创新，推动理论基础的正本清源和制度形态的完善定型，适时、持续地缓解市场经济基本矛盾，创造效率与公平均衡统一新常态。

三、市场化改革的制度性变革前景

经过 40 余年的治理性改革努力，社会主义市场经济体制已经基本建立起来。但社会的普遍感知仍然是，许多重要领域中计划体制的弊端大量存在，创制而成的市场经济的基本矛盾开始显现并有加剧的趋势，与市场经济相适应的上层建筑和意识形态领域的变革创新更有诸多迷茫。实践中的困境和理论上的困惑需要全面深化改革、破旧立新，但也不可能毕其功于一役，短期内一蹴而就，其全面建制需要久久为功，且有逻辑线索和内在规律可循。①

（一）既非"老路"也非"邪路"的变革新路

以治理性改革为切入点并做到长期坚持，使中国社会有可能摆脱"老路"或是"死路"，建立起市场经济体制并取得经济发展的骄人成就；对"改旗易帜""邪路"的着力规避，坚持了改革开放的社会主义性质，使那些无论在马克思主义经典作家还是在正统资产阶级经济学的理论语境中根本不可能发生的社会主义、公有制与市场经济，实现了内在兼容和相互结合，并在成熟的市场眼光看来是以最不规范的制度形态推动了人类历史上近乎最为迅速而持久的经济增长，创造了或使之百思不得其解的经济奇迹。

事实上，中国的改革开放及其经济奇迹，并没有超出市场经济的成长逻辑和内在规律。只是由于来自理论上的偏好或政治上的偏见以及认知上的局限，人们往往做出带有个人见地的片面性解读与情绪性表达。或许客观正视中国改革开放创造的市场经济成长条件、有限性质以及全面深化改革取向，对于理解这场历史性变革、经济发展轨迹以及制度性变革趋势，也是不无裨益的。

以坚持国家所有制和集体所有制或公有制性质不变为基础的承包权、经营权、使用权、收益权以及法制化的用益物权等产权析解和产权深化改革，创造了市场经济得以发育成长的产权基础和逻辑起点，为突破计划体

---

① 2019年10月31日，中共中央十九届四中全会做出《中共中央关于坚持和完善中国特色社会主义制度推进国家治理体系和治理能力现代化若干重大问题的决定》，描绘了包括社会主义市场经济体制的成熟与定型在内的中国特色社会主义制度和国家治理体系和治理能力现代化的建设图景，给全社会以新的期许与期待。

制束缚而催生了普遍产生而又活力十足的市场主体。以经济转轨期土地、资本、劳动力等生产要素供给的体制便利及其价格抑制机制基础上的市场化配置所形成的成本－收益特殊比较优势，提升了国内市场培育发展速度和参与国际竞争的能力。以公有制为主体、释放多种所有制经济共同发展的空间，既培育了市场微观主体，也提高了整个国民经济与社会发展的动力、活力与竞争力。以平等保护各类产权的深化改革或产权中性改革，创造了更深层次、更广意义的平等营商环境和市场经济发育成长的制度性公共品。

从微观机制到宏观体制的产权深化改革，是市场建制和经济起飞的逻辑依据、体制条件，也是动力之源和规律所在。但也在公有制为主体、多种所有制经济共同发展的社会主义基本经济制度及其混合所有制经济模式中，产生了不同经济成分之间的性质紧张和体制摩擦。全面深化改革也在努力消除这类紧张和摩擦，并逐步形成彼此间的适当比例、动态平衡及体制适应性状态。除极少数需要负面清单管制的特殊领域或环节外，坚定不移地推进平等保护各类产权或创造产权中性体制环境，并持久地推进竞争中性和规制中性等治理性改革，提供与社会主义市场经济相适应的充分有效的制度性公共品，均衡效率与公平的关系、缓解市场经济基本矛盾，真正走出一条既非"老路"也非"邪路"的社会主义市场经济制度新路。

顺应治理改革进程、市场建制逻辑和客观经济规律，以及城乡土地、矿藏资源、江河湖泊、草原湿地、山脉森林、空天海域等基本生产资料已经由宪法定位解决了公有制性质或公有制主体等根本制度问题，其要素配置和经济组织层面的基本制度，以"国家实行各种所有制经济平等发展的社会主义市场经济制度"进行市场中性定位，或许更符合经济市场化的改革实践、逻辑规律和全体社会成员的根本利益，以及从起点、过程到结果的更为广义的效率与公平均衡统一的核心价值理念。① 各种经济成分的市场地位，主要由其在相关经济领域中的体制适应性和优胜劣汰竞争机制决定；收入分配或社会公平目标的达成，则取决于更为复杂的初次分配和再分配等重要制度或社会公共政策发挥更好作用，而不能简单地诉求于政府的主观意愿或理论信条的先验模式。况且，人为地将经济成分或社会成员进行高低优劣、尊卑贵贱、主要次要划分，赋予某些经济成分超经济权利、超市场地位、超国民待遇，本身不是社会主义特色，甚至也不是资本主义性质，而是前市场经济时代和非市场经济理论的历史遗物。

在治理性渐进改革过程中，一些领域避重就轻，注重技术性改革而疏忽或者回避不可或缺的制度性变革，甚至以技术性、治理性改革来替代或抵制制度性变革，强调技术经济规律、在细枝末节上精雕细刻而漠视市场经济规律，强调经济性质稳定而拒斥混合制经济的要素配置与产权深化逻辑以及产权平等保护的基础性制度建设。这类问题在自然垄断环节、经济规制部门、公共服务领域、经济成员地位、价值信念范畴上表现得更为突出一些。如果纯粹以治理性改革或假以改革的名义延长渐进过程，还会成就过程性利益格局及其维护机制，损害效率，也有悖公平正义以致丧失改革的社会认可度和公信力。在这些方面，还有许多需要全面深化的基础性

---

① 社会主义基本经济制度新近扩围成公有制为主体、多种所有制经济共同发展，按劳分配为主体、多种分配方式并存，社会主义市场经济体制等。在基本经济制度中，社会主义市场经济体制终于名正言顺。"三位一体"的表达，也赋予了社会主义基本经济制度更多的理论价值色彩，体现了其对效率与公平协调统一性的关切与期待。其实，在经济治理制度层面确立和强化产权、竞争和规制中性基础上的市场中性原则，丝毫不会动摇公有制经济的主体地位，反而会更为明确、具体地体现社会主义基本经济制度追求广义的效率与公平的均衡统一的核心与实质。至于按劳分配为主体的认知，也反映了决策层对社会公平的期待、关注及制度和政策取向。如果仅从数量上看，任何市场经济体中，相对于其他收益，劳工收入或支出都是商务成本和经济增加值的主体部分。按劳分配的主体性质，几乎无助于效率与公平矛盾的缓解或社会公平目标的达成。众所周知，由于要素赋能、稀缺性质和贡献特性等，无论在发展中经济体还是发达经济体中，管理层数以百万计甚至更高水平的年薪收入与那些依靠最低工资标准保障底线的劳工阶层的生存性收入，何啻霄壤之别而又几乎是普遍现象。并且，由于垄断性、体制性乃至技术性因素，不同行业和人群间较大的收入差距也并不鲜见。市场经济条件下人们之间的收入分配及财富差距以及效率与公平的矛盾的缓解，需要适时有效、复杂精细的初次分配和再分配相关制度安排及社会政策持之以恒地促成与维系，绝非仅凭价值理念、主观取向或良好意愿所能达成的。

制度变革。

一些治理性改革也带有多重意义。如国有企业改革，一方面需要优化国有企业治理和国有资本配置效率，全面深化国有经济内部改革；另一方面，国企、国资改革还需要处理好国有企业与非国有企业、公有制经济与非公有制经济的关系，在数量、结构、布局、领域等方面，将国企、国资保持在普遍服务、必要范围之内，防止偏重偏废、顾此失彼、厚此薄彼，不适当地强调做大做强国企、国资，提高影响力和控制力，聚焦于全面完善各种所有制经济平等发展的社会主义市场经济制度，提高整个国民经济的活力、动力和国际竞争力。

全面深化改革不仅要完成技术性、治理性各个专业领域的市场建制，还要推进由经济社会发展规律所决定的包括执政党自身建设与治国模式在内的基础性制度建设，实现治理性改革与制度性变革相统一意义上的全面深化改革。其改革进展及其成效，关乎治理的成败也关乎国运的兴衰。

（二）市场经济基础与民主法治社会建设

社会主义市场经济基础的建立，并不意味着市场化改革目标的达成，广义社会公共品及其提供方式变革之路仍然极其漫长。在基本民生需求和基层社会诉求层面，推动建立适应经济市场化、社会多元化以及效率与公平均衡统一的利益诉求直接表达机制和经济社会民主治理模式；在实现全社会利益均衡和国家根本战略利益层面，兼顾近期与长远、草根与精英各个社会阶层共同利益，巩固和完善代议制或代表制民主法治制度，探索出一条具有中国特色的共产党领导—人民当家作主—全面依法治国相统一的民主与法治社会建设之路。

基层破题试验、积累经验，示范和推动全局性制度创新，是中国改革开放的成功经验之一。循此路径和经验，可以基层社会治理和民主管理为示范，渐进式地推动适应社会主义市场经济基础的基层民主法治制度建设。现代信息技术作用于经济运行和社会治理，推动当代中国社会发生了一系列重大转变和趋势性现象。信息互联网特别是移动互联网技术的发展，极大地拓展了市场决定作用和基层民主治理改革的维度、深度以及民主法治社会建设的空间与条件。

在经济运行层面，市场信息采集由个体局域不对称集中向全域全息泛在归集与披露转变；价格形成机制由纳什均衡向同业参与、充分竞争转变；资源配置方式由投资者有限理性决策、企业科层指令运行向在线比较选择、线上线下互融优化转变；商务组织由基于生产成本与交易费用权衡机制的资源要素企业一体化配置或区域专业化分工向基于物联网体系的全社会乃至全球产业链、价值链整合链接转变。信息技术的进步和物联网的发展，近乎满足了现代经济学理论建模的所有制度假定，即信息日渐对称和交易趋于无摩擦状态，形成所谓零边际成本社会，以致所有权淡化，产生使用权革命和协同共享新经济时代，进而使"人造环境和自然环境融合在一个有序运转的网络之中"①。在某种意义上使经济领域的共享治理和模式创制似乎具有无穷解。

在社会治理层面，大众利益诉求及其表达方式由传统的体制集中代言、层级筛选过滤、官媒择时发布向多元直接表达、平行全息披露和自媒实时传播转变；社会管理由政府层级自上而下、行政单向指令向管理者与民众间双向互动、多方参与和协商共治转变；基层治理规制由政府权责机构职能监管向全社会共同行动、区块链、网格化协同治理转变。逆此趋势与规律而动，不仅成本高昂、有可能丧失市场竞争活力与优势，而且有可

---

① 杰里米·里夫金.零边际成本社会：一个物联网、合作共赢的新经济时代.赛迪研究院专家组，译.北京：中信出版集团，2017.杰里米·里夫金认为："物联网是改变人类组织经济生活的颠覆性科技。""如果说第一次和第二次工业革命的技术平台在实现市场交换和获取私利的过程中切断并封闭了地球上大量生物的相关性，那么第三次工业革命的物联网平台则恰恰逆转了这一过程。"

能脱离群众、落伍于时代，社会代价也会极其巨大。

经济运行和社会治理中的一系列重大转变及其趋势，深刻地影响着全面深化改革的路径、方向和坐标。其中基层社会治理中，农村村民自治、城乡社区管理借助于信息技术和网络平台，从简单的村务公开、政务公开迅速形成燎原之势，成为县乡以下和城市社区极具生命力的社会治理模式。基层群众和管理者由此获得了权利与义务、自由与约束、自治与规制、民主与法治、私权与公权、个人利益与公共利益、党内民主与社会民主等诸多与民主法治社会建设有关的实践训练、习惯养成和经验积累，逐步使基层党组织和社会治理的"草根直接民主"模式成为期待和可能。其初始创制者、推动者或许主要是基于党建、民生、平安领域的管理需要，但这也是社会主义市场经济必需的社会公共品。① 尽管其间还需要厘清公权与私权的边界及范围。

社会领域的治理性改革及其制度外溢效应具有推动民主法治社会建设的巨大先导作用和历史价值，如同当年农村改革推动改革开放、改变中国命运进而影响世界格局一样。如若因势利导、善加引导，中国社会有可能再次以治理性改革的渐进方式，在我国法制体系已经基本建立起来的基础上，渐进式地促成县市以下党政治理的直接民主体制，具体体现党的领导作用，灵敏反映基层民生诉求，切实维护市场基础秩序，及时表达与实现大众现实关切，释放"草根"多元利益压力，博弈与平衡群众切身利益层面的效率与公平的关系；省市以上继续坚持功能性、精英式间接民主体制，坚持共产党领导，完善人大、政协制度，全面推进法治建设，集中力量提供社会主义市场经济的广义制度公共品，实现国家与社会长治久安，兼容"一国两制"体制，维护中华民族长远的根本利益，承担与国力相适应的国际责任等。

循此逻辑深化治理性改革和制度性变革，适应社会主义市场经济基

---

① 康晓强."村情通"——新时代乡村治理新模式.北京：人民出版社，2018.

础，渐进式地建立成熟与定型的现实利益与长远利益相协调、直接民主与间接民主相结合、民主治理与依法治国相统一的中国特色社会主义民主法治制度。① 社会主义市场经济体制和中国式民主法治制度建设，既是中国共产党长期执政的阶级基础与群众基础的统一性要求，也是中国工人阶级先锋队、中国人民和中华民族先锋队的本质体现。当然，从其治理性改革的愿景、趋势到全面深化改革的制度成型，不仅可能路途崎岖遥远，需要逐步形成社会共识和制度变革担当机制，而且需要精准细密的治理性制度设计和适时有效的变革次序、节奏与风险管控能力。

（三）特色理论创新及其普遍意义

与社会主义市场经济相适应的社会意识形态建设，是前无古人的思想理论和价值理念创新。如同历史上的私权制、集权制与其意识形态建设具有较长时滞一样，也需要久久为功的历史耐心。需要以"治理性改革"悉心吸收人类文明优秀成果，推动中国传统文化的创造性转型，建立起符合社会主义市场经济规律、均衡效率与公平的关系，使市场化改革及其建制实践获得制度正当性和价值正当性相统一意义上的既有中国特色又有普遍意义的社会主流价值理念和思想意识形态。

基于实事求是、实践标准，市场化改革的前哲先贤曾把社会主义初级阶段及其市场经济形态视为几十代人的时长和事业。经过数十年渐进性、治理性改革，市场建制在经济领域虽然已经基本完成，但在社会上层建筑领域仍属未竟事业。实践的局限性必然制约思维的认识水准和理论的成熟程度，不能期待短期内完成思想理论创新和意识形态定型。可以展望

---

① 社会主义市场经济最重要的制度公共品，是法治基础上的民主或民主基础上的法治制度。在民主与法治社会建设的关系或顺序上，渐进而成的市场经济体多以民主发展促成法治建设，后发式、转轨型新兴市场国家则往往通过制度模仿或移植，先发展市场经济、建立法规体系进而渐进式地推进民主政治建设。至于专制、威权以致严刑峻法盛行而民主不彰以及无法可依、有法不依的"民主"乱象也并非罕见。当然，更糟糕的是既无民主也无法治的衰败社会。因此，作为市场公共品的民主法治制度建设不可避免地带有各自的国情特性。

的是，对于已经跨过制度初建期、新体制矛盾开始显现的社会主义市场经济体制，评判其制度合理性和价值正当性，以及中国特色社会主义理论建设，必须规避"经典"标准的直接借用和理论形态的简单叠加或优化组合，而应当遵循社会主义市场经济自身的实践性和逻辑规律，创新其经济理论体系和社会意识形态。

社会主义市场经济体制形态的价值信念性审视或评判，需要摒弃前市场经济形态的度量衡。治理性改革的市场建制实践表明，社会主义市场经济的发育成长，必然会或迟或早地推动竞争中性、规制中性和产权中性成为不可或缺的公平性营商环境和基础性制度条件。以起点、条件、过程的平等，为实现结果与价值的公平创造"发展是硬道理"的效率基础，并且已经体现为我国治理性改革的市场建制实践，成为社会主义市场经济的体制内核。理论建构与价值取向不可以逆其趋势与规律而行，以前市场经济时代的等级贵贱、阶级对立等带有向后看性质的制度度量衡来衡量是非曲直，决定取舍兴废，引致效率损失、制度疑虑甚至社会对抗。善者因之的理论价值建构应当是坚持实事求是和实践标准，继续推动思想解放，按照社会主义市场经济的内在要求和逻辑规律创新制度构造理论。

社会主义市场经济的机制冲突与内在矛盾的制度性、价值性处理，不可动用传统计划体制的武器库。社会主义市场经济体制既有市场经济的内在矛盾也有社会性质的公平追求，革除那些背离公平原则，既影响效率也有损公平的体制弊端、机制冲突，缓解效率与公平的矛盾，推动共享普惠发展，避免社会分化，需要通过思想理论与价值理念创新和民主与法治建制，建立效率与公平博弈均衡机制和多元利益诉求表达便利、社会各阶层利益适度实现的市场运行机制和国家治理体系，适时均衡劳动与资本、按劳分配与按其他生产要素分配以及全社会创业创新活力、能力的充分释放与困难弱势群体的制度性扶持及保障等诸多关系，而不能从传统计划体制的理论武器库中重新祭出所有制性质、平均主义、阶级斗争等"批判的武器"甚或"武器的批判",引致思想混乱、社会撕裂和执政党阶级基础与群众基础的对立,削弱党的先进性与代表性。对社会上不时兴起的一些倒退的思潮中的某些"公平"诉求给予足够的敬畏和创制性回应,而对其"理论武器"及其危害性质则必须保持清醒的头脑和高度的警觉。

社会主义市场经济的政策体系、体制定型和价值定位,不能亮起未来愿景或理想社会的信号灯。确立社会主义初级阶段和社会主义市场经济体制,是汲取计划经济时代曾经反复发生的"一大二公""跑步进入共产主义"等沉痛教训所做出的实事求是、实践标准意义上的历史唯物主义选择,并且已为中国经济与社会发展的卓越成就所检验与确认。面对现实生活中的中性营商环境缺失、资本与劳动分配失衡、社会贫富分化加剧等矛盾和冲突集中显现,制度与理论建构取向应当是兼顾起点、条件、过程、结果等方面的平等均衡,构造共享经济和普惠体制,创建适应发展阶段与历史条件的广义社会公平正义制度和价值理论形态。既不能向后看,重启传统的度量衡和武器库,以"打土豪、分田地"式的武器的批判重建既无效率也不公平的平均主义秩序;又不能向前跳,超越发展条件和历史阶段,以未来社会的愿景和理想作为信号灯,再次迈出不属于当代人甚至几十代人的"消灭私有制""跑步进入共产主义"的步伐。

社会主义市场经济的商业精神锻造与价值理性培育,需要的是具有扬弃性质的全息化而不是经学教条式的全盘化。市场经济的成长机制与价值伦理自其产生之日起便形影一体、互为表里。从其野蛮成长阶段的欺诈暴虐到资本主义精神与制度的成熟定型,既创造了空前的经济技术效率和制度人文成果,也经历了血与火的洗礼、野蛮与文明博弈的漫长历史变迁过程。将公平正义植入市场经济机体、创造效率与公平均衡机制的社会主义市场经济建制实践及其理论创新,既不能迷失于全盘西化的精神雾霭,又不能徘徊于全盘苏化的制度泥沼,也不能固守于罢黜百家的经学传统,不能沉醉于"秦时明月汉时关"的历史梦境,而应当以传承和扬弃的辩证统一，革除历史上其他经济形态的体制痼疾和精神缺陷，汲取人类社会市场建制和人文创新的全部优秀成果，推动中国民间商业伦理、民本思想观念和"百家争鸣"传统的创造性、制度性、现代化转型，创建既适合中国国情又具有世界意义的社会主义市场经济学说、制度构造理论、商业伦理原则和价值理性精神，持久地取得发展优势、制度自信和价值意义。

社会主义市场经济的特色理论创建和理论自信形成，不在于中国国情的特殊性而在于理论创新的普遍价值意义。坚持中国共产党领导、实行多种所有制经济平等发展、葆有占主导地位的社会意识形态，这无疑是体制转轨和市场建制的中国特色，也是实践意义上的社会主义市场经济发育成长、建制成型的制度性社会公共品。其形成与发展有着极其复杂的历史因素与现实条件，即便是其反对者也必须正视或难以忽视。并且，中国市场建制及其趋势的价值内核，如各类市场主体及其产权形式的平等地位及权利保护制度，坚持市场配置资源的决定作用与政府提供社会公共品的更好作用，追求经济效率与社会公平的均衡统一，兼顾个人自由而全面发展需要与国家长远战略利益和社会共同目标，推进法治基础上的民主继而民主基础上的法治建设等，虽然具有市场建制结构和社会公共品提供方式差异的中国特色，但同时也具有人类共同建制取向和普遍价值信念意义。社会主义市场经济及中国特色社会主义的创新发展和道路、理论、制度、文化建设及其自信与伟力，并非纯粹取决于国情特色，更多的是体现在其普遍价值意义及其对人类经济社会发展的中国贡献上。

尾论　改革建制的时代使命

今人是当今时代的主人，未来是未来者的未来。经由数十年的治理改革和市场建制，当代中国人已经步入了社会主义市场经济成长壮大、制度成型和理论创新时期。

我们并不孤独。人类社会迄今积累的经验教训都极其丰富的市场经济创制实践、理论成果以及思想人文财富，值得我们去伪存真、敏学慎行，以社会主义市场经济发展建制和理论创新的卓越成就，屹立于世界民族之林，为人类发展进步做出中国贡献。

我们也非另类。社会主义市场经济发展建制所确立的权利平等理念、市场公共品供给机制，效率与公平均衡兼容，个人发展与社会目标协调统一以及民主与法治建设模式等中国实践及其经济社会发展成就与理论创新成果，是具有普遍价值意义的人类共同财富。

我们无从退却。数千年的自然经济体系的禁锢及后来的计划体制束缚，中华民族曾经一次次错失经济市场化及其社会变革的历史先机。经由数代人、百多年的艰辛探索和浴血奋斗，中国共产党人和全体国民以其伟大历史觉醒，终于走上不再旁骛、没有退路的社会主义市场经济制度和民主法治社会建设的民族复兴之路。

我们更不迷茫。社会主义市场经济发展有其未来社会理想，但时代的局限时刻束缚着历史过客。如同先哲前贤抱有大同理想却孜孜以求于小康社会那样，我们不必焦虑于未来社会的美好愿景，会以极大的历史耐心、脚踏实地地担当社会主义市场经济发展建制与理论创新的时代使命。

参考文献

常修泽.人本体制论：中国人的发展及体制安排研究.北京：中国经济出版社，2008.

常修泽.包容性改革论：中国新阶段全面改革的新思维.北京：经济科学出版社，2013.

曹和平.中国私募股权市场发展报告（2013—2014）；中国私募股权市场发展报告（2011）；中国私募股权市场发展报告（2010）；中国产权市场发展报告（2012—2013）；中国产权市场发展报告（2010—2011）；中国产权市场发展报告（2009—2010）.北京：社会科学文献出版社.

陈志武.金融的逻辑.北京：国际文化出版公司，2009.

樊纲.现代三大经济理论体系的比较与综合.上海：格致出版社，2015.

傅筑夫.中国经济史论丛.北京：三联书店，1980.

傅筑夫.中国封建社会经济史：第1-4卷.北京：人民出版社，1981、1982、1984、1986.

甘藏春.中华人民共和国地方制度.太原：山西人民出版社，1995.

高培勇.公共经济学.北京：中国人民大学出版社，2004.

高培勇.从"放权让利"到"公共财政"——中国财税改革30年的历史进程.经济研究，2008（12）.

高尚全.中国改革开放四十年：回顾与思考.北京：人民出版社，2018.

辜胜阻.中国跨世纪的改革与发展.武汉：武汉大学出版社，1996.

辜胜阻.民营经济与创新战略探索.北京：人民出版社，2009.

郭树清.总量、结构与市场化.北京：改革出版社，1997.

郭树清.在过剩和贫穷之间.北京：中国人民大学出版社，2005.

剧锦文.中国经济路径与政策（1949—1999）.北京：社会科学文献出版社，2001.

孔泾源.中国古典商业精神及其现代意义、股份合作经济及其制度剖析.经济研究，1993（9）、1995（3）.

孔泾源.中国经济体制改革报告.北京：人民出版社、中国财政经济出版社，2007—2014.

厉以宁.改革开放以来的中国经济：1978—2018.北京：中国大百科全书出版社，2018.

林毅夫，蔡昉，李周.中国的奇迹：发展战略与经济改革.上海：格致出版社，2014.

刘鹤.两次全球大危机的比较研究.北京：中国经济出版社，2013.

刘守英.中国土地问题调查：土地权利的底层视角.北京：北京大学出版社，2018.

刘伟.在社会主义市场经济伟大实践的基础上树立中国经济理论的自信.政治经济学评论，2013（2）.

刘伟.供给管理与我国市场化进程（与苏剑合作）.北京大学学报（哲学社会科学版），2007（5）.

楼继伟.中国政府间财政关系再思考.北京：中国财政经济出版社，2013.

彭森.中国价格改革三十年（1978—2008）.北京：中国市场出版社，2010.

彭森.十八大以来经济体制改革进展报告.北京：国家行政学院出版社，2018.

彭泽益.中国社会经济变迁.北京：中国财政经济出版社，1990.

皮明庥.辛亥革命与近代思想——近代历史探研录.西安:陕西师范大学出版社,1986.

钱穆.中国经济史.北京:北京联合出版公司,2013.

钱颖一.现代经济学与中国经济改革.北京:中国人民大学出版社,2003.

宋晓梧.中国社会体制改革30年回顾与展望.北京:中信出版社,2018.

宋晓梧.地方政府公司化研究.北京:中国财富出版社,2014.

康晓强."村情通"——新时代乡村治理新模式.北京:人民出版社,2018.

田国强,陈旭东.中国改革:历史、逻辑和未来.北京:中信出版集团,2016.

王俊豪,肖兴志,唐要家.中国垄断性行业管制性机构的设立与运行机制.北京:商务印书馆,2008.

文一.伟大的中国工业革命.北京:清华大学出版社,2016.

吴敬琏.中国改革三部曲.北京:中信出版社,2017.

吴敬琏.中国经济改革进程.北京:中国大百科全书出版社,2018.

吴晓波.历代经济变革得失.杭州:浙江大学出版社,2016.

许成钢.政治集权下的地方分权与中国改革.比较,2008(36).

易纲,陈昕.中国的货币、银行和金融市场(1984—1993).上海:上海三联书店、上海人民出版社,1996.

易纲.中国的货币化进程.北京:商务印书馆,2003.

袁剑.中国证券市场批判.北京:中国社会科学出版社,2004.

赵鼎新.民主的限制.北京:中信出版社,2012.

曾国祥.中国改革史鉴.北京:中国财政经济出版社,2018.

张国辉.洋务运动与中国近代企业.北京:中国社会科学出版社,1979.

张军.改革、转型与增长：观察与解释.北京：北京师范大学出版社，2010.

张平.中国改革开放（1978—2018）.北京：人民出版社，2009.

张思干.中国改革报告（2014—2018）.深圳创新发展研究院、深圳创新发展基金会内部报告.

张五常.中国的经济制度.北京：中信出版社，2017.

张晓朴，姚勇，等.未来智能银行：金融科技与银行新生态.北京：中信出版集团，2018.

张昕竹.网络产业：规制与竞争理论.北京：社会科学文献出版社，2000.

中共中央党史和文献研究院.改革开放四十年大事记.北京：人民出版社，2018.

周其仁.改革的逻辑.北京：中信出版社，2013.

周小川.系统性的体制转变——改革开放进程中的研究与探索.北京：中国金融出版社，2008.

周小川.国际金融危机：观察、分析与应对.北京：中国金融出版社，2012.

[挪威] A.J.伊萨克森，[瑞典] C.B.汉密尔顿，[冰岛] T.吉尔法松.理解市场经济.张胜纪，肖岩，译.北京：商务印书馆，1996.

[法] 阿格尼丝·贝纳西－奎里，等.经济政策：理论与实践.徐建炜，杨盼盼，徐奇渊，译.北京：中国人民大学出版社，2015.

[印] 阿鲁·萨丹拉彻.分享经济的爆发.周恂，译.北京：文汇出版社，2017.

[印] 阿马蒂亚·森.以自由看待发展.任赜，于真，译.北京：中国

人民大学出版社，2002.

[美]阿瑟·奥肯.平等与效率.王奔洲，译.北京：华夏出版社，1987.

[美]埃冈·纽伯格.比较经济体制——从决策角度进行的比较.荣敬本，吴敬琏，陈国雄，等，译.北京：商务印书馆，1984.

[美]艾伦·格林斯潘，阿德里安·伍尔德里奇.繁荣与衰退.束宇，译.北京：中信出版社，2019.

[法]埃米尔·涂尔干.社会分工论.渠敬东，译.北京：三联书店，2013.

[美]安托尼·阿格迈伊尔.发展中国家和地区的证券市场.中国人民银行金融研究所外国金融研究室，译.北京：中国金融出版社，1988.

[法]巴斯夏.看得见的与看不见的：商界、政界及经济生活中的隐形决策思维.黄煜文，译.北京：台海出版社，2018.

[美]彼得·德鲁克.后资本主义社会.傅振焜，译.北京：东方出版社，2009.

[日]长谷川启之.经济政策的理论基础.梁小民，刘甦朝，译.北京：中国计划出版社，1995.

[美]保罗·R.格雷戈里，罗伯特·C.斯图尔特.比较经济体制学.林志军，刘平，等，译.上海：上海三联书店，1988.

[土]丹尼·罗德里克.经济学规则.刘波，译.北京：中信出版社，2017.

[美]丹尼尔·W.布罗姆利.经济利益与经济制度——公共政策的理论基础.上海：上海三联书店、上海人民出版社，1996.

[美]道格拉斯·C.诺斯.经济史中的结构与变迁.陈郁，罗华平，等，译.上海：上海三联书店，1991.

[美]道格拉斯·C.诺斯.制度、制度变迁与经济绩效.刘守英，译.上

海：上海三联书店，1994.

[美]道格拉斯·诺斯，罗伯斯·托马斯.西方世界的兴起.厉以平，蔡磊，译.北京：华夏出版社，1989.

[美]戴维·奥斯本，特德·盖布勒.改革政府：企业精神如何改革着公营部门.周敦仁，等，译.上海：上海译文出版社，1996.

[美]婀维纳什·K.迪克西特.经济政策的制定：交易成本政治学的视角.刘元春，译.北京：中国人民大学出版社，2004.

[美]费正清.剑桥中国晚清史（1800—1911）.中国社会科学院历史研究所编译室，译.北京：中国社会科学出版社，1985.

[俄]弗拉基米尔·波波夫.荣衰互鉴：中国、俄罗斯以及西方的经济史.孙梁，译.上海：格致出版社、上海人民出版社，2018.

[美]弗兰克·法博齐，弗朗哥·莫迪利安尼.资本市场：机构与工具（第四版）.汪涛，郭宁，译.北京：中国人民大学出版社，2015.

[法]弗朗索瓦·佩鲁.新发展观.张宁，丰子义，译.北京：华夏出版社，1987.

[美]弗朗西斯·福山.落后之源：诠释拉美和美国的发展鸿沟.刘伟，译.北京：中信出版社，2015.

[英]弗雷德里希·奥古斯特·哈耶克.个人主义与经济秩序.贾湛，文跃然，译.北京：北京经济学院出版社，1989；通往奴役之路.王明毅，冯兴元，等，译.北京：中国社会科学出版社，1997.

[法]弗洛朗丝·雅尼–卡特里斯.总体绩效：资本主义新精神.北京：中国经济出版社，2018.

[美]赫伯特·马尔库塞.单向度的人：发达工业社会意识形态研究.刘继，译.上海：上海译文出版社，2014.

[美]加雷特·琼斯.蜂巢思维：国家智商VS个体智商.郑常青，译.北京：电子工业出版社，2017.

［英］杰弗里·霍奇逊.演化与制度：论演化经济学和经济学的演化.任荣华，等，译.北京：中国人民大学出版社，2017.

［美］杰里米·里夫金.零边际成本社会：一个物联网、合作共赢的新经济时代.赛迪研究院专家组，译.北京：中信出版社，2017.

［美］杰瑞·穆勒.市场与大师：西方思想如何看待资本主义.佘晓成，芦画泽，译.北京：社会科学文献出版社，2016.

［印］考希克·巴苏.政策制定的艺术：一位经济学家的从政感悟.卓贤，译.北京：中信出版社，2016.

［美］卡尔·A.魏特夫.东方专制主义：对于极权力量的比较研究，徐式谷，等，译.北京：中国社会科学出版社，1989.

［英］克拉潘.现代英国经济史.姚曾廙，译.北京：商务印书馆，1977.

［美］克里斯·安德森.长尾理论.乔江涛，译.北京：中信出版社，2006.

［美］孔飞力.中国现代国家的起源.陈兼，陈之宏，译.北京：三联书店，2013.

［美］劳伦·勃兰特，托马斯·罗斯基.伟大的中国经济转型.方颖，赵扬，等，译.上海：格致出版社、上海人民出版社，2009.

［美］雷蒙德·W.戈德史密斯.金融结构与金融发展.周朔，等，译.上海：上海三联书店、上海人民出版社，1994.

［美］里亚·格林菲尔德.资本主义精神：民族主义与经济增长.张京生，刘新义，译.上海：上海人民出版社，2009.

［奥］路德维希·冯·米瑟斯.自由与繁荣的国度.北京：中国社会科学出版社，1995.

［美］路易吉·津加莱斯.繁荣的真谛.余江，译.北京：中信出版社，2015.

［德］鲁迪格·多恩布什，等.开放经济：发展中国家政策制定者的工

具.章晟曼，等，译.北京：中国财政经济出版社，1990.

[美] 罗伯特·M.索洛.经济增长理论：一种解说.胡汝银，译.上海：上海三联书店，1989.

[英] 罗纳德·哈里·科斯，王宁.变革中国：市场经济的中国之路.徐尧，李哲民，译.北京：中信出版社，2013.

[美] 罗纳德·I.麦金农.经济市场化的次序——向市场经济过渡时期的金融控制.周庭煜，尹翔硕，陈中亚，译.上海：上海三联书店、上海人民出版社，1997.

[法] 吕克·博尔坦斯基，夏娃·希亚佩洛.资本主义的新精神.上海：译林出版社，2012.

[德] 马克斯·韦伯.新教伦理与资本主义精神.阎克文，译.上海：世纪文景、上海人民出版社，2010.

[美] 迈克尔·J.博斯金.美国税制改革前沿.李京文，刘树成，等，译.北京：经济科学出版社，1997.

[美] 曼瑟尔·奥尔森.集体行动的逻辑.陈郁，郭宇峰，李崇新，译.上海：上海人民出版社，1995.

[美] 米高·恩莱特.助力中国发展：外商投资对中国的影响.闫雪莲，张朝辉，译.北京：中国财政经济出版社，2017.

[美] 莫里斯·博恩斯坦.比较经济体制.王铁生，译.北京：中国财政经济出版社，1988.

[奥] 穆雷·N.罗斯巴德.人、经济与国家.董子云，等，译.杭州：浙江大学出版社，2015.

[意] 尼古拉·阿克塞拉.经济政策原理：价值与技术.郭庆旺，刘茜，译.北京：中国人民大学出版社，2001.

[俄] 尼·伊·雷日科夫.大国悲剧——苏联解体的前因后果.徐昌翰，等，译.北京：新华出版社，2008.

[美] 彭慕兰 . 大分流：欧洲、中国及现代世界经济的发展 . 史建，译 . 南京：江苏人民出版社，2004.

[美] 彭慕兰，史蒂文·托皮克 . 贸易打造的世界——1400 年至今的社会、文化与世界经济 . 黄中宪，吴莉苇，译 . 上海：世纪文景、上海人民出版社，2018.

[荷] 乔安妮·凯勒曼，雅各布·德汉，费姆克·德弗里斯 .21 世纪金融监管 . 张晓朴，译 . 北京：中信出版社，2016.

[美] R. 巴里·约翰斯顿，V. 桑德拉拉加 . 金融部门改革的次序——国别经验与问题 . 王忠，等，译 . 北京：中国金融出版社、国际货币基金组织，2000.

[美] R. 科斯、A. 阿尔钦，D. 诺斯 . 财产权利与制度变迁——产权学派与新制度学派译文集 . 刘守英，等，译 . 上海：上海三联书店、上海人民出版社，1994.

[法] 让·雅克·卢梭 . 论人类不平等的起源和基础 . 陈伟功，吴金生，译 . 北京：北京出版社，2010.

[美] 汤普森 . 中世纪经济社会史（300-1300 年）. 耿淡如，译 . 北京：商务印书馆，1963.

[美] 特伦斯·W. 哈奇森 . 经济学的革命与发展 . 李小弥，姜洪章，等，译 . 北京：北京大学出版社，1992.

[法] 托克维尔 . 旧制度与大革命 . 冯棠，译 . 北京：商务印书馆，1992.

[法] 托克维尔 . 论美国的民主 . 董果良，译 . 北京：商务印书馆，2013.

[法] 托马斯·皮凯蒂 .21 世纪资本论 . 北京：中信出版社，2014.

[美] 万志英 . 剑桥中国经济史：古代到 19 世纪 . 崔传刚，译 . 北京：中国人民大学出版社，2018.

[美] 王国斌，罗森塔尔.大分流之外：中国和欧洲经济变迁的政治.周琳，译.南京：江苏人民出版社，2018.

[德] 瓦尔特·欧肯.经济政策的原则.李道斌，冯兴元，译.北京：中国社会科学出版社，2014.

[德] 维克多·J.范伯格.经济学中的规则和选择.史世伟，钟诚，译.西安：陕西人民出版社，2011.

[美] 威廉·伯恩斯坦.茶叶-石油-WTO：贸易改变世界.李晖，译.海口：海南出版社，2010.

[美] 沃尔特·沙伊德尔.不平等社会.颜鹏飞，等，译.北京：中信出版社，2019.

[英] 亚当·斯密.道德情操论.赵康英，译.北京：华夏出版社，2010.

[以色列] 尤瓦尔·赫拉利.人类简史：从动物到上帝.林俊宏，译.北京：中信出版社，2017.

[以色列] 尤瓦尔·赫拉利.未来简史：从智人到智神.林俊宏，译.北京：中信出版社，2017.

[日] 宇泽弘文.社会共通资本.李博，译.杭州：浙江人民出版社，2017.

[美] 约·肯·加尔布雷思.经济学和公共目标.蔡受百，译.北京：商务印书馆，1983.

[美] 约翰·N.德勒巴克，约翰·奈.新制度经济学前沿.张宇燕，等，译.北京：经济科学出版社，2003.

[美] 约瑟夫·费西金.瓶颈：新的机会平等理论.徐曦白，译.北京：社会科学文献出版社，2015.

[美] 约瑟夫·威廉·辛格.没有法规就没有自由：次贷危机隐藏的教训.陈雪梅，张涛，译.南京：江苏人民出版社，2018.

[英] 詹姆斯·E.米德.效率、公平与产权.施仁，译.北京：北京经济学院出版社，1992.

[英] 詹姆斯·E. 米德. 聪明激进派的经济政策: 混合经济. 蔡晓陈, 谢英明, 陈浏, 译. 北京: 机械工业出版社, 2015.

[美] 詹姆斯·M. 布坎南. 自由、市场与国家. 平新乔, 莫扶民, 译. 上海: 上海三联书店, 1989.

[美] 詹姆斯·M. 布坎南. 民主过程中的财政. 唐寿宁, 译. 上海: 上海三联书店, 1992.

[美] 詹姆斯·M. 布坎南. 宪则经济学: 人类集体行动机制探索. 韩朝华, 译. 北京: 中国社会科学出版社, 2017.

[日] 植草益. 微观规制经济学. 北京: 中国发展出版社, 1992.

Bell Deniel A. The China Model: Political Meritocracy and the Limits of Democracy. Princeton: Princeton University Press. 2015.

Cai Hongbin, Treisman Daniel. Does Competition for Capital Discipline Governments? Decenteralization, Globalization, and Public Policy. American Economic Review, 2005(95): 817–830.

Clarkson, Leslie A. Proto-Industrialization: The First Phase of Industrialization Process?. London: Macmillan Publishers Limited, 1985.

Desmet, Klaus, Stephen L. Perente. The Evolution of Markets and the Revolution of the Industry: A Unified Theory of Growth. Journal of Economic Growth, 17(3), 2012: 205–234.

Freeland, Chrystia. Sale of the Century: Russia' Wild Ride from Communism to Capitalism. M.A.: The Crown Publishing Group, 2000.

Gilboy, George, Read Benjemin. Political and Social Reform in China: Alive and Walking. The Washington Quarterly, 2008(31): 143–164.

Granick, Devid. Chinese State Enterprises: A Regional Property Rights

Analysis. Chicago: University of Chicago Press, 1990.

Harding, Herry. China's Second Revolution: Reform After Mao. Washington, D.C.: Brookings Institute Press, 1987.

Levenson, Joseph. Confucian China and its Modern Fate. Berkeley: University of California Press, 1968.

Mendels Franklin F. Proto-Industrialization: The First Phase of Industrialization Process. The Journal of Economic History, 1972, 32(1): 241–261.

Montinola Gabriella, Qian Yingyi, Barry Weingast. Federalism, China Style: The Political Basis for Economical Success in China. World Politics, 1995, 48(1): 50–81.

Naughton, Berry. Growing out of the Plan: Chinese Economic Reform 1978–1993. Cambridge: Cambridge University Press, 1995.

Naughton, Berry. The Chinese Economy : Transitions and Growth. Cambridge: MIT Press, 2007.

Qian Yingyi, Barry R. Weingast. Federalism as a Commitment to Preserving Makert Incentives. Journal of Ecnomic Prespectives, 1997, 11(4): 83–92.

Ramiriz, Carlos D. Is Corruption in China " out of control " ? A comparision with the US in historial perspective. Journal of Comparative Economics, 2014, 42(1): 76–91.

Schell, Orville, Delury. Wealth and Power: China' Long March to the Twenty-First Century. London: Hachette UK ,2013.

Vogel, Ezra. Deng Xiaoping and the Transformation of China. Boston: Harvard University Press, 2010.

Vries Peer. State, Economy and the Great Divergence: Great Britain and

China, 1680s–1860s. London: Bloomsbury Publishing, 2015.

Walder, Andrew. Local Governments as Industral Ferms. American Journal of Sociology, 1995(101): 263–301.

White, Gordon. Riding the Tiger: The Politics Economic Reform in Past-Mao China. Standford: Standford University Press, 1993.

后　记

　　本书终稿付梓之际，正是作者惶惑于认知与理解能力不逮之时。尽管经济改革近乎涵盖了作者毕生的学习与工作经历，或如当代诗人赵野《剩山》的开篇语，"这片云有我的天下忧"。但以纯技术性的治理改革描述社会主义市场经济建制轨迹，以及对"市场建制与人的行为"等更具波澜壮阔场景或色彩斑斓画卷的简约规避，则尽显"庐山中人"的自身局限。至于书中对改革建制利弊得失的某些评判性意见，或偶有冒犯者，纯属于对事不对人、就事论事的误伤，甚至作者自己也或多或少地难辞其咎。社会主义市场经济建制路长，上层建筑领域改革"山林"待启。期待全面深化改革定型社会主义市场经济制度，成就中华民族伟大复兴的光荣与梦想！

图书在版编目（CIP）数据

治理改革与市场建制 / 孔泾源著 . -- 北京：中国人民大学出版社，2020.5
ISBN 978-7-300-28050-9

Ⅰ. ①治… Ⅱ. ①孔… Ⅲ. ①中国经济 - 经济改革 - 研究 Ⅳ. ① F12

中国版本图书馆 CIP 数据核字（2020）第 064178 号

治理改革与市场建制

孔泾源　著

Zhili Gaige yu Shichang Jianzhi

出版发行	中国人民大学出版社		
社　　址	北京中关村大街 31 号	**邮政编码**	100080
电　　话	010 - 62511242（总编室）		010 - 62511770（质管部）
	010 - 82501766（邮购部）		010 - 62514148（门市部）
	010 - 62515195（发行公司）		010 - 62515275（盗版举报）
网　　址	http://www.crup.com.cn		
经　　销	新华书店		
印　　刷	北京联兴盛业印刷股份有限公司		
规　　格	160mm×230mm　16 开本	**版　　次**	2020 年 5 月第 1 版
印　　张	31.25 插页 2	**印　　次**	2020 年 5 月第 1 次印刷
字　　数	411 000	**定　　价**	98.00 元